2020年度教育部哲学社会科学研究重大课题

《荣氏家族与无锡民族工商业资料收集、整理与研究》

（项目批准号：20JZD037）阶段性成果

江南大学江南文化研究院系列成果

荣宗敬往来函电初辑

陈明
王建华
刘大禹
辑

凤凰出版社

图书在版编目（CIP）数据

荣宗敬往来函电初辑 / 陈明，王建华，刘大禹辑
. -- 南京 : 凤凰出版社，2021.12
ISBN 978-7-5506-3663-7

Ⅰ. ①荣… Ⅱ. ①陈… ②王… ③刘… Ⅲ. ①荣宗敬（1873-1938）—书信集 Ⅳ. ①K825.38

中国版本图书馆CIP数据核字(2021)第261345号

书名	荣宗敬往来函电初辑
辑者	陈明 王建华 刘大禹
责任编辑	郭馨馨
装帧设计	徐慧
出版发行	凤凰出版社(原江苏古籍出版社) 发行部电话025-83223462
出版社地址	江苏省南京市中央路165号，邮编:210009
照排	南京凯建文化发展有限公司
印刷	徐州绪权印刷有限公司 江苏省徐州市高新技术产业开发区第三工业园经纬路16号
开本	880毫米×1230毫米 1/32
印张	17.75
字数	443千字
版次	2021年12月第1版
印次	2021年12月第1次印刷
标准书号	ISBN 978-7-5506-3663-7
定价	88.00元

(本书凡印装错误可向承印厂调换，电话:0516-83897699)

凡 例

一、本书收录了我们现在所能收集到的,有关荣宗敬先生,与时人、机构来往的函电及呈文。为了便于读者阅读、理解,还收录了一些与之相关的函电等,并对其中的一些人物、事件稍加注释,置于页下。

二、本书各篇,大体按照时间先后为序,依次编订。原篇没有时间,又无法考订确切时间的,依出版发表时间编次。仅有年、月份而无日期的,置于月末。仅有年份而无月日的,置于年末;时间不明者,单独置于书最后,随机排列。篇目后所注时间,一律采用公历(个别无法确定年份者除外);文内时间(包括农历月日和电报韵目代日),均按原文,仅作说明,不予更改。

三、本书所列各篇,一律标明出处,凡标明出处为申新纺织总公司档案、申新总公司函稿汇登、薛明剑藏件等,且无具体藏地者,系转引自上海社会科学院经济研究所编《荣家企业史料》。

四、本书各篇,文内增补字句,置于〈 〉中;订正错别字,置于〔 〕中;解释、说明置于【 】中;底本因年代、印刷、复制等原因字迹不清的,或无法识别而有明确数字者,则用"□"代替,无法明确缺字数量者,则用"……"代替。

限于整理者识见及水平,于材料收集和编辑方面所存在的缺漏、错误与不足在所难免,敬请读者批评指正。

目　录

1917 年

为发起组织华商纱厂联合会[1]事致各纱厂函[2]

（1917 年 3 月 15 日前）

敬启者：政府为加入协约国，修正关税，改为裁厘加税一节，此事极为有益。惟闻日本国有交换条件三种，一棉花、二羊毛、三钢铁出口免税。查棉花出口免税，关系中国纱厂甚巨，弟等拟发起一华商纱厂联合会，借上海商务总会内为事务所，研究花、纱税事。特订期于阳历三月十五日下午四点钟，在上海商务总会会所内集议，届时务请贵厂派代表

---

① 华商纱厂联合会，系中国近代棉纺工业的同业组织，其导因为华商纱厂在 1917 年 3 月集议，反对日本要求中国对“棉花出口、棉纱进口概行免税”，作为同意中国修正关税的交换条件。该会原为临时组织，同年 12 月被定为正式团体，建立常设机构。该会以为全体纱厂资本家谋共同利益为宗旨，反对外商对花、纱市场的垄断和操纵，共同商议对付工人的罢工和政府的派款等，对于人民的反对斗争和抵货运动亦曾出力支持。会员分为两种，上海纱厂为甲种，沪外纱厂为乙种。张謇任该会首任会长，后由荣宗敬接任。该会出版《纺织时报》和《华商纱厂联合会季刊》等，于 1942 年 12 月解散。

② 民国建立后，北京政府迫于民众要求与财政压力，曾多次与英、美等国协商，要求修改税则，实行关税自主。一战爆发后，欧洲列强分属协约国与同盟国两大阵营，互相残杀。1916 年，协约国要求中国对德、奥绝交、宣战，并以此为条件同意中国修改关税税则。中国政府为此向协约国提出修改关税，并主张裁厘加税。当时报章盛传日本要求中国对“棉花出口、棉纱进口概行免税”，作为同意中国修改关税的交换条件，引起华商纱厂的强烈不满，急欲一起商量应对之策。该函没有具明所发时间，但据函中约定 3 月 15 日下午集议，可以判断此函应在此之前发出，且为华商纱厂联合会的发起函。该函的接收者主要为上海本地纱厂，其余为苏州、无锡、宁波等地的纱厂。

早临勿迟是荷。此颂财祉。申新荣宗敬、恒昌源祝兰舫①、苏纶刘柏森②同启。

（附记发信各厂：大生、三新、同昌、振新、和丰、鼎新、恒昌源、振华、裕源、鸿裕、广勤、利用、申新、通久源、恒丰、裕通、裕泰、业勤、济泰、德大、通惠公、厚生、苏纶。）

附1：华商纱厂联合会筹备会致各地纱厂函（1917年10月初）③

敬启者：本年九月十五日开会，到会各纱厂共逾半数，当经公同议决组织成立，积极进行，并议定常年会费分等捐助，事关敝会根本问题，而影响于纱业前途尤巨。兹谨将当日议案录呈——台端为荷，赞同便希即日示复，是所盼祷。此上，并请公安。

附2：华商纱厂联合会筹备会致穆藕初④等函（1917年10月20日）

敬启者：据九月十五日议案，敝会应即维持成立，积极进行，惟正式

① 祝兰舫（1856—1926），名大椿，字兰舫，江苏无锡南门外伯渎港人。少时家贫，1872年经人介绍，先后在无锡曹三房冶坊、上海大成五金号铁行当学徒，满师后深谙五金经营业务。1885年，在上海开设源昌号，专营进口煤、铁、五金商业，兼营拆卖旧轮船，出售旧机器和旧钢铁。其后又经营海运业，购买轮船多艘，来往于新加坡、上海、日本及所经沿海各港口，并在上海经营房地产。1898年起，陆续开办源昌机器碾米厂、源昌机器缫丝厂，合资开办华兴面粉公司、公益机器纺织公司、怡和源机器打包公司等。1900年前后成为怡和洋行买办，1908年因兴办实业，由清政府赏给二品顶戴。曾任上海商务总会董事、锡金商务分会总理，晚年任华商纱厂联合会会长、上海总商会董事，非常热心地方公益和发展社会教育事业。

② 刘柏森（1869—1947），原名树森，字柏生，江苏武进（今属常州）人。早年在上海外商洋行任职，后与人合资开设慎泰恒字号、三星香烟公司，继而创办宝潭纸厂、宝通纱厂、宝丰纱厂、宝成纱厂等，成为上海颇有实力的资本家。

③ 华商纱厂联合会的筹办过程颇为曲折。华商纱厂联合会筹备会在1917年10月1日、6日分别致函当时全国华商纱厂，征询意见。至10月27日，先后有德大、裕泰、鼎新、振新、天津华信等6家纱厂复函，表示赞成建立该会的态度，并就纱厂联合会的章程、会费的收取方法等提出意见，但大多数纱厂并没有回音。

④ 穆藕初（1876—1943），谱名湘玥，以字行，江苏川沙（今上海市）人，近代民族实业家，以经营棉纺工业知名。早年因父破产而失学，入花行当学徒，在夜校自学英语。（注转下页）

成立之先，种种筹备不容从缓。兹谨将敝会改组缘起及暂定简章拟就草案，缮呈左右，其中应否增益删改之处，务希逐一审核，便希于十月二十七日午后一时屏临敝会，公同讨论，并筹议进行事宜，实深盼祷。

华商纱厂联合会缘起

衣食大源，立国之本。人不可一日无衣，国不可一日无制衣之质。故国力之盛衰，恒系乎棉业之隆替。自我国海禁初开，迄于今兹，漏卮不塞，财殚民匮，膏血沃枯，危亡何待？晚近忧时之士，恒持棉业救国之议。夫经国裕民，盍棉一端，特棉其著者耳。蕞尔东邻，近十年间，几执吾国纱业牛耳。其勃焉凌我，得之政府奖励者固多，而其发达之迅速、根蒂之强固，得之纱业公会指导、翼助者尤多。回顾我国纱厂，兴办已三四十载，其间之兴没存亡，殆难曲指。求其主因，非昧于外界之潮流，即骛于一时之近利。无事之际，则各自为谋；艰阻当前，即束手待毙，瞻前顾后，杞忧何极。况商业竞争，于今为烈，欧战告终，其势无甚。纱为棉业主品，更属万矢之的，倾荡摇撼之举，势将层出无穷。于此谋所以扶翼之方，兼为扩拓之计，非有统一机关，难收折冲明效。东邻成法，是我良师。今年春，××等以棉花出口，某国有要求免税之说，曾集全国纱厂临时设一纱厂联合会，惟事成仓卒，规章未具，羁延三月，成绩毫无，识者撼焉。××等爰复再四集议，广罗众见，佥谓联合会临时机

(续上页注)1900年考入上海江海关，任职员，博览中西报刊及《天演论》等书籍，与黄炎培等发起沪学会。1905年曾组织反美集会，声援上海抵制美货运动，并辞去江海关职。旋任上海龙门书院教习、江苏铁路公司警察长等职。1909年得朱志尧等资助，留学美国威斯康辛大学等校。1914年获农学硕士归国，次年与兄湘瑶在沪集资创办德大纱厂，力行科学管理。1918年创办厚生纱厂，1920年办豫丰纱厂于郑州，历任民国北京政府农商部名誉顾问、国民政府工商部常务次长、农产促进会主任委员和农本局总经理等职。著述有《藕初五十自述》《藕初文录》等。

关，莫若定为永固团体，俾收众擎之力，藉脱波涛之险。公共利益，惟公共协力图之。暂定简章（未见）附陈于后，纱业同人永锡箴规。幸甚幸甚。

（《华商纱厂联合会议事录（第六区机器棉纺织工业同业公会）》，民国六、七年，上海市档案馆藏）

与穆藕初、聂其杰等致黎元洪大总统等电请力拒日本之修改关税交换条件①

（1917 年 3 月 19 日）

北京大总统、国务院总理、（外交、内务、财政、农商）各部总长、税务处临时国际评议会钧鉴：

政府为修正关税，与各国商议加增关税，商等无任钦仰欢忭。惟报载日本有交换条件，要求棉花出口、棉纱进口概行免税。此乃全国生死问题，亦即国家命脉关系。查各国税则，生货出口不能免税，熟货进口应予重征，此为保护国民生计之公例。果如报纸所载，我国纺织业立有停闭之虞。兹有全国华商纱厂代表在申【上海简称“申”】集议数次，先

① 1917 年 3 月，上海、无锡、南通等地华商纱厂，为反对日本要求中国对“棉花出口、棉纱进口概行免税”，派代表在上海多次集会，商量对策。最后以华商纱厂联合会名义，根据会议结果，致电大总统黎元洪等进行力争。聂其杰（1880—1953），字云台，湖南衡山人，曾国藩的外孙（其母为曾女曾纪芬）。1904 年，聂士杰在上海组建复泰公司，承包华盛纺织总局；1909 年收购华盛全部股份，改名恒丰纺织新局，亲任总经理。黎元洪（1864—1928），字宋卿，湖北黄陂人。北洋水师学堂毕业，曾仕北洋海军广甲号军舰管带、新军协统等职，武昌起义后出任湖北军政府都督，南京临时政府成立时当选为副总统，袁世凯窃夺政权后，任副总统；1914 年袁世凯解散国会，改设参政院，被任为院长；1916 年 6 月，袁世凯病逝后，继任总统，至 1917 年张勋复辟前驱走；1922 年在直系曹锟、吴佩孚支持下复任总统，旋又被曹锟驱逐。

举代表聂其炜[①]、刘恒〔垣〕[②]、穆湘瑶[③]、杨寿楣[④]君等入都，向政府详陈花、纱免税利害，吁恳政府熟思审处，严行拒绝，并恳关于花、纱进出口税厘事，得准代表参与共议，以重实业而固国本。无任迫切待命之至。

华商纱厂联合会。恒丰纺织新局代表聂其杰，德大纱厂代表穆湘瑶，广勤纱厂代表杨寿楣、戴钧，苏纶通记纱厂代表刘树森，恒昌源纱厂代表祝大椿、张乃熔，裕通纱厂代表朱荣光、宋肇熊，申新纱厂代表荣宗锦，振新纱厂代表施肇英、倪炤，振华纱厂代表薛文泰，厚生纱厂代表穆湘玥，和丰纱厂代表屠传芳，济泰公纱厂代表于名恒，鼎新纱厂代表张权翊，鸿裕纱厂代表郑崇基，裕泰纱厂代表洪明度，通惠公纱厂代表王孝赉，同昌纱厂代表何生云谨叩。效。

（上海市浦东新区政协学习和文史委员会等编：《穆藕初往来书信选辑》，2011 年 9 月，第 29—30 页）

---

① 聂其炜（1883—1968），湖南衡山人，聂其杰之弟。清末留学日本法政大学，曾任中国银行协理、中孚银行行长、上海中央银行稽核处副处长。

② 刘垣（1873—1962），字厚生，江苏武进（今属常州）人，张謇助手，何嗣焜女婿。清末秀才，笔业于南洋公学师范部；1905 年与黄炎培等创办江苏学务总会（江苏省教育会前身）；1910 年任南通大生纱厂第二厂经理；1913 年曾任熊希龄内阁农商部次长；1917 年发起中华职教社，先后任北票煤矿公司董事长、大生纱厂监察、新通贸易公司董事、通海垦牧公司股东等；1925 年经张謇介绍，入孙传芳幕府，北伐战争后离开；1958 年任上海文史馆馆员。著有《张謇传记》。

③ 穆湘瑶（1874—1937），穆湘玥之兄，字恕再，又名抒斋，出生于上海杨思乡。自幼好学不倦，奋发攻读。光绪年间赴南京应试，中举人。清末任江苏咨议局议员，民国初任沪军都督府警察厅长以及杨思乡经董。1915 年与弟穆藕初创办德大纱厂，后又筹办恒大纱厂。

④ 杨寿楣（1877—1960），字翰西，号静斋，以字行，无锡人，杨宗濂之幼子。清光绪二十二年（1896）秀才、二十八年（1902）举人，曾在北京陆军部任职，不久南赴广州担任造币厂总办；辛亥后，弃官返乡，投身实业，开设广勤纱厂、无锡电话股份有限公司等，又大力开发鼋头渚风景区，曾任无锡县商团公会长、无锡县议会议事员、无锡商会会长等；抗战爆发后附逆，出任伪无锡自治会会长、汪伪水利委员会委员长等，晚年在台湾度过。

1918 年

江苏省实业厅张轶欧厅长来函告已被聘为农商部经济调查会江苏分会名誉会员并希随时赞助①

（1918 年 4 月 16 日刊载）

敬启者：查《农商部经济调查会江苏分会章程》第三条第三款载："名誉会员，无定额，由会长秉承省长核准。"聘执事为江苏分会名誉会

① 北京政府农商部为调查全国经济实况，并规划战争期内及战后经济上应行设施事项，于1917 年 8 月 16 日以部令公布《农商部经济调查会章程》，在农商部内设立经济调查委员会。8 月 20 日，该会正式成立。1918 年 4 月，江苏省颁布《农商部经济调查会江苏分会章程》，设农商部经济调查会江苏分会。时任江苏实业厅厅长的张轶欧据该章程第三条第三款，分别致函上海总商会正会长朱佩珍、副会长沈镛，县商会正会长顾履桂，以及商董虞和德、朱炯、闻汉章、穆湘瑶、姚增绶、谢天锡、荣宗敬、黄晋绅、唐文治等人，聘为江苏分会名誉会员。张轶欧(1880—1938)，名肇桐，字轶欧，又字翼侯，号一鸥，江苏无锡人。光绪二十三年(1897)考入私立上海南洋公学，因参加驱逐美籍校长福开森活动，被开除。1901 年，留学日本，入弘文学院，期间加入兴中会，与秦毓鎏等人组织留日学生革命团体青年会。1903 年回国，入私立上海震旦学院，学习拉丁文及法文。1904 年考取两江总督端方的官费，留学比利时，入海南工科大学，学习采矿冶金，历时七年，于 1911 年获路矿业硕士学位，同年回国。1912 年后，历任北京政府工商部采矿科技事、技正、科长，农商部矿务司司长、矿政局主任、第一区矿务监督署署长、矿政局会办、农商部矿政司司长等职。在矿政司任职期间，与丁文江、翁文灏等人创办地质调查研究所，后又集合矿冶人才，购置图书设备，建立矿冶研究所，并参与发起成立中华博物馆同志会、中国矿冶工程学会等学术团体。1917 年 9 月，任江苏实业厅厅长，迄至 1925 年 2 月去职，调任临城矿务局工程总办。1928 年 11 月，任南京国民政府工商部商业司司长。1929 年 4 月，任中国航空公司理事。1931 年 5 月，任实业部商业司司长。1933 年 9 月，任实业部技监。编著有《地质调查报告》《实业资料汇编》《轶稿》等。

员。相应函达，务希随时赞助，赐教不吝。无任企盼。附抄章程一份、呈单一份、调查细目一本。

农商部经济调查会江苏分会章程

第一条　本分会遵照农商总长、省长训令，依据部会章程，以调查本省经济实况，并规划战争期内及战后经济上应行设施事项为旨。

第二条　本分会设于江苏实业厅内。

第三条　本分会会员分左列两种：（一）会员，无定额，除遵照部令、省令，以实业厅职员兼任外，由省长于省公署职员中指派，或酌调富有经济学识、经验者充任之；（二）名誉会员，无定额，由会长秉承省长聘任之。

第四条　本分会设会长一人，由省长指任。

第五条　本分会分设左列各股：

（第一股）掌关于总务事项，凡撰拟文牍、记录议案、编译各国关于经济、画报、收发、类存各项文件，及不属于他股各事属之。

（第二股）掌关于农、林、渔、牧、矿业事项，凡棉业、蚕业、林业他项农业暨牲畜皮毛、水产制造及煤铁各项矿业属之。

（第三股）掌关于工商事项，凡化学、机械工业、普通工业、金融、运输、商税、国内外贸易及侨工商各事属之。

第六条　每股各设主任一人，由会长指任。

第七条　本分会设书记若干，由会长派充（即于实业厅原有之录事中酌派兼充）。

第八条　本分会实施调查，凡有关系各部直辖机关，或者省公署所属机关之事，均由会长分别呈请转饬协助。

第九条　本分会调查规则、会议规则、办事规则另定之。

第十条　本章程自呈准之日施行。

实业厅呈江苏齐〈耀林〉[1]省长文

为拟聘经济调查员分会名誉会员，仰祈鉴核事。窃查《农商部经济调查会江苏分会呈准章程》第三条第二款载"名誉会员，无定额，由会长秉承省长聘任之"等语，现分会业经成立，所有名誉会员应即照章聘任，以期集思广益。查本省省议会及各总商会、省农会并商会各界，与其他富有经济学识经验、声誉素著，堪胜分会名誉会员之任者颇不乏人，兹由职厅拟具名单，如蒙核准，再当分别延聘，以资赞助。所有拟聘经济调查分会名誉会员缘由，理合缮单具文呈请鉴核指令只遵，实为公便。

调查细目(从略)。

(上海《申报》，1918 年 4 月 16 日，第 3 张第 10 版)

上海公学杨德钧校长来函请绍介品端学粹之贫苦子弟入校就读[2]

(1918 年 8 月 20 日)

本校〈所办暑期补习科〉免费生额，原为家境清寒、苦志向学者而

---

① 齐耀琳(1862—1949)，字震岩，吉林伊通人，光绪二十一年(1895)乙未科进士，授庶吉士，后历任天津道员、安徽按察使、直隶提法使、江苏布政使、河南布政使、河南巡抚、盐务大臣等职。1911 年后，相继出任吉林民政长、安徽巡按使、江苏巡按使，1916 年 7 月起任江苏省省长，1920 年退出政坛。

② 此函分致上海公学的赞助人荣宗敬、柏烈武、邱渭清、郭仲良、姚伯由、葛风岐等人。
上海公学：位于上海公共租界白克路 207 号，系民国六年(1917)7 月，由金骥臣、陈汉卿等发起创办，并由沪商邱渭卿、荣宗敬，及前安徽都督柏文蔚赞助，公举寰球中国学生会日校校长陈德钧主持校务，内分中学、高小、国民三部，所请教员有钱印雪、李硕林、许松云等一时名宿。陈德钧在办教育之余，并务商务，嗣因商务日见繁重，于 1924 年起专办小学，聘张克明为教务长。1927 年冬，上海公学因经费不继，张克明乃恳请沈载仪接盘续办。沈氏有意接盘并开出接受条件，张遂与沈议妥接受条件。1928 年元旦，沈正式与杨签约，接收全校事务。1930 年 2 月，上海公学附设女子部；1931 年 8 月，经上海教育局核准，附设暑期补习学校。杨德钧，生卒年不详，字东孺，号仲馨，上海人。曾任寰球中国学生会日校校长、上海公学校长(1917—1928)。

设，本学期尚余数名。先生如遇有品端学粹之寒苦子弟，尽可绍介入校，以宏造就而成其美云云。

（上海《申报》，1918 年 8 月 21 日，第 3 张第 11 版）

上海总商会[①]主张改正税则通电

（1918 年 11 月 29 日）

欧洲和议不日开始，我国已派特使列席。值此千载一时之机，必先就全国生命、财产关系最密之事，陈请各友邦，冀去积年抑压之阨，还我主权。查我国自前清以来，受条约拘束，久行协定税则，进出口货，失其调节之权，遂令每年货价相悬数万万元之巨，坐是不变，国力之涸可立而待。顷上海各业商民主张速废协定税则，改为国定税则，应请陆专使[②]与议时全体主张，必求如愿而止。除各团体通电全国商会暨各业团体全体要求，以为政府后盾外，谨先撮要电闻，余容随时奉布。

朱佩珍、沈镛、虞和德、邹应萱、刘树森、顾履桂、杨廷栋、陈辉德、谢天锡、钱永铭、荣宗敬、闻汉策、薛焕章、徐国安、顾兆德等同叩。艳。

（上海《申报》，1918 年 12 月 4 日，第 3 张第 10 版）

---

① 上海总商会，1912 年 2 月 29 日在上海正式成立，为民国前期上海工商业资本家的联合团体，其前身为 1902 年成立的上海商业会议公所和 1904 年改组而成的上海商务总会，成员多为民族工商业者。周晋镳任总理，贝润生、王震任协理，两年一任，另设若干名议董。1916 年，该会领导机构改组为会长、副会长，由宋汉章、朱葆三、聂云台、虞洽卿、傅筱庵分任会长。1927 年 5 月，南京国民政府宣布傅筱庵当选非法，予以解职，并成立临时委员会，推冯少山、林康侯等任主席委员。由于该总商会积极干预国家政治、自主性强，为南京国民政府所忌讳。1929 年 5 月 2 日，中国国民党中央常务委员会第七次常务会议决定该会停止办公，翌年 6 月 21 日成立政治色彩浓厚的上海市商会取而代之。

② 陆专使，即时任北京政府外交总长的陆征祥。陆征祥（1871—1949），字子欣，上海人，原籍江苏太仓。鸦片战争时，他随父亲陆云峰辗转到上海，毕业于广方言馆和同文馆，随清朝驻俄、德、奥、荷四国钦差大臣许景澄在驻俄使馆任翻译，此后即一直在外交界服务，成为中国第一代职业外交家。一战结束后，曾代表中华民国率中国代表团赴巴黎参加和会。

1919 年

日商三井洋行机器部来函开呈第一次订定纺纱机付价清单乞按约照付①

（1919 年 2 月 15 日）

多承照顾，感谢莫名。所有第一次订定之纺纱机，计五千二百锭，当时言明上海交货，进口税在外，共计英金一三三七一磅九先令一三辨〔便〕士。嗣后因贵厂嘱将该机器须于本年阳历八、九月装船，认加价六成（即十分之六）。敝行已将尊意转达伦敦照办矣。兹因屈指装船日期已近，机器不久当可运到，特先奉达，即请察照，并开呈付价清单一纸，乞即台核，按约照付为荷。

（申新总公司档案）

---

① 三井洋行（Mitsui Bussan Kaisha，Ltd.）是日本四大财团（三井、三菱、住友、安田）之首，历史悠久，专营国内外贸易，经营的品种保包罗万象，是日本综合贸易行。1876 年创办，称三井物产株式会社，本社位于东京，旋即来华开业，租船向上海输入煤炭等，先后于天津、上海、香港、营口设立分支店所，经营总进出口贸易及航运业。三井洋行是在沪日商洋行中历史最久、规模最大的一家。上海三井洋行（又名三井物产株式会社上海支店）成立于光绪二年（1876），是日本三井垄断集团与四十余家商社的代理店，它与三菱洋行一起垄断了日本与中国的贸易：从日本输出除棉制品以外的所有商品，从中国输入土特产、传统商品和原材料等。

华商纱厂联合会就植棉事宜呈北京农商部文[①]

（1919 年 2 月 20 日）

为呈请颁示验棉严章、取缔棉种输入、酌拨植棉经费、延聘美国棉业专家事。

恭读钧部公布《整理棉业局章程》[②]，规画周详，力图振发，具见政府重视棉业之至意，钦佩莫名。窃查我国棉花搀水并其他各项伪质，久为中外所诟病。沪、汉等埠虽均设有验棉专局，无如积弊太深，终难除革。百斤之棉，浸以五斤之水，不数旬而全棉尽废。其足阻华棉之销路，关系实非浅鲜。查天津验棉局成效最著，遇有搀水之花，一律火焚，售者、受者均处重罚。就表面观之，似觉办法过厉，然不如此，实无以绝奸商及愚农尝试之心。拟恳仿照天津章程，由官商合办验棉局，严订惩罚，以收正本清源之效。此应请颁示验棉严章者，一也。

年来国人渐知移植美棉之利，纷纷购种试验，诚我国棉业发达之基。窃查美国新近最重要之发明，一区之内，种不可杂，杂则异种交接，虽最良之种，不久即形退化。华棉之日形窳败，或系受此影响。所幸华美两种，据经验所及，尚无异种交接之患。故美棉尚可移植于我国产棉之区。第听私人自由购买，不先研究棉种之宜与不宜，一经杂乱，不独难收成效，亦且整理愈艰。拟请钧部，或棉业总局，或委托本会，设立购

---

① 华商纱厂联合会自 1919 年 1 月召开大会议决广设植棉场及纺织机工专校后，对于植棉场一节即在积极进行，并组织植棉委员会，推举聂云台、穆藕初、荣宗敬、刘柏林、徐静仁等为委员。2 月 20 日，聂云台、荣宗敬等人联衔呈文北京农商部，对于植棉事宜颇有重要建议。此为原呈内容。

② 1919 年 1 月 27 日，农商部总长田文烈将《整理棉业局章程》呈准总统徐世昌通过，由部令公布。章程共计 15 条，对整理棉业局宗旨、应办事务、机构职员设置及职责等均有规定。

种机关，凡宜棉之区，购入棉种，均由指定机关照本发给，凡私人所购外国棉种，一律禁止输入，如有违禁，经过中国邮局、海关者，一律没收，酌量给还种价。取缔虽严，收效较易。此应请取缔棉种输入者，二也。

本会前为改良植棉起见，拟聘请美国植棉专家来华视察各省棉区，设立全国改良植棉总会，呈奉一二六一号钧批，酌拨一千元补助旅费在案。嗣本会召集大会一再讨论，公决设场地点，如南京、上海、通州、无锡、余姚、汉口、天津、湖南等处，聘请美国棉业专家试植美种，并改良华棉，辨各省之土宜，定适当之种子，种子定后，再设立造子农场，以冀普散乡农。所有经费，由在会各厂用花一担自抽银一分，充美人薪金及试验场经费，核计每年收入仅一万余金，除由钧部拨助之旅费一千元外，不敷甚巨。拟恳酌拨常年经费若干，以示提倡。至聘用植棉家一层，前有美农部特派调查棉业专员史咏葛君声称，美农部植棉改良专家名可克者，经验最富、成绩最佳，若由我政府商请，必可暂时借用。至所需副手，亦可由可君代觅。史君现已回国代达本会借材之意，美使署商务参赞安立德君亦允为赞助，惟非得钧部向美使署商请，恐其无效。此应请酌拨经费，并商美使借用专门名家者，三也。

所有以上各缘由，理合备文呈请总长鉴核批示施行。再，植棉事宜，已议定由本会兴办，不再设立全国改良植棉总会，以节经费。合并声明。谨呈〈农商总长〉。

（上海《申报》，1919 年 2 月 23 日，第 3 张第 10 版；1919 年 2 月 24 日，第 3 张第 10、11 版）

中华国货维持会[1]来函要求劝告同业平沽纱布

（1919 年 6 月 4 日）

〈华商〉纱厂联合会诸公均鉴：

径启者：国步维艰，事变纷起，忧国之士，渐知以务本为要图，故提倡国货之举，日有所闻。当此时期，买者卖者，正宜交相辅助，以救危亡。敝会近接来信多起，均以纱布涨价，劝请平沽为言。素仰贵业诸君，一时俊彦，深明大义，共维国货，想有同情，爰特不揣冒昧，敬乞贵会长劝告同业，苟无不得不加之情形，还以决不可加为至要。区区愚忠，谅荷采纳。

附：华商纱厂联合会复函（1919 年 6 月 11 日）

径复者：接奉来函，以值兹提倡国货时期纱布涨价，嘱劝告同业平沽等情。查本年纱价之贵，实原于供不应求。自阳历三、四月间，十六支大包已涨至一百七十八十两左右，迨抵制风潮发生，日人意图破坏，贬价求售，不知者，往往以为华纱价值反较日纱为昂，其事〔实〕现今纱价仍在一百七八十两左右，与抵制前无甚悬殊。且厂家开出之价大都在一百六七十〈两〉之谱，比之市上现售之价相差甚远。此则市面使然，非由厂家之抬高也。谨此奉覆，至希转达前途为荷。

（《华商纱厂联合会季刊》，第 1 卷第 1 期，1919 年 9 月 20 日，第 211—212 页）

---

① 中华国货维持会，系由上海绸缎绉业、衣业、典质业等公所合并组成，其宗旨为：“保全商业，疏通已成之货，并研究新品进求发达，藉杜漏卮。”发行《经济杂志》《中国实业杂志》《实业杂志》等刊物。该会成立后，在抵制外国资本主义的商品侵略、保护和促进民族资本主义发展方面发挥了积极作用。

上海县商会呈请江苏省议会议免除麸皮税草议案[1]

（1919年11月21日刊载）

为请愿事。窃查麸皮即最粗之面粉，前清本无税则，民国以来苛征微细，商民艰困万分，前于〈民国〉六年【1917】一月呈奉财政部批准，照面粉成案一体免税，并无〈时〉限。而苏财政厅查核全省麸税，比较每年二万六千元，呈请复征。经面粉业全体迭向财政部请〈求〉免行，〈官〉厅议复，仍以为麸皮外销制造皮酒之用，无免税之必要，又以赈饥无采办麸皮之案，谓与饥民无关，并称如恐留难阻滞，尽可指名禀控等语。复查外销麸皮，系上海各厂装运，由江海关征税，即前两年免税之时，亦照章缴纳，与内地营销之麸毫无干涉；若制造皮酒，业经农商部考验，咨明财政部，麸皮不能成酿；至饥民以麸皮充饥，随地皆有饥民自行购食，自无采办之案。本年自奉复征之令，沿途如常关税，所托丁舞弊，节节留难，控不胜控，商民隐忍，何敢结怨于官厅？总之，麸皮以喂养牲畜为大宗，近年或以充肥料，方在试用时期，征税加价，肥料销路顿绝。我苏省以农业为重，工厂收养贫民，发展实业，姑不伸论，即此制造之民食、肥料，自应扶助发达，保护流通。在商厂纳税犹轻，而于农事畜牧所需、民生日用所急，实加重负担，以致营销减色。是麸皮纳税，不啻剥削小民，而摧残实业。一再思维，惟有备具愿书，呈请贵会主持公道议决，将麸皮一项仍予免税，咨请施行。不胜敬谨待命之至。谨陈。

（上海《申报》，1919年11月21日，第3张第10版）

① 此议案系由荣宗敬先生与上海县商会会长顾履桂及该会会员方宾穆、高汝琳、陶起凤等，联名向江苏省省议会提出，要求议决免除麸皮税。

1920 年

特派劝办实业专使总公所叶恭绰[1]来函告已被聘为该公所咨议

（1920 年 2 月 3 日）

径启者：振兴实业，为世界潮流所趋，即为吾国命脉所系。诱掖奖劝，条理多端；擘画经营，时机尤亟。恭绰自顾铨材，谬膺重任，彷徨瞻虑，滋惧弗胜。素仰执事洞悉舆情，研求经济，信用久孚于各界，议论夙重于当途，用备公函，聘请台端为敝处咨议，俾得遇事聆教，共策进行。务鉴鄙忱，期慰瞩望。此致荣先生宗锦。叶恭绰。中华民国九

---

① 叶恭绰（1881—1968），字裕甫、誉虎、玉父，号遐翁、遐庵，晚年别署矩园，广东番禺人，生于北京，清末举人。毕业于京师大学堂仕学馆，曾留学日本。1904 年起，任湖北农业学堂、湖北方言学堂、两湖师范学堂等校教习。1906 年任职邮传部、铁路总局。1912 年起任北洋政府交通部路政司长、邮政总局局长、交通部次长等。1918 年赴欧洲考察实业，提倡"交通救国"。1920 年任北洋政府交通总长兼交通银行经理，提议以南洋为中坚，合并成一所学校，名为交通大学。次年 3 月，主持将交通部北京铁路管理学校、上海工业专门学校、唐山工业专门学校等合并，组建交通大学，任校长。5 月辞校长职。1922 年访日本。1923 年后，任广东大元帅府财政部长、北洋政府铁道部总长等。1927 年任国学馆馆长。1929 年参与组织营造社。1931 年任国民政府铁道部长，翌年辞职，后任中山文化教育馆总干事、国民政府经济委员会委员、中国红十字会监事。财政部长、南京国民政府铁道部部长。1939 年在香港发起组织中国文化协进会。香港沦陷后，于 1942 年转赴上海，闭门谢客，拒受伪职。1949 年底至北京，1951 年任政务院文化教育委员会委员，中国文史馆副馆长、代馆长，国画院院长，1958 年被错划为"右派"。编有《全清诗钞》，著有《五代十国文》《遐庵汇稿》《交通救国论》《历代藏经考略》《清代学者传像续编》等。

年二月三日。

（国民政府和财政部特派及聘请荣宗敬等为中央银行理事等任状问题的档〈案〉，上海市档案馆藏）

日商上海三井洋行机器部来函为订购泼社制造纺纱机价款汇水事

（1920年3月4日）

前承订购泼社制造纺纱机四九九二锭之价格内日金四九六〇〇元整，订下汇水行情之事，已与贵员商议，今定三十一两又八分之五。照该价格规银一五六八六两整（定银在内），已蒙惠下，感谢不尽。

（申新纺织总公司档案）

日商上海三井洋行机器部再次来函告已悉有关购买纺纱机付款办法所嘱自当谨遵照办届时奉报不误

（1920年3月4日）

顷承枉顾，感佩莫名。蒙嘱所有纺纱机价日金二十万元，俟东汇行情三钱时，即行奉告，以便结定汇单，照付规银等情，敝行只悉之下，自当谨遵照办，届时奉报不误。

（申新纺织总公司档案）

为无锡申新三厂建筑争执事件致华商纱厂联合会函

（1920 年 3 月 13 日）

查五洞桥久已有名无实，与上海之三洋泾桥、南北泥城等桥相同。以现在地势论，振新纱厂①购地建筑栈房于前，申新纱厂向市公所购地兴造厂房于后，即使兴复五洞桥，已无道路可通。此一证也。又，无锡申新第三纱厂，甫于上年年底开办，呈部饬县保护。乃蒋哲卿不于该厂未开办之先修复五洞桥，独于该厂正在兴筑之际，率领多人至该厂建筑地面阻挠工作，谓非扰乱治安，其谁信之！现有拍来照片（略），蒋哲卿②在场督促。此又一证也。至无锡申新第三纱厂所购地基，或有粮单，或有市公所执照，有地盘图样、丈尺可稽。合并附及。

附 1：振新纱厂蒋哲卿致华商纱厂联合会函为无锡申新三厂建筑争执事件（1920 年 3 月 13 日）

华商纱厂联合会大鉴：

顷读报载，贵会为无锡申新第三纱厂事，致苏省军民两署暨实业厅文

① 振新纱厂，清光绪三十三年（1907）由荣宗敬、荣德生、张石君、荣瑞馨等 7 人集资创办于江苏无锡，资本二十一万元，纱厂的组织形式为股份有限公司。1914 年，振新纱厂股东发生纠纷，荣德生被董事会降职，荣氏兄弟愤而出走，于 1915 年在上海另创申新纱厂。

② 蒋哲卿（1886—1947），名曾燠，字时生，以号行，无锡河埒口人，早年毕业于南京两江政法学堂，1909 年赴日本留学，入法政学校，加入同盟会；无锡光复后，任锡金军政分府民政部副部长，后任国民党无锡分部副部长，接办《锡金日报》（后改名为《锡报》）；二次革命后，他因参与反对袁世凯，遭江苏都督冯国璋逮捕，后经人保释；1922 年，时任国会议员的蒋哲卿拒绝接受曹锟贿选，离开北京回到上海；旅沪期间，任无锡旅沪同乡会第一届理事长；1924 年接办耀明电灯公司，组建耀明新记事务所，自任经理，同年红十字会无锡分会成立，被推为理事长；1931 年接办振新纱厂、振元五金号，成为无锡实业巨子；日军占领无锡后，先后避居北平、苏州等地；抗战胜利后回到无锡，先后出任县人权保障委员会委员、县财政整理委员会主任委员、县实物征借委员会主任委员、无锡地方公款产业管理处主任等职；1946 年 4 月出任无锡临时参议会议长。

电,具见维护实业之至意。曾燠为贵会指名电请查拿之人,理应束身待罪,惟事实不明,终恐与贵会维护实业之意,愈相剌谬。窃敢为贵会剖析陈之。夫拆毁建筑物,系属刑事问题,即申新第三厂片面所称非虚,贵会应指令依法起诉,而贵会舍此勿由,岂谓刑法不足以保护实业耶?抑贵会明知申新第三厂实未动工,无建筑物可毁,为贵会会费计,姑敷衍为之一电,以壮实业家之声势,或径照其来稿照发,并不一审其内容欤?不然,拆毁建筑物之对付,已如上述之非,而扰乱治安,官厅不加遏止,必待申新第三厂之略请,贵会方得转电省吏查拿首要,则申新第三厂之设,不第振兴实业,且可维持国家统治权,何赖有县治机关也。不宁维〔惟〕是。丁锡培君,实无锡之一忠厚乡人,向非无赖。此次曾燠发起修复五洞桥并沿桥道路河岸,募捐所得无几。丁锡培热心公益,特尽美务,助燠督工,盖实非牟利徒也。而申新第三厂基地适沿五洞桥路旁,以该桥及道路一经修复,申新第三厂即不能遂其侵略之野心,故欲曾燠抛弃主张,既不可报警阻止,又不能计无可施。幸有贵会一意以维持实业为标帜,故隐其真相,遽以阻碍实业问题,动贵会之听,则贵会之出此,固亦曾燠之所原也。然事贵实在。曾燠以募捐所得修复桥路,实无余资,可与该厂互电攻讦。此案在贵会文电未发以前,已由曾燠呈准县署,照会地方公共团体会同城乡绅董,订定夏历本月二十五日下午二时,齐集五洞桥履勘解决。贵会为维持实业计,当亦不尽跋涉,倘蒙推举代表莅〈无〉锡指教,或亦敝邑地方公益事业之幸也。专此奉布,敬颂公祺。蒋曾燠谨启。三月十三日。

(上海《申报》,1920年3月14日,第3张第11版)

附2:华商纱厂联合会致江苏督军省长等电为无锡申新三厂建筑争执事件(1920年3月12日)

南京督军、省长、实业厅长钧鉴:

据上海申新纱厂略称:在无锡西门外分设第三厂,业经呈准农商部立案，饬县保护在案。现正建筑厂屋，突于三月九号，有蒋哲卿率领无赖丁锡培等多至二百余人，手持铁器、木棍，其势汹汹，拥至建筑场所，任意拆毁建筑物，碍阻工作等情。实属扰乱治安，阻碍实业，应请饬县查拿首要，从严惩办，以维地方，而保商业。无任祷叩。华商纱厂联合会叩。文。

（上海《申报》，1920 年 3 月 13 日，第 3 张第 10 版）

华商纱厂联合会来函为介绍天津整理棉业筹备处所派工科练习生及机匠来申新一、二厂实地练习事

（1920 年 3 月 25 日）

宗敬先生大鉴：

兹有天津整理棉业筹备处工科练习生刘鸣岐、余则永、钱学津三人，又机匠赵庆瑞、王荣深二人，拟投入贵【申新】一、二两厂，实地练习。兹特由筹备处驻沪管理员刘君秉衡领带前来，即希赐教。该生等薪〈水〉、伙〈食费〉，均由筹备处按月发给。并闻。

（《华商纱厂联合会季刊》，第 1 卷第 4 期，1920 年 7 月 1 日，“会务纪载・会务日志”，第 14—15 页）

为上海面粉业交易所请立案事呈北京农商部等文[①]

（1920 年 4 月 2 日刊载）

窃查民为邦本，食为民天，民与食本有密切连带之关系，一日不可

① 在中国面粉业兴起之初，各厂销售面粉，大都集中在茶会做现货交易。迄至 1919 年，日本商人仿效欧美国家各业大宗贸易集中在交易所的做法，也在上海设有“取引所”（交易所），经营粉、麸期货买卖。福新荣宗敬、王尧臣，阜丰宁钰亭，申大顾馨一等及面粉掮客多人，看到这一组织对厂方在控制原料与成品价格方面所起的作用，遂发起（注转下页）

无民，即一日不可无食。但菽、麦、黍、稷艺植之种类繁多，而因地制宜，利用之后先，亦不能一致。统筹世界全局，食麦者多，而食菽者少。从前制面事业，向无机制，自外洋发明机制面粉，输入我国后，国人咸知利用，国家又保护、奖励，按照仿造洋货办法，减免重税。由是面粉一业，骎骎乎有一日千里之概。

自欧战发生，我国机制面粉，遂为出口大宗。年来，上海一埠，日臻繁盛，所惜对于贸易方法，尚未有如何之研求，每不能与列强各国，争一日之短长。同业之隐受其害，犹复不少。所幸民国成立后，即首先设立上海面粉公会，以期营业之统一。然公会究为同业团体之集合，而与贸易一方，仍不能促何种之进步。同业有鉴于面粉事业之正在发展，乃于民国五年【1916】，即在公会设立面粉贸易所，凡同业之买卖交易，每日均在该所营业，且均有一定之时刻，隐然有交易所之模范。所慨规模未订，基础未深，日复一日，总不免有逾越常轨之举动。同业怒焉忧之。

溯机制面粉开创之始，以至于今，迭经无数阶级，而渐臻于完备，因少正当法定机关，致未能整齐划一，使营业上生种种之变化。同业见此情形，佥以为不经改革，即无以谋进化。然欲求其进化，似未能削足而就履，草率更改，而贻画虎不成之诮。上海同业，力求改革，屡次集议，经多数磋商之结果，均以面粉为世界各国日用所必需之品，现当欧战告终后，西陲之工商业，尚在求过于供之时代，则我同业不能不应世界之

(续上页注)组织“中国机制面粉上海贸易所”，后改称“上海面粉交易所”，并议定以福新系统的兵船商标为标准商标，推定王一亭、荣宗敬、顾馨一、宁钰亭、祝伊才、徐文彬为理事，狄巽公、程际云为监察，又公推王一亭、徐文彬为正、副理事长。交易所采股份有限公司组织形式，股份总额五十万元，作一万股，每股五十元，先招半额，由发起人共认十二万五千元。1920 年 1 月 11 日，交易所正式开幕。3 月，上海面粉业交易所荣宗敬等按照现行法例，呈文北洋政府农商部、江苏省实业厅以及上海县知事沈宝昌，请求核准立案。此为原呈内容。

潮流，以求猛进。探讨历来固有之习惯，顺应当今取引之规模，就原有之贸易所，改订规章，以股份有限公司方法，组织成立中国机制面粉上海交易所。

按照现行法例，须由发起人开列各款，署名签押，连同章程，呈由地方官转详高级转达农商部核准立案。兹交易所既完全组织成立，并认定股份，订立简章，规模俱备，理合呈请准予查照应设之理由，及历来之沿革，暨章程所载各项，俯赐核准立案，以维实业，而保商权。实为公便。

（上海《申报》，1920 年 4 月 2 日，第 3 张第 10 版）

与张謇①、金其堡②致清理江苏官产处孙少篘处长③函为遵缴承领衣周塘滩地款并请饬填照给执事

（1920 年 8 月底）

径启者：案准函开："奉督军、省长指令，内开：'会呈已悉，张绅謇等承领衣周塘滩地④，兴办实业，既据查无妨碍，价格相当，应即照准。除电财政部外，仰即将指定地亩复丈清楚，核明实数，收款给照，并函张绅等查照。此令。'合亟录令奉达。"等因，并核明此项滩地实数，共计一千二百九十九亩六分六厘，每亩一百二十元. 合计银十五万五千九百五十

① 张謇（1853—1926），字季直，号啬庵，祖籍江苏常熟，生于江苏海门，清甲午年恩科状元，中国著名的近代实业家、政治家、教育家，主张"实业救国"，中国棉纺织领域早期开拓者，上海海洋大学创始人。

② 金其堡（1873—?），字侯城，江苏宝山（今属上海）人，曾留学日本，历任江苏都督府统计课长、全国烟酒事务署签事、外交部政务司帮办、平津卫戍总司令部科长。

③ 孙少篘，生卒时间不详，时任清理江苏官产处处长。

④ 荣宗敬等人组织左海公司，承领衣周塘滩地，原拟建造工厂，后未实现。其所购土地分批出租给当地农民。

九元二角。兹特如数缴足，即请查照省令，分给印收部照，并会同宝山县知事暨该县清丈局，将过户、升科、丈给、方单等事分别办妥，以便填土兴工，筹办实业。至纫公谊。再，皓【19】日謇曾分电部、省，愿于每亩二十元之外，另加册照等费，勉副部意，并蒙督军、省长禡【22日】电，复开："已电部照此定案，并饬处遵办矣，即请缴款、领照可也。"等因，自应遵办。此项费用，即请贵处开明细数，分别另缴。除呈督军、省长外，即希查照办理。此致清理江苏官产处处长孙。左海公司代表张謇、荣宗敬、金其堡。

（《张謇全集》编纂委员会编：《张謇全集》〔3〕，上海辞书出版社 2012 年，第 842 页）

附 1：张謇复孙少筠函（1920 年 8 月底）

少筠贤友鉴：

得十日书，具悉一一。衣周塘领事，已与荣〈宗敬〉、金〈其堡〉二君备文正式呈递，文到之日，希予维持。价格一节，亦已详切言之矣。知注特复，并颂刻祺。

（《张謇全集》编纂委员会编：《张謇全集》〔2〕，上海辞书出版社 2012 年，第 688 页）

附 2：江苏省军民两长对张謇、荣宗敬、金其堡请领衣周唐滩地批文（1920 年 9 月 3 日刊载）

该绅等报领滩地，兴办实业，如无妨碍，自可照办，候令行财政厅、官产处会核具复，再行咨部令遵。

（上海《申报》，1920 年 9 月 3 日，第 2 张第 7 版）

与张謇、金其堡为已遵缴衣周塘滩地款请饬给照事呈江苏齐耀琳省长文

（1920 年 8 月底）

呈为遵缴滩款，请饬给照事。准清理江苏官产处函开："案奉督军、省长指令，内开：'会呈已悉，张绅謇等承领衣周塘滩地，兴办实业，既据查无妨碍，价格相当，应即照准。除电财政部外，仰即将指定地亩复丈清楚，核明实数，收款给照，并函张绅等查照。此令。'合函奉达。"等因，并经官产处核明，此项滩地实数共计一千二百九十九亩六分六厘，每亩价银一百二十元，合计银十五万五千九百五十九元二角。兹已分别现期如数缴处，即请转饬填照给执，并令会同宝山县知事暨该县清丈局，将过户、升科、丈给、方单等事分别办妥，以便填土兴工，筹办实业。实为公便。再，皓【19】日謇曾电钧署，愿于每亩一百二十元之外，另加册照等费，勉副部意，当蒙电复："已电部照此定案，并饬处遵办矣，即请缴款、领照"等因，自应遵办。此项外加费用，俟官产处开明细数，分别另缴，合并陈明。谨呈江苏省长齐〈耀林〉。具呈〈者〉左海公司代表张謇、荣宗敬、金其堡。

计缴现期票银五万元；又，三个月期票银五万元；又，五个月期票银五万五千九百五十九元二角，统共十五万五千九百五十九元二角。

（《张謇全集》编纂委员会编：《张謇全集》〔1〕，上海辞书出版社 2012 年，第 510—511 页）

北京田文烈[1]等来电乞求筹办赈济北方各省旱灾

（1920年9月16日）

上海周翼云局长，乞分送唐少川、唐蔚芝、陆伯鸿、沈子贤、盛泽臣、盛泮臣、盛华臣、许秋帆、贝润生、徐冠南、庄得之、王儒堂、余日章、施子英、管趾卿、杨信之、朱志尧、刘〔柏〕森、刘厚生、徐乾麟、秦润卿、朱葆三、宋汉章、王一亭、沈联芳、刘澄士、钱新之、叶葵初、盛筱山、李寿山、李馥毫、钟飞宾、荣宗敬、荣瑞馨、邵子瑜、傅筱庵、谢仲生、陈竹琴、周扶九、虞洽卿、闻兰亭、周金箴、邢蕊轩、张让三、顾馨一、唐露园、黄任之、沈信卿、萨桐生、钟紫垣、任筱珊、赵燧山、史良才、席子佩、汪汉溪、张乐君、朱吟江、祝兰舫、谢蘅牕、顾子槃、费鸿生、沈田莘、田新原、王子和、陈光甫、沈蘅甫、陈景安、狄南士、狄楚青、潘静波、陈炳谦、田汝霖、席立功、叶子衡、薛宝润、邱渭卿、乐振葆、汤节之、冯筱三、黄伯平、吴麟书、薛文泰、沈润揖、张云伯、陈瑞梅、张延钟、李柏葆、黄楚九、张彝仲、杨汉汀、徐宝琪诸位先生同鉴：

本年北方直、豫、鲁等省，亢旱成灾，赤地千里，哀鸿遍野，惨不忍言。据外人调查，灾民竟逾二千余万，荒象之烈，从来所未有。现经江浙人士，特约同十省同志，发起组织北省急振协会，各就心力，先行认捐，或筹垫凑集巨款，切实赈济，以补官赈之不及。惟灾区太广，全赖各

---

① 田文烈（18853—1924），字焕亭，亦作焕廷或焕霆，湖北汉阳人，北洋将领、民国政要。晚清廪贡生，早年毕业于北洋武备学堂。1882年与袁世凯随吴长庆部入朝鲜；1894年奉命回国，入袁世凯幕；1895年随袁世凯在天津小站编练新军，任营务处总文案，后历任县知事、知府、直隶巡警道等职；民国后，任北京政府总统府军事顾问；1913年8月18日，任代理山东民政长；1914年2月1日调任河南民政长兼会办河南军务，同年5月23日改任河南巡按使，旋改任河南将军，参与镇压白朗起义；1916年7月，任河南省长；1917年张勋复辟失败后，任段祺瑞内阁农商部总长；1919年，改任内务总长兼农商总长；1920年调署交通总长，后继任内务总长；1923年离职，闲居京津。

处募捐，源源接济，方能普救灾黎。夙仰诸公福善为怀，痌瘝在抱，务恳慨捐巨款，鼎力维持，俾资救济。鹄候电复，无任盼祷。田文烈、孙宝琦、曹汝霖、颜惠庆、钱能训、王克敏、张弧、吴鼎昌、冯耿光、张嘉璈、任凤苞、陶湘、卢学溥、蒋尊祎、沈化荣、施肇曾等同叩。谏。

（上海《申报》，1920 年 9 月 18 日，第 3 张第 10 版）

穆湘玥自洛阳致上海《申报》馆转北方工赈协会[①]函主张修筑陕州至潼关大道以工代赈

（1920 年 10 月 16 日刊载）

《申报》馆转北方工赈协会徐静仁、宋汉章、秦润卿、吴寄尘、史良材、沈信卿、黄任之、钱新之、陈光甫、刘柏森、荣宗敬、田新原、王杏塘、聂潞生、张则民及诸位先生均鉴：

鱼【6 日】、齐【8 日】两电及虞【7 日】函，想已均邀察及。弟于今日到陕州，沿途调查本年秋成，丝毫无收。灾民因觅食无方，挈同子女往外逃荒者，触目皆是。问知陕州南山一带灾民，均以树叶晒干，磨粉作馒，以之充饥，甚至树叶不敷众食，有兼取白土和之成馒而食者。弟因不克亲往视察，至陕州晤毅军统领兼豫西剿匪总司令丁香玲[②]君谈及此事，渠谓确曾亲历其地，而尝食之，是南山灾民食树叶及白土之说，可确信

① 1920 年，北方直、豫、鲁等省发生旱灾，灾民人数达两千多万，其中豫西地区尤为严重，且因灾区偏僻、交通不便，土匪猖獗，一时无任何组织前去调查灾区，实施救济。张謇等得知这一情况后，组织华商纱厂联合会、银行公会、钱业公会等团体，集议决定集资 50 万元，采取"以工代赈"方式，对豫西灾区实行救济，在 1920 年 9 月 25 日组织成立北方工赈协会。

② 丁香玲（生卒年月不详），行伍出身，初投入北洋军部队，属姜桂题毅军赵倜部属，民初任毅军右军统领。1913 年，随赵倜追剿白朗，1914 年白朗失败后，赵倜升任河南督理，丁随军驻洛阳，后任河南豫西镇守使兼第一混成团团长。1924 年 9 月第二次直奉战后，丁部被憨玉琨吞并。

无讹。有心人闻之，当无不代惨伤也。

弟虞【7日】函述修路之举，原拟自陕州而至潼关，惟查观音堂至陕州之路，即使陇海即日开工修筑，而沿途灾民甚众，恐不能悉敷容纳。陇海所筑之路，系属轨道，其间建桥梁、开山洞，种种大工程，计非三四年不克全路告竣。现待赈之灾民，既不能任听坐守以待毙，而将来陕州至潼关之大路工先毕事，如观音堂至陕州之轨道不能通行，是犹五脏病愈，而喉疾为梗，出纳不灵，经络阻塞，斯仍无补无事。若果并修观音堂至陕州之大路，既可以多纳沿途灾民，而将轨道告成，此项大路，既各异道，仍不失其效用。是以弟现改变方针，拟自观音堂大路修通陕州而直达潼关，以期灾民得多容纳，而全路获早日畅行，实于工赈、交通，两有补益。

前次集议以工代赈之办法，弟过洛阳，已将我同人之主旨，面为吴子玉将军[①]陈述，极荷赞许。我同人之乐善不倦，其于工赈之举，既极赞成，且深盼速即举行。此次弟沿途查勘，〈吴〉子玉将军特电军队保护，并派差遣二员帮同调查，允宜即速进行，以副〈吴〉子玉将军之热忱。现全路查勘过半，推算全路每里土方平均约须洋一千元，全路约须三十万元。前信二十万元，兹以路线加长，已不敷足，应请诸公俯予怜悯，竭力筹备款项三十万元，将来工程开作，当覈实从事，撙节支销，庶一钱得获一钱实用，如有款余，即备为日后养路之需。

诸公热忱在抱，惠加灾黎，定荷集议许可，成此伟举。将见豫西灾民，共沐鸿庥，四省行旅，同戴盛德，其食报当千秋万代也。如蒙决定，

① 吴佩孚（1874—1939），字子玉，山东蓬莱人，直系军阀将领。秀才出身。1898年投军，曾任北洋军第三镇曹锟部下管带、第三师团、旅、师长。1919年五四运动时，以“爱国军人”姿态，反对在巴黎和会上签字。冯国璋死后，与曹锟继承直系军阀首领，1920年联合张作霖打败段祺瑞，任两湖巡阅使、直鲁豫巡阅使。1923年残酷镇压京汉铁路工人大罢工，制造二七惨案。1924年第二次直奉战争中，被奉系打败。1925年在孙传芳拥护下，任“讨贼”联军总司令，1926年其主力在湖北被国民革命军打败。1927年逃至四川，依附杨森等。九一八事变后，蛰居北平。抗日战争爆发后，拒绝出任伪职。

乞电遵行。专此，敬颂均安。穆湘玥谨启。

（上海《申报》，1920 年 10 月 16 日，第 3 张第 11 版）

陕赈要人严庄①、李协②、吴聘儒③来书论穆藕初拟修陕州至潼关大道以工代赈意见

（1920 年 10 月 17 日）

上海《申报》馆转穆藕初先生暨北方工振协会徐静仁、宋汉章、秦润卿、

① 严庄（1889—?），字敬斋，陕西渭南人。清季肄业于上海中国公学，旋奉同盟会陕西支部命回陕，计划并发动光复西安事。1913 年，赴美留学；1917 年，获得美国密西根矿务大学理学士及矿师学位；1919 年，归国，任太原矿务局技师；1923 年，任陕西省政府工业司技师；1925 年，任国际劳动会议代表；1927 年，任陕西省政府委员兼建设厅长；1928 年，任国民政府赈款赈灾委员会常务委员、赈务委员；1930 年 1 月特派为振务委员会委员，同年 6 月 23 日任工商部参事，9 月 24 日，任工商部劳工司；1931 年 5 月任实业部劳工司司长；1932 年 3 月 5 日，任实业部矿业司司长，同年 10 月 28 日，任监察院监察委员；1938 年 2 月至 1940 年，兼任甘宁青监察监察使。1944 年 8 月，派为本年第一次高等考试初试监试委员；1945 年 1 月，派为本年司法人员考试监试委员；1946 年 11 月，当选为“制宪国民大会”代表。1947 年 3 月 11 日，辞监察院监察委员职，改任江苏区监察使；1948 年 5 月任“行宪”第一届监察院集会筹备委员会委员。

② 李仪祉（1882—1938），原名协，字宜之，陕西蒲城人，我国近代著名水利科学家、教育家。1898 年中秀才；1904 年考入京师大学堂预科德文班，1908 年毕业，获举人资格；1909 年留学德国柏林工科大学，修土木工程，后改习水利；1912 年回国，创办三秦公学；1913 年赴欧洲考察水利，旋留学德国柏林丹泽大学，修水利工程；1915 年年回国，参与创办南京河海工程专门学校，任教授、教务长；1922 年任陕西省水利局局长兼渭北水利工程程局总工程师；1923 年兼陕西教育厅厅长；1925 年 5 月兼任国立西北大学校长，同时兼任国立北京大学、同济大学、南京河海工程专门学校教授；1927 年任上海港务局工程师、局长，兼任南京国立第四中山大学教授；1928 年任华北水利委员会委员长兼北方大港筹备处主任；1931 年发起中国水利工程学会，并当选为会长，创办《水利》《黄河水利》杂志；1932 年创办陕西水利专修班；1933 年任黄河水利委员会委员长；1937 年任中央研究院评议员，后兼任中美工程师协会董事、清华大学名誉教授等。著有《水力学》《水工试验》《潮汐论》《后汉王景理水之探讨》《黄河治本计划概要叙目》《水功学》等教科书及著作。

③ 吴聘儒（1885—1924），字希真，陕西乾县人。清末庠生，后就读于三原宏道学堂，后辍学留学日本，得识孙中山，入同盟会。归国后，担任西北革命工作，创设平民共济会，联络党员。二次革命起时，在乾、醴、兴、武各县，号召群众谋大举，以饷弹缺乏失败。后又参加护法、靖国各战役，旋解兵柄，只身东游，劳心过度，积劳成疾，于 1924 年疾卒于北平协和医院，年仅 39 岁。

吴季仁、史良才、沈言卿、黄任之、钱新之、陈光甫、刘伯〔柏〕森、荣宗敬、田新原、王杏塘、张则民诸先生均鉴：

昨阅报章，藉悉藕初先生对于工振事宜，建议修筑自陕县至潼关大道，藉便秦棉出口，规画宏大，虑远思深，救灾民之热忱，溢于言表，无任钦佩。但其所举八利之中，有与事实不符者，有窒碍难行者，且有鄙见所及，用以工代振之法，而其利倍蓰，其益更无已时者。谨尘概略，聊资采择：（一）陕州至潼关路线，名为一百八十里，其实约有三百余里，就原估修筑费二十万元加倍之，则非四十万不可；（二）陕县至潼关，沿途尽属土山路，多在沟中，深百尺至三百尺，工程实巨，且陕州至潼关仅此一路线，动工时断绝，交通尤属可虑，如重劈山垫沟，为工更巨；（三）陕西棉花，完全由黄河运出，此路与运棉绝无关系，纵云此路修通，运棉较河道便利，而运价既较昂，洛潼铁路开工在即，一旦告竣，则此一段土路自无车尘马迹。以今日工程如是之浩大，需款如是之繁巨，而异日无丝毫效果之可获，此协等所踌躇显虑者也。

协等陕人也，陕省亦北方灾区之一，今既拟以工代振，谋运陕棉之便利，则就陕言陕，其利亦有不可胜言者，谨约略述之如左：（一）陕西之所以频年旱荒者，由于水利不兴。查泾阳县吊儿嘴地方，为泾水经过之地，源泉滚滚，昼夜不绝，曾经地方绅耆察看，估计预算水利所及，可灌溉泾阳、三原、高陵、临潼、富平、渭南、朝邑、大荔、蒲城、澄城十县，特以工程浩大需款，非二十五万元不能告竣，故屡议屡辍。今若能以修筑陕潼土路之款，移而开办陕中水利，则陕民获以工代振之益，当不止十世、百世；（二）陕西产棉之区，以渭河北为最富，水田既可灌十余县，将来棉花收获，较今日必倍蓰。棉既富有，价必低廉，此于棉纱前途极有关系；（三）陕西中以产麦者，平时接济豫晋等省，为数甚巨，水利既兴，则他省之民可资仰赖，而工价亦不至涨落无常，明可减工人之痛苦，暗即消罢工之风潮，纵云救荒，实系为陕中谋久远之图，绝非掷黄金于虚牝也。

故就管见所及，拉杂陈述，是否有当统希公裁，并颂筹绥。

（上海《申报》，1920 年 10 月 17 日，第 3 张第 11 版）

附：穆藕初复严庄、李协、吴聘儒函（1920 年 10 月 19 日）

上海《申报》馆转严庄、李协、吴聘儒诸先生均鉴：

顷自观音堂至潼关查勘灾区回，展阅报载大函，藉知诸君子对于鄙人拟以工代赈兴修自陕至潼之大道，意不尽然，欲以修路工赈，移浚陕西泾阳、三原、高陵、临潼、富平、渭南、朝邑、大荔、浦城、澄城等十县水利，具见桑梓关怀，良深钦佩。惟查大函所称各节，有与事实不尽符合者，既辱见告，兹缕陈之。

（一）查自陕县至灵宝计路六十里，灵宝至阌乡六十里，阌乡至潼关亦六十里，共计路程一百八十里。其路鄙人于查勘时，既曾挈同前洛潼铁路工程师亲历，且曾视时表出里数，每旬钟约行十里，是与其他之道路计里相同，并无三百余里之多。大函谓为三百余里者，盖泥于土人大里之说，为之倍而计之耳。又，此路经工程师沿途查勘，计自陕〈县〉至潼关路一百八十里，约须费洋二十万元，已可敷用。惟鄙人现以自观音堂至陕县铁道，虽有即日兴工之议，但有建筑桥梁、开辟山洞之种种工程，难刻日所能观成。爰将修路计划改自观音堂至潼关为止。查观音堂至陕县，计路一百里，加以陕县至潼关路一百八十里，共计路二百八十里，路线虽加长，将来以一钱作一钱之实用，不事铺张，约计须费洋三十万元。大函谓自陕至潼关修路费非四十万元不可，此盖计里误会所致耳。

（二）陕县至潼关尽属土山，路多在渭中，诚与大函所称相同。惟此项土山本系高原，自路面计至山巅，其高至百尺者有之，若在二百尺者，则所经之路未之前见。自陕至潼，虽仅此一路，将来兴修时，自上而下，将土挑铺原上，即不致有断绝交通之虞，固无重行辟山也。原有之沟悉仍旧贯，将来并拟于路边添掘沟道，以资宣泄，亦无事垫沟为也。

（三）陕西棉花是否尽由黄河运出，姑不具论，惟入口货物是否亦尽由黄河上溯而至陕西，诸君人陕人当能尽知，毋待赘述。鄙人此次途中所见输送药材、布匹等货，均系载诸大车、骡驼，遵陆往来，只以路窄陂偏，常受壅塞之苦，人畜并困，食用慨然。无论洛潼铁路达至潼关，尚无时日，舍曰铁路通车，试问能尽舍大道而不行否？东西各国轨道纵横，几同蜘网，而国路犹不废弃。我国朝野现亦提倡修辟国路之议，是观潼大通不论在现时或将来，均有兴修之必要。无患乎铁路通行，不见车尘马迹也。

（四）大函所计画之水利，仅陕之十县，而自观音堂至潼关之大道，则关系秦、晋、陇、新及蜀北之交通。现既克以工赈豫西一带之灾民，且能谋数省商业之发达，其轻重大小，诸君子细思之，当亦善与人同，为公众谋利益也。

（五）秦、晋、陇、新、蜀北、豫西出产之丰，不仅区区棉、麦两项，历来货物之滞积，良由于交通之艰阻，如能将自观音堂至潼关之大道修整畅行，则将来出入货物，自必益形发达，于商业之营运、民众之生活，咸有蒸蒸日上之乐观。是观潼大道之修，实为切要之图，并非鄙黄金于虚牝也。

（六）陕、豫虽同受灾荒，而轻重有别，既授以工代赈，自应从重处着手。鄙人兴修观潼大道之议，原为谋数省之交通，兼从豫西灾民就近易赈起见，并非专为运棉花而设。虽间陈八利之中有运棉便利条，此乃举一反三之说，系可类推，请阅全文，当能晓然。目陕西灾情，固不全系于旱魃，而兵匪交乘，实为大原因。国之内地，虽不尽知，即以潼关而论，区区之地，已有七司令之多，有保卫地方情形，诸君子当已详知，不劳词费。即使在泾阳等十县水利兴修，恐民之灾困仍不能舒，应如何为陕民谋根本安全之计，还请诸君子图之。

谨复所见，即请谅恕，并颂公绥。穆湘玥谨启。十月十九日。

（上海《申报》，1920 年 10 月 23 日，第 3 张第 11 版）

与顾履桂[①]为恳令行各省财政厅各海关常关准将面粉麸皮均免加征正税四成事致上海总商会函

（1920 年 11 月 26 日稍前）

准税务所函转，“奉部电，北地灾赈，急需照案应免税厘者，此项赈捐应征正税四成。”查面粉因抵制外货，麸皮为喂饲牲畜，向均免纳税厘。本年以北地灾祲，面粉出口每包除捐湘赈三分外，每包加收赈捐一分七厘半；面粉业又捐助华洋义赈会银五万元，该会购运北赈面粉十万包，只收半价，已竭尽义务。应恳令行各〈省〉财政厅、各海关、常关查照，准将面粉、麸皮均免加征四成，以恤商艰。

附：上海总商会致北京财政部等电（1920 年 11 月 26 日）

国务院、财政部、农商部、劝业督办钧鉴：

顷据上海面粉公会顾履桂、荣宗锦函称：“准税务所函转（以下略，同上），准将面粉、麸皮均免加征四成，以恤商艰。”等语，合亟转呈，伏乞电示祗遵。上海总商会叩。有。

（北洋政府财政部档案，中国第二历史档案馆藏）

① 顾履桂（1869—1937），字馨一，上海人。早年以经营杂粮行起家，曾任上海华商杂粮交易所经理，后投资立大、申大面粉厂、上海通商和商业储蓄银行、正大银行、中华商业储蓄银行、开明房产公司和利泰纺织公司等；1910 年上海议事会成立，被选为董事，后历任上海县商会会长、总商会会董；1920 年和荣宗敬组织上海机制面粉公会，分任正副会长，并组织成立上海面粉业交易所；1927 年参与组织上海商业联合会，后又任上海市货物税局局长。

上海面粉公会为取消货物加征赈捐事致上海总商会函

（1920年12月5日刊载）

货物加征税赋一案，业经分电〈国务〉院、〈财政〉部邀免，并经〈江苏〉省议会电请停止实行，迄未奉复，商情惶急。今面粉业特开会集议，佥以麦价奇昂，商业困难，而赈捐为慈善性质，不入政治范围，乃沿途关卡扣船勒收，同业惟有歇业停运，以固商本。除电请〈江苏省〉财政厅通令各税所，一体记数放行外，应请电〈财政〉部通令停止加征振捐以安商业。上海面粉公会顾履桂、荣宗敬。

附1：上海总商会致北京财政部电（1920年12月5日刊载）

北京财政部钧鉴：

（内容同上电，略）。据上海面粉公会顾履桂、荣宗敬函请转电前来。查上海工厂林立，一经歇业，工人数万，哗噪堪虞。相应请钧部即日电令各常关、各〈省〉财政厅，面粉、麸皮、小麦免予加征，以维实业，实为公便。上海总商会。

附2：华商纱厂联合会致北京大总统等请求取消加征赈捐电（1920年12月4日）

北京大总统、国务院、财政部钧鉴：

财政部以振济筹款，于原有税捐附征一成，呈奉大总统指令，如拟办理等因。中央对于灾黎，痌瘝在抱，仁慈悱恻，钦佩莫名。第查民国约法第八章第五十条，“新课租税及变更税率，以法律定之”。今以赈灾美名，违法苛敛，市怨商民，窃以为政府所不取！道路传闻，且谓中央藉赈筹款，为收买议员之赀。不经之谈，固不足信，然为我大总统、总理、总长计，具我佛慈悲之心，受人民极端之毁，似亦不值。失灾民冻馁而死，政府固当负职，商民被敲骨击髓，铤而走险，政府岂能辞其咎乎？本会自联合他业，组织北方工振协会以来，纱厂一业，捐款达数十万，均出自动，急振之品，厄于津浦之车，以致查而未放，工振又积极施行，自问对于灾区，业已竭尽棉〔绵〕薄。乃经此加征之令，向之慷慨捐输者，顿然心灰意冷，恐灾民有知，亦怨我政府措施之失当。本会集议，佥以为加征之举，应请我大总统、总理、总长迅即通令取消。本会同人爱国家、爱政府，不得不慨切陈之，采纳与否，悉听钧裁。华商纱厂联合会叩。支。

附 3：上海总商会、上海县商会致北京财政部电请求取消加征货捐令（1920 年 12 月 5 日刊载）

北京财政部钧鉴：

上海税所函转钧部艳电，"货税附加征赈捐一案，事关通令，且系暂行，仍饬劝导"等因，奉此。查沪商对于北赈经过情形，前经电呈，自奉加税之令，货税关于成本，深恐一致反对，万一实行，激成意外，影响且及正税。敝会见闻所及，未敢缄安，合再电请取消前令，以顺商情，至深叩祷。上海总商会、县商会叩。

（上海《申报》，1920 年 12 月 5 日，第 3 张第 10 版）

1921 年

与刘柏森、沈镛[①]等呈江苏省财政厅请将上海闸北水电厂[②]改归官商合办文

（1921 年 1 月 13 日稍前）

窃上海闸北水电厂，自移归省有以后，资本缺乏，因循敷衍，不加整理，致有水浊灯暗之事，商业、居民两受其累，而其尤背人民之心理者，则莫如租电转卖一事。查闸北系属华界，居留人士，各存爱护国土之心，故凡百商业，逐渐建设，遍于闸北一带。该厂水电并名，实则有水而无电。所用供给用户之电气，悉向租界工部局电气处租用，复加价以剥削商民，不为永久自立之谋，而作苟且乞邻之举，本属非计，只以属于省有营业，相沿至今，无从过事苛求。现在居户日增，工厂林立，该厂所租

① 沈联芳（1870—1947），名镛，字联芳，浙江吴兴（今湖州）人，学徒出身。1893 年到上海瑞纶缫丝厂当职员，后升为高级职员。1900 年，与友人合资创办振纶洽记缫丝厂，自任经理。1908 年自办恒丰缫丝厂，所产丝织品以“飞虎”、“玫瑰”为商标，远销欧美。后将丝厂出租，转为房地产经营，先后建造恒丰里、恒通里、恒祥里、恒康里、恒乐里等里弄住房和恒丰大楼，出租经营。1910 年后，任闸北商团会长、闸北市政厅副厅长、闸北水电公司董事、上海总商会副会长等职。五四运动期间，与会长朱葆三为迎合日本，以上海总商会名义通电，主张由中日直接交涉青岛问题，遭到反对后，被迫于 1920 年 6 月辞职。抗战时期，沈不愿事敌，拒绝出任日本委任的伪上海特别市副市长。

② 清末上海英商借筑路和供水为由，阴谋扩充租界。1910 年，上海地方人士为抵制英商阴谋，呈准两江总督张人骏拨借官款，筹集商款，于 1911 年在闸北潭子湾建厂，初名闸北水电公司；1914 年改为官办，名江苏省立上海闸北水电厂；1924 年又改为商办，名闸北水电股份有限公司。

电气，已觉不敷燃点，况工部局之电厂电力，在租界中尚自供不应求，设一旦合同期满，停止接电，不独闸北商民同处于黑暗世界，而各种工厂亦将因之停顿。伏思水电事业，关系地方綦巨，欲求发达，应计安全。该厂开办迄今，习于固陋。以电气言，则有上述之危险；以水量言，则池管装置新旧、粗细不等，以致出水混浊，每遇火患，水力不足，难资救济，地方啧有烦言。且该厂历年积余之款，留作扩充之费者，已为省中提充别用，是该厂之整顿，更无希望。商等工厂资产，多数在于闸北，统观地方情形、水电现状，群以后患堪虞，忧心如捣，用是公同集议，详细调查。按闸北现在居户人口及工厂数目计算，照该厂现有水量，约须增加一倍，约二百四十万加伦，所有添机等费，约需银四十万元。而电气一项，则非自行购机发电不可，照现时闸北所用电气计算，约须五千某罗华脱，此项购机、建厂等费，至少需银一百二十万元。总计扩充水电两项费用，共需银一百六十万元。事关地方前途，思患预防，不得不缕陈颠末，合词上陈，拟恳厅长俯念闸北地方重要，水电为居民、工商日用所需，准如所请，速筹的款，一面会商实业厅，确定扩充计划，以利进行。倘省款一时难筹，兹事又急切难缓，拟请将该厂订为官商合办，只须有妥善办法，则商等为地方计，为资产、工厂计，亦当合力投资，以期早观厥成。应如何办理之处，伏希批示祇遵。再，该厂属于省有营业范围，如蒙核定办法，并乞呈请省长，咨交省议会议决施行。合并陈闻。

附：江苏省长咨交省议会议上海闸北水电厂改归官商合办案原文（1921年1月13日[①]）

为咨请事。据财政厅厅长严家炽[②]呈称："窃据上海闸北各商刘树

① 此为省议会收到该咨文的时间。

② 严家炽（1873—1952），字孟繁，江苏吴县（今苏州市）人。幼承家学，清末年间由附贡生选授吏部司务，后历任九江府江防同知、景德镇同知、广东韶州知府、广州知府、广东巡警道等；辛亥革命后，历任粤海关监督、广东财政司长，广东、湖南、江苏等省财政厅（注转下页）

森、荣宗锦、沈镛等呈称：‘（中略，内容见上）’等情。准此。查上海闸北一带，居户日增，工厂林立，水电两项，需用既多。该厂供不应求，断非现状所能维持。据请扩充整顿，应地方之需要，便居民之日用，办理似不容缓。惟省地方款，均有预算，规定该厂按年应还大仓洋行①借款，刻未全行清偿。前项扩充费用，数至一百六十万元之巨，省库断难独任，自以官商合办为宜。第官股应增几何，先须指定款目，列入预算，庶执行有所依据；而扩充厂务，事属变更省有营业，亦须经议会核议。据呈前情，除批示外，理合呈请转咨省议会议决，公布遵行，实为公便。并据闸北水电厂厂长汤文镇折呈，“窃查本厂营业事项，分水、电两宗。关于电之方面，经单前厂长与英工部局续订合同，自民国八年【1919】七月八日起，按照合同条件，由工部局租电，以五年为最短期限，期限届满以后，如非于十二月以前，由任何一方面先行函知，本合同仍继续有效。厂长自当查照此项合同继续办理，体察闸北情形，商务日渐发达，用电之户亦逐渐增多。厂长到差伊始，即与工部局洋员妥为接洽，此后日用电新户，悉由厂分送；及从前由工部局直接送电各户，并由厂逐渐收回，以保主权。此对于电之方面，着手整顿之大概情形也。至关于水一方面，职厂每日供给地方用水，胥赖池沙清滤。池内沙层愈厚，则出水愈清而速，通常沙层应有四尺之厚，方属合宜。厂长到差后，详查厂内大小沙池六口，因使用既久，沙层损耗，亟应添购新沙，以备淘洗。并查沙

（续上页注）长，热河官产总处副处长等职；1920年曾为东南大学校董，为洞庭东山旅沪同乡会首任会长。1938年，投靠日伪，先后任伪维新政府财政部次长、部长，汪精卫伪南京国民政府财政部常务次长及伪全国经济委员会委员，抗战胜利后获刑7年，解放后刑满释放。

① 大仓洋行，又名大仓商事株式会社上海出张所，一家日资洋行。1906年开设，行址在上海二马路（今九江路）20号台湾银行大厦内，以经营进出口贸易业务及保险代理业务（代理千代田生命保险相互会社、大仓火灾海上保险株式会社）为主。1913年在浦东设建大仓益昌码头，并建可容纳5万多吨货物的仓库5座，及一艘25吨重的小蒸汽船“大仓丸”，以经营码头及仓储业务。后又代理东亚兴业株式会社，在华进行金融投资业务。

滤池，现虽增至六口，而用户增多，仍有供不应求之势。缘闸北以三十万人民计算，尽有不用电之户，断无不用水之人，势非另筑沙池，并掉换口径较粗输送之水管，不足以应急需。按建筑沙池、酌换水管所需之款，约须三万两之谱，均经列入预算，拟即着手进行，以裕水源而免地方责难。总之，本厂为营业性质，办理得法，不难日新月异。如单前厂长任内，六年下届盈余二万一百三十六元；七年上届盈余一万五千零六元，下届盈余一万四千七百四十六元；八年〈上〉届盈余一万七千二百四十七元，七月初一至十一月二十日盈余一万三千九十四元。逮蒋厂长接事，自十一月二十一日起至十二月底止，盈余一万二千九百七十四元；九年上届盈余八万七千四百二十元，下届计算尚未送到，约计盈余，亦与上届相仿。是本厂经各厂长整顿以来，查有盈余，并无亏耗。事实俱在，斑斑可考。此厂长调查所得之实在情形也。”各等情。据此相应依据《省议会暂行法》第十六条之规定，咨请贵会交议公决。此咨。

（上海《申报》，1921 年 1 月 15 日，第 3 张第 10 版）

致张则民[①]函允准王苑卿至申新厂研究布机数日

（1921 年 1 月 17 日）

则民先生大鉴：

顷奉手书，祗悉王君苑卿拟至敝厂研究布机数日，尽可如命，即希转致前途来厂可也。

① 张则民，时任华商纱厂联合会书记。

附：张则民致申新一厂荣永达①先生函（1921年1月17日）

永达先生大鉴：

兹有王君苑卿，拟至贵厂实习布机数日，已承宗敬先生允可，特为介绍，敬希接洽为荷。

（《华商纱厂联合会季刊》，第2卷第3期，1921年5月1日，第258页）

淞沪粮食维持公会来函乞维持面粉价格

（1921年2月17日刊载）

〈顾〉馨一、〈荣〉宗敬两会长均鉴：

顷有会员报告："新年面粉之价，每包五十磅，又涨价二分，显系投机者抬价肥已"等语。敝会闻悉之下，一筹未展。素仰两公维持公益，靡役不从，用敢据情，仰乞俯念面粉关系民食，即日开会，兼筹并顾，足纫公谊。

（上海《申报》，1921年2月17日，第3张第10版）

上海机器面粉公会致中国驻英公使顾维钧②电感谢其为中国面粉运销欧洲所做工作

（1921年4月1日）

伦敦顾公使钧鉴：

中国农产，麦为大宗。近年机制面粉，运销欧罗巴洲，数达五十余

① 荣永达（1874—1926），投资申新纺织厂第一厂，初为副经理，后任经理。

② 顾维钧（1888年—1985），字少川，江苏嘉定县（现为上海市嘉定区）人，1899年考入上海英华书院，1901年考入圣约翰书院，1904年入美国哥伦比亚大学，专攻国际法及外交，获博士学位，是中国近现代史上最卓越的外交家之一。1912年回国后，任袁世凯英文秘书、内阁秘书、外交部顾问和宪法起草委员会等职，1915年起历任北洋政府驻墨西哥、美国、古巴、英国公使，时任驻英公使。

万吨，挽回权利数千万。此次我公使与外相交涉，请卫生大臣征〔证〕明中国面粉无毒、品质良好、适合卫生，销场愈佳，粉厂同业均深感戴。上海面粉公会会长顾履桂、荣宗锦叩。

（上海《申报》，1921 年 4 月 2 日，第 3 张第 10 版）

上海中国机制面粉公会致北京政府电请与日使严重交涉取消免征日本面粉税厘案

（1921 年 7 月 19 日）

北京国务院、农商部、税务处、外交部、劝业专使，山东省长钧鉴：

中国机制面粉，营销内地，准免税厘，原为抵制洋粉而设。今日本满洲面粉厂，违背通商条约，在济南设立分厂，官厅不予禁止，已失主权。乃税务处以外交部咨准日使照会，援中国面粉免税成案，特予免征日本面粉税厘，咨行山东省长通饬施行，未免置中国厂商于不顾。中国厂商，本政府提倡实业之旨，费巨大资本，购办机器，在各省设厂制粉营销，将与洋粉稍可竞争者，惟此区区税厘耳。如日本开此先例，美粉接踵援请，中国机制面粉，势必销路滞呆，竞争无力，不第各厂停机歇业，工商俱受影响，即中国商民，将来谁敢再办实业？履桂等忝居会长，不忍缄默，用敢据实电陈，仰祈提交国务会议，与日使严重交涉，取消免征日本面粉税厘之案，以顺商情，实为公便。上海中国机制面粉公会顾履桂、荣宗锦叩。皓。

（上海《申报》，1921 年 7 月 21 日，第 4 张第 14 版）

致江苏督军齐燮元[1]函对其承父命独力陆续捐助兴建东南大学图书馆表示谢忱

（1921年10月14日）

抚万督军麾下：

东南大学创立伊始，经费奇窘，以是对于学生最为需要之图书馆，估计十余万元，无款未能兴工。謇等谬承教育部聘为大学校董，负有辅助之责，正拟筹募捐款，从事建筑。适接校长郭君秉文报告，敬悉此事已蒙麾下秉承太翁孟芳先生慨允撙节廉俸，独力陆续捐助，东南学子，咸受沾溉。闻讯之余，曷胜钦感。用肃谢忱，幸希垂照，并请转陈太翁，祗颂勋安。张謇、蔡元培、王正廷、袁希涛、聂其杰、穆湘玥、陈辉德、余日章、严家炽、钱新之、荣宗敬、江谦、沈恩孚、黄炎培、蒋梦麟、任鸿隽谨启。

（《北京大学日刊》，第865期，1921年10月14日，第2版）

① 齐燮元（1879—1946），原名齐英，字抚万，号耀珊，天津宁河人，秀才出身，保定北洋陆军速成学堂炮兵科二期毕业，历任旅长、师长、淞沪护军使，时任江苏省督军，后任江苏军务督办、苏皖赣巡阅使，1924年因第二次直奉战争中直系大败被段祺瑞免职；1937年7月抗日战争爆发后在北平投敌，任伪华北绥靖军总司令，10月与王克敏、王揖唐等组织伪政府筹办处，策划成立伪华北临时政府，1940年3月任华北政务委员会委员兼治安总署督办、伪华北绥靖军总司令，1945年8月抗日战争胜利后因汉奸罪被国民政府逮捕，1946年在南京被枪决。

1922 年

与顾履桂代表上海机器面粉公会致江苏筹振上海分会暨江苏财政、实业两厅请免征面粉麸皮振捐代电

（1922 年 1 月 29 日）

昨接上海税务公所函转财政厅指令敝公会："电呈面粉、麸皮两项，请查原案仍予免振捐由，奉令开：'江电阅悉。查面粉、麸皮两项，上年财政部，因该公会对于北省灾振，迭捐巨款，免予加征。本届苏省水灾，并未捐款振济，能否援案免征，应由该公会径行呈部核示。'"等因。查本届苏省水灾，履桂经办申大、立大面粉公司，曾捐银洋三千元，送由江苏筹振上海分会汇缴；宗锦经办茂新、福新等面粉公司，经弟宗铨就近在宁认捐银洋五千元，缴由实业厅署汇录。此外，各厂类多认捐，容再查明电陈。应请江苏筹振上海分会、实业厅长，函致财政厅长证实，并请财政厅长通令各税所，仍予免征振捐。如以苏省之事，责令敝公会呈请部示，自是故意留难，即请江苏筹振上海分会、实业厅长，将履桂已捐之三千元、宗锦之弟宗铨已捐之五千元，一并发还，以便报捐。再，苏省粉厂林立，本年被灾，无麦做粉，大都停歇，工商交困，正拟呈请维持，设再加征振捐，不啻下井投石。两厅长往来申、锡，可以调查。临电不胜迫切待命之至。

（上海《新闻报》，1922 年 1 月 31 日，第 4 张第 1 版）

上海面粉公会恳请北京政府内务、农商部电咨安徽省长取消小麦禁运出省成命电

（1922 年 6 月 22 日）

内务部、农商部钧鉴：

准车务处传知，奉部电准安徽省长电，“皖中与芜湖等处水灾之后，米缺价昂，仍应暂缓开禁”等因。厂商闻信，异常惶急，当即邀集开会，佥以沪上各厂所用小麦，向在安徽、山东、河南、湖北等省采办，上年南荒北熟，各省各自为政，禁运出省，不得已，远赴美、澳等洲采办，勉供厂用，勉应市面，以致十厂九停，营业减色，方期本年新麦登场，分投各省采办，以供厂用。如果皖省禁运，譬如人身中焦隔绝，上下不能流通，沪上各厂势必停工歇业。我总、次长为国为民，亦须保全商业，况上年皖省被水，已在麦熟之后，调查小麦颇多积储，流通货物，足以救济金融；本年皖省大熟，省长重申禁运之令，保无隐谋之辈对待实业。应请总、次长俯念商业艰难，准予电咨皖省长收回成命，并咨交通部转饬各路车务处，照常装运。临电不胜迫切待命之至。

上海面粉公会会长宣〔顾〕履桂、荣宗锦，暨茂新、阜丰、泰隆、申大、立大、长丰、华丰、复新、祥新、三井、裕丰、九丰、中华、泰来等厂叩。养。

（北洋政府内务部档案，中国第二历史档案馆藏）

上海总商会来函告当选为商事公断处评议员相应填具证书即请存执

（1922 年 8 月 1 日）

查《商事公断处办事细则》第十条前段规定，“选举确定后，由商会

备具证书，函请当选人收受任事”等语。本届选举，荣宗敬君当选为评议员。除业经备函敦请外，相应填具证书，即请荣宗敬君存执。中华民国十一年八月一日。会长宋汉章、副会长方积蕃。

（国民政府和财政部特派及聘请荣宗敬等为中央银行理事等任状问题的档〈案〉，上海市档案馆藏）

中华全国道路建设协会正会长郭秉文[①]来函敦请出任无锡分会筹备主任并与薛南溟、王克循等商议一切进行事宜

（1922 年 9 月 15 日刊载）

宗敬先生台鉴：

敬启者。本会成立以来，诸荷鼎力维持，会务日形进步，感纫无既。本会创组后，各省区实行修治道路者，日见众多，而加入本会者，会员亦达一万一千余人。关怀路政，注重交通，人有同情矣。兹值全国一致主

① 郭秉文(1880—1969)，字鸿声，江苏江浦县人，生于上海，中国近代著名教育家。1896 年毕业于上海清心书院，并留书院任教员一年后，在上海、嘉兴、杭州等处海关、邮务及浙东产金局任职。1906 年赴美国留学，先后获伍斯特大学理学士、哥伦比亚大学教育硕士、博士学位，1914 年回国，任上海商务印书馆编辑，1915 年任南京高等师范学校教授兼教务主任，1918 年代理校长，1919 年 8 月任校长。1920 年筹建东南大学，1921 年任东南大学首任校长，系统引进“美国模式”。1922 年被举为中华民国道路建设协会正会长，翌年任满，又被举为该会名誉正会长，复担任中华教育改进社及商务印书馆董事等职。1924 年 9 月，奉派为保管美国庚款董事，组织中华教育文化基金董事会。1925 年，赴美国芝加哥大学哈里斯基金学院讲座教授，任中华教育促进会会长。翌年发起组织华美协进社，任社长。代表中国出席历届世界教育会议，并自 1923 年起连续三届当选为世界教育会议副会长。1931 年回国后，历任国民政府工商部国际贸易局局长、中国币制代表团代表、财政部常务次长、中英贸易协会主任，并出席善后救济预备会议及世界粮农会议。1945 年第二次世界大战后，任联合会善后救济总署副署长。1947 年退休留居美国华盛顿。1957 年在美国创立中美文化协会，亲任会长，从事中美文化交流活动。

张化兵为工、裁兵筑路[1]之时，而卢永祥、冯玉祥与萧耀南、何丰林等已先后来函，赞成兵工筑路，且允就本会公推名誉副会长、董事等职，尤应积极提倡，以应世潮，俾全国道路早日贯通，国民经济得以发展。故各县亟宜早日设立分会，凡关于路政上种种进行计划，得以就近商榷办理。无锡地面，本会经派委名誉讲演员廉谏钟、杨锡类、徐竹园诸君，关于路政之讲演，业已数十次。迭据渠等之报告及报章之纪载，备悉各界人士，对于本会事业，均已谅解，并允热忱赞助。设立分会，续行一切，更属刻不容缓。夙稔执事救国情殷，当仁不让，对于桑梓公益事业，尤为热心赞助。兹特敦请为无锡分会筹备主任，并请与薛君南溟、王君克循等，商议一切进行事宜，广罗同考。惟举为筹备员，以期众擎易举，一俟台端将推定衔名，本会再行发给证书，以昭郑重。兹附陈分会组织大纲三份，希为察阅，按章组织，俾早观厥成，共成伟举。将来全国道路一旦贯通，利赖万世，皆赖执事之赐也。再，本届选举董事各职员，纯系中国人，上届之五十余外国董事，均未当选。特闻。专此，顺请台祺。郭秉文谨启。

（上海《道路月刊》，第 3 卷第 1 号，1922 年 9 月 15 日，“文牍”，第 7—8 页）

附：中华全国道路建设协会分会组织大纲

第一条　定名　各分会定名应用“中华全国道路建设协会”名义，

① 1922 年第一次直奉战争后，曹锟、吴佩孚赶走徐世昌，请黎元洪复职。孙中山发表“兵工计划”，要求直系裁去一半军队，以示“恢复法统”的诚意。黎元洪为讨好舆论，也在该年 6 月 6 日发表“废督裁军”的鱼电，作为复职条件。“鱼电”发出后，曹、吴发表通电表示“誓以血诚，赞翊大计”，此外各省督军亦多有复电表示赞同废督裁兵。7 月 2 日，蔡元培等在北京组织“国民裁兵促进会”，上书黎元洪，提出具体的废督裁兵具体三项办法：(一) 从即日起，无论如何情形不得新招一兵；(二) 巡阅使、督军、护军使等职即日废止，并不得以督军改任省长或总司令；(三) 即日召集全国裁兵会议。紧接着，北京“各省区自治联合会”发出关于“废督裁兵”通电，要求全国各界一致行动。全国商会联合会并提出再全国修筑五大铁路干线，以兵筑路的计划，建议组织裁兵筑路机关，具体执行。

但加“某处分会”字样。

第二条　宗旨　各分会宗旨应遵协会之宗旨并统系，其应办事务之范围如下：

（一）鼓吹提倡；

（二）实地测绘、编制预算；

（三）代为筹募资本；

（四）介绍专门人才；

（五）受理建设道路各问题之咨询。

第三条　会员　会员不论国内外、男女、个人或团体，凡赞同本会宗旨，经会员一人以上之介绍者，皆得入会。会员之区别如下：

（一）普通会员　常年会费　一元

（二）特别会员　常年会费　五元

（三）赞助会员　常年会费　十元

（四）赞成会员　常年会费　二十元

（五）维持会员　常年会费　五十元

（六）名誉会员　常年会费　百元以上者

第四条　义务与权利。

（按此条草案原有但书云“未入中国籍者无第三、第四两项之权责”云云，查第三项“治路、养地之必需机关均须注册立案”，部章对于外股限制甚严，我辈定章有此但书，反形狭隘。签云：“可以删除。”事实上，绝无丧心病狂忍失路权者，故删。）

（一）会员有捐募会费及介绍会员之义务；

（二）会员有始终维持赞助本会之一切进行之义务；

（三）会员有发起组织关于发展建设道路一切事业及治路、筑路之必需机关（如组织道路储蓄银行与长途汽车公司及汽车工厂等类），惟协会与各分会只负提倡、赞助之责任，不得以会名、会费投入任何营业股本，免蹈藉公渔利之积弊；

（四）会员有选举权及被选举权；

（五）会员对于建筑道路确有专门〈知〉识、〈经〉验者，得由本会介绍担任工程要职；

（六）会中职员、会员对有建设道路、进行事宜成绩卓著者，得由各分会详报协会呈请政府奖励、表扬之，特捐巨款者亦然。

第五条　年会及临时会　各分会年会开会地点及时期，由各分会董事会议决之，会议细则另订之。

第六条　董事会　各分会开年会时，应举出若干人组织董事会，并由董事会选举会长、副会长等职员；各分会经董事会之议决，得特设干事部；各分会经大会或董事会之议决，得举名誉会长或副会长。

第七条　报告　各分会开年会时，应报告一年内之经过情形，于全体会员与协会。

第八条　证书　各分会须得协会之证书，方可正式成立；各地请求设分会时，须会员百人以上，每年能筹会费千元以上。

第九条　附则　本章程如有未尽事宜，得由各分会开会提出理由，请求协会修改之。

（《道路月刊》，第1卷第1期，1922年3月15日，“纪事”，第6—8页）

中东路护路总司令朱庆澜[①]来电代俄灾民乞赈

（1922年10月31日）

宋汉章、聂云台、盛竹书、徐静仁、荣宗敬、穆藕初、简照南、劳敬修、陈光

① 朱庆澜（1874—1941），字子樵，亦作子桥，浙江绍兴人。自幼孤贫力学。及长赴山东，成为治理黄河河工。十七岁随友赴东北，投东三省总督赵尔巽部下，受到赵的赏识，初供职奉天，历任凤凰、安东各厅县知事，后改任督练公所巡警总局办事；继调任四川巡警道。1911年任四川新军第三十三混成旅统领、第十七镇统制。11月27日成都光复后，被推举为大汉四川军政府副都督，旋因成都兵变，与都督蒲殿俊出逃。翌年被（注转下页）

甫、吴寄尘、程龄孙诸先生，南通州张啬老【张謇】均鉴：

连年俄境灾荒，早荷明察。其难民流入我国边境者，所在皆是。历来皆由三省官商筹款赈济，然一隅之款有限，安能维持久远？所募之款，远近发放，已将告尽，而五站、双城，新旧又复激战，无告穷民，扶老携幼，相率来归，恳予收容，赈其一死。雪地悲号，惨状如此，坐视既有所不忍，救济复有所为难。瞬届冬令，北地寒冻极烈，衣、食、住三者，势须预为筹备。情状迫切，故不能不代为呼吁，求助仁人。务恳本恤邻之念，广为劝募，无论捐款多少，务请随时汇寄。此后中俄间情好益笃，台端之大德，亦国家之大幸也！庆澜志乐习农，苦为世累，方当俄乱大炽，既荷各方之督责，勉为护路之重任，苟于国权有益，于义亦未敢辞。受事以来，日惟惶恐，尚冀时锡箴规，用匡不逮。朱庆澜。世。

（上海《申报》，1922 年 11 月 4 日，第 4 张第 13 版）

为吴淞商埠局重定界线一案致沪北工巡局许人俊局长函务望迅速力拒保持原状①

（1922 年 11 月 29 日刊载）

剑青局长大鉴：

径启者。闸北辟为商场，始于前清光绪年间，适值租界推广之后，

（续上页注）黑龙江都督宋小濂征为督署参谋长，后历任黑龙江民政长、兼护军使、署理黑龙江巡按使。曾拥袁世凯称帝。1916 年任广东省长，次年参加"护法"，任广东新军司令，旋将所辖二十营交陈炯明改编为护法军，退居上海。1922 年应张作霖之邀，任中东铁路护军总司令兼哈尔滨特别行政区长官。1936 年任国民政府赈务委员会委员长。

① 吴淞商埠局重定界线一案，闸北自治筹备会具函呈请各当局反对，而沪北工巡捐局各董事亦以职责攸关，致函该局局长许人骏，促其一致力争。荣宗敬先生作为工巡捐局董事之一，亦参与了此事。

许人骏（1874—1934），字剑青，江苏吴县（今苏州吴江区）人，1921 年 10 月至 1924 年 9 月任沪北工巡捐局局长。

官民咸有戒心，故急起自卫。初由绅商垫款筑路，继设局置官，办理路政。民国初元，地方人士，组设市政厅，规定各项捐款，劝导市民缴纳，路政始有的款。及自治停办，重设工巡捐局。计自商场开辟迄今二十余年，区域逐渐推广，跨有闸北、江湾、引翔、殷行、彭浦、真茹、大场各市乡，筑路、养路及一切市政上设施之经费，均系市民所担负。凡开筑马路之基地，均系人民捐助，于工巡局并未给价。按照现有成绩，实由历届地方绅董及人民心血换来。近闻吴淞商埠局重定界线，较原界增至十倍，甚至将有沪北已筑及规画已定之路，妄思包括在内。查淞埠局原界，本系根据前清吴淞商埠成案，惟内有军工路，系卢〈永祥〉前军使派兵建筑，费款六万有奇，均为本局拨付，亦应由本局管理，早经铸成铁案。今该局妄思扩充至如此之广，宁非怪事？淞埠局咨文中，“明定埠界四至，范围狭小，不足敷现时之展布”等语，试问淞埠局成立两年，现市展布之成绩何在；马路筑成若干；市政如何举办；岁縻巨万，省款能否垂之久远；以后建筑巨款从何取给，尚属疑问。按吴淞商埠设局，本意为开辟商埠，以兴地方之利，藉弱租界之势，与本局职责相同，事之何等重大，岂为扩充地盘计耶？淞埠局既不能在界内自行开辟，稍示成绩，忽尔〔而〕侵越权限，究属是何存心？本局税收，逐年增加，今岁整顿总捐，收入愈丰，自可用以发展未兴之市，以慰市民之望，岂能徇情退让，自甘放弃？对于淞埠局重定界线一案，务望迅速力拒，保持现状。惟本局区域，向以已经开筑之马路为界限，兹为预防将来纷纠起见，亟应绘图，早日划定，分呈省署、军使咨部备案，以便遵守。贵局长受长官委托之重，负地方属望之殷，保持固有区域，责无旁贷，务乞鼎力办理。本局幸甚，地方幸甚。闻闸北各公团，业已陈明政府暨本省最高级长官，“因权限所关，誓死不敢轻弃”等语，可见舆情激昂。附以奉达，顺颂台绥。

钱允利[①]、沈镛、陈元灿[②]、荣宗敬、赵光第[③]同启。

（上海《申报》，1922 年 11 月 29 日，第 4 张第 13 版）

附 1：上海《民国日报》刊载“吴淞商埠局大展范围”（1922 年 10 月 19 日）

吴淞商埠局界线，本仍前清吴淞商埠之名，近以埠面范围狭小，呈请农商部，将范围宽放。兹悉昨得农商部覆准，计东出黄浦江，西以宝山县南北境为界，南邻沈金港、葛家嘴、虬江口，北至宝山东西县道，较原界扩充至十倍，不知〈吴〉淞〈商〉埠局有无力量发展也。

（上海《民国日报》，1922 年 10 月 19 日，第 3 张第 10 版）

附 2：闸北地方自治会呈北京大总统国务院及内务外交农商等部请维持闸北市现状确定区域文（1922 年 11 月 27 日刊载）

呈为市政范围，恳请维持现状、确定区域，以资发展而免纷扰事。窃闸北之辟为商场，始于前清光绪二十五年【1899】，时值租界推广之后，官民咸有戒心，知非急起自谋，不足以杜后患，遂由商民陈绍昌等，禀请前清两江总督刘〈坤一〉，批准归商承办。绅商垫款筑路，需川浩繁，力渐不支，乃由江督设局置官，办理路政，名曰“闸北工巡总局”。民国初元，自治勃兴，地方人士组设闸北市政厅，本于市政市办之旨，始定地方捐款，劝导市民缴纳，以供兴市之用。市民以其成效大著，乐于输

---

① 钱允利（1873—1923），名贵三，江苏上海县人（今上海市闵行区），清光绪三十二年（1906）在闸北长安路开设钱恒泰米行，后又开设恒德、丰记两家米号；曾任沪北市米业联合会会长、米业公会会长、机器碾米业公会会长；清宣统元年（1909），任闸北商团副会长；宣统三年（1911），任闸北商业公会副会长；民国元年（1912）1 月，闸北市公推钱为闸北市市长，同年 3 月任上海县闸北市市政厅厅长。钱允利还先后为闸北商团团长、上海市议会议员、闸北救火会会长、闸北慈善会会长。

② 陈炳谦（1862—1938），名元汕，广东中山县（今中山市）梅溪乡村人，早年赴沪谋生，以丝茶进出口起家，旋任祥茂洋行买办（后改称华经理），历 50 年之久，并任广肇公所、英商业广地产公司、南洋烟草公司董事。

③ 赵光第，生卒年不详，名钱芙、镜芙，籍贯不详。

将，闸北发达之基础，赖以巩固。及民国三年自治停办，仍设局，改归官治，其后以闸北市毗连各市乡，类皆荒僻之区，均须愈待开发，以弱租界之势，遂定名为“沪北工巡捐局”，即现在官治市政机关。统计闸北自开辟商务，至今二十余年，鉴于市廛之兴，首重交通，无日不以筑路为急务。近年市场北迁，人口大增，进行益力，而民国八年【1919】，卢〈永祥〉护军使派兵沿浦建筑军工路，完成淞沪交通大道，杜绝外人势力侵入，尤为沪北路政上一大伟画。现在境内已筑成之路，共计七十余条，将筑及规画已定者，尚有在内，区域之广，东沿黄浦直达淞口，南连吴淞港通至虬江，北接江湾，西连大场，交通便利，工商荟萃，其筑路、养路及市政上一切设施之经费，悉出于沪北市民所纳之地方捐款，通力合作，期于发达。其尚未开辟之地，亦皆引为己任，上为国家增光荣，下为地方谋福利。自去年吴淞商埠局成立，根据前清吴淞商埠成案，划定界线，北至宝山南石塘炮台东西大路之南起跨蕴藻浜，南至陈家宅东西进深三里为界，西而浜北以河塘河内等浜，南则以河塘河对岸起距浦进深三里为界，迭与地方各当局磋商，至同年五月定案。惟内有军工路，系沪北工巡捐局拨款建筑，去年大潮冲损，又经拨款修理，其费均系沪北市民担负，管理权能否划分，尚有疑义。沪北市民，目光甚远，以为多一发展商市机关，即地方上多得一分利益。吴淞商埠局如能守定范围，与沪北互相提携，双方同蒙其利，故以深为欣幸。不料，近见报载淞埠局意有重定界线之事，其所定者，东沿黄浦西至宝山南北县道，南至沈金港、葛家嘴、虬江口，北至宝山东西县道，不特较之原有界线，增至十倍之广，且将沪北已筑及将筑马路之区竟被包括在内。沪北市民事前毫无所知，闻之无不骇异。查吴淞商埠虽开始于前清光绪二十四年，未办一事。吴淞商埠局成立仅有两载，草创之始，成效未睹，即就原定界线以内全部以当告成，尚不知待于何日，安能更益以十倍之地？而淞埠局咨部文中，竟有“原定埠界四址范围狭小，不足现时之展布”等语，试问淞埠局现时之展布，已至如何程度？原定埠界以内，是否展布无遗？经营界外之地，是否尚有余力？若以淞埠局现时之成绩，即能扩充至原有界线十倍之广，以资其展布，则以沪北相衡，虽得上〈海〉、宝〈山〉两县各市乡亦不为过。此以成绩论淞埠局扩充界线可疑者，一也。振兴商埠、开辟市场，同为国家图富强、地方谋幸福，区域之争，所见抑何其小。然外人之"大上海主义"既相逼而来，商业重心又集中于租界，国人各就其原有区域，并力以赴，犹恐不及，淞埠局自顾不遑，乃欲扩充以张声势，舍己耘人，必致两敝，阻碍地方之发展，引起外人之觊觎，其害伊于胡底！此以利害言淞埠局扩充界线可疑者，二也。淞埠局经费全恃官款，与沪北之赖地方捐者不同，盖一则事属创始，利源未辟，一则开办多年，财力已充。近年官帑支绌，淞埠局经费同受影响，即能按月拨付，以有限之省款，辟甚广之商埠，尽量发展，力所难能；沪北地方收入，累年增加，未兴之市，得以逐渐开辟，间有不逮，尚可募集公债，以为后盾，如今年之安长路、中兴路等，已有成例。故同一荒僻之区，以沪北之力经营，必收事半功倍之效。此以财力言淞埠局扩充界线有疑者，三也。或谓闸北市政范围应以闸北市为限，殊不知现在官办之市政机关名曰"沪北工巡捐局"，建筑多年，包含至广，故筑路兴市不能不遍及于闸北、江湾、殷行、引翔、彭浦、大场、真茹各市乡，顾名思义，并无抵触。商埠局冠以"吴淞"，范围确定，迄未开工，乃欲扩充及于十余市乡，将何说以自解？此以名称言淞埠局扩充界线可疑者，四也。总之，我沪北市民，投资纳捐以兴商务，牺牲民田以筑马路，二十余年来，惨淡经营，始得有此成绩，惟知守定现状，悉力进行，为乡、国效其劳，绝无自私之心。综上所述，成绩、利害、财力、名称四大端，均足证明，沪北市政范围，急须维持现状。市民责任所在，断不能诿之他人，权限攸关，誓死不敢轻自放弃。淞埠局界线既有禀案，未能审察情势，擅思变更，执意援以定案，必致引起绝大纷扰。沪北市政范围亦应按照现状，确定区域，以息争端。所有请定沪北市政区域各办法，理合备文，连同现有区域详图、已筑通路成绩表各一纸，恭呈（呈请）大总统（钧院、大部、钧署）察核，俯念沪北市政历年之成绩、将来之发展，查核详图所载区域，准予立案遵守，并根据吴淞商埠局去年定界原案，将重定界线据理驳回，国家幸甚，沪北幸甚。谨呈。闸北地方自治筹备会会长徐懋、俞国桢、徐维缮。

（上海《申报》，1922 年 11 月 27 日，第 4 张第 14 版）

沪北工巡捐局局长许人俊为吴淞商埠局争议埠界案复函

（1922 年 11 月 29 日刊载）

贵三、联芳、炳谦、宗敬、钱芙先生台鉴：

接诵公函，快承明教。商埠局争议埠界一案，迭经敝局据理力争，前日报载展拓埠界，又经呈请军署函询埠局表示真相在案。查闸北商场成立已久，辟路兴市，几费经营。吴淞即欲展拓界址，断不能听其利用已成之路。俊忝长局务，当然不能承认，对于宏议，尤为极端赞同。以后关于此事，有所诤议，谨当依据尊指，以为折冲地步。至分区图样，正在派员测绘，俟绘就即当照办。准函前因，用特照录呈稿，备函奉复，至希公鉴。许人俊启。

（上海《申报》，1922 年 11 月 29 日，第 4 张第 13 版）

1923 年

上海机器面粉公会致上海总商会公函反对小麦加税

(1923 年 5 月上旬)[①]

敬启者:近闻江苏财政厅有筹议货物加税一成之说,虽尚未见明文,而外间既有此风传,难免不成事实。查敝会面粉一业,于本年四月五日,经各厂开会议决,一律停机,以维成本,一面公推代表,呈请政府,拟将小麦一项,豁免税厘。现正设法进行之际,如果货物确有加税一成之议,恳祈贵会据情代为转请,务将小麦一项,免与各货一律加征,俾敝会粉业,得留一线生机。兹准各厂商纷请转函前来,相应函恳查核,并乞迅予核转,实纫公谊。

(上海《申报》,1923 年 5 月 11 日,第 4 张第 14 版)

怡和洋行买办潘澄波[②]来函邀请于十一月十八日至其家参加茶会与香港何晓生爵士接洽

(1923 年 11 月 18 日稍前)

送四川路青年会隔壁申新纱厂批发处荣宗敬先生公启。

---

① 此公函系上海机器面粉公会会长顾馨一、荣宗敬等致上海总商会。

② 潘澄波(1867—?),字作楫,广东新会人,一作广东香山人,在 1913—1926 年任上海怡和洋行总买办。

敬启者:兹因香港何晓生爵士①及其夫人、小姐道经申地,羡沪商巨子雅负声望,渴思一见,以倾向慕之忱,嘱弟为之介绍。用特于月之十八日,即礼拜二,准四句钟,在法界葛罗路第二号本宅开茶会,以资接洽。届时务希率同瀛春、惠法肯来,弟谨拥篲以迎也。此致宗敬先生台鉴。弟潘澄波谨订。

(国民政府和财政部特派及聘请荣宗敬等为中央银行理事等任状问题的档〈案〉,上海市档案馆藏)

锡金公所②为定期追悼周舜卿③、张锡梅二董事致旅沪各同乡通函

(1923年12月4日)

启者:故董周舜卿、张锡梅二先生,为本公所创设首董,功绩照然,迺者先后逝世,同人等曷胜悼惜。兹于旧历十一月初九日,在本公所开会追悼,并于是日供奉栗主入祠本公所飨堂。凡我同乡,届期务希惠临

---

① 何东(1862—1956),原名启东,字晓生,广东宝安(今广东深圳市)人,生于香港。曾在香港中央书院学习,1881年任怡和洋行华人副经理;后在东南亚经营糖业,在香港经营房地产,成为香港巨富,1915年获英皇封爵士勋衔;1921年,任中国出席华盛顿会议代表团顾问,后长期在香港从事各种社会活动。

② 1888年,江苏无锡、金匮两县侨居上海的商人周舜卿、祝兰舫等人,鉴于其时在上海谋生的无锡人日益众多,发起成立“锡金公所”,以助同乡之间互通声气,互相帮助。

③ 周舜卿(1852—1923),名廷弼,以字行,晚号耐叟,江苏无锡东绛小园里人,实业家,上海铁业、丝业、金融业巨子。出身贫苦,13岁到上海利昌铁号当学徒,1878年在一英商资助下,开设震昌五金煤铁号,自任经理,专门为英商洋行销售钢铁器材,至19世纪末20世纪初成为中国工商业资本家中少有的巨富。1905年任清政府商部顾问,赴日考察,回国后参与发起筹组上海“商学会”(全国总商会前身),并出任该组织初期主持人。他积极投资工业:1896年在上海与人合资开设永泰丝厂,接着又投资陆润庠开设的苏经丝厂和苏纶丝厂;1902年自办裕昌丝厂;1906年集资50万两,在上海开设第一家私营银行——信成银行,总行设上海,在北京、天津、南京、无锡等地设有分行。辛亥革命后加大对缫丝业的投资,还开设慎昌丝厂、东绛筒管厂。

致祭，如有诔词、诗文、挽联，敬乞先期赐交本公所为荷。

（上海《申报》，1923 年 12 月 5 日，第 4 张第 14 版）

为附衔催设沪宁长途电话案事致上海总商会函[①]

（1923 年 12 月 10 日）

沪宁长途电话搁置不办，交通颇感不便，是以由面粉、纱布、银行各业发起呈催。昨阅报载，虽有“部咨苏督、长，设立沪宁长途电话，派周家义总办”之说，仍拟进行。恳于所具公呈内，加列本会衔名，交由敝处，再请各商会加章发递。

（上海《申报》，1923 年 12 月 21 日，第 4 张第 13 版）

上海机器面粉公会征求每袋华粉减磅同意函

（1923 年 12 月 12 日）

敬启者：十二月四日，接准本埠阜丰面粉公司[②]代表孙景西[③]先生来函提议：“查中国机制面粉，向来习惯，每袋重五十磅。近来洋粉纷纷进口，考其重量，每袋均四十九磅。在各普通用户心理，无论华粉、洋粉，只知出价若干，购粉一袋，斤重不甚研究。故市上每袋四十九磅之洋粉，与每袋五十磅之华粉，售价相同。洋粉因原料丰富，成本较轻，即

① 此案系作为上海总商会会董的荣宗敬先生，提交 12 月 22 日召开的该会第二十六期常会讨论的议案。案据函内有“昨阅报载……”等语，查系 1923 年 12 月 9 日《申报》一则“国内专电・北京电”，可知此函草拟时间应为 1923 年 12 月 10 日。

② 阜丰面粉公司，由安徽寿州孙多森兄弟等人，于 1898 年在上海集资筹建，创办资本 30 万两，于 1900 年正式开工，安装钢磨 16 部，日产面粉 2500 包，是中国最早使用钢磨生产的民族资本面粉厂。

③ 孙景西，生卒年及简历不详，时任阜丰面粉公司总经理。

使镑重相等，华粉已属不能竞争。且每袋暗多一磅，于普通用户不知不觉之中，是以不能与洋粉竞胜也。际此商战时代，经济趋于大同，我国机制面粉，每袋磅重，未便默守旧习，独自标异，似宜与各国洋粉一致，一律改为四十九磅，以免暗中亏耗一磅。兹将管见所及，特向贵会提议：应请定期邀集同业各厂开会计论，或自下月起实行改磅，或因交易所交割关系，订自明年二月起，以便交易所下月改拍二月期四十九磅标准，悉候集议表决。至以前合同及成单已订定之货，应交五十磅庄〔装〕者，如日后改为四十九磅，不妨将减轻磅数，照价扣除，以昭公允。如蒙采择决议施行，于营业竞争上，得免无形暗耗，实同业各厂均所企望也。兹谨提议如右，跂候公决。”等因。兹经本会于十二月六日，邀集本、外埠各厂，开会集议讨论，佥以每袋改用四十九磅，到会各厂均极赞成，惟因本、外埠同业及交易所种种交易关系，似不宜将实行改磅之期规定太促，经众再四斟酌，定自甲子年阴历五月初一日【1924 年 6 月 2 日】起实行，一面通函全国各厂，征求同意，并登报通告，以期同业全体一致，一俟全国各厂复函赞成，再行由会分别呈请部处立案，以垂永久等语。到会各厂代表签名，计：申大、立大顾馨一，福新、茂新荣宗敬、王尧臣、王禹卿、丁梓仁、陶伆千，阜丰金铭甫，长丰曹廉逊，华丰陈枚肃，信大孙镜蓉、孙宾南，中华第一厂陈干庭，三井山西武十郎，裕通宋玉书、陈少庭，内地面粉公会方夒尹，无锡九丰曹钰如，汉口金龙陈松源。除通函全国同业各厂，并登报通告外，相应照录议案，函请查照。如荷赞同，并恳惠复，俾下次开会时，提出议场，以决从违，是所企盼。

（上海《申报》，1923 年 12 月 14 日，第 4 张第 15 版）

1924 年

为取缔棉花掺水及沙泥事呈江苏省长公署文

（1924 年 6 月 19 日前）

窃年来纱锭骤增，需棉日广。全国棉产，每年不下数千万金，骎骎成为出品大宗。惟以棉价骤昂，而棉商、棉农作伪、作弊之风，亦视昔为烈，全国风从，几于莫可挽救。曩之作弊者，只有搀水，今并夹以沙泥，和以棉子，以期增加重量，而传其奸，厂商偶一不察，动遭欺蒙。其搀水者历时既久，则色泽全变，拉力骤减；其搀和沙土者，一经压花机械，往往致招人险，为害尤大。循此以往，再不力求整顿，则厂家为顾全血本，避免危险计，惟有舍华棉不用，转购外棉，而受其害者，仍在棉商、棉农，但影响于国计民生者大矣。为特吁求钧座分令各产棉县分出示晓谕，并转饬各商会、农会，告戒各产地农民，及经营棉花商贩，勿贪小利，勿昧天良，如查有搀水及搀杂沙泥、棉子情事，应严重罚钱，或举全数充公，或科以诈欺之罪，庶棉商、棉农知所忌惮，而纯洁之原料，亦得推行尽利。固不独厂商受赐，抑亦钧座维护实业之盛意也。所有整顿棉产各缘由，理合备文呈请鉴核，俯赐施行，实为德便。

附：上海县知事公署取缔棉花掺水及沙泥等布告（1924 年 6 月 19 日）

为布告事。案奉江苏省长公署第五四八一号训令，内开："案据华商纱厂联合会副会长荣宗锦呈称：'（中略，内容同上）。'等情。据此，查近日棉商棉花，往往有搀水及搀沙泥棉子情事，使棉业受极大影响，自非严行取缔，不足以维护实业。除通令并令总商会议禁外，合行令仰该知事遵照办理具报。此令。”等因。奉此，除分行外，合行布告，仰该农民及贩户人等一体知悉，自示之后，不得有搀水及搀沙泥、棉子等情事，如敢故违，定予从严究罚不贷。具各凛遵，切切。特此布告。

（上海《申报》，1924 年 6 月 20 日，第 4 张第 14 版）

上海机器面粉公司公会为请求照案禁止小麦出口事呈江苏省长公署文①

（1924 年 7 月 1 日刊载）

窃查江苏一省小麦，连年歉收，以致粉厂所用原料供不应求，全恃采办美洲小麦以济厂用。近来美洲麦价逐渐加昂，且须留备自用，恐难副华厂之购求，是上海一埠粉厂二十余家所用原料小麦，专恃长江上游转运济用。乃近闻有大帮客商在沪购办小麦，报运出口，各厂异常恐慌，邀求敝公会开会集议，声请禁止转运。查民国九年【1920】曾经太仓县知事暨敝公会，以请禁止二麦、杂粮出口，呈奉前省长齐〈耀林〉令行财政厅核议，援照六年分〔份〕江北苦旱，禁运小麦、杂粮出省办法，咨行江海、镇江等关查照，禁止小麦、杂粮出口有案。现在情事相同，理合呈请省长察核，俯赐照案行令江海关、镇江关各监督，一体准将厂用原料小麦，即日免予转报出口，以维厂业，实为公便。

（《银行周报》，第 8 卷第 25 号，1924 年 7 月 1 日，“每周商情”，第 12 页）

---

① 荣宗敬先生时为上海机械面粉公司公会副会长，呈文中署名“荣宗锦”。据《银行周报》第 8 卷第 33 号“每周商情”第 13 页的资料显示，该呈文得照准。

附 1:江苏财政厅禁止二麦杂粮出口训令(第二五二号)(1920 年 7 月 19 日)

奉省长公署训令,内开:"据太仓县知事卢鸿钧支【四日】代电,请禁二麦、杂粮出口等情,并分达该厅,除以二麦、杂粮,不在禁运范围之列,惟据称该县值此米少价昂之际,惟赖豆麦以维持,亦属实情,应如何妥筹限制,以济民食之处,候令行财政厅尅日核议饬遵具报等因,电复外,合亟令仰该厅长即便遵照迅予核办具报。此令。"等因。奉此。昨据该知事并电,当以请禁二麦、杂粮出口,系为维持民食起见,各县能否一体查禁,即经令候省示办理。兹奉前因,本厅详加考核〈民国〉六年【1917】分江北苦旱,米价日涨,曾由上海义赈会冯〈熙〉绅等电准省署,令厅禁运米麦、杂粮出省在案,本年米价奇昂,较〈民国〉六年为尤甚。太仓一邑请禁二麦、杂粮出海,自是宽筹民食,各县同一缺米,情事相等,所有二麦、杂粮,现在本省内地,仍应照常流通,凡沿江、沿海及边界地方,均即据照前案,暂行禁运出省,俟旧历六、七月间新谷登场,再予察看弛禁。除呈复并通令外,合行令仰该知事、捐局、税所一体遵照,先期布告,并分函商会转告各商贩周知,毋任私运,以维民食。切切。此令。

(上海《申报》,1920 年 7 月 26 日,第 3 张第 10 版)

附 2:江苏省长公署准予禁止小麦出口训令(1920 年 9 月 3 日)

据上海机器面粉公司公会会长顾履桂、无锡机器面粉公司公会代表蔡文义等呈称:"窃查沪、锡一带粉厂林立,所用原料小麦,全是长江上游转运沪、锡,以济厂用。乃近数日间,忽由江海关转报,出口小麦有三十余万石之多,虽借口运输天津等处,惟一经出口,难保无接济外人情弊。现在沪、锡一带,计有粉厂三十余家,每日所用原料小麦计四万余石,养活工人数万名,若一旦小麦尽运出口,不特粉厂三十余家一律停歇,即数万工人无工可作,哗噪亦属堪虞。敝公会为维持厂业计,并为维持工人计,除分呈外,理合呈请省长俯念商艰,令行江海、镇江、金陵等关,准厂用原料小麦,即日免予转报出口,以维厂业,而恤工艰”等情。据此,查前接太仓县知事请禁二麦杂粮出口,当经令行财政厅核议饬遵具复,嗣据复称:“本年米价奇昂,应即援照〈民国〉六年【1917】分江北苦旱,禁运米麦、杂粮出省办法,所有二麦、杂粮在本省内地照常流通,凡沿江、沿海及边界地方,暂行禁运出省,一俟新麦登场再予察看弛禁”等情,业经指令在案。据呈前情,除令行财政厅知照,并分行各关监督查照办理暨分行外,合行令仰该知事即便转行该公会知照。此令。

(上海《申报》,1920 年 9 月 3 日,第 3 张第 10 版)

上海机器面粉公司公会为反对增收附加税事致各同业函(附专电文稿)

(1924 年 7 月 27 日)

径启者:阅报载,“国务会议议决,海关、邮路、航电,于八月一日起,征收附加税,为振灾之需”等情。本会特于前日邀集各厂代表,开临时会议,佥以我粉业频年艰困,已达极点,若再加税,商力实有未逮,公决分电部、省,请求迅予罢议,以恤商艰在案。兹将专电文稿,录请查照。

附专电文稿

北京分呈国务院、财政部、农商部,南京韩省长钧鉴:

阅报载,“国务会议议决,海关、邮路、航电,于八月一日起,征收附加税,为振灾之需”等语。切〔窃〕查振救偏灾,历有成案,但频年粉业艰困,已达极点,何堪再加负担?倘因振灾而加税,因加税而停机停运,是加税仍求无着,并助振亦无从输捐。应恳稍留工商元气,迅予罢议,毋任企祷。上海机器面粉公司公会会长顾履桂、荣宗锦叩。感。

(上海《申报》,1924 年 8 月 1 日,第 4 张第 14 版)

复中国红十字会无锡分会电表示无锡旅沪同乡会将竭力劝募救济桑梓①

(1924 年 9 月 22 日)

中国红十字会无锡分会孙〈鸣圻〉、华〈文川〉、高〈汝琳〉正、副会长,蒋〈曾燠〉、陈〈寿章〉正、副理事长钧鉴:

冬【2 日】、寒【14 日】两电均悉。诸公爱护桑梓,广救灾黎,莫名纫佩。敝会自当竭尽绵力,勉效涓埃。现正分投劝募,集有成数,即当寄奉,谨先电复。

(池子华、崔龙健主编:《中国红十字运动史料选编》第 4 辑,合肥工业大学出版社 2016 年,第 200—201 页)

致南京军民两长电报告沪北工巡捐局许人俊局长因事离沪局务现由董事等会同维持务乞迅派员接替②

(1924 年 10 月 13 日)

南京巡阅使齐〈燮元〉、省长韩〈国钧〉崇鉴:

许局长人俊本日因事离沪,局务现由董事等会同维持,务乞迅赐派员接替,以专责任,无任叩祷。沪北工巡捐局董事沈镛、徐懋、荣宗锦、

---

① 1924 年 8 月,江浙战争一触即发。无锡地方人士深恐战祸一开,前敌兵士或有病伤,需要协助看护,而且地方妇孺不明战事,异常恐怖,亦须随地救济,于 8 月 27 日在光复门外梁溪路瑞昶润堆栈,集合本地以前已加入中国红十字会会员,组织中国红十字会无锡分会。此电由无锡旅沪同乡会理事长荣宗锦、祝大椿联衔发出。

② 1924 年 10 月 13 日,沪北工巡捐局局长许人俊离沪,当经该巡捐局董事会议决,公推沈联芳为董事长,主持局务。董事会议决后,曾致电南京军民两长,报告会议情形。此为电文内容。

陈炳谦、徐春荣，总务科长王文苑叩。文。

（上海《申报》，1924年10月16日，第3张第10版）

上海机制面粉公会致北京政府电请裁护军使、迁兵工厂

（1924年10月19日）

北京分呈国务院、陆军部、参谋部钧鉴：

上海为中国通商巨埠，并非兵家形胜之区。民国以还，屡酿战端，推厥祸因，由于护军使一职，直隶中央，不受本省军事长官节制；兵工厂所在地，尤为兵事所必争。双方偶有违言，即据兵工厂发难相抗。上海商民屡受战祸，均由争据兵工厂而起。此次战事，尚待结束，本会同业各粉厂，受战事之牺牲，痛定思痛，惩前毖后，为防杜将来战争起见，佥请本会电呈钧院、部，恳将上海护军使一缺裁撤，兵工厂另行择地迁移，提交国务会议议决施行，俾上海一区，永久立于军事范围以外，专营商业，不致再受战累。中国商民，同深企祷。上海机器面粉公司公会顾履桂、荣宗锦叩。

（上海《申报》，1924年10月20日，第3张第9版）

上海面粉公会等为吁请免除面粉业特捐事呈江苏振务处文

（1924年12月10日）

呈为认捐振款，免征粉面附税事。窃查面粉一业连年亏蚀，支持为难。本年麦价昂贵，又值军兴，运输不通，制成之粉，一律停顿，工料拆息，已不能与时价相抵。乃军事甫定，正欲将积货行销，而无端加税，委实难以担任，业将困难情形电陈，并公推代表赴宁晋谒省长，呈请剔除

粉面附税。仰荷省长洞鉴商艰,准改为认捐办法,即电上海,由财政厅长就近接洽。代表回沪,会同履桂,面商严〈家炽〉厅长,订明全省面粉业一次认捐,计总缴纳一万元。除查明在厂已在税局缴纳若干外,如数径缴钧处核收,以济振款。理合具文呈明,仰析钧处察核,咨行财政厅行查各税所,将苏省境内转运粉面,一律免收附税,并行查各税所,将已收粉面付税数目,报处开示,以便剔除多缴,实为公便。谨呈江苏振务处。上海面粉公会会长顾履桂、荣宗锦,无锡面粉公会代表高汝琳,内地面粉公会代表方宾穆。

(上海《申报》,1924 年 12 月 11 日,第 3 张第 11 版)

1925 年

为挽留江苏省实业厅张轶欧厅长事致北京段祺瑞[1]执政等电

（1925 年 2 月 24 日刊载）

北京段执政、农商总长钧鉴：

报载苏省更动长官，有兼及实业厅长之说。现任张〈轶欧〉厅长，服务桑梓多年，奖掖工商，颇著成绩。兵燹之余，尤不宜多所更张。务乞免予调动，实为苏省实业之幸。华商纱厂联合会副会长荣宗敬叩。

（上海《时报》，1925 年 2 月 24 日，第 2 张第 4 版）

无锡旅沪同乡会致北京段祺瑞等电请迅撤驻无锡军队

（1925 年 3 月 1 日）

北京段〈祺瑞〉执政、各部院，奉天张〈作霖〉[2]上将军，各军长，南京卢〈永

---

① 段祺瑞（1865—1936），原名启瑞，字芝泉，晚号正道老人，安徽合肥人。早年天津武备学堂毕业，留学德国。辛亥后历任北洋政府陆军总长、内阁总理及执政。

② 张作霖（1875—1928），字雨亭，奉天（今辽宁）海城人，奉系军阀首领。早年在辽西一带当土匪，后被张锡銮招安，在其营务处效力，因捕盗有功，渐擢巡防军统领。1916 年起，任奉天督军兼省长、东三省巡阅使兼蒙疆经略使。1924 年打败直系军阀后，控制北京政府，1926 年称安国军总司令，1927 年 6 月组织安国军政府，自称“中华民国陆海军大元帅”。

祥〉[1]宣抚使、郑〈谦〉[2]省长钧鉴：

此次江浙构兵，无锡受灾独重。全邑菁华，焚掠殆尽，工厂、商场，完全停顿。今虽战事告终，而重兵所驻，官长纵极严明，地方流氓，难免勾结兵士，越出正轨。民间流离迁徙，莫敢还乡。工商百业，难期恢复。现在育蚕期近，倘再失时，则千余万之富源，完全无出。人民既无以聊生，税额亦重遭损失。伏读卢宣抚使感日呈执政电，定军制、划军区，并暂定徐州一带为驻苏国军区域。廓然大公，仁言利溥。为此吁恳，将驻锡军队，迅赐悉数调防，其有必须驻苏之兵，亦请按照卢宣抚使计划，调驻徐州一带，俾得召集流亡，及时恢复，国计民生，两有裨益，临电不胜急切待命之至。无锡旅沪同乡会理事长蒋曾燠、祝大椿、荣宗锦叩。东。

（上海《申报》，1925 年 3 月 2 日，第 4 张第 13 版）

附：苏皖宣抚使、江苏军务善后督办卢永祥呈北京段祺瑞执政主张废督电（1925 年 2 月 27 日）

万急。北京执政钧鉴：

窃永祥忧患余生，饱经世变，曩者以邦家不造，纲纪全沦，躬冒万难，忍痛誓师，凡此不得已而用兵，当为天下人所共谅。今日大难已平，

① 卢永祥（1867—1933），原名卢振河，字子嘉，山东济阳人，原属曹锟旧部，后投靠段祺瑞，成为皖系骨干。天津北洋武备学堂毕业，历任师长、淞沪护军使，1917 年任会办江苏军务，1917 年任浙江督军，1920 年 4 月通电首倡废除督军制度，1922 年宣告自行废督，改称浙江军务善后督办，1924 年 9 月爆发江浙战争，自任浙沪联军总司令，率部与直系江苏督军齐燮元部作战，结果战败，逃亡日本。同年 12 月回国，任督办直隶军务善后事宜，旋改任苏皖宣抚使，1925 年初兼任督办江苏军务，5 月北上调停奉皖冲突未遂，于 8 月辞去各职。

② 郑谦（1875—1930），字鸣之，江苏溧阳人。日本法政大学毕业，曾任宪政筹备处参事，皖北税务局局长。1917 年 6 月，任黑龙江督署秘书长，旋任黑龙江省政务厅厅长。1921 年 1 月，任中华民国北京政府国务院陆军部参事。1922 年任东三省保安司令部秘书长。1924 年 9 月 20 日，以"东三省自治政府"全权代表的资格，与吕荣寰、钟世铭同苏联全权代表在沈阳签订《奉俄协定》。1925 年 2 月任江苏省省长，同年 8 月兼办江苏省督办。1928 年 7 月，任东北保安司令部秘书长。1929 年 1 月任东北边防军司令长官公署秘书厅厅长兼机要处处长、秘书处处长。1930 年 4 月，病故于沈阳。

有罪示儆，正宜及时布惠，上召天和，与民休息。苟非有心黩武，谁敢再起兵戈，贻青史羞，为邦人辱？夫立于共和政体之下，土地既非可自私，欲措东南大局之安，人民宜感以真意。废督之意，创之久矣，上既惮而莫敢为，下遂恝而不舍。独永祥以为，一日不废督，则一日不能息民。废督以前，大要者有二，曰定军制，曰划军区，然此非一省之事也，有一省以倡之，中央鼓其激昂之气，推之邻省焉，推之全国焉，则事无不举矣。就苏言，暂以徐州一带，定为国军区域。大江以南，永不再驻国军。凡驻苏国军，一律调赴国军区域，悉听中央指挥，饷由部给，不干省政；苏省固有师旅，酌量苏之财力，均另行改编，归省节制。循此定规，垂为成例。江苏军务善后督办一职，即请迅颁明命令，永远废除，为各省倡，并请销永祥宣抚令，以资结束。抑永祥尤有言者，苏之江南五属，多与浙比〔毗〕，浙省之事，非永祥所敢越俎。顾考诸史书，五代干戈之际，江浙交会之区，独以钱武肃之力，修养生息，涵煦于百年。永祥在浙，与浙人相处最久，今又谬官苏地，习知江浙人民互相亲善，士大夫夙敦礼让，譬如兄弟，和乐且耽，惴惴于外侮之来，是可惮也。且江浙同隶塀幪之中，皆为富庶之区、国家元气之所在，似宜并筹永久安宁之策。拟请执政迅令浙省，同时将国军调赴国防规定区域，不得仍驻江浙毗连境壤，并将军务善后事宜，悉听中央主持，以示廓然大公之意。自兹以往，吴越联为一家，兵甲于以长息，既可为各省自治之模范，亦以贯中立不倚之精神。倘废督以后，再有凭藉土地，肆意妄行而无所顾恤者，政府仍得执法以绳其后，而两省人民，亦宜认为公敌，竭其力以自卫，长保此和平之局，且激昂之气，徧〔遍〕于全国，多有取法者焉！永祥退为齐民，躬观郅治，所以报我执政与报我患难相共之朋友者，固在此而不在彼也。昔陆贽有言"推忠恕易地之情，体至公徇国之意"[①]，苏轼有言"天下之患

① 语出唐朝陆贽的《均节赋税恤百姓六条·请两税以布帛为额不计钱数》。（注转下页）

无常处也，就其所安而从之，则可久而无忧”①，永祥不敏，窃愿我执政俯察愚忱，毅然独断，立予照准施行，无任迫切待命之至！伏乞垂鉴，训示祗遵。卢永祥叩。感（廿七日）。印。

（北京《顺天时报》，1925 年 3 月 3 日，第 2 版）

致苏州总商会会长贝哉安②希函到迅行邀集贵处各公团集议有关组织太湖流域特别区联合会之建议事

（1925 年 3 月 4 日）

敬启者：此次因太湖流域间人民备受战祸之苦，后日大难，不得不预筹一自全方法，同人等爰有太湖流域特别区联合会之建议。兹特奉上草案一纸，事关各地人民生命财产，即希信到迅行邀集贵处各公团集议，卓裁赐复为荷。此致哉安先生公鉴。孙鸣圻、祝大椿、沈田莘、李恢伯、荣宗锦、华文川同启。复信寄上海海宁路一千五百七十号无锡旅沪同乡会。

（续上页注）陆贽（754 年—805），字敬舆。苏州嘉兴（今浙江嘉兴）人，中唐贤相，其为相时指陈弊政，废除苛税。

① 语出《御选古文渊鉴》，其原文为：“臣闻天下之患无常处也，惟见天下之患而去之，就其所安而从之，则可久而无忧。有浅丈夫，见其生于东也而尽力于东以忘其西，见其起于外也而锐意于外以忘其中，是以祸生于无常而变起。”

② 贝理泰（1866—1958），号哉安、鞠缘，江苏吴县（今苏州）人，苏州名门贝氏家族成员，以“金融世家”著称，其第三子贝祖诒，即为国际著名建筑家贝聿铭之父，出任过中国银行及中央银行总裁。他秀才出身，参与创办上海商业储蓄银行（简称“上海银行”）和中国第一家新型旅行社——中国旅行社，1917 年任上海商业储蓄银行董事兼苏州分行经理，自 1922 年起担任苏州总商会会长达 7 年之久，此外还担任过吴县红十字会会长、吴县救火会会长、博习医院、振华女子中学董事等职，对近现代苏州的经济发展与公益事业建树颇多。

草议大纲八条

敬启者:近年江浙构衅,凡吾太湖流域人民莫不均受战祸,如拉夫、封船、给养、筹饷,种种逼勒,苦不可言。哀我小民,无门控诉,然终不能听其长此脔割。况当共和时代,终以民意为归,则凡身受此次战事之苦者,亟宜起而共谋自卫之方。爰略具管见数则如下,惟希公鉴:

(一) 苏之五属与浙西方面均属太湖流域,两地人民平时最相亲善,区域亦互相毗连,自宜团结一气,唇齿相依,用拟联合定为特别区域,以期永远避免兵灾为宗旨。

(一) 拟联合各地人民集合,定名太湖流域特别区域联合会。该会会员由各县议会、商会、农会、教育会各推代表二人(至少各推一人),各总商会及各属旅沪同乡会各推代表二人,合议以成之。

(一) 本会会址暂假上海。

(一) 本会经费由各县分任之。

(一) 本会自通信日起,应请各地方绅商随时莅会,合组办法,限于一个月内成立。

(一) 本会俟特别区正式成立,即行撤销。

(一) 现在通信各事,暂由□□□等先行滥竽充数,一俟各地发起人集合后,再行推举公定,合并声明。

(沈慧瑛:《太湖流域联合自治会档案资料选编》,《民国档案》,1991年第2期(1991年7月),第3—4页)

太湖流域绅民电恳段祺瑞、张作霖、江苏两长及张宗昌撤兵文

(1925年3月14日)

北京段〈祺瑞〉执政、奉天张〈作霖〉上将、南京卢〈永祥〉宣抚使、韩〈国

钧〉兼督办、宣抚第一军张〈宗昌〉军长崇鉴：

大军久戍，百业停滞，流离失所，已达数月，供应既穷，农蚕俱废，民间生计日蹙，国税收入尤将大受影响。目前蚕事将届，又值春耕，一年之计全在此时。钟珏等为大局计，除推举代表张一麐、姚文枬、恽毓昌、冯煦、袁希涛、徐宗溥、顾乃斌、陈其采诸绅，趋谒崇阶吁恳外，伏乞俯鉴下情，迅予令饬各军，退出太湖流域，藉纾民困而保税源。临电不任迫切待命之至。

李钟珏、胡维德、彭穀孙、施肇曾、黄炎培、沈恩孚、费树蔚、许人俊、陈大启、潘利穀、朱钧弼、奚光华、钱崇威、殷振亚、黄申锡、史量才、李味青、顾履桂、张伯初、张葆培、卢正衡、钱以振、冯晓青、庄箓、万宾穆、祝大椿、荣宗锦、孙泰圻、孙鸣圻、杨寿楣、蒋士松、陶起凤、陆鉴征、钱鉴莹、钱三立、单润宇、俞复、贾培、吴增元、储南强、徐麟祥、王景棠、杨鄂联、俞惟珏、洪兰祥、陆启、徐光溥、吴夏祺、查人伟、陶葆廉、徐棠、蒋莱仙、徐眉轩、汪山、周庆云、王震、潘澄鉴、沈泽春、陆熙咸、单宗模、华文川、李培锷同叩。寒。

（沈慧瑛：《太湖流域联合自治会档案资料选编》，《民国档案》，1991 年第 2 期（1991 年 7 月），第 7 页）

致沪北米粮公会会长范和笙函请转告行、厂、客三方无锡米商福新面粉厂暂代收解无锡汇兑以资利便而减危害（附福新面粉厂通告文）①

（1925 年 3 月 20 日）

谨启者：近因军兴以来，无锡钱市尚未复业，金融汇兑停止。上海

① 时任上海福新面粉厂总理的荣宗敬先生鉴于战事以还，本乡无锡钱市尚未复业，汇兑停止，旅沪商人货价必须自行携带，非特累赘，其沿途危险实甚，而货款中为数最巨者，尤以米商最多，为便利同乡客商，特拟定救济办法，即米商将售货之款交闸北光复路福新第一厂代收，取具收条，然后持此收条赴无锡福新总公司凭条领款，汇费分文不取。此函系荣宗敬先生请沪北米粮公会会长范和笙将此办法转告行、厂、客三方无锡米商。（注转下页）

各米商带现〈金〉回〈无〉锡，路上恐有危险。本厂为便利经济流通、减少沿途危险起见，自即日起，暂代收解无锡汇兑。今附奉《通告》十纸，请阁下传达各米客、米行、米厂一体周知，本厂不取汇费，最好米客售现之现，向行家收取庄票或钞票，免得现洋有过目手续之繁，祈请台照为荷。此请台安。弟荣宗敬启。

福新面粉厂暂代收解无锡汇兑通告文

近为军兴以来，无锡钱市尚未复业，金融汇兑停滞。本厂为维持经济流通起见，自即日起，暂代收解无锡汇兑，特此通告。新闸北堍福新面粉厂启。

（上海《申报》，1925 年 3 月 21 日，第 4 张第 13 版）

上海公共租界工部局秘书罗姆复函关于突然停止对辖区内各华商纱厂电力供应事①

（1925 年 7 月 8 日）

接 7 月 7 日来函，内称，因突然停止对各工厂电力供应，并因目下劳工纠纷情况严重，贵会会员希望各厂得到充分的保护，直至能恢复开工时为止。兹奉命答复如下：贵函提示各点，业经注意。在公共租界权力所及的范围内，将尽一切可能保护各厂财产。请在遇有任何骚动有危及财产之时，速即通知警局。

（《上海公共租界工部局年报》，1925 年）

（续上页注）范和笙（1879—?），字衍祚，无锡人，时任沪北米粮公会会长，后任闸北商会公断处处长等职。

① 此函系罗姆专复时任华商纱厂联合会副会长荣宗敬。

附 1:上海公共租界工部局电气处停电通函(1925 年 7 月 4 日)

六月二十九日曾上一函,计邀台览。敝处迫不得已,约于本月六日(下星期一)正午,将停送贵工业所用电流,际此工潮久延,未能回复原状以前,势将不克续送。至尊处电灯用电,当如前函所述,将尽力继续充分供给。惟有敬告者,此项电流,不可试用以开驶马达,否则或将阻碍全部电流供给,而敝处在此工潮中,将无从补救也。敝处今日致有不得不出此办法之需要,良用歉憾,一俟能力可及,即当迅行回复无限制之供给,敢为诸君保证。

附 2:上海华商纱厂联合会为上海公共租界工部局停止供给华商纱厂电力事致北京执政府等电(1925 年 7 月 6 日)

北京段执政、外交、农商总长,南京郑〈谦〉省长钧鉴:

据本会本埠申新等十九厂报告,上海工部局因工潮关系,已于六日停止供给电力,叠经本会交涉无效,各厂被迫一律停工,共计纱锭五十余万枝〔枚〕,安分工人六万余同时失业,影响各厂营业固不必论,其于工人生计、地方治安关系尤重,应请政府向使团交涉,以保治安而维实业。不胜惶急待命之至。上海华商纱厂联合会叩。鱼。

附 3:江苏省长郑谦复电(1925 年 7 月 9 日刊载)

上海华商纱厂联合会览:

鱼电悉。此案迭经电令许交涉员切实交涉。兹又令饬该交涉员遵照前电办理,务期转圜,以维公安。仰即知照。省长郑谦。印。

(《纺织时报》,第 225 号,1925 年 7 月 9 日,第 88、89 页)

附4：华商纱厂联合会为上海工部局停止供给华纱厂电力事致北京段祺瑞执政等电再派会董徐静仁[①]赴京请愿将此项交涉从速办理以期早复工作[②](1925年7月14日)

北京段〈祺瑞〉执政、农商、外交总长钧鉴：

上海工部局停止供给纱厂电力，经鱼(六日)电恳向使团交涉在案。现停电旬日，未能解决，厂商损失日巨，工人生计垂绝。据该电气处函复本会称，停电原因完全由于工人缺乏，应请迅令驻沪军警长官设法劝令该电气处工人先行上工，以纾危局。[③] 设届时电气处仍不允送电，则各厂损失责有攸归。除推本会会董徐国安【即徐静仁】面陈意见外，特此电恳迅赐施行。不胜迫切待命。上海华商纱厂联合会叩。寒。

(《纺织时报》，第227号，1925年7月16日，第105页)

---

① 徐国安(1872—1948)，字静仁，安徽马鞍山人，实业家。自幼聪颖好学，曾入庠为秀才，后因家境贫寒，遂弃学随父寓居镇江，成年后即往扬州经营盐业，曾创办大阜、大有晋制盐公司，参与和推动废灶兴垦事业，出任大丰盐垦公司董事长。民国初年，与张謇等投资创办马鞍山福利民铁矿公司，开采铁矿。1917年，在沪成立溥益纺织公司，自任总经理，产品远销南洋、印度等地。1922年，受聘出任张謇南通实业管理处下属纺织管理处主任。张氏父子逝世后，被公推为南通大生纺织公司董事长。徐静仁热心公益事业，曾创办和资助当涂静仁职业学校、南通纺织专科学校、镇江蚕桑学校和京江中学；救济难民，创办镇江弘仁医院；帮助昆剧和《申报》发展等。

② 上海工部局停止供给纱厂电力后，上海华商纱厂联合会推举吴麟书、荣宗敬、聂云台三人为代表至工部局电气处接洽停电转圜事宜，面谈结果，该处对于停电似已无成见，表示如工人有相当接洽，即可恢复送电，并不限于全部交涉之解决。该会考虑到7月6日曾电请北京执政府及江苏省当局出面交涉，但未见有如何进行，又推会董徐静仁赴京与北京执政府外交部请愿，要求将此项交涉从速办理，以期早复工作外，并于7月14日再致电北京执政府。

③ 经调人许交涉员、上海总商会虞洽卿会长及上海华商纱厂联合会代表荣宗敬、吴麟书与电气处工人代表顾叔如、李锦芳、陈文麟磋商，工人提出包括补助罢工期补助费等在内的五项条件。为此，经厂商一再熟商，决定由中日双方纱厂与总商会筹集洋六万元，以补助三分之一工资，再由中国纱厂联合会与总商会加筹洋三万元，作为特别津贴。《纺织时报》，1925年9月7日。

附 5:江苏交涉公署为上海公共租界工部局停电事致华商纱厂联合会函(1925 年 7 月 22 日)

奉外交部十七日电开:工部局停给华厂电力事六日电及上海华商纱厂联合会鱼、寒两电均悉,业经奉部备文向使团交涉。兹准义翟使照复称:关系各国公使对此问题虽认为重要,然苦无费料以资评断,且为表示善意起见,已电饬驻沪领袖领事与交涉员再商最善方法,以图补救等因,仰迅与领团商洽办理,并转知联合会为荷等因。奉此,除与领袖领事协商办理外,相应函达贵会查照为荷。

(上海《申报》,1925 年 7 月 23 日,第 4 张第 13 版)

附 6:北京外交部致领袖意大利翟公使关于上海公共租界工部局停电之照会(1925 年 8 月 2 日刊载)

迭据特派江苏交涉员暨上海华商纱厂联合会电称:"工部局电气处通告本月六日起停止供给各华商厂家电力,各华厂罢工者又增数万人,关系地方治安。经特派员函商领袖领事,请照常供给,卒因工部局坚持,致交涉无效"各等语。查沪案现在筹商解决,该地中外官厅自应暂维秩序,静候本部与贵公使暨各国公使会商办理。该工部局如因工人不敷分配,尽可与地方官厅会商办法,断不宜出此激烈手段,致生重大误会。倘因停电罢工发生骚动情事,该工部局应负完全责任。应请贵公使迅请驻沪领袖领事转饬工部局,照常供给各华商厂家电力,以免再生枝节。相应照会贵公使查照办理,并希见复为盼。

(上海《申报》,1925 年 8 月 2 日,第 2 张第 6 版)

为《工会法草案》事致秦晋华、李静涵[①]函请详密考虑并望早日公布

(1925年7月9日)

昨上一函,谅登记室。各厂自停工后,实行坐食。微特开工无期,即使开工而气质变化,管理极难。查《工会法草案》尚未公布,已有人呈请修改。[②] 公等精谙法律,通达商情,请于《工会法》公布以前,加以详密之考虑,但求厂〈方〉与工〈人〉两不相妨,而多数勿为少数利用,庶几百万工人纳诸正轨,为厂家留一线生机,即为国家培一分元气。尤望早日公布,俾不为法外行动。公等楼台近水,建白较易,专函渎陈,敬希亮察。

附1:茂新、福新、申新总公司致江苏省长郑谦函(1925年7月上旬)

自沪案【"五卅惨案"】发生,实业界更有切肤之痛。……"五卅"而后,罢课、罢市,继以罢工。维时各厂家为维持工人生活及地方秩序起见,勉力开工。乃交涉未见端倪,而工部局借口缺乏工人,停止送电,各厂不得已,宣告停工。……〈工人〉要求各厂贴费,各厂一再集议……不得已,每星期每人贴洋一元,以两星期为限。工会方面,犹以为未

① 秦晋华,生卒年不详,又名瑞阶,江苏无锡人,早年曾赴日本法政大学学习,曾任河南省知县、北京临时参议院议员、江苏吴县地方审判厅推事,北京政府农商部参事、商标局局长等职,1922年12月代理农商部次长;李静涵,生卒年不详,名澂,江苏无锡人,为荣德生四女婿李冀曜之父,曾任北京政府农商部实业司司长,时任北京政府财政部司长。

② 1925年6月,北京政府农商部拟定了一个《工会条例草案》,对工人组织工会予以种种限制,引起工人强烈不满。中华全国总工会上海办事处和上海总工会自7月3日起连续致电北京政府和全国各工会,反对该草案,要求修改。7月17日,上海总工会发表了一个代表工人利益的《工会条例草案》。详见1925年7月4、7、17日及8月14日上海《民国日报》,或1925年7月10日上海《时报》。

足……其不能求谅于工人者，非工人之自动与厂家为难，自有操纵工人者在也。查工会法至今未见明令公布……纳百万人于轨道，使操纵者无所借口，公布《工会法》，实为要图矣。

（申新总公司函稿汇登）

附 2：上海总工会致华商纱厂联合会函(1925 年 7 月 14 日前)

径启者：敝会接得各中国纱厂工人报告多份，谓贵会通告各纱厂对于因无电停工之纱厂工人生计救济办法，仅允每星期发洋一元，以两星期为限等说，因此各厂停工工人大起恐慌，纷来敝会，讨论办法，并请求敝会代表向贵会要求增加维持费及延长维持时间来会。查工人生活困难，专赖工资度日，一旦工作停止，每礼拜仅得维持费一元，一家数口，安能够足？且工人人数众多，已达五万，两礼拜内安能各人另自谋得相当生计？又，此次停工并非长久状态，中国各纱厂复因此次对外大罢工，纱价徒涨，所获余利甚多。为此特向贵会请求，对于停工纱厂工人，准予照发工资至开工时为止，务恳贵会顾全大局，念彼工艰，准予施行，至为德便。否则，数万工人，一时断绝生计，恐慌影响所及，于大局安危、社会秩序何？务请贵会熟计之，敝会及数万工人伫以待命。

（《纺织时报》，第 227 号，1925 年 7 月 16 日，第 106 页）

致淞沪警察厅长常之瑛[1]函恳酌派员警常驻中新一厂附近随时监视工人

（1925 年 7 月上旬）

自“五卅”惨案发生，敝厂为维持工人生计，照常工作。讵意工部局

① 常之瑛，又作常芝英，生卒年不详，原为鲁军张宗昌部下，任其交通司令，在 1925 年奉系占据上海后，被任命为淞沪警察厅长。

于本月6日停止送电,敝厂只得宣告停工。在此停工期间,诚恐有不肖之徒,勾结工人,发生滋扰情事。为此函恳钧厅,酌派员警若干名,常驻陈家渡申新〈一〉厂左〔附〕近,随时监视。素谉钧厅维护实业、保护地方,职责所在,定能俯就所请也。

(申新总公司函稿汇登)

致申新二厂经理顾沅芍函指示应对工人办法

(1925年8月3日稍前)

此次二厂收拾引擎,开一万锭,原为维持工人生计起见,并无贸利之心。乃工人不能体谅,提出条件。既承执事开诚劝导,如工人于星期一〈前〉【即8月3日】无条件上工,可照原议开一万锭;万一以工会名义提出条件,即请通告各厂友〔职员〕,除酌留几人驻厂外,余一律回家休息,薪俸发给至本月望日【即8月4日,农历六月十五日】为止。至工人方面,听其自由解散可也。

(申新总公司函稿汇登)

致上海总商会会长虞洽卿[①]、副会长方椒伯[②]函乞维护商人沟通各界

(1925年8月3日)

自沪案(即"五卅"惨案)发生,纱厂〈受〉影响尤巨。敝处申新二厂

① 虞洽卿(1867—1945),名和德,字洽卿,以字行,浙江慈溪人。虞洽卿早年因家贫到上海当学徒,1894年后任德商鲁麟洋行买办、华俄道胜银行买办;1903年独资开设通惠银号,发起组织四明银行;1905年上海发生大闹公审公堂案,经四处奔走,与组织当局交涉获胜,遂名闻沪上;1908年创办宁绍轮船公司;1911年上海光复后任都督府顾问官、(注转下页)

为维持工人生计起见，于工部局停电后，收拾引擎，拟于8月3日开一万锭。乃工人不加体谅，提出条件，在厂方无力受领，只得宣告停业。敬就鄙见所及，为台端陈之。“五卅”之役，诚为最不幸之事。血气之伦，无不爱国；立国要素，实业为先。我国实业尚在萌芽时代，尽人知之，知之而不能扶之、翼之，又从而摧残之，微特资本家束身自好，不敢作投资之想。即固有之萌芽，不知刬削无遗不止。实业既衰，商业自敝，国将不国，何有于爱？……〈上海〉总商会为全国商业之总枢，会长居于登高一呼之地位。商人爱国，岂后于人？伏乞公等维护商人，沟通各界。实业昭苏之日，即公等尸祝之时。如其纯任自然，无关肥瘠，失其保障，竽滥滋惭，惟有登报声明，敬辞会员。叨在雅爱，聊贡愚忱。

（申新总公司函稿汇登）

致吴淞江水利协会函请转咨水利工程局速派机船疏浚新闸大通路沿河处河道

（1925年8月9日刊载）

新闸大通路沿河，隔岸适对闸北垃圾码头，该处河道尤形淤塞，急宜从速疏浚。请转咨水利工程局，即日饬派机船，前往修浚，以利交通，而便商运。

（上海《申报》，1925年8月9日，第4张第14版）

（续上页注）外交次长等职；1914年独创三北公司；1920年合伙创办上海证券物品交易所，任理事长；1923年当选为上海总商会会长；抗战时期，坚持抗日爱国，日军占领租界后赴渝经营滇缅公路运输，支持抗战。

② 方椒伯（1885—1968），名积蕃，浙江镇海人，为宁波同乡会、宁绍公所及宁波议院创办人，先后任上海东陆银行经理、上海总商会会董兼商事公断处处长、上海钱业公会及银行公会董事、宁绍轮船公司董事、华商证券交易所董事等，1922年当选为上海总商会副会长。

上海华商纱厂联合会为工会提出种种条件阻挠上工事致江苏郑谦兼督电及呈文[①]

(1925年9月9日)

急。南京郑兼督钧鉴:

电力已通,日厂全开,工会对于华厂,又提出种种条件,阻扰上工。似此任意要挟,危害国计民生,对外其名,对内其实,爱国之谓何?事关实业存亡、人民生计,伏恳明示办法,俾有遵循。不胜急切待命之至。华商纱厂联合会叩。佳。

上海华商纱厂联合会呈江苏省长公署文

呈为工会把持,请求明示办法,以维实业事。窃自电气回复原状,各厂正拟从事工作,而善良工人,受外界压迫及生计艰难,咸望早日开工,各安本分。乃有不良分子,假托工会名义,肆意把持,工人裹足,复业无期。溯自五卅至今,厂家损失不可数计,因电气问题而辍工,本无其他作用,先电气回复,而枝节横生,是对外问题,转为对内问题,长此相持,实业前途,不堪设想。除电陈外,伏乞明示办法,俾有遵循,实为德便。

(《纺织时报》,第244号,1925年9月14日,173页)

附:上海华商纱厂工人代表所提复工条件

上海总工会鉴于电气工人复工问题,现已磋商解决,约于下星期一可以复工,而华商各纱厂停工工人亦应积极调解,特于昨日(4日)上午九时邀集华商各纱厂工人代表在文监师路德兴里开会,讨论复工事件。计到者,除商总联会潘冬林、总工会曹子敬外,有振泰纱厂潘杏魁、恒丰

---

① 此电系荣宗敬先生作为华商纱厂联合会代表发出。

纱厂陈松林、申新第五厂沈钧、〈申新〉第一厂吴福星、厚生纱厂张汝昌、统益线纱二厂田为成、溥益布厂戴指南、永安纱厂张作民等，由潘东林主席，讨论结果，由到会各厂代表共同提出复工条件六项，托潘、曹二君向厂主方面尽力交涉，以达要求目的。兹将所提复工条件六项照录如下：

(1) 承认工会有代表工人之权；

(2) 罢工工人一律回复原职，不得开除；

(3) 发给停工期内工资，每人津贴十元；

(4) 加工资十分之一，与日本纱厂一律；

(5) 工资一律发大洋；

(6) 男女工人赏工平等。

(上海《新闻报》，1925 年 9 月 5 日，第 5 张第 1 张)

致高右铭函请查拿假托工会名义为首滋事者并饬军警保护各厂安分工人上工

(1925 年 9 月 11 日)

右铭先生台鉴：

秦淮晤叙，快慰无似，近维公私顺绥为颂。兹启者。自沪案(即“五卅”惨案)发生，实业界感受痛苦，已达极点，无待赘述。工部局电气问题，多方疏通，方能回复原状，各厂预备开工。安分工人停工多日，亟思工作以维生计，而工会不良分子，犹任意阻扰，动辄提条件为挟制之具。鄙意害群之马不除，乱苗之莠不拔，即使厂家将就开工，终不免有越轨举动。上峰明镜高悬，深知商苦，应恳将现近状况相几〔机〕面陈。最好一面查拿假托工会名义为首滋事之人，一面饬军警保护各厂安分工人上工。实业前途，庶几有豸。附上印刷品一纸，希察及。专此，敬颂祷祺。九月十一日。

（申新总公司函稿汇登·第三册〔1925—1928年〕，上海社会科学院图书馆藏）

上海机制面粉公会致各同业之公函征求对于拟提交关税会议意见书之意见（附上海机制面粉公会拟提交关税会议意见书）①

（1925年9月19日）

径启者：查关税会议开幕在迩，前经敝会邀集内地、本埠各厂，设立上海机制面粉公会税约研究委员会，推举起草员，拟具简章，送请台洽在案。兹由各起草员拟就意见书一件，除呈送政府用备采择，一面定期再开大会，公举代表晋京请愿，以备政府咨询外，相应将意见书印送贵厂核阅。如有卓见，即祈详示，以收集思广益之效，是为至盼。

上海机制面粉公会拟提交关税会议意见书

查洋粉进口，照约免税，年来源源输入，成为营业大宗。华粉运往各国，税率极重，如运往日本，每包征银七角之多。运往其他各国，虽税率不同而征收则一。税则之不平等，至为明显。现在关税会议，开幕伊迩，粉业同人为国权计，为自卫计，不得不贡其刍荛，以备采择。按洋粉免税，原为供给外侨食品起见，当时吾国尚无机制面粉，方今各地粉厂林立，设法推销，犹虞呆滞，何堪以大宗免税之洋粉，攘夺我华厂固有之利权？为今之计，惟有请求政府，规定洋粉进口免税额数，列入议程，如进口洋粉超过定额，即须征税，既符约章又裕收。再，请求通饬各常关，

① 当时上海机制面粉公会因北京关税会议开幕在即，邀集内地本埠各厂代表开会，决组织面粉业税约研究委员会，并举定顾馨一、荣宗敬、方燮尹等为委员，共同研究。现该委员会所拟之意见，得业已脱稿，于1925年9月19日分别致函本、外埠各同业征求意见。

遵照前清光绪三十二年【1906】津海关道与税务司商定，外国面粉运入内地每百斤抽税银八分成案，切实整顿，照章征收，如有华商影射，杂洋粉于华粉中，希图免税，一经觉察，除货物充公外，立予严惩，以儆效尤。至华粉应免税厘，一因仿照机制，提倡国货，一因小麦纳税，既征原料于先，未便再征熟货于后，亦便民恤商之意。更有进焉者，华粉运往各国，税率繁重，虽事关税则，各有主权，然华侨散处，食品所关，应于会议席上，提出华粉运往各国，援洋粉进口免税之例，商定免税额数，逾额不妨征税，但税率亦须减轻，以昭公允。一得之愚，是否有当，维希公鉴。

（上海《申报》，1925 年 9 月 20 日，第 4 张第 13 版）

附：华商纱厂联合会呈北京农商部为提交关税会议意见书请分别咨行并案讨论事（附华商纱厂联合会提交关税会议意见书草稿）（1925 年 10 月 20 日）

呈为提交关税会议意见书，请分别咨行并案讨论事。窃查我国纺织一业，年来受外竞影响，敝窳不堪，病根所在，全由国际间不平等条约，关税未能自主所改〔致〕。此次关税会议，我政府虽有关税自主之提议，然究非数年间可企成，是纵关税略有增加，而种种束缚依然如故，于国内工商仍无裨补。本业设不在〔此〕关会机会，另予设法补救，诚恐再逾数年将更一败涂地，莫可挽救。为此提具意见书，呈请钧部采择，并请转咨外交部、财政部暨关税委员会并案讨论，其有为条约所束缚者，应请关税委员〈在〉会议席上力争改正，俾利施行，实于棉业有莫大希冀。所有提交关会意见，请分别咨行缘由，理合备文呈请咨行提议施行，实为德便。谨呈。

华商纱厂联合会提交关税会议意见书草稿[①]

窃以年来棉业疲滞已达极点，其中原因固多，然由于关税之不能自主，及条约上种种束缚，则为诸因中之最大主因。我国棉业在全国实业

① 最终附呈农商部之意见书单印本，大致与草稿无甚差异。

中比较为巨，值此关税特别会议，设不乘机争回一二，则全国棉业几无来苏之望。爰就管见所及，略陈梗概，敬希采纳。

（一）取消外洋棉花进口税，并切实征收出洋棉花税。查先进各国遇有国内缺乏之原料，大率免除其进口税，以资吸引。我国产棉不丰，遇秋收登场之初，因有条约束缚，无法禁止外人提价采办，致输出过分之原料；迨至来春原料顿告缺乏，又不得不忍痛购用印〈度〉、美〈州〉之贵棉以补其缺。进出之间，厂商损失之巨，难以数计。政府对于国内纱厂应有保护责任，拟请乘此会议之际，将外洋进口之棉花税概予免除，并将国内出洋之棉花税，按照《中英商约》第八款第七节，切实征收值百抽五，以补免除进口税之损失。查历年专案，免征进口税货品均由主管部处核办，并无须咨商使团，故于进口棉花税一节，果政府有维护棉业之决心，定能办到。至棉花出口税，订于咸丰戊午年【1850】，从未修订。当时棉价每担不过十两左右，故每担仅征三钱五分，近则棉价已达四十两左右，若切实征收值百抽五，每担应税银二两，庶于履行条约之中，隐寓保护棉业之意。

（一）免除由此进口运往彼口之棉花出口税及复进口半税。查轮船装运土货往来于国内各港，向章与出洋土货同一完纳出口税，若由此口至彼口并须完纳复进口半税，将来出产税实行，更须完纳二五加税，已合值百抽十。例如，设在通商口岸之纱厂，其担负花税，较之外商径运赴外洋，无须再纳复进口办税及将来之出产税者多百分之五；若设在内地之纱厂，将来更须完纳销场税，其税率又将值百抽五，较之运往外洋者多百分之十。夫往来国内之货物而征收税款，既不合税则原理，更况此种税项足以鼓励原料出洋，而摧残国内工商业耶！应请将此项棉花税暂予免除，以振兴国内实业。

（一）出厂税之修正。查《马凯条例》第八款第九条载，“凡洋商在中国通商口岸或华商在中国各处，用机器纺成之棉纱及制成之棉布，须完一出厂税……凡别项货物与洋货相同者，若洋商在通商口岸或华商在中国各处用机器制成者，亦须按照以上章程办法办理”云云；又一九〇三年《中美续议通商行船税约》第四款内载，“凡用机器纺成之棉纱及织成之棉布，无论系洋商在通商口岸或系华商在中国各处纺织者，所应抽税项均须一律无异……凡别项货物与洋货相同在中国用机械制造者，亦须按照以上章程办理”。照此规定，各国洋商工厂在华所享之利益，非特不能彼此有所轩轾，并不得比华商有所轩轾，实视最惠国条款之待遇为更进一步，且为片面义务，与国际惯例不符。况华商纱厂资本无其雄厚，技术无其精良，长此缚束，非尽为外人吞并不止，且华商工厂及其所制之货物完全为中国内政，其应否征税及所征若干，应由中国政府自行酌定，断无订入条约之必要，应请及时修正，庶将来政府奖励国内实业不致再受条约上之拘束。

（一）收回颁布进出口禁令之政权。查列国对于货物进出口之禁令皆有绝对之自由，独吾国凡现行税则及税则章程内无限制进出口明文者，概不许颁布临时之禁令，于行政固发生窒碍，而于国内实业上尤有莫大之打击。敝会前以国内原料缺乏、棉价过昂，曾呈准政府暂时禁止棉花出洋，业经通令各关照办，而使团据约打消，所受痛苦迄今未泯。列国禁止进出货品，不乏成例可援，设此权而不收回，则国于何有，遑论国人所办之事业？应请改正，以维主权。

（一）准华商纱厂持用三联单向内地购运棉花。按照《中英通商善后条约》第七款，出洋之土货，其办法与洋货运入内地相类，似即洋商呈准领事官咨请海关发给三联单，即可自往内地采办土货，由第二子口验明单、货相符倒换运照，限一年内至最后子口持照赴海关完子口半税，领有收据即准过卡。迨《中日马关条约》，竟许“日本臣民在中国制造一切货物，其于内地运送税、内地税、钞课杂派以及在中国内地沾及寄存栈房之益，即照日本臣民运入中国之货物一体办理；至应享优例豁除亦莫不相同”，由是而不出洋之土货，凡运往通商口岸供洋商厂制造者，亦均沾及子口税之利益，并按百抽二五后不再重征，而通商口岸及设在内地之华厂向内地采运棉花，转不得不逢关纳税，过卡抽厘，备受厘金之苛扰，其所纳税项恒在值百抽十至二十以上，其原料之成本既轻重悬殊，则出品之行销又安能相抗？以同再一国内设厂制造，对国人则如此其薄，反客为主，不平孰甚！应请规定，凡国内华商各纱厂向内地购运棉花，准其援照洋商向内地购运土货办法，由部颁发三联运单，向第一道关卡完纳值百抽二五正税一道，无论本省外省，沿途关卡概免重征。如此办法，于各省现行货物税制度亦无激剧之变化，且此种主权本操之政府，初不待有约各国之同意。复查民国七年修改税则之后，政府有整顿三联单之计划，当时税务司以整顿无从，亦有准华、洋各商以来持用三联单之议，足见此议之亟应举行，固不知今日始也。

（一）严防外人无理要挟。历查我国与外国订约时，对于国内货品外人往往同时要求增加杂税，务使国货无发展之余地。例如光绪二十四年《中英条约》第八款第八节之销场税，不得稍于运来之洋货或运往外洋之土货有所妨碍，并不得在租界内征收；又如第九节之出厂税，须华、洋各厂一律征收；又如英约第八款、美约第四款、日约第一款之出产税，但能征中国所用之原料、土产，而不能征外人所用之原料、土产。凡此皆迎合当轴增加收入之心理，而国内发展实业之萌芽乃无形中为之斩除净尽。夫以一政府征收国内货品之税完全有征免之权，何必订入条约，更何劳外人越俎代谋？其用心所在，概可想见。微闻日本内地纱厂以此次增加二五关税，向该外〈交〉部提出对付方策，并昌言中国内地各厂亦应创设相当之二五增税，俾受公平待遇等语，事之确否固不敢必，但征诸往事诚不敢保其必无，设政府再受其要挟，则内地纱厂惟有束手待毙，而丧权辱国至再至三，谅我政府亦必不愿承受也。

（一）限制外人在国内设厂区域。查自《马关条约》准日本臣民得在中国通商口岸、城邑，任便从事各项工艺制造后，藩篱尽撤，政府对于国内工厂乃无丝毫保护之余地。年来加税之议兴，洋商工商设立日众，内地洋厂亦滋蔓不已，迭经外交部通令取缔，迄无效果。比以实行二五附加闻，日人且有扩充外人在中国设立工厂地域之提议，是加税结果微特不能保护本国实业，且使本国实业骤增无数实逼处此之劲敌。欲实业之不亡乌可乎？拟请乘此时机，严订限制，其已在通商口岸外设立之纱厂务加取缔，其在通商口岸内者亦请酌予限制，以维本国之实业。

（《纺织时报》，第 249 期，1925 年 10 月 1 日，第 193—194 页；第 250 期，1925 年 10 月 5 日，第 197—198 页；第 255 号，1925 年 10 月 22 日，第 217 页）

致高右铭函乞代请邢士廉[①]司令切实防止纱厂工人运动

（1925 年 9 月 21 日）

华厂复工后，工人往往提出条件挟制厂主，其中显有人指使。忽有封禁工会、查拿首要之举。三月工潮，一朝平息，沪商莫不感激上峰维护商民之盛意。从此名震东南，造福桑梓，正未可量，不仅纱厂一业感颂已也。闻邢〈士廉〉司令祝嘏莅宁，可否由上峰面谕切实防止，不再有死灰复燃之机，则工厂前途实深利赖。先生代达下情，不以烦琐为嫌，尤为感荷。

（申新总公司函稿汇登）

① 邢士廉（1885—1954），字隅生，辽宁沈阳人，早年毕业于日本振武学校、陆军士官学校第八期骑兵科，曾任黑龙江省军官养成所教练官、黑龙江督军署参谋、军警处督察长、中东铁路警备司令部咨议、东北陆军第十九混成旅参谋长、第二团团长、奉军第二十师师长等职；1925 年奉命率部进入上海，6 月 13 日被任命为淞沪戒严总司令，10 月孙传芳发动反奉战争后，逃离上海。

附 1:上海华商纱厂联合会致各厂通告(367 号)(1925 年 9 月 21 日)

径启者:此次各厂复工,由总商会〔商总联会[①]〕调停,允许工人工资将小洋改发大洋。兹经 18 日特会议决,各厂自复工之日起,依照前议一律将小洋改用大洋,即希查照。又查各厂工资高低颇不一致,兹为研究统一起见,特附奉调查表一纸,拟请将贵厂男女工最高、最低工资数目即日填示为盼。

(《纺织时报》,第 246 号,1925 年 9 月 21 日,第 182 页)

附 2:淞沪戒严总司令部严禁纱厂工人运动布告(1925 年 9 月 21 日)

为布告严禁事。案据华商纱厂联合会函称:“敬启者:本会各厂前因断电停工,兹电气已恢复,而工人因受不良分子之胁制,延不上工,曾由会呈请钧部,派队保护开工在案。现据各厂报告,工人虽未完全到厂,已有多数复工,此后逐渐招补,不难足额。惟人数众多,仍难免有不肖分子,从中煽惑,再酿事端。为此合再恳请钧部,对于假借名义号召罢工或有劫持工众,故与厂家为难者,准予出示禁止,并乞将文告掷交本会转发各厂张贴,以维实业,而保穷民生计,实纫公谊。”等情。据此,查工人以劳动为生活,数月以来,失业工人所受损失已属不赀,现值复工之初,正宜安心工作,以图补救,难容不良分子,从中煽惑,再酿事端,以逞其私图,而绝工人之生计。合亟布告,剀切晓谕,仰各该工人一体知悉:尔等所得工资,为豢养糊口之计,务宜各安生业,自食其力,切不可再受煽惑,自受其苦。倘有不良分子,从中阻扰,假借名义号召罢工,或迫胁工众情事,一经察觉,定予拘拿严办,决不宽贷。除饬军警随时严密保护外,合行布告周知,仰各该工人一体遵照,毋违切切。特此布告。中华民国十四年【1925】九月二十一日。总司令邢士廉、

① 此处“商总联会”,是“各马路商界总联合会”的简称。它主要是中小商人的团体,但其上层人物中有少数较大的商业资本家,同时又是总商会的成员。

副司令常之英。

（《纺织时报》，第 247 号，1925 年 9 月 24 日，第 187 页）

复秦晋华函对封闭总工会及缓颁《工会法条例》表示感激

（1925 年 9 月下旬）

晋华先生台鉴：

顷奉手教、附件均悉。此次在京，既聆高论，复扰盛筵，感荷无既。沪上复工后，仍有不良分子暗中挑拨，自工会封闭，且下严拿首要之令，若辈始稍敛迹。如于两月前有此雷厉风行之手段，厂家更受惠不浅。来件于外人谋我隐情，及吾国劳资两方真相，说得异常透彻，文辞亦颇娓娓动听。从此条例缓颁，使若辈失其凭借，先生之造福于社会、国家，正未可涯量，不仅各厂感激〈不〉已也。〈来〉件当保存，不轻易示人。关税会议开幕伊迩，此间粉、纱两业，拟派代表入京有所陈述，届时还希指教一切。新督已来，尚无如何表示。江浙虽有谣言，以情理度之，目前当无问题。匆复，敬颂公祺。

（申新总公司函稿汇登 · 第三册〔1925—1928 年〕，上海社会科学院图书馆藏）

附 1：上海华商纱厂联合会为上海总工会启闭事致孙传芳电（1925 年 10 月 19 日）

常州探投孙督办钧鉴：

报载前不法组织之上海总工会，有请求启封消息。该会前借爱国美名，鱼肉工人，摧残实业，曾经官厅封闭在案，工商两界靡不称庆。乃该会漏网分子觊大军莅苏之际，阴谋死灰复燃。[1] 钧座吊民兴师，必以除暴安良为职志，特电恳严令沪上军警对于启封工会一节，严予拒斥，不胜感激待命。华商纱厂联合会叩。

（《纺织时报》，第255号，1925年10月22日，第217—218页）

附2：孙传芳复上海华商纱厂联合会电（1925年10月22日）

皓电悉。现值军务倥偬，未遑为治本之策，工会启闭一事，应俟时局安定再行核办。孙传芳。养。印。

（《纺织时报》，第256号，1925年10月26日，第222页）

① 1925年9月18日上海总工会被封后，发生浙、奉混战，结果奉军战败，于10月间退出上海。时因孙传芳率领浙军长驱入江苏，上海总工会分子鉴于奉系势去，遂有启封之说。

1926 年

致《太平导报》函商榷救济纱厂业（附救济纱厂业之管见）

（1926 年 2 月 6 日前）

接奉导报三册，拜诵之余，莫名钦佩。吾国实业尚在萌芽，年来政潮起伏，军事频仍，投身实业界者，类皆疾首蹙额，莫知所措。贵报独以提倡兴业为重要职志，则登高一呼，自多响应。实业前途，拜赐多矣。兹就管见所及，对于救济纱厂业，略有商榷之处，另纸录奉台览。一得之愚，尚希不吝指教。

（《太平导报》周刊，第 1 年第 6 期，1926 年 3 月 16 日，第 42 页）

救济纱厂业之管见

年来吾国纱厂业，有一落千丈之势。其原因甚多，而以华商受不平等之待遇为最大原因。查外商在华埠设厂，其锭数几占百分之六二点五，发展若是之神速，实由条约上予以特殊之便利。特殊之便利维何？则“三联单”[①]是。外商在内地采办棉花，有“三联单”为护符，通行无阻。华商则捐税重叠，加以交通梗阻，转运需时。按“三联单”之效用，原为

① 此处“三联单”，系外商为在中国内地采办土货所领得一种凭照，藉此在完纳子口半税后，避免内地重重税厘。根据清政府与西方列强所订不平等条约规定，子口半税只适用于出口的土货。但自中日《马关条约》准许外国人在华就地设厂后，外商采办原料并不出口，却仍利用“三联单”，以避免内地关卡重征。清政府及北洋政府明知其违反条约，却不敢制止。

便利外商采办原料，运销国外起见。今则外厂林立，新花上市，受“三联单”之影响，则花贵；战事频年，销路呆滞，则纱贱。就现状论，直接保护外商，间接不啻摧残吾国实业。

关税会议开幕，对于税则，庶有一线曙光，又以政潮而停顿。然引领北望，冀公理之克伸。兹已公推总商会会董闻君兰亭，入都陈述，关于花、纱两税，如何斟酌以剂于平，不使华商感受“三联单”之痛苦，则纱厂业庶有豸耳。

（《太平导报》周刊，第1年第6期，1926年2月6日，第2页）

致吴佩孚将军恳请维护运输电[1]

（1926年3月9日）

汉口玉帅麾下：

国人苦兵革久矣，我帅座不忍生灵涂炭，再起东山，义旗所指，果已乘破竹之势，攻克郑州，澄清中原，为期不远。在商言商，又不得不为帅座陈者，幸垂察焉。

年来纱厂、面粉两业，日见衰落，而纱厂业尤一落千丈，其原因固受军事影响，而运输之不便利，尤为其中主因。运输阻滞，原料无由输出，熟货无由输入，其弊乃至商困于肆，工辍于厂，而实业界遂受莫大之打击。纱厂业然，面粉业亦莫不然。夫京汉路实占运输之枢纽，今郑州已克，则关于京汉南段之运输，似宜及时恢复原状，俾商民了然于帅座不得已而用兵，表箪食之欢迎，慰云霓之渴望。而原料流通，厂家照常制造，数千万资为生活之工人，得以安居乐业，影响于社会之安宁秩序，夫岂浅鲜！若夫推行尽利，商家博什一之利，犹其后焉耳。更有进焉者，

① 此电系荣宗敬先生以华商纱厂联合会、上海机器面粉公会名义发出。

货物例须征税，货物停顿，税于何有？如交通早日恢复，既裕军储，复苏商困，一举两利，莫善于此。

明知帅座烛照所及，无待赘陈，商人不得不将目前困难情形，上渎钧听，伏乞俯采刍荛，准如所请，不胜迫切待命之至。华商纱厂联合会、上海机器面粉公会叩。佳。

（《纺织时报》，第 290 号，1926 年 3 月 11 日，第 340 页）

为无锡申新三厂布机间工人聚众暴动殴伤职员事致江苏省长陈陶遗[①]电请严拿首要解散胁从以维治安而保工厂

（1926 年 3 月 12 日）

陶公省长钧鉴：

无锡〈申新〉第三纱厂布机间机工聚众暴动，殴伤职员，集会抵抗，

① 陈陶遗（1881—1946），原名公瑶，字陶遗，号道一，又号剑宏，江苏金山（今属上海）人。光绪二十七年（1901）秀才，光绪卅一年（1905）入松江融斋师范学堂读书，因反对好色嗜赌的学堂经理杨荫安而被开除。东渡日本，入早稻田大学攻读法政，并由同乡高天梅介绍加入同盟会，改名剑虹。不久，受命回国，在上海和高天梅等创立中国公学，暗为同盟会秘密机关，从事革命。后立健行公学，和柳亚子、高天梅、朱少屏等人，以《黄帝魂》《法国革命史》《荡虏丛书》等为教材，宣传爱国主义、民族主义和资产阶级民主革命思想。光绪三十二年（1906）秋，赴日本接办《民报》和《醒狮》周刊，并担任暗杀部副部长。期间他经常去听章太炎讲课，陶遗之名，即章氏为其所改，意为“陶唐氏之遗民”。翌年任同盟会江苏分会长。宣统元年（1909），柳亚子等人发起组织南社，他为其中骨干。宣统二年（1910），受命去南洋执教，并为同盟会募集革命经费。南京临时政府成立后，陈陶遗被选为临时参议院副议长。民国元年（1912）8 月，同盟会改组为国民党，他当选为国民党江苏省支部长，随孙中山、黄兴等往北京和袁世凯会谈。次年 3 月，袁世凯暗杀了宋教仁，孙中山、黄兴号召南方各省反袁失败而出国流亡，他回家隐居。民国 14 年（1925）冬，军阀孙传芳割据苏、浙、皖、赣、闽，自称五省联军总司令，提出“苏人治苏”口号，他被张一麟推荐，出任江苏省长。民国 16 年（1927）初，他劝说孙传芳联合北伐军，未被采纳，遂愤然挂冠而去。

无法调解。查去年“五卅”以后，纱部机工曾起风潮，厂方委曲忍受，始告平息。今布机间机工相率效尤，如此横行不法，难以理喻，唯有出于停工之一途。在厂方牺牲事小，数千无意识之工人一朝失业，恐危及地方安宁秩序。应请饬县严拿首要，照律惩办，并派警妥为保护，俾得照常工作，实为德便。

（申新总公司函稿汇登）

附1：华商纱厂联合会致孙传芳、陈陶遗佳电恳请严令该管军警严办无锡申新纺织三厂号召罢工首要并督令该厂恢复工作（1926年3月9日）

南京孙〈传芳〉联帅、陈〈陶遗〉省长钧鉴：

年来工人习于嚣张，动以罢工相号召，往往以细故酿成巨案，不特影响社会安宁，实为实业前途莫大障碍。近此风已由沪埠渐及内地，兹据无锡申新纺织〈三〉厂报告：该厂布厂〔机〕〈部〉工人以发给工资问题，无理要挟，发生罢工风潮，并殴打职员成伤，无法维持工作等情。窃念该埠为苏省内地实业最盛之区，亦为莠徒丛集之所，前已屡见工潮，均未从严惩处。为此恳请帅座、省长，严令该管军警，对于该厂号召罢工首要，依法严办，并督令该厂恢复工作，以警不法而维实业。不胜待命之至。

附2：华商纱厂联合会致孙传芳、陈陶遗删电请严电该地军警迅拿鼓动无锡丝纱各厂工人罢工首要依法惩戒并解散不法机关（1926年3月15日）

南京孙联帅、陈省长钧鉴：

佳代电计呈钧座。查无锡申新布厂罢工及旬，迄未解决。近据该厂报告，连日良善工人纷纷上工，叠被工人勾结地痞持强霸阻，并在西水仙庙地方设立会所，鼓励丝纱各厂一律罢工。规其用意，无非党徒、地痞假借名义，强迫工人加入工会，为敛钱营私之计。第是无锡丝纱各厂工人为数达十二万以上，不早扑灭，不特工人生计维艰，亦于地方治安发生危险。为特再请钧座严电该地军警迅拿首要，依法惩戒，并解散不法机关，以维治安而保实业，实纫公谊。

（《纺织时报》，第 292 号，1926 年 3 月 18 日，第 336 页）

上海商办货物水陆自卫团为保护米业呈请江海关税务司之咨照[①]

（1926 年 3 月 16 日刊载）

敝团保护商货，稽查范围原定苏州河一带，自北新泾起，东至黄浦江口止。因米业公所请求加入一体保护，惟米业华顺码头及公和码头，均在公共租界虹桥地方，敝团前往巡查，须经过黄浦江，入公共租界，尤恐发生误会。恳请贵监督咨明税务司转行理船厅河泊司查照。

（上海《申报》，1926 年 3 月 16 日，第 5 张第 19 版）

为无锡申新三厂布机间工人聚众暴动事致江苏全省清乡督办沈同午电请严拿首要解散胁从以维治安而保工厂

（1926 年 3 月 16 日）

无锡申新三厂布机部工人聚众暴动，殴伤职员，命在呼吸，近复假

---

① 1925 年 4 月，上海纱厂联合会、运输同业会、南北报关公所、杂粮公会暨广帮慎守堂、镇江暨远堂并各帮面粉公会、各粉厂等，因黄浦江苏州河一带为米麦、杂粮、花纱、百货运输进出要港，麦根路地方为铁路货栈所在地，多被无业游民勾通驳船水手及车站扫清地脚小工任意偷窃，以及浦江抢劫等事，商货迭受损失，组织上海商办货物水陆自卫团，联合各商团进行协防。荣宗敬先生任上海商办货物水陆自卫团委员长。

借工会名义，勾结地痞聚会要挟。似此横行不法，厂方固无开工希望，地方治安恐受莫大影响。查冯银〔琴〕泉及绰号“打不死阿六”，均系地方著名流氓，或沪或锡，行踪不定，此次肇事系本厂机工陆荣才、袁阿尧、袁裕宝，勾结该流氓所致。应请严拿首要，解散胁从，以维持治安而保工厂，实为德便。除禀省长外，合行电陈。

（申新总公司函稿汇登）

上海面粉公会致福建省当道电请蠲免粉捐[①]

（1926年4月28日）

福州分送督办周〈荫人〉[②]、省长萨〈镇冰〉[③]、财政厅长尹〈晋序〉[④]钧鉴：

据三山会馆[⑤]函称，“福州奸商朦耸，在侯官县辖境，创设面粉捐，每包二角五分，舆情惶恐，恳速专电，请予罢免”等情。查面粉历奉部、处核准，无论运销何处，概免税厘。〈面粉〉为民生主要食品，此项苛捐违反部案，妨碍民生，万难承认，应请迅予蠲免，以维民食，而恤商艰，毋任企祷。上海面粉公会会长顾履桂、荣宗锦叩。

（上海《申报》，1926年4月29日，第4张第16版）

---

① 因闽省抽收面粉捐税，上海面粉公会特上闽省当道此电，请求蠲免该税。

② 周荫人（1885—1956），字樾恩，号华甫，河北武强人，北洋军阀直系将领。曾在保定北洋陆军速成武备学堂第一期炮兵科、日本陆军振武学校、日本陆军士官学校第六期炮科学习，与孙传芳同学。毕业后曾在陈光远部下任陆军第十二师团长、旅长，1922年继陈光远任第十二师师长，同孙传芳援救福建，历任福建护军使、福建军务督办、五省联军福建总司令，孙传芳垮台后下台。

③ 萨镇冰（1858—1952），字鼎铭，福建侯官人。毕业于英国格林威治皇家海军学院，1917—1919年任北洋政府海军总长，1920年一度代理国务总理，1922—1926年任福建省长。

④ 尹晋序，生卒年不详，曾充福建军务督办公署军需处一等课员，1925年初夏由督办周荫人派任代理福建财政厅长。

⑤ 三山会馆，系由福建旅沪水果商人在清宣统二年（1910）成立的同业行会组织。

致上海《新闻报》函否认有在周家角嘴投资建造五个大码头之计划

（1926 年 6 月 28 日）

敬启者：阅〈农历〉五月十八日【即阳历 6 月 27 日】贵报，有“周家角嘴建埠之大计划”一则，涉及宗敬投资建造五个大码头等语。查宗敬设厂营业，尚藉金融家辅助，何来余资建设前项计划？全属子虚乌有之事，敬祈贵馆将此函登入“来函门”，藉表心迹。荣宗敬启。〈农历〉五月十九日。

（上海《新闻报》，1926 年 6 月 29 日，第 4 张第 4 版）

附：1926 年 6 月 27 日上海《新闻报》所刊“周家角嘴建埠之大计划”

远东运动场成立以来，自杨树浦以东至吴淞一带，交通事业日见发达。近本埠资本家又有建筑吴淞内五大轮埠之伟大计划，闻此项计划，起原于军工路将筑，接通吴淞、沪宁两处之铁道，而无轨电车又有先行通驶之讯。故资本家张季直、荣宗敬等各投巨资，即将在周家角嘴之虬江东西两端建造五个大码头，虬港之东造三所，西首造两个。此五个大码头，均备一万吨以上之外洋轮船停泊，故皆附建货栈。闻各资本家对于此事，已在积极筹办，码头图样业已拟就，兴工之期，会当不远云。

（上海《新闻报》，1926 年 6 月 27 日，第 4 张第 3 版）

呈淞沪警察厅严春阳[①]厅长请将行窃小麦赃犯拘捕犯按名拘办文[②]

（1926 年 7 月 5 日刊载）

六月十三日夜，敝团【上海商办货物水陆自卫团】团丁在麦根路潘家湾，查获行窃小麦之赃犯，讵有流氓、窃犯郑三狗子、张四、李建有，串同革警宋连福、张云生、孙延福，拘捕行凶，请按名拘办。

（上海《申报》，1926 年 7 月 5 日，第 4 张第 16 版）

上海机器面粉公司公会致上海总商会函请并案提议力争取销小麦增征税率及统一江南江北小麦税率

（1926 年 9 月 7 日）

敬启者：前阅各报登载，〈江〉苏财政厅长对于商会联合会请求取销资用品增征税率一案，业将棉花、豆麦等类，自九月一日起，酌量核减，具征诸公代表商情，维护商困，深为感谢。查小麦一项，原征八分，减收七分，惟事关同业纳税担负，即经敝会邀集各厂商开会讨论，佥以小麦关系粉厂原料，此次增税率，比较从前，加至一倍，目下虽承商会联合会在宁力争，仅仅酌减一分，殊于事实无裨，亟应由会函恳上海总商会转致赴宁代表，并案继续力争。纵未能达请求取销原议，似应力主再为核

① 严春阳（？—1934），字景曦，南通石港人。原业机匠，后入直系孙传芳部，并成为其最为倚重的将领之一，1925 年 10 月起先后任淞沪戒严司令、警察厅长、淞沪商埠卫生局局长，1927 年初国民革命军进入上海前辞职回乡。

② 荣宗敬先生以上海商办货物水陆自卫团委员长名义发出。

减。在我粉业之希望，每石税率至多不得超过六分。此应函请并案提议者一也。更有进者，查江北各厂所用小麦，因仅完纳江北各税，成本较轻，易于展布。回顾江南各厂，运输小麦，沿途关卡，重征叠税，每石担负，若与江北各厂比较，约多四角有余。成本愈重，竞争愈难，若不由会函恳上海总商会，转致赴宁代表，恳请苏财政厅长，将江南、江北各厂担负小麦税率之重轻，统筹全局，调剂平衡，务使南北税率一律相等，则江南各厂营业，实无立足之余地。此应请并案提议者又一也。等因。经到会各厂商，一致公议，表决通过，相应照录议案，函请贵会查核，恳乞转致赴宁代表，并案提议力争。倘蒙贵会拥护群商，热忱毅力，得以如议解决，敝会同业不胜感激之至。此致上海总商会。上海机器面粉公司公会会长顾履桂、荣宗锦。

附 1：署理江苏财政厅长李锡纯为资用品加征税率事呈孙传芳等文（1926 年 8 月 26 日刊载）

呈为商会联合请求取消资用品增征税率一案，遵令核议具复，仰祈鉴核示遵事。窃于本年七月三十日奉总司令、省长会衔训令："据商会联合会呈请撤回估本加税原令等情，究竟所定加征标准是否适合，能否量为调节，令厅核议具复饬遵"等因到厅。奉此，查原定税率系根据前清统捐章程折洋酌订，证诸现在物价，相差甚远。此次修改资用品等类税率，按照调查货价，以值百抽二为准绳，从轻估计，与苏省向例办法毫不相背。事经秉承联帅、省座核准办，既非普通加征，又将食米提出，不计体恤，亦云周至。此项增征之数，纯为救济历年库款积亏，抵补预算不敷起见，情非获已，当为各商会所谅解。兹奉前因，合应仰体德意择要量为调节，以期两全。现经通盘筹划，拟将前呈核准税率，如净棉花，原征五角，减收四角五分；黄棉花，原征三角，减收二角五分；带子棉花，原征二角，减收一角八分；小猪，原征一角，减收八分；大麦，原征四分，减收三分；小麦，原征八分，减收七分；元麦，原征六分，减收四分八厘；黄黑豆，原征八分，减收六分八厘；赤豆，原征八分，减收六分四厘；红豆，原征八分，减收六分四厘；青豆，原征八分，减收七分，综计以上十一项，每年约短税收十五万元以外，其余各货仍照原加税率征收。如蒙俯允，请自九月一日为始，其在未经更改以前，应仍遵照前定数目完税，未便率请记账，希图扣抵。所拟是否有当，理合具文呈复，并将减定各货税率分析列表附送，仰乞总司令、省长鉴核迅赐指令，俾便通饬遵办。谨呈浙闽苏皖赣联军总司令孙〈传芳〉、江苏省长陈〈陶遗〉。署理江苏财政厅厅长李锡纯。

（上海《申报》，1926 年 8 月 26 日，第 4 张第 15 版）

附 2：上海总商会致全国商会联合会江苏省事务所函（1926 年 9 月 7 日）

径启者：本月七日接上海机器面粉公司公会函称，前阅各报登载苏财政厅长，（中略）并案提议力争等语到会。查全省商会因此案在宁集议之赴会代表，早因闭会，各归本籍，惟公会所称各节，具有理由，能否仍由贵所根据与财政厅磋商原案，再行继续函商之处，即希察酌办理，见复是荷。此致全国商会联合会江苏省事务所。

附 3：上海总商会复上海机器面粉公会函（1926 年 9 月 7 日）

径启者：本月七日接展大函，以小麦关系粉料，希望每石捐率至多六分，并江南、北划一捐率，嘱为转致赴宁代表，提案代争等因。查全省商会，因此案在宁集议之赴会代表，早因闭会各归本籍，惟此事原系苏省事务所一手经理，承嘱，已函请苏省事务所根据前案，与财政厅酌商办理。此致上海机器面粉公司公会。

（上海《申报》，1926 年 9 月 8 日，第 4 张第 15 版）

无锡旅沪同乡会会员曹亦仓来函陈述对同乡会之意见

(1926 年 9 月 26 日)

宗敬会长先生大鉴：

吾邑设立同乡会已数年矣，当时入会者颇踊跃，鄙人亦为会员一分子。但数年来，敝处未曾接到一〈个〉通告，各报亦未见过吾邑同乡会之启事，年终亦未见过征信录之收付，无声无臭。不知者以为同乡〈会〉因经费不足取消矣，因无人办事失败矣。孰知司事依然登门收取会费。夫有会费，必有开支，必有有利于同乡人正当之开支。若以同乡学校为搪塞，何足以飨同乡人正当之口？我公乡望所归，为同乡尽义务，会之成败得失，悉系于公一人之身，愿公亟起图之。专此奉达，即请金安，诸维朗照不宣。曹亦仓手上。古历八月二十日。

(《无锡旅刊》，第 116 期，1926 年 9 月，第 15 页)

复无锡旅沪同乡会会员曹亦仓函解释其对同乡会之疑虑

(1926 年 9 月 28 日)

亦仓先生大鉴：

承示，甚感且佩。本会办事情形及收支报告，均随时于本会出版之《无锡旅刊》公布。兹检奉去岁六十九期至七十二期旅刊四纸，于去岁十月以前之事实及经济之状况，可以知其梗概。至〈民国〉十四年【1925】度之决算，不日第一百十六期旅刊出版，亦可登出。该旅刊本每星期发行一纸，每纸售铜元二枚，兹为便利同乡阅看起见，于本年九月份起，改为月出一册，不取售价，会员定阅者，只须寄下全年邮费六分，即按月寄奉一册。尊处如须定阅，请将邮费寄下可也。专复，顺颂台祺。荣宗敬启。九月廿八日。

(《无锡旅刊》,第116期,1926年9月,第15页)

为无锡旅沪同乡会民国十四年度决算及十五年度预算事致评议会函两则

(1926年9月)

(函一)

径启者:查本会十五〔四〕【1925】年度决算,现已造竣,照章应提交评议会核议。相应缮就清册,送请议决核销见复为核。此致评议会。理事会理事长荣宗锦。

(函二)

径启者:查会章第二十五条,本会经常、临时会用及事业费,应提出预算,交评议会议决。兹将十四〔五〕【1926】年度各项收支预算案,编制完竣,相应备函送,请议决见复,至纫公谊。此致评议会。理事会理事长荣宗锦。

(《无锡旅刊》,第116期,1926年9月,第15页)

为无锡同乡蒋友常之子出外投军事致无锡旅沪同乡会刘春圃[①]理事函恳请帮忙打听南京总招兵处在何处及主任为何人

(1926年9月底10月初)

敬启者:同乡蒋友常之子蒋冠群,年十八岁,在上海南市益元药行

① 刘春圃,生卒年不详,无锡籍人士,上海青帮头目,时任淞沪警察厅主任秘书、司法科科长。

学业，忽于夏历八月二十日【即阳历 9 月 26 日】出外投军。伊父闻信赶来，至各招军处探询，〈告〉已赴南京总招军处。惟该处设在何处，主任何人，〈不得而知。〉宗锦因念蒋友常年逾六十，只此一子，用敢代述情形，函恳遵处指示，俾得派人前往，或备函探询，毋任切祷。专此，敬请台安。荣宗锦敬启。

附：无锡同乡蒋友常为儿子出外投军事来函请求帮助（1926 年 9 月底 10 月初）

同乡会诸善长先生大鉴：

窃友常有一子，在南市益元药行学业，忽于夏历本月二十日上午出外，至下午邮寄益元一信，字“不及到行学业，即去投军云云”。友常之子，名冠郡，今年十八岁。友常闻信，即在二十一日晚乘车赴申，廿二日即至各招军处查问，据云新招之兵，均送南京总机关处。但友常今年六十一岁，即此一子，今忽失踪，痛苦不堪言状。因此恳求同乡会诸善长先生大发慈悲，垂念下情，可否出一会信，转求总商会再出信至南京总招兵处一查，则感德无涯矣。查小儿冠郡，投军必在二十日或廿一日，因友常至招军处查问，云廿二日已停招之故也。查冠郡嘴上缺一门牙。肃此，上呈善安。蒋友常具字。

（《无锡旅刊》，第 117 期，1926 年 10 月，第 3—4 页）

为聘请无锡同乡会名誉法律顾问事致张桐、王傅璧大律师函

（1926 年 10 月 26 日）

（凤清）、（振华）先生台鉴：

敬启者：敝会成立以来，于兹数载，会务进行，端赖各同志群策群

力，共勖不逮。素仰先生法理精深，学识宏富，兹承（张君森如）、（陶君仞千）之介绍，敬请先生为敝会名誉法律顾问，尚祈不吝教益，指示周行，是所盼祷。专肃，敬颂台绥。无锡旅沪同乡会理事长荣宗锦启。十月二十六日。

（《无锡旅刊》，第 117 期，1926 年 10 月，第 3 页）

致汉口劳资仲裁委员会论工潮书[①]

（1926 年 11 月）

敬启者：汉口为长江商业中心，近受战事影响，商业遂一落千丈。商人在商言商，不欲侈谈军国大计，敬就商人切肤之痛，为贵会缕陈之。

现今最感困难而亟待解救者，莫如工潮。劳资两方，相资以生，本无深仇积怨，只以无第三者出任调停，予以公平之判断，驯致层波叠浪，愈演愈烈，商店歇业，工厂停机，市面萧条，为何如景象！及今不图，势必金融有枯竭之虞，社会呈不安之状。于此而欲挽厥狂澜，纳之正轨，窃恐溃决之堤，燎原之火，断非一手一足之烈所能奏功。热心爱国者，宁愿出此？

工友之口头禅，曰打倒资本家。夫我国何尝有资本家？号称资本家者亦大可怜矣。购地建屋、置办机器，固有资本，大都消耗无余，其资以购置原料、发放工资与夫全厂各项之支出者，几无不恃银行、钱庄之资助，以为活动。今则金融界以工厂杌陧不安，发展无望，于资助一层咸具戒心矣。世之所谓资本家者，固如是乎？民国十五年战伐频仍，原料之产额减少，熟货之销路呆滞，实业家连年亏本，所感受之种种痛苦，

① 该函系时任上海纱联会、上海面粉公会会长的荣宗敬联合同业，以上海纱联会、上海面粉公会、上海杂粮公会三团体名义发出。

工友所不能知，宜工友所不及谅。而工友之生活则实为实业家忍痛维持，影响于地方秩序、社会安宁，夫岂浅鲜？此固当为贵会诸公所能谅解者也。

若夫改良待遇，厂家非不极端赞成，无如增加薪资、减少工作，而服务未见勤奋，出品未见优良。知责人而不知责已，揆诸情理，岂得谓平？所望贵会出以公平之判断也。〈贵会〉倘能本同心同德之精神，为无党无偏之表示，劳资相安无事，商业庶复旧观，工厂之已闭者复开，工友之已散者复聚，然后从容建设，咸予维新，劳资利赖，抑亦凡百商民所同深感戴者也。

更有进焉者，社会生活程度日高，终岁勤动，犹虞不给，舍固有之职业，奔走呼号，亦既备历艰辛，返诸良心，似宜平心静气，勿趋极端，为实业家稍留余地，即所以为劳动家保全生活，尤望贵会之谆谆劝导者也。

敝会与旅汉商人，属在同舟之谊，不辞越俎之嫌，迫切陈词，惟希亮察。

（《纺织时报》，第 369 号，1926 年 12 月 13 日，第 379—380 页）

为无锡同乡顾达明被诬冤抑事致蒋保厘[①]大律师函请参酌情形据理力争以免无辜久羁

（1926 年 12 月 9 日）

径启者：据敝会会员虞采章等二十人函称，“同乡顾达明，向在无锡外黄泥桥源兴充当伙友（中略，原函见下），无任感戴”等情到会。查顾达明品行端正，既为同乡所深知，被控出事日期又在去职之后，其为被

① 蒋保厘（1899—?），字屏周，上海（另有一说，福建同安）人，1922 年或东吴大学法学学士学位，1923 年获美国密歇根大学法学院博士学位，1925 年 3 月起在上海从事律师业务。

诬冤抑，可以概见。为此，函请大律师参酌情形，据理力争，以免无辜久羁，实深感荷。此致蒋大律师。无锡旅沪同乡会理事长荣宗锦。十二月九日。

附1：无锡旅沪同乡会会员虞采章等为同乡顾达明无辜被羁事来函环请力予救济(1926年12月8日)

径启者：为无辜被羁，环请力予救济事。缘同乡顾达明，向在无锡黄泥桥源兴典充当伙友，素称老实，品行亦极端正。前年源兴典突遭兵灾，抢掠殆尽，顾达明因急欲谋生，罔知所择，遂由现押西牢之陈海波，招入上海海美洋行为行员，此上年春间事也。至夏历七、八月间，达明见该洋行情形乖张，当即辞去。讵今为李震东在上海公共公廨捏词控告，意图诬陷，致被拘押。惟查李振东所控出事日期，已在达明去职之后，况达明系雇员性质，在事实上当然不负何种责任。然则该行即有机械变诈，与达明何干？采章等生同里闬，深知达明品端行洁，用敢不揣冒昧，环请贵会社会救济，俾释无辜，而示矜全。无任感戴，此致无锡旅沪同乡会。会员虞采章、顾鸿沼、张旭照、陆嘉德、徐可亭、陈季丹、沈颂华、袁邦襄、吴世荣、胡葭生、李聘莘、周少秋、蒋朝元、张子瑞、王荫阶、李麟昉、王耀祖、王颂鲁、俞敬华、周莲钦谨启。十二月八日。

附2：无锡旅沪同乡会复会员虞采章等函(1926年12月9日)

径复者：接阅公函，以顾君讼事，屡为设法救济，事关乡谊，理应照办，已将原函抄录，交被告律师参酌情形，据理力争，以免无辜久羁。至此中真相如何，仍希详示，以便设法援助。复颂公祺。无锡旅沪同乡会启。十二月九日。

(《无锡旅刊》，第119期，1926年12月，第1页)

致薛慈明[1]函为申谢其捐助无锡旅沪同乡会购置会所费事

(1926 年 12 月 23 日)

径启者:昨准陈君品三[2]交到先生捐助同乡会购置会所费洋三百元,凡属同乡,同深心感。除照章登入《旅刊》,并推为名誉理事,另函投前暨汇总造报外,兹特专函申谢,并照《酬庸细则》制购银杯,随函奉陈,至祈惠存。此致慈明先生。无锡旅沪同乡会理事长荣宗锦。附陈银杯一只、收条一份。十二月二十三日。

(《无锡旅刊》,第 119 期,1926 年 12 月,第 2 页)

致陈品三函为申谢薛慈明先生捐助无锡旅沪同乡会购置会所费事

(1926 年 12 月 23 日)

径启者:昨承执事交到薛慈明先生捐助同乡会购置会所费洋三百元,凡属同乡,同深心感。次日走访,台从业已返锡为怅。除函谢薛君,并具收条,暨照《酬庸细则》之规定制赠银杯一只,随函致送外,用特备函申谢,至祈查照。此致品三先生。无锡旅沪同乡会理事长荣宗锦。十二月二十三日。

(《无锡旅刊》,第 119 期,1926 年 12 月,第 2—3 页)

---

① 薛莹中(生卒年不详),字慈明,英文名 Alfred Sieh,为薛福成第三子、薛南溟弟弟,精通日语,在上海从事房地产业,创办薛慈记经理产业公司;将其父亲薛福成 1865 年进入政界后撰写的大量政论、公牍、奏疏、史料、史论等,辑集刻成《庸庵全集》。

② 陈品三(1887—1973),1931 年任申新第九厂纺织厂副经理。

无锡旅沪同乡会会员、鸿昌翻砂厂经理顾鸣皋为厂屋到期又无接洽适当地点事来函恳请设法排解

（1926年12月28日）

径启者：敝厂自庚申【1920】年秋间，租赁闸北四区坐落南梅园路方记砂坊内余屋营业，至今倏忽六七年矣。自今庚秋节，与方记砂坊主结算房租，面晤时，荷方记主关照，本房屋抑或出售他姓亦未可知，如尊处营业或收或放，限开岁新正月底出屋云云。敝处聆悉之下，四处托友寻觅相当接替之处，尚无接妥，不料自从十月初头，突出新房主顾文标前来，面谈之下，亦限于开岁出让，所以敝处竭力寻觅，谁料事出两歧，于旧历十一月初九日【12月13日】，接得洋商韬司洋行经理益记地产公司特来通告一件，内限敝处十一月底出清云云。自得通告之后，朝夕不安，适当地点尚无接洽，限期即在目前，但敝处货物、原料皆是重笨，搬运实非易事。况节届年关，往来账目都待结束，营业之损失无限。为此，恳请同乡会理事长先生设法排解为幸。敬请理事长先生台鉴。鸿昌厂谨上。旧历十一月廿四日【12月28日】。

（《无锡旅刊》，第119期，1926年12月，第2页）

为同乡顾鸣皋厂屋到期来求助事致无锡旅沪同乡会刘春圃理事函务请量为维持免其失所

（1926年12月31日）

春圃先生台鉴：

径启者：据本会会员鸿昌翻砂厂经理顾鸣皋函称，“敝厂自庚申

【1920】年秋间，租赁闸北四区坐落南梅园路方记砂坊内余屋营业，（中略，原函见上）设法排解为幸”等情到会。查该会员以限期迫促，不及谦让，深恐新屋主有朦请警厅押迁之举，是以来会呼吁。为此函恳台端，倘有该案到厅，当此年近岁关，务请量为维持，免其失所，实为公感。此布，敬请台安。弟荣宗锦启。十二月卅一日。

（《无锡旅刊》，第 119 期，1926 年 12 月，第 2 页）

1927 年

无锡贺君儒来函为感谢派人将无锡迷路女孩沈阿桂送至他处事

（1927 年 1 月 8 日稍后）

顷蒙贵会派友将沈阿桂女孩送至敝处，弟当交至他家可也。但种种承蒙之处，实无可报，惟笔道谢，不言尽述耳。此致无锡旅沪同乡会理事长先生暨执事先生钧鉴。弟贺世宗鞠躬。

附 1：无锡旅沪同乡会为无锡迷路女孩沈阿桂事致无锡贺云甫函请通知该小孩之父即日来沪到会具领（1927 年 1 月 5 日）

云甫先生大鉴：

顷有常州人汤姓来会报告，收留得迷路女孩一口，系无锡人，嘱为调查其家属。经派员前往盘周，据称“名沈阿桂，年十四岁，父沈朝阳，住无锡西水关黄石桥南贺君儒先生家内”等语。为此函恳台端，通知该孩之父即日来沪，到敝会具领，以完骨肉，是所至祷。此颂台祺。无锡旅沪同乡会启。一月五日。

附 2：无锡贺云甫之子贺君儒来函（1927 年 1 月 7 日）

谨复者：昨接台示，诵悉，蒙贵会收留敝舍房客之女孩，不胜感激。弟已咨照该女之父沈朝阳，但乃乏力至申领回。顷接上洋梁溪旅馆打来长途电话，贵会送至，嘱为迅速去领云云，刻弟有函于梁溪旅馆，恳他好德代买车票，托同乡带至无锡梁溪，以便乃父随带车费去领回，怜惜贫者事也。此女有痴呆之病，时常出外，月前在西洋桥寻回，未满旬日，又闻失踪，以致无力再寻，蒙贵会关怀同人，利济乡谊，实难报答盛情，一切有劳，铭心谢谢。特此函复。专此，并请无锡旅沪同乡会执事先生钧鉴。弟贺君儒手启。〈农历〉十二月初四。

附 3：无锡旅沪同乡会复贺君儒函（1927 年 1 月 8 日）

君儒先生台鉴：

径启者。顷接台函，敬谂女孩沈阿桂之父朝阳，无力来沪具领，该女孩由敝会暂寄梁溪旅馆，在彼吵闹不堪，难以再留。兹特派人送回无锡，即请查收，转交其父为祷。所有旅馆房、饭金及返锡车费，均由敝会照付。该孩之父，既属贫苦，该费毋庸归还也。此颂台绥。无锡旅沪同乡会启。一月八日。

（《无锡旅刊》，第 120 期，1927 年 1 月，第 1 页）

为无锡同乡诸银泉之女巧弟被人冒认为妻扭区被押事致淞沪警察厅严春阳厅长函恳秉公讯究依法惩治

（1927 年 1 月 12 日）

敬启者：据敝会会员郑鸿仪函称，同乡诸银泉之女巧弟，向在丝厂做工，于阴历十二月初一日[1]，在公益里北口，突被不识姓名、口操江北音四人挟住，中有一人，硬指巧弟是伊逃妻，当被强扭至四区一分所拘押，转解总警厅审理。查巧弟自小丧母，无人扶养，即由其外祖母[2]陈朱氏带领来申，九岁学习打盆缫丝，向在满洲路源昌丝厂管车顾荣根手内

① 即阳历 1927 年 1 月 4 日。

② 案下所附郑鸿仪来函，为“舅婆”，即无锡话对外婆之称呼。

做丝，可以作证。民国十三年【1924】七月间，由亲长作主，凭媒马银坤，嫁与理发匠张阿锡为妻，有婚帖及结婚照片可证。嫁后生有一子，名虎保，现已三岁。张阿锡于去年九月间病故。巧弟从九岁到申后，常住在开封路新复记器作内，有邻家可证。十九岁嫁与张阿锡，阿锡亡后，跟其外祖母同居，从无嫁与江北人之事。乃忽被人冒认为妻，扭区被押，其祖母年老女流，无可告诉，为此代为呼吁，请求我同乡会，念其作客异乡，无端被诬，加以扶助等语前来。查函中所陈诸巧弟来沪至今经过情形，种种证据，非可捏造。该江北人指鹿为马，非徒诈财，即冀占据，似此凭空捏冒，实属目无法纪。为此，函恳贵厅秉公讯究，依法惩治，以儆欺诈，而安善良，实纫公感。此致淞沪警察厅厅长严〈春阳〉。无锡旅沪同乡会理事长荣宗锦。

附：无锡旅沪同乡会会员郑鸿仪等为同乡诸银泉之女巧弟被冒认为妻扭区拘押事来函请求扶助(1927年1月12日前)

会员郑鸿仪，向在四马路福兴园菜馆为业，今代同乡、无锡北门北乡七房诸巷上诸银泉，请求同乡会员申信南市警察厅证明：诸银泉之女叫巧弟，因从小遭母丧，无人抚养，即由其舅婆陈朱氏带领来申，九岁习学打盆，后再缫丝，向在满洲路源昌丝厂管车顾荣根等手内做丝，可以请来证明。后从民国十三年七月十一日，由公正亲长并媒人马银坤配与剪发匠张阿锡为妻，在英租界石路鸿运楼设宴结婚，有男家大帖并喜薄小照等在警察厅内可证。当年即生一子，名叫虎保，现已三岁，当时因张阿锡与巧弟先合后婚。旧岁九月十一日张阿锡病故。巧弟从九岁到申后，常住开封路六百九十六号新复记漆作内，有邻家可证明。十九岁嫁与阿锡，是张阿锡亡后，仍跟舅婆陈朱氏同居。今于十二月初一日往阿姨家去，在公益里北口，忽被口操江北音者四人，将巧弟骤然挟住，伪称是伊从前逃妻，当被强扭至四区一分所警区拘押，昨已解往南市警察厅去矣。恐此暗无天日，指鹿为马，希图诈财，欺压女流，目无法纪矣，为此请求同乡诸先生，念女流遭此冤屈，请扶助也。请求人郑鸿仪、陈漱庵。

（《无锡旅刊》，第 120 期，1927 年 1 月，第 1—2 页）

为无锡同乡诸银泉之女巧弟被冒认为妻扭区拘押事致无锡旅沪同乡会刘春圃理事函乞迅赐讯明分别释办

（1927 年 1 月 12 日）

春圃先生台鉴：

敬启者。同乡女子诸巧弟，被不识姓名之江北人冒认逃妻，扭控冰案，本会会员郑鸿仪代为呼吁到会，胪陈巧弟在沪作工、嫁人前后经过之事实，均属信而有征。本会业已正式函达贵厅，请求秉公讯究。该江北人硬指他人为妻，究竟是何居心，抑系出于误认，一经鞠讯，自不难水落石出。该女子诸巧弟作工度日，无端被系，受累不堪，尚乞迅赐讯明，分别释办，以安善良，而儆奸宄，实深公感。此布，敬颂台安。弟荣宗锦启。

（《无锡旅刊》，第 120 期，1927 年 1 月，第 2—3 页）

为无锡同乡诸银泉之女巧弟被冒认为妻扭区拘押事致上海地方检察厅孙绍康[①]厅长函请即开释或交其家属具领

（1927 年 1 月 12 日）

敬启者：敝会同乡诸银泉之女巧弟，向在丝厂做工，于阴历十二月

① 孙绍康（1886—?），字民任、敏人，吉林永吉人。法国巴黎大学法学博士，历任（注转下页）

初一，在公益里〈北〉口，被不识姓名之江北人轧住，诬指巧弟是伊逃妻，扭送警厅，转解钧厅在案。兹据敝会会员郑鸿仪函称，巧弟自幼丧母，由外祖母陈朱氏带领来申，九岁学习打盆，向在满洲路源昌丝厂管车顾荣根手内做丝，其证一；民国十三年七月，凭媒马银坤，嫁与理发匠张阿锡为妻，有婚帖及结婚照片，其证二；嫁后生子虎保，现已三岁，其证三；阿锡于去岁九月间病故，仍偕外祖母常住在开封路新复记漆作内，有邻家可询，其证四。并未有嫁与江北人情事。近来外来匪徒，往往勾串同党，冒认良家妇女，为拐卖谋利术，该江北人难免即系此种匪徒。特具函前来声明被诬情形，函请敝会援助等因。据此，查该函声述各项证据，似均足资凭信，诸巧弟既系张阿锡之妻，并未转嫁他人，则江北人诬指逃妻，陷害良家妇女，实属不法已极，应请按律严办。诸巧弟无辜被累，可否请即开释，或交其家属具领，藉安善良，而儆不法。相应函请钧厅，察酌施行，实纫公感。此致上海地方检察厅厅长孙〈绍康〉。无锡旅沪同乡会理事长荣宗锦。一月十二日。

（《无锡旅刊》，第 120 期，1927 年 1 月，第 3 页）

为蒋曾燠副理事长来函辞职事致无锡旅沪同乡会评议会函

（1927 年 1 月 15 日）

径启者：昨准蒋〈曾燠〉副理事长函开：“（中略，见下）”等由，理事会

（续上页注）中国驻军事委员团秘书、吉林省长公署外文科课长、中东铁路督办所交涉科科长、东省特别区特别法院检察官、哈尔滨市政局秘书兼科长、北京政府司法部参事、上海地方检察厅厅长、奉天省长公署科长兼清乡总局事务主任、北平平民大学讲师、东北大学讲师、上海南洋大学讲师、东北讲武堂教师、首都地方法院院长兼中央政治军校讲师。1936 年 7 月任最高法院推事。抗日战争后，任汪伪江苏高等法院第三院院长、上海法院院长、首都地方法院首席检察官等职。著有《中国劳动法》《刑事诉讼法》《劳动法》《最新国际公法》《欧亚环游记》等书。

一致挽留，相应函请评议会察核，开会核议见复。此致评议会。理事会理事长荣宗锦。一月十五日。

附 1：无锡旅沪同乡会蒋曾燠副理事长来函请求辞职（1927 年 1 月 13 日）

径启者：曾燠两任本会职员，不第无所建树，甚至因事不克出席各项会议，愧恧无似。兹奉通知，敬悉再任副理事长[①]，谨以竭诚恳辞，即乞以次多数递补，任何制裁，决不就职。耑此布朋，祇颂〈无锡旅沪同乡会〉理事会诸公公绥，并乞转函〈无锡旅沪同乡会〉评议会同鉴。永久会员蒋曾燠拜上。一月十三日。

附 2：无锡旅沪同乡会评议会为蒋曾燠副理事长来函辞职事覆理事会函希恳切致函蒋氏取消辞志（1927 年 1 月 17 日）

径启者：昨准函开，蒋〈曾燠〉副理事长来函辞职，理事会一致挽留，相应函请评议会察核，开会核议见复等因过会。经于新旧职员交替会临时提出讨论，各评议员一致主张挽留。相应函复查照，即希恳切致函蒋副理事长取消辞志，共维会务，是所切祷。此复〈无锡旅沪同乡会〉理事会。〈无锡旅沪同乡会〉评议会评议员长丁彦章。一月十七日。

（《无锡旅刊》，第 120 期，1927 年 1 月，第 3—4 页）

致无锡旅沪同乡会蒋曾燠副理事长函恳取消辞志

（1927 年 1 月 19 日）

径启者：前准大函，辞去副理事长一职，经于新旧职员交替会，临时提出于理事会，并转函评议会，同时提出核议，函嘱恳切挽留等因过会。窃维本会为先生所手创，凡属同乡，同深利赖，现在百凡〔凡百〕会务，尚

① 1927 年 1 月 8 日，无锡旅沪同乡会举行评议长、理事长互选会，蒋哲卿被选为副理事长。

藉鼎力进行，先生素具热忱，何忍恝然舍置？为此竭诚函恳取消辞志，同维会务，不胜切祷。此布，祇颂台绥。〈无锡旅沪同乡会〉理事会理事长荣宗锦。一月十九日。

（《无锡旅刊》，第120期，1927年1月，第4页）

致汉口申新四厂经理荣月泉①、营业部主任杨少棠②函为停办汉厂事（附通告、召盘）

（1927年1月27日）

汉厂困难达于极点，惟出于停办之一途，好在停办后，于本机关毫无关系。兹奉上召盘广告一纸、通告一纸，即希实贴厂门，并将底稿送登汉口各报为荷。

通　告

本厂同人及全体工友同鉴：

商人将本求利，不独纱厂为然。本厂自设立以来，连年亏本，无利可图。现在原料昂贵，工资加增，出数减少，销路呆滞，金融枯竭。照此情形，万难维持。兹自农历正月初一日【即1927年2月2日】起，本厂实行停办。其各自为谋，以维生计。特此通告，统希鉴谅。

召　盘

本厂全部机器、房屋、生财一应召买。如有意经营者，请向上海江

---

① 荣月泉（1868—1941），名永清，以字行，无锡荣巷人，早年毕业于上海电报学堂，历任清台澎电报总局总管，上海电报总局英文翻译、电话提调，北洋政府交通部电政司司长兼全国电报督办等职务，是中国第一代电讯专业人才；民国七年（1918）起脱离官场，进入荣氏企业，成为管理骨干，历任无锡茂新、汉口申新四厂及福新五厂经理、申新茂新福新三新总公司五金材料部主任等职务，1941年病逝。

② 杨少棠（1877—1962），名棣华，字鼎成，以号行，无锡梅园人，出身商人家庭，为"荣家企业"的重要骨干，1921年申新四厂在汉口建立时，时任福新五厂营业部主任的杨氏，同时被任命为申新四厂营业部主任。

西路五十八号总公司接洽。

（申新总公司函稿汇登）

呈北京政府农商部、财政部及税务处、江苏省军民两长请对进口外棉二五附税予以免征或登记放行[①]

（1927 年 1 月）

呈为关税增加二五附税，对于外洋进口棉花为华商纱厂原料之用者，请予豁免或登记放行，以资维护事。窃我国纺织一业，外受强邻竞争，内感政局纷扰，凋敝、衰落，数年于兹，叠经吁请政府设法救济，未蒙鉴许。去年关税会议开会，本会曾提出意见书，取消外洋棉花进口税，并切实征收出洋棉花出口税，以资维持，诚以我国棉产，外商在国内提价收购，已属漫无限制，而输出过多，又碍于条约无法禁止，以是供给极感不足。厂商为维持工作起见，不得不忍痛购买印、美之贵棉以补其缺，进出之间损失极巨。自关会停止后，此项建议遂致搁置。现政府对于二五附税既已定期加征，所有外洋进口棉花为华商纱厂原料之用者，本会在此国是未定之秋，未敢遽请豁免全部关税，然为爱护国家最大实业之前途起见，不得不陈请免予加征二五附税，倘恐外商援例请求，则请将应征之二五加税登记放行，或暂收后仍照原额发还，垂危棉业得此保障，庶不致沦胥以尽。并查外洋输入棉花，以国内洋商纱厂消用最多，华厂所用者实居少数，倘蒙俯允所请，在公家损失诚属有限，在华商纱厂受惠无穷矣。所有呈请外洋进口棉花为华商原料者，请予免征二五附税缘由，理合备文，呈请鉴核。是否有当，敬乞批示实行，实纫公谊。谨呈。

---

① 此电呈系荣宗敬先生以华商纱厂联合会会长名义发出。

附 1:江苏省长公署批(1927 年 2 月 17 日刊载)

来文已悉,所拟外洋进口棉花暂免加征二五附税,以维华商棉业,此事关系颇巨,究应如何办理,候令行财政厅会同实业厅、关监督核议复夺。此批。

附 2:联军总司令部财政处复函(1927 年 2 月 17 日刊载)

径复者:顷奉帅座交下贵会节略一件,以外洋进口棉花为华商纱厂原料之用,请免征二五附税一节,为挽救中国纺织业计,良深钦佩。惟事关经济政策,非通盘筹划不足以征完善。现在此税甫经创办,各方尚未就绪,拟俟规模稍定后,再行斟酌我国经济情形分别核办,尚希贵会频锡南针,俾收集思广益之效,良殷翘盼。特此函复,即请查照。

(《纺织时报》,第 283 号,1927 年 2 月 17 日,第 340 页)

致耀明新记事务所[①]函为申谢捐助无锡旅沪同乡会购置会所费事

(1927 年 2 月 10 日)

径启者:前由蒋君哲卿交到贵公司捐助敝会购置会所费洋五百元,凡属同乡,同深心感。除照章登入《旅刊》暨汇总造报外,兹特专函申谢,并照《酬庸细则》购置银鼎一座,随函奉陈,至祈惠存。此致耀明新记事务所。无锡旅沪同乡会理事长荣宗锦。二月十日。附陈银鼎一座。

(《无锡旅刊》,第 121 期,1927 年 2 月,第 1 页)

① 1924 年,蒋哲卿在承租耀明电灯公司后,随即组建耀明新记事务所,自任经理。

为组织同乡收容所事致锡金公所[1]函

(1927 年 2 月 24 日)

径启者:顷准敝会理事陆君培之到会,陈述评议员管君趾卿意见:现在时局紧张,前途安危,未可逆料。我旅沪同人,亟应组织同乡收容所,以为万一之预备。所需经费,由管君担任,惟苦无适当之地点。因念贵公所,房屋较为宽大,甲子【1924】之冬,收容人数,不在少数。为特备函奉商,仍乞借用。事关救济同乡,谅荷允许。所有一切筹备,不日即由管君派员趋前接洽也。此致锡金公所。无锡旅沪同乡会理事长荣宗锦。二月二十四日。

(《无锡旅刊》,第 121 期,1927 年 2 月,第 1 页)

致无锡旅沪同乡祝伊才[2]函告已递补为同乡会理事祈尅日就职

(1927 年 2 月 25 日)

径启者:本会理事冯君树勋,因病逝世,所遗理事一缺,于二月二十日理事会常会议决,以本届选举次多数递补。查本届选举次多数,依次应由执事递补,相应通知,至祈尅日就职,以重会务,实纫公谊。此致祝伊才先生。〈无锡旅沪同乡会〉理事会理事长荣宗锦。二月二十五日。

(《无锡旅刊》,第 121 期,1927 年 2 月,第 1 页)

---

① 锡金公所由无锡籍商人祝大椿、周舜卿等无锡、金匮两邑在沪商人发起成立的同乡会馆,地址在上海公共租界海宁路 1046 号(浙江北路西)。

② 祝伊才,生卒时间不详,祝兰舫之子。

致无锡旅沪同乡会评议会函告祝伊才递补为同乡会理事

（1927年2月25日）

径启者：本会理事冯君树勋，因病逝世，理事一缺，于二月二十日理事会常会议决，以次多数祝君伊才递补。除函请祝君就职外，相应函请查照。此致〈无锡旅沪同乡会〉评议会。〈无锡旅沪同乡会〉理事会理事长荣宗锦。二月廿五日。

（《无锡旅刊》，第121期，1927年2月，第1页）

致陆鼎揆[①]大律师函敦聘为无锡旅沪同乡会名誉法律顾问

（1927年2月25日）

叙百先生台鉴：

敬启者：敝会成立以来，于兹数载，会务进行，端赖诸同乡群策群力，共励不逮。素仰先生法律精深，学识宏富，兹敬请先生为敝会名誉法律顾问。尚祈不吝教益，指示周行，是所切祷。专肃，敬颂台绥。无锡旅沪同乡会理事长荣宗锦。二月二十五日。

（《无锡旅刊》，第121期，1927年2月，第3页）

① 陆鼎揆（1896—?），字叙百、叔百、淑百，江苏无锡人。美国密西根大学法学博士，曾任国立政治大学、上海商科大学、国立暨南学校、国立北京政法大学、上海光华大学、中国公学、复旦大学及东吴大学等校法学教授。抗战爆发后，曾任上海各界抗敌后援会编审委员会委员，1938年6月被聘为国民参政会第一届参政员，后附汪精卫投敌。译有《社会法理学论略》。

为商榷救济兵灾事召集无锡旅沪同乡会全体职员联席会议通函

（1927 年 3 月 2 日）

径启者：顷接无锡红卐字会华艺三①先生及无锡市董事会钱孙卿②先生来函，以“宁沪沿线，风云日急，澄、锡两县，尤多殷鉴。江阴郑立三先生来锡，拟用红卐字会名义，组织澄沪江轮及澄锡内轮，临时救济，藉备万一”等语，并由江阴李君迪先来会接洽，明日即派代表到会商办。兹定于三月三日（即阴历正月三十日）下午二时，在本会开联席会议。事关筹商救济方法，务乞准时拨冗驾临，毋任企盼。此颂春祺。无锡旅沪同乡会理事长荣宗敬启。三月二日。

附 1：无锡华艺三等人来函以沪宁沿线风云日急拟用红卐字会名义组织澄沪锡航轮为临时救济之预备（1927 年 2 月 27 日）

宁沪沿线，风云日急，澄、锡两县，尤多殷鉴。兹江阴郑立三先生来

① 华文川（1885—?），字艺三、艺珊，江苏无锡东亭望族，清末举人，候补知县，近代无锡实业家之一，曾任锡金商会总理、无锡红卐字会副会长、无锡施医所所长，喜习丹青，工山水、花卉，人称“艺三先生”。

② 钱基厚（1887—1975），字孙卿，晚号孙庵老人，江苏无锡人。1911 年肄业于南京两江法政学堂；1912 年当选为无锡县议员，并任共和党无锡支部长、无锡教育会会长；1914 年任无锡县公署学务科科长；1919 年参加“五四运动”，被推为县国民大会事务所干事；1921 年先后当选为无锡县自治促进会副会长、江苏省议会议员；1922 年与无锡报人李柏森等创办《无锡新报》，任董事长；1924 年被荣德生聘为公益工商中学校长，11 月当选为市公所总董；1927 年后先后任无锡县商民协会主席、无锡县商会主席、无锡第三中学校长及无锡市公款公产委员会主席、国难委员会主席、无锡各界抗敌后援会主席等；抗战期间避居上海租界，抗战胜利后回无锡复任商会主席；1949 年苏南解放后，历任无锡市政协副主席、苏南行署副主任、江苏省政协副主席、省民建副主任委员、省工商联主任委员等职，1954 年当选为第一届全国人大代表，1955 年当选为民建中央委员。著有《锡山学务文牍》《孙庵年谱》等。

锡,拟用红卍字会名义,组织澄锡江轮及澄锡内轮,临时救济,藉备万一。惟须先得军事当局批准,通事保护,方可办理;非就沪方入手,一时不能得有确切办法。事属万急,用特函恳台端,酌拟呈文,就近协商旅沪诸乡台,面恳军事当局批准,电令保护。意见另纸附上。锡商会会长王克循先生现亦在沪,似亦可就近接洽。现在沪局情形如何,并望随时示知,尤为企盼。耑上,祗颂台祺。弟华文川、郑立三、陈纶礼、钱基厚谨启。二月二十七日。

附2:无锡旅沪同乡会复华艺三等人函告已商定以红卍字澄锡分会旅沪会员名义组织世界红卍字澄锡联合驻沪办事处函请军事局通令所属军警一体维护(1927年3月3日)

艺三、立三、谷岑、孙卿先生大鉴:

接奉台函,敬谂诸公以沪宁沿线,风云日急,组织澄沪锡航轮,为临时救济之预备,爱护桑梓,绸缪未雨,钦佩莫名。属就沪方入手一节,当经召集敝会职员联席会议,并邀李君迪先等列席,商定以红卍字澄锡分会旅沪会员名义,组织世界红卍字澄锡联合驻沪办事处,即附设于无锡旅沪同乡会,函请军事当局,通令所属军警一体维护。兹将函稿[①]录呈台察。报载锡地驻兵甚多,情形如何,至深悬念,尚望随时赐教为盼。

附3:无锡旅沪同乡会复华艺三函(1927年3月初)

艺三先生大鉴:

昨奉手函,读悉锡会已备收容所二十处,甚慰。所询三事:一、上海道院总办事处,今日与沅芍通往,询悉俞君在临时第一医院,遂请该院主任朱赞谨君介绍前往,谈救济队事甚久。渠云,既曰救济,不能仅救

① 见《无锡旅刊》第122期(1927年3月),第6页,不录。

济难民，举凡伤兵及亡卒，均须备救，伤兵护送医院，亡卒抬葬掩埋椿志，若仅救难民，兵士无维护之义务，不设临时医院，恐公馆住宅，伤兵难免不入，如大通之荷叶洲，不预先备设医院，致公馆住宅，都为伤兵所占，如芜湖预设，伤兵有所归宿，举凡红卐字会会员，门前贴有红卐字会门牌者，败兵均不入内，敬重红卐字会也，并云渠处印刷品多种，可交仿办，约明日往取。二、所谓红轮云云，有杨在田者，江阴常阴沙人，有沙田，有庄房，现办大通输局，共有四轮，三只已被军界踏去，仅存新大明轮船一艘，现用红卐字会澄锡驻沪办事处函请军事当局保留，仍行通州常阴沙等处航路，另有汽船一艘、拖驳两只，亦请军事当局保留。此常阴沙至江北靖江及上海航路可通，经费可以不计，杨君可以担任云。三、由锡到澄之航路，实属为难。上海方面，无从兼顾，最好由江阴无锡各红卐字分会分请军事当局，放出封扣轮船一两艘，俾澄锡航路，不致阻隔，一面由会组织预备队，使锡地避难者，由寺头杨库等处，直达常阴沙，该处预备柴米庄房收容也，常阴沙离锡约百里，在常熟江阴之间，在福山口之上，该沙全是沙滩。杨在田有沙田不少，故有庄房，且有保卫团一百二十名。倪姓亦有庄房，亦允收容。倪守谦君今日亦在座，亦允预备也。至联合商量，俟郑立三兄来申商量，请其到锡商办。

附 4：无锡华艺三来函（1927 年 3 月初）

顷奉复函公启，业已转致各位矣。敝处前函，谅亦已接阅，今锡会收容所，城乡共备二十处，目下战事未发生前，不过筹备而已。军队往来调防，殊纠纷不已，惟不过给养、迎送之烦，纪律尚好，所虑后来遣散及土匪而已。兹有启者，再行申说如下：一、上海道院红办事处俞君，已否接洽？二、所谓江轮诸事，已否妥洽，经费等如何？三、由锡到澄，轮舶未通，此路如仍阻隔，将来何以达江，应嘱江阴同乡会函嘱江阴卐会，与两县兵站处疏通，该路航线，决不可隔断，该轮船报定名称后，不得任意封扣，否则由卐会出面，照常运送商民，以示优待，而保护之。务联合商量，一有办法，锡会亦自当协助也。此复，敬颂公绥。弟文川顿首。

（《无锡旅刊》，第122期，1927年3月，第1—3、5页）

致无锡县长张修府[①]函恳饬警随时注意申新三厂以防不肖之徒乘地方多事之秋借端煽惑酝酿工潮

（1927年3月6日前后）

日前畅聆教言，颇慰忻慕。半壁东南，风云日亟。锡邑当水陆要冲，际此军书旁午，大兵云屯，我公坐镇从容，知必有以宣保障之劳，而慰闾阎之望。下风引领，欢忭奚如。敝处申新三厂，安分工人本居多数，诚恐不肖之徒，乘地方多事之秋，借端煽惑，酝酿工潮，拟恳我公，饬警随时注意，消弭无形。岂惟敝厂之幸，社会安宁，实利赖之。直率陈词，惟希垂察。

（申新总公司函稿汇登）

① 张厚谷（1883—?），原名龙瑞，字修府，号只斋，室名“碧葭精舍”，湖北南皮人，清末名臣张之洞祖孙，精金石之学。岁贡生，考取三江师范学堂舆地专门教习，前清时曾任江苏淮安府知府，1913年特派视察贵州军政大员、彰武镇威大将军行署秘书长，东三省巡阅使署秘书长兼政务处处长，汉粤川铁路参赞代行督办事，东三省电政监督，江苏无锡县知事，冀察政务委员会政务处第一组组长兼冀察地方参议会筹备主任。著有《南皮张氏碧葭精舍印存》八卷，又《碧葭精舍印谱己巳集》一卷。

致上海申新五厂经理唐纪云[1]函告解决职员被殴打事之解决办法

(1927 年 3 月 13 日)

此次本厂不幸发生风潮[2],致职员身受重伤,现在此事未曾解决,办理深觉困难,惟有出于停止营业之一途。拟自夏历二月十六日【即 1927 年 3 月 19 日】起,本厂暂行停业。酌留赵君毓祥保管五金物料,夏君毅生保管银钱账目,胡君庆生、谈君友三、陈君友峰三人分别保管及办理结束。所有职员一律辞退,望婉言申说,俾早日离厂,另觅高就。

(申新总公司函稿汇登)

附:申新五厂工会陈阿三关于本厂发生殴打职员事之启事(1927 年 3 月 11 日)

本月五日,本厂发生殴打职员事,恐各界人士不明真相,误认为党派之举动,兹将肇事之始末公布,幸垂鉴焉。查该厂职员有细纱间领班周声标、柳克馥,保全部李春波、刘启明,粗纱间领班任皓等,自去冬已一致加入本会,嗣后即借加入工会为名,去压迫工人,并不服从工会命令,而无故开除工人四五人。本会屡派代表向该职员等申述,要求复工,均未见效。乃该职员等自此以后,压迫工人,行使权威,有加无已,于阴历正月,并未经厂主之同意,将粗纱间工人之亨司革去五分。各工友均向本会报告,本会一再解释,暂行制止,向该职员等商酌,终属无效。是以全体工友才有〈三月〉五日之举动,并非一部分工人之暴

---

① 唐纪云,毕业于上海圣约翰大学,为唐保谦之弟、荣德生姻亲,其长子唐熊源娶荣德生五女,原为唐氏庆丰面粉厂总管,于 1923 年辞职,任上海申新五厂经理。

② 1927 年 3 月 5 日,申新纺织厂第五厂工人殴打湖南籍工头。

动，亦无党派关系。至报载云“工人口呼只打湖南人，不打他省人”，均是误传。工友素抱无界限主义，只知压迫工人者为仇人，不压迫工人者为友人。特此郑重声明，希各界人士其谅察之。申新第五厂工会陈阿三。

（上海《申报》，1927 年 3 月 11 日，第 1 张第 4 版）

呈驻沪直鲁联军毕庶澄[1]军长请发给旗帜以便运船通行文

（1927 年 3 月 18 日）

申新纱厂、福新面粉厂等，所雇船只百余号，将小麦、棉花等原料输入，以制成之面粉、纱布输出。现在军兴时，船只缺乏，如果停运，势必停工，非特关系民食，并妨害小工生计，请给旗帜，以便发船悬挂通行。

（上海《申报》，1927 年 3 月 19 日，第 4 张第 13 版）

附：上海总商会复函[2]（1927 年 3 月 18 日稍后）

接准来函，以福新、申新、茂新三厂原料与成品，需船转运约百余号，拟呈请毕军长发给旗帜，请代转递等因到会，兹已遵嘱转送毕军长，并加具一函，请其速予批准给发，以便应用。合先奉达，即祈查照。

（上海《申报》，1927 年 3 月 20 日，第 3 张第 9 版）

① 毕庶澄（1894—1927），字莘舫，山东文登市文城东关人，出身士绅官僚家庭，1909 年考入烟台宪兵学校（肄业）；1912 年参加文登辛亥革命学生军；1927 年 2 月率直鲁联军驻守上海，与国民革命军对峙。

② 荣宗敬请发给旗帜的呈文，系通过上海总商会转交毕庶澄的，故总商会有此复函。

为增加无锡工人工资事致无锡商团公会会长、纱厂联合会会长杨翰西[1]函

（1927 年 3 月 24 日）

顷接敝厂【申新三厂】来函，知增加工资一节，由各厂单独解决。鄙意此事极有研究之余地。年来纺织业一落千丈，支持早感困难。迩来花贵纱贱，花贵则进货难，纱贱则出货难，出品则进步甚少，工作则懒惰有加；今又提起增加工资，是惟恐其存在，而欲速其死也。沪地各厂，行动虽不一致，而大多数不以增加工资为然。至于当道所提条件，亦多隔膜，未能洞见症结。弟意俟时局稍定，应推代表向当道面陈困难情形，冀其援助。至目前解决，工资由小洋改为大洋，似可告一段落；其余由仲裁会协议。聊贡其愚，惟希垂鉴。

（申新总公司函稿汇登）

再为增加无锡工人工资事致无锡商团公会会长、纱厂联合会会长杨翰西函

（1927 年 3 月 27 日）

前上一函，谅登记室。意犹未尽，再为先生陈之。年来办厂者，大都焦头烂额。即无工潮，犹难支持；近更受时局影响，花贵纱贱，越觉无路可走。工友不能谅解，又提出增加工资问题，不知厂方至不能维持

① 杨翰西（1877—1954），名寿楣，字翰西，别号静斋，以字行，无锡城内旗杆下人。1902 年中举人，1904 年随清廷驻沪电政大臣办理电政，并兼理无锡电报局。翌年保举为道员。1909 年任北京陆军部一等检察官。1911 年任度支部币制局委员，广州造币厂总办。1920 年任无锡县商团公会会长。1931 年当选为无锡县商会主席。日寇侵占无锡后，曾任自治会长，水利委员等伪职。当时杨翰西任无锡商团公会会长和纱厂联合会会长。

时，工友断无存在之余地。鄙意，当从厂方着想，厂方现已万分为难，增加工资简直不成问题【即厂方完全不同意增加工资】。似宜由各厂招工头剀切说明，俟厂方稍有转机，再行从长计议。上海则大都不赞成增加工资也。以生活程度而论，锡地犹非上海比也。高明以为如何？

（申新总公司函稿汇登）

为无锡申新三厂钢丝厂间职员李耀东被总工会无端提去游街事致上海商业联合会[①]函请据情转呈蒋介石总司令请示办法俾劳资两方各安生业

（1927 年 4 月 4 日）

顷据无锡敝厂来函："四月一日上午，钢丝厂间职员李耀东被总工会无端提去，当由本厂职工联合会会长孙传湘去保出。未及三小时，又被提去游街，头戴三尺有奇之高帽，前列荷枪，后随木棍，鸣锣示众，并由工人勾住李君两手，至西门始行释放。现在职员星散，厂方负责无人，无法维持，势必停业"等语。查李君在厂服务有年，对于工人并无恶感，此次无端被辱，同人咸有戒心。厂方无力维护，势必出于停厂之一途。本会为商业联合机关，应请据情转呈蒋〈介石〉总司令，请示办法，俾劳资两方各安生业，毋任企祷。

（申新总公司函稿汇登）

---

① 上海商业联合会，系由上海县商会、闸北商会、银行公会、钱业公会、交易所联合会、纱厂联合会等 60 多个团体发起组织，并在 1927 年 3 月 22 日成立，虞洽卿、王晓籁、穆藕初、吴蕴斋、王一亭、秦润卿、叶惠钧、荣宗敬、顾馨一、钱新之等 17 人为常务委员，虞洽卿、吴蕴斋、王一亭任主席，其宗旨为"对外应时势之需要，对内谋自身之保障"。同年 11 月 23 日，该会宣告结束。

为无锡申新三厂钢丝厂间职员李耀东被总工会提去游街事致虞洽卿函请将无锡情形言于蒋介石总司令予以相当办法

(1927 年 4 月 5 日)

敝邑工商业号称发达，赖〈世璜〉军长[1]到〈无〉锡，民众欢迎异常热烈。无如地方无识之徒，往往假托工会或党部名义，与当地人士为难，致稍有身家者，相率避居沪上，致地方愈呈纷乱之象。即如敝处申新三厂，平时职员、工友感情本极融洽，四月一日，职员李君竟为工会无端提去，戴纸帽子游街。同事见此情形，人人自危，均避居厂外。厂方负责无人，势必出于停业之一途。素仰先生热心公益，言人之所不敢言，可否将敝邑情形言于蒋〈介石〉总司令，予以相当办法，俾地方秩序早日回复，劳、资两方各安生业。岂惟人民之幸，工商业前途，实利赖之。

(申新总公司函稿汇登)

无锡旅沪同乡黄子华为其子被人诬为共产党人事来函请代为转恳吴稚晖先生设法调查其子现在情形并设法保释

(1927 年 6 月 19 日前)

理事长先生伟鉴：

谨启者：小儿大霖，去年六月间，投考黄埔军校，幸蒙录取为军校二

① 赖世璜(1889—1927)，字肇周，江西石城人，先后参加过辛亥革命、二次革命、护国战争、护法战争、北伐战争等，时任国民革命军第十四军军长。

团三营新十连入伍生，及后时有函来，述及在外事安等情，但自三月起至今，音信断绝。鄙人以为马革裹尸，事属军人之天职，乃知有大谬不然者。于上月间，忽有人携朱子昌、赵嘉生名片一纸，并小儿附函一件，云及被诬为共产党人，并要求取银洋四十元，作为狱中零用。但细视来函，与小儿字迹不符，故当时即行拒绝。想小儿素性忠实，决不致弃明投暗。此中或系受人之欺，或有其他事故。鄙人情关父子，不得不恳贵理事长代为一查，如小儿的系趋附共产，并得有真凭实据者，则亦罪有应得，只能听其自然；如系被人诬屈，可否请贵理事长代为转恳吴稚晖先生，设法调查。如能获得小儿现在情形，及能设法保释者，则小儿将来有成名之日，莫非大德所贻留，鄙人亦铭感无既矣。区区苦衷，伏乞怜而代谋。特此函恳，敬请钧安。鄙人黄子华谨启。

附：无锡旅沪同乡会为同乡黄子华之子被人诬为共产党人事致广东国民革命军总司令部政治部后方留守主任陈希曾①函祈代为调查如无共产嫌疑赐予设法援救(1927年6月23日)

径启者。准同乡黄子华函称："小儿大霖，前年六月间，投考黄埔军校，幸蒙录取为军校二团三营新十连入伍生，及后时有函来，述及在外事安等情，但自三月起至今，音信断绝。鄙人以为马革裹尸，事关军人之天职，乃知有大谬不然者。于上月间，忽有人携朱子昌、赵嘉生名片一纸，并小儿附函一件，云及被诬为共产党人，并要求取银洋四十元，〈作〉为狱中零用。但细视来函，与小儿字迹不符，故当时即行拒绝。想

① 陈希曾(1897—1961)，浙江吴兴人。浙江陆军经武学校毕业后，历任浙江都督府军务司参谋、浙军第一旅副官长、第二团团副；1924年秋到广州，任黄埔军校中校特别官佐；1926年起，任国民革命军东路军总指挥部参谋、国民革命军总司令部上校秘书、总政治部后方留守主任、广东电政监督、广东招商局整理委员、上海电报局局长、国民党上海市党部监察委员；1931年2月，任上海市公安局局长；1932年6月，任军事委员会委员长侍从室第三厅总务处长；1946年3月，任国民政府参军处总务局长；1948年5月，授中将军衔，任总统府第六局中将局长；1949年，移居香港。

小儿素性忠实，决不致弃明投暗。此中或系受人之欺，或有其他事故。鄙人情关父子，不得不恳贵理事长代为一查，如小儿的系趋附共产，并得有真凭实据者，则亦罪有应得，只能听其自然；如系被人诬屈，可否保释。”等由。查黄大霖曾为本会会员，系前任评议员华君子封[①]所介绍，即经函询华君，兹准复称：“黄大霖为锡之东亭镇人，与封为同乡，并亦同学，曾设立商务中学于闸北满洲路三畏里，为人慷慨好义，扶良锄奸，均为友辈所称。〈民国〉十四年【1925】春，鉴于国步日下，先就四区分部之常务委员职，后军校招考，复投取为二团三营新十连入伍生。其父黄子华，现任南门外周新镇新顺泰米行司账职，本定今年为大霖完婚，不幸接此噩耗，阖家流泪相对，为状至惨，又以人地生疏，苏广远隔，无从着手调查，不得已，上书恳为设法。兹准函询，仍恳代为设法营救，俾得父子骨肉，仍复团聚”等由前来。用特叙述来函，敬祈代为调查，如无共产嫌疑，赐予设法援救，俾得回乡团聚骨肉，毋任盼切。专此，敬颂公祺。无锡旅沪同乡会启。六月二十三日。

（《无锡旅刊》，第 124 号，1927 年 6 月，第 2—3 页）

无锡旅沪同乡会评议员华子封复函为同乡黄子华之子黄大霖被诬事

（1927 年 6 月 20 日）

昨承惠函，并附抄黄子华致贵会一件，均经敬悉。黄君大霖，为锡之东亭镇人，与封为同乡，并亦同学，曾设立商务中学于闸北满洲路之三畏里，为人慷慨好义，扶良锄奸，均为友辈所称。〈民国〉十四年【1925】春，鉴于国步日下，先就四区分部之常务委员职，后军校招考，复

① 华子封，与下文中的华紫封为同一人，其生卒年余及经历不详。

投取为二团三营新十连入伍生。其父黄子华，现在南门外周新镇新顺泰米行司账职，该行系张卓仁先生所设。本定今年为大霖完婚，不幸接此噩耗，阖家流泪相对，为状至惨。又以人地生疏，苏广远隔，无从着手调查，不得已，上书贵理事〈长〉，代为设法。视大霖君坚志爱国，今竟以C. P份子坐罪，此中定多被诬受屈之处，仍恳贵会转请吴稚晖先生营救，俾使其父子骨肉，仍复团聚，并亦为国家多留一爱国民众。在封不过一尽友谊之道，大霖再生之恩，全系贵理事长所赐矣。今特附上大霖照片一纸，并其往日通信处，至祈查收，以便调查，不胜盼切。专此奉恳，敬请公安。华子封谨启。

附1：无锡旅沪同乡会致华紫封函为黄大霖案（1927年6月19日）

紫封先生台鉴：

径启者：顷据黄君子华函称，其子大霖，去年投入黄埔军校，今年三月起，音信断绝。上月间有友人告以其子被诬，为共产党人，嘱本会代为调查等情。后注有回信寄执事转交等语。查黄大霖曾为本会会员，未识其父子华，是何职业，现在何处，上月间得到其子被诬消息后，曾否托人调查一过？此君与执事是何关系？曾否接洽？兹抄录原因，附请台察，乞示知其经过详细情形，俾调查时易于着手，至盼。此颂台安。无锡旅沪同乡会启。六月十九日。

附2：无锡旅沪同乡会致华紫封函二为黄大霖案（1927年6月23日后）

紫封先生台鉴：

径启者：嘱查黄大霖一案，前接台函，即经备函，由荣君瑞昌转请陈君希曾调查去后，顷由荣君函称："入伍生六个月一升，黄大霖入伍两年，早已升班，如照来函，恐难查到，须查明其家属最近接到之函件，自何处寄来，再函陈君详查"云云。为此函达，希转知黄君子华，将接到其子最后之函，系何月何日何处所寄，详细开明，示知为盼。此颂台绥。

无锡旅沪同乡会启。

（《无锡旅刊》，第 124 号，1927 年 6 月，第 2，3—4 页）

代表华商纱厂联合会呈请中央政治会议上海临时分会[1]严行厉禁搀杂棉花文[2]

（1927 年 6 月 22 日）

为呈请事。案查棉花搀杂作伪，久悬厉禁。近据各厂报告，收进通州下沙棉花，竟有掺杂石膏、油粉等物，已经发现甚多，不特因伪物重量，暗受亏耗，且以油粉粘滞，出品遂致不良，机件复易受损，迹其作伪之心，与向之仅以水份增重事者，尤为恶劣。此种奸商行为，设不予以取缔，风气所趋，必将日甚，实与棉农、厂商有莫大损害。现查此项劣棉存储浦东栈房，为数颇多，应恳钧会传饬所属官厅，出示禁止，一经查出，并恳悉数充公，从严究办，以儆作伪而维实业。所有呈请取缔棉花掺杂作伪缘由，理合备文呈请鉴核批示施行，实纫公谊。谨呈。

附 1：华商纱厂联合会为从严检查处罚棉花掺杂事致各厂通告（1927 年 6 月 22 日）

径启者：现据报告，通州下沙棉花掺杂石膏、油粉甚多，各厂进货已

---

① 1927 年 2 月 21 日，国民党左派控制的国民党中央政治委员会第 62 次会议，决议在上海设立临时政治委员会。3 月 21 日，蒋介石率领国民党军队进驻上海。4 月 18 日南京国民政府成立后，仍依广州中央政治会议运作，并将上海临时政治委员会改组，成立中央政治会议上海临时分会，主管上海政治、军事、财政事务，委员先后有吴稚晖、蔡元培、钮永建、陈其采、蒋尊簋、杨树庄、何应钦、叶楚伧、陈果夫、郭泰祺、林焕廷、吴忠信、白崇禧、杨贤江、杨铨、褚民谊、潘公展、孟心史、张性白、欧阳格、吴倚伦、陈群。1927 年上海特别市政府成立后，分会被取消。

② 前因崇海方面报告，有以油粉掺杂棉花图增重量之事，华商纱厂联合会即通函各厂注意。随后各厂报告，已经发现不少，且闻浦东某某栈房存贮此项劣质棉甚多，考虑其去路以出洋者居多数，设不加以取缔，实足减低华棉信用，故有此呈请。

经发现不少，亟应从严检查处罚，以杜作伪。除由本会呈请官厅严予取缔外，应请贵厂自后在购进棉花成单上，加盖“各种棉花不得掺杂任何物质，以图加重份量，一经检出，除将该货扣留充公外，再当呈送官厅处罚”字样之木戳，预为声明，以便发现作伪时实行扣留，庶于法律上不致失据。特此函达，即希查照办理为荷。

（《纺织时报》，第417号，1927年6月23日，第65页）

附2：1927年6月24日中央政治会议上海临时分会第三十六次会议对华商联合会呈文的处理意见

决议：饬警察厅查核办理。

（上海《申报》，1927年6月25日，第4张第13版）

为同乡女孩胡仁弟被拐事致无锡澄丰丝厂吴汀鹭[①]函

（1927年6月23日后）

汀鹭先生台鉴：

敬启者：据敝会职员吴君笏，函送被拐同乡女孩胡仁弟一口到会，讯称十五岁，无锡东门外洪家基人，于去秋被人诱拐来沪，父名阿祥，向在隆昌丝厂栈房做工等情。查贵厂为隆昌丝厂所改组，为此函恳执事，一查其父阿祥是否仍在厂内做工，或派人至洪家（去亭子桥不远）查明该孩家属，给与一函，持来敝会具领，俾完骨肉，功德无量。

---

① 吴汀鹭（1870—1961），名增元，汀鹭为其字，江阴城内东大街人，江阴耆硕名宿吴穆清之子，清末民初江阴著名的实业家。吴氏幼承家学，少时就读南菁书院，攻读经史；光绪三十年（1904）担任江阴商会首任会长；清光绪三十一年（1905）与韩燮安、祝丹卿等集资，创办华澄织布股份有限公司；光绪三十四年（1908）又参与创办利用纱厂；宣统元年（1909）任江阴商务分会总理；民国二年（1913）任江阴县知事；1915年在城东创办利澄内河轮船公司，后独资创办江阴电话局，多次捐资助学，后担任南菁中学校董、江阴红十字会理事长。撰有《江阴八十一日碧血史》。

有渎清神,尚希示覆为盼。此恳,敬请台安。无锡旅沪同乡会理事长荣宗锦。

附 1:无锡旅沪同乡会吴臣笏评议员来函(1927 年 6 月 23 日)

敬启者:昨接市区保卫团来函,云有无锡女孩一口,名吴〔胡〕仁弟者,被拐来沪贩卖,现被该团体查获,因无置处,故托转达同乡会移送回籍,或致函该家属来沪领去,团聚骨肉,功德无量也。附呈保卫团原函及报告单各一纸,祈台阅。此致,即颂公安。吴臣笏启。夏历五月二十四日。

附 2:无锡旅沪同乡会致无锡隆昌丝厂函(1927 年 6 月 23 日)

径启者:顷准上海市区保卫团,转由敝会职员吴臣笏函送被拐同乡女孩吴〔胡〕仁弟一口,年十五岁,系无锡东门外洪家基人,伊父阿祥向在贵厂栈房做工,请求送回原籍等情到会。为此函达左右,即希查明该孩家属,给予一函,来会具领,以全骨肉,至纫公谊。此致隆昌丝厂执事先生。无锡旅沪同乡会启。六月二十三日。

附 3:无锡澄丰丝厂来函(1927 年 6 月 23 日稍后)

〈无锡〉旅沪同乡会公鉴:

前奉函开:"会员吴君臣笏函送被拐同乡女孩胡仁弟一口,系无锡东门外洪家基人,乃父胡阿祥,曾在隆昌做工,嘱查该家属,给予一函,到会具领"等情。查隆昌丝厂,节经改组,敝厂男工,并无胡阿祥姓名。正在访问,续展惠函,随即专人至冯〔洪〕家基调查,始悉胡阿祥的〔确〕有此人,不过早已去世;其妻胡王氏尚在,贫苦不堪,现在广勤纱厂做夜班女工,生有一子,名阿本,年十六岁,在本邑煤作打煤团为业;仁弟系童养媳,五岁领来,尚未与阿本成婚,向在东门永盛丝厂充打盘女工,不知被何人诱驱,于去年十月间失踪,其时身穿蚂蚁布棉袄、厂布短衫、元色布旧鞋。失踪后,遍寻无着,得此收留信息,感激涕零,并有此地水面店聚泰代为保证。用特备函交胡王氏,亲投贵会,认明胡仁弟是否胡王氏之童养媳，详加盘诘，再行给领，以杜顶冒而全骨肉，则造福更非浅鲜矣。专复，即请公安。无锡澄丰缫丝厂。

（《无锡旅刊》，第124期，1927年6月，第4页）

复无锡旅沪同乡会顾沅芍评议员函为离申他去辞职事

（1927年7月15日）

沅芍先生台鉴：

径启者：准陶〈仞千〉理事转到大函，以现将离申他去，辞去评议员职务，请以次多数递补等因。经于七月十日全体职员联席会议，提出核议，佥以执事现尚未届离申之期，仍请照旧任职，至离沪之日为止，届时再行核议递补等情。相应函达，至希查照为荷。此颂台绥。理事会理事长荣宗锦。七月十五日。

附1：无锡旅沪同乡会顾沅芍评议员辞职函（1927年7月初）

仞千先生大鉴：

同乡会正谋发展，弟滥厕评议，本多抱愧，现将离申他去，请代向会中告辞，将次多数者递补。且鄙意可发一通告与理〈事会〉、评〈议会〉两职员：凡被选后，本人未在申者，或中途他去者，均请其知照本会补人，庶免悬缺误公。专此，祇颂公安。庚弟顾沅芍上言。

（《无锡旅刊》，第125期，1927年7月，第2页）

附2：无锡旅沪同乡会顾沅芍评议员因离沪申请辞职函（1927年7月15日后）

启者：鄙人以将离申远行，曾于月初函托陶仞千先生代为辞去评议员一职，以次多数者递补。兹接复函，嘱再径函申明，希即察照。再，鄙意此后被选职员，有本不在申者，或中途他去者，均须函会另行补人，庶免要缺空悬，并以附达。此上无锡同乡会评议会台照。顾沅芍上言。

（《无锡旅刊》，第 126 期，1927 年 8 月，第 9 页）

无锡旅沪同乡会会员丁士仁为其弟丁方正在高要县被拘入狱事来函恳请据情援救

（1927 年 8 月 1 日）

无锡旅沪同乡会理事长先生大鉴：

敬陈者。晚为胞弟〈丁〉方正在高要县被拘入狱中，故于五月中旬来会，恳求给函保释，即蒙出函广东何伯才君调查，晚遂持函前往。到广后，与何君面晤，蒙介绍肇庆苏家园黄香九君。嗣至肇庆后，由黄君同至狱内探晤舍弟，当面询被拘情形。询悉因往广东投考，到广后，初住旅店，旋因外出，中途被窃匪将身上所带川资，窃去殆尽，致旅居无费，回家亦难，随闻三水河口有西北江募兵处，无奈典押衣服，得洋三元而去。及至河口，询诸水警，又称募兵处在肇庆地方。嗣至肇庆查问，则又停募。用是进退维谷，资斧告竭，暮夜无栖，随见西江沿岸，有无人之渡船，即身卧其中，致被巡夜警察，见其形迹可疑，被拘押讯。已将以上实情，具呈高要县长，请求讯释在案。蒙批，略谓何故携带义庄青年团图章，及银店存折多个之疑，故未准保释。因是晚在彼人地生疏之处，毫无设法能力，只得怅然而返。到申后，即至益源庄，查问方正在庄时该图章及折子之真相，当蒙该庄经理吴志芬，答以事实相符，即先后给以证函二封。用将原函奉阅，伏乞念同乡之谊，推〔据〕情救援，则感德靡涯矣。专此实陈，敬请钧安。晚丁士仁谨上。丁卯七月初四。

附：义源庄关于丁方正在庄时图章及折子之证明函（1927 年 7 月 30 日）

丁方正，又名秉臣，年廿一岁，无锡县人，自民国十年【1921】，进本庄学业，从吴经理志芬为师，昨年始任洋房之职，月俸九元，在庄尚称安分，今年阴历四月十八日【即阳历5月18日】，忽然不别而行，不知下落。嗣得高要县寄到一函，方知在高要狱中，即行通知乃兄秉嘉。而秉臣所带之存折、协记户名，查系由蔡伯康、彭公禹、丁秉臣三人合同储蓄在庄之户名。二月初一，有彭公禹之戚，交公禹暂拢〔存〕庄中洋四千元，公禹即由协记户名存入庄中，后于二月廿七，公禹仍由协记户名支去洋一千元，三月初八，支去洋三千元，均从上海汇浙江南浔。至伯记、秉记、公记之折，乃他们私人合同储蓄之证也。又有益源庄青年团图章一节，查乃壬戌年间，庄中学生辈，模仿青年会，组织学术之团体，专事讲求英文等等，嗣同事星散，英文夜课亦停，该团于是亦无形消灭矣，而该团之图章，因彼时由丁秉臣保管，后亦无人过问耳，别无他意。胪陈事实，敬乞察照。专此布达，即颂台祺。无锡旅沪同乡会惠鉴。益源庄谨启。丁卯七月初二。

（《无锡旅刊》，第126期，1927年8月，第13—14、15页）

为二五库券①事致无锡县政府函

（1927年8月3日）

敬启者：此次贵政府经募二五库券，旅沪同乡共认购六万元，在沪行缴纳者，计五万七千三百元，由祥裕庄将沪行收据呈缴贵署在案。现沪地中国银行，已可掉换正式库券，并领取第一期本、利。各同乡纷纷

① “二五库券”，全名为“二五附税国库券”，系南京国民政府成立后最早发行的短期债券，因为系以江海关、津海关征收的2.5%关税附加税为担保，故名之。此种库券共发行三次：1927年5月发行江海关二五附税国库券3000万，月息七厘，从1927年7月起分三十个月偿还；1927年10月又发行江海关续发二五附税国库券4000万，月息八厘，自1928年1月起，分四十个月偿还；1928年7月发行津海关二五附税国库券900万，月息八厘，自1928年10月起分三十个月偿还。

来会，嘱为函请贵政府派员携带沪行收据，来沪掉就〔换〕库券，发给认购各同乡，以完手续。为此代为函陈，希即参照办理为荷。此致无锡县政府。无锡旅沪同乡会理事长荣宗锦。八月三日。

（《无锡旅刊》，第 126 期，1927 年 8 月，第 9 页）

为无锡同乡丁方正在高要县被押事致广东电政监督陈演生[①]公函恳转高要县署从宽讯释

（1927 年 8 月 3 日）

敬启者：敝同乡丁方正，在高要县被押，承代为查讯被押缘由，并转请释放，至深纫感。兹准转到高要县公署复函，以丁方正携有贮银手折，并青年团会计处黑角图章一颗，情有可疑，嘱为查明真相见复，以凭核办等因。经向义源庄调查各节，据称："丁方正即丁秉臣，自民国十年【1921】进本庄学业，去年始任账房之职，在庄尚称安分。其所带之存折、协记户名，查系由蔡伯康、彭公禹、丁秉臣三人合同储蓄在庄之户名。二月初一，有彭公禹之戚，交公禹暂存在庄中洋四千元，公禹即由协记户名存入庄中；后于二月廿七日，公禹仍由协记户名支去洋一千元；三月初八日，支去洋三千元，均从上海汇浙江南浔。至伯记、秉记、公记之折，乃彼等私人合同储蓄之证。又青年团图章一节，查系壬戌【1922】年间，庄中学生辈，模仿青年会，组织学术之团体，专事讲求英文等等，嗣同事星散，英文夜课亦停，该团亦即无形消灭。该团之图章，因彼时由丁秉臣保管，后亦无人过问，并无别情。"等语，并由该庄将以上各情，具函盖章证明到会。该丁方正之兄丁士仁亦具函来会，声叙其弟

---

① 陈演生(1875—1952)，原名汉生，广东海丰人。本为清末秀才，20 世纪初赴日本留学并参加中国同盟会，投身反清革命；辛亥革命后，曾短期出任广东五华县知事，后在广州、新加坡等地参加倒袁运动，先后参加了二次革命、护国运动；1917 年参加护法运动，1918—1920 年任援闽粤军总司令部政务处长，1921 年起任广东电政监督。

在粤失银受困,致遭拘押情形。查银折及青年团各节,既据义源庄声明存款之由,及组织学术之团体,且久已无形消灭,是丁方正赴粤投军,尚非身挟巨款,及有他种用意,不过年少无知,将银折、图章等件,随身携带,致遭嫌疑。既非身带巨款,则失银受困,无处投身,漂流艇上各情,亦似可信。为此,据情函复,并抄录义源庄及丁士仁之来函,附呈察核,仍恳转函高要县公署,请其从宽讯释,俾免异乡孤客牢狱沉沦,不独丁方正一家戴德已也。此复广东电政监督陈。无锡旅沪同乡会理事长荣宗锦。八月三日。

(《无锡旅刊》,第126期,1927年8月,第15页)

为无锡旅沪同乡沈映泉与顾翰飞钱债纠葛事致无锡县政府公函请秉公审理并转行公安局暨县党部对于此案勿凭一面之辞准予受理以免横生枝节累及善良

(1927年8月7日)

径启者:据敝会会员沈映泉,开具节略到会,内称:"映泉在本埠南市大码头大街,开设沈元来油麻号,经历三十余年之久,家居无锡方桥镇,生平不预外事,处世惟求和平,协赞公益,扶助亲友,惟力是视,年逾花甲,所行悉本天良,从未逾越道德与法律之外。兹缘乡人顾翰飞,于昔年间订租映泉乡间宅门市房三间,开设源发京货店,以乏资本转运,恳映泉为之维持。以是先后存予该店洋一千元,又以其家住房契抵借银一千一百两,又被欠往来银二千四百余两,被欠如是之巨。至今旧历六月间,映泉以其屡约归偿愆期,分文无着,当向诘问,旋得复称所欠之款,定每年还洋五百元词均油滑,(原信经呈无锡县署)。因即向询所定年还五百元,置据载之利息如何。伊即托由族人沈耕云从事调解,不意议方商洽,伊即悔议,不交作抵之契据,一面暗运店存重价之货物。映泉察知后，向诘究竟。即据声称，现在无力依据还债，只好将店存货物，公摊债户。映泉以其恶意已露，不得不认亏求了，任其将货公摊，惟令不得再将店货私运。即公同议定，将店货封存，交托地保沈锡坤为公正人看守，并交阅账簿，证明其他债权之户，随令居邻李锡根为之书写，致锡城久丰夏布号等七户，即来共同清理。此顾翰飞现在持为证据之信件所由来，并映泉与涉之事实真相也。至次日值映泉之子瑞洲回家，途遇顾翰飞同回。伊即托由原劝之沈耕云，再三劝解，当夜议定妥洽，当场偿还现洋一百元，并期票字据，抵款存款，各依原据，被欠往来之银，除还现洋期票外，余定五年半年还清，明年始，每年六月廿日还银子二百五十两，十二月廿日还银一百五十两，其店货当夜伊即进内管理，次晨开门营业。调解妥洽时，并有其他债权久丰夏布号等之代表两人在场，互相劝解。此顾翰飞负欠映泉六千余元债务之调解经过事实真相也。今不料顾翰飞于事后以恩为仇，以德为怨，于无锡县公署，诬诉映泉散布流言，妨害业务，捏造种种事实，抹煞真相。窥其意，不但希图抗债，直欲诬陷映泉，使受刑事制裁。现奉县署派警调查事实，再行核办，是水落石出，自属有日。奈顾翰飞以此尚不足为陷害之具，复以映泉行使经济压迫等词，诉诸县党部，在外扬言已得党部暨要人之援助，定以特别手段，使映泉无立身之地。映泉初以为恫吓之言，未必实在，今据锡地来信，果有县党部误听一面之词，函请公安局票传映泉，于九日到案预审之消息。是映泉之向以经济济人，一变而为经济压迫，而抗债之顾翰飞，一变而为被害。是非颠倒，不独映泉经济损失，且蒙不白之冤。为特陈请贵会，主持公道，赐予援助，分函县政府、公安局、县党部，述明真相，秉公裁判，期以无枉无纵，则感大德于无既矣。”等语。查沈映泉年老安分，存心忠厚，旅沪同乡，知之者众。此次与顾翰飞钱债交涉，既已涉讼冰案，沈映泉愿听贵政府司法之公平裁判，而深惧节外生枝，祸遭意外，请求援助到会。为此，函请贵政府秉公审理，并转行公安局暨县党部，对于此案，勿凭一面之辞，准予受理，以免横生枝节，累及善良，实深公感。此致无锡县长俞〈复〉。无锡旅沪同乡会理事长荣宗锦。八月七日。

附：无锡旅沪同乡会会员沈映泉呈无锡旅沪同乡会述与顾翰飞钱债纠葛原委节略（1927年8月6日）

谨略者：映泉在本埠南市大码头大街开设沈元来油麻号，经历卅余年之久，家居无锡方桥镇，生平不预外事，处世惟求和平，事关公益者，无不量力赞助。亲友困难事，当尽力周旋，虽负累纷纷，素志宁人负我，年逾花甲，所行悉本天良，从未逾越道德与法律之外。愚衷〔忠〕如是，自问无罪于乡父老达人君子。兹缘乡人顾翰飞，于昔年间订租映泉乡间宅门市房三间，开设源发京货店，以少资本转运，恳请映泉为之维持。以是先后存予该店洋一千元，又以其家住房契抵借银一千一百两，又被欠往来银二千四百余两，被欠至如是之巨。至今旧历六月间，映泉以其屡约归偿，届期均分文无着，当是当向诘问，旋得其复，内称所欠之款，现定每年还洋五百元。词均油滑（原信经呈无锡县署），映泉因即向询所定年还五百元，置据载之利息如何。伊即托由族人沈耕云，从事调解。不意议方商洽，伊即悔议，不交作抵之契据，一面暗运店存重价之货物。映泉察知后，向诘究竟。即据声称，现在无力依据还债，只好将店存货物，公摊债户。映泉以其恶意已露，不得不认亏，任其将货公摊，惟令不得再将店货私运。即公同议定，将店货封存，交托地保沈锡坤为公正人看守，并交阅账簿，证明其他债权之户数，随令居邻李锡根为之书写，致锡城久丰夏布号等七户，即来共同清理摊派。此顾翰飞现在持为证据之信件所由来，并映泉与涉之事实真相也。至次日值映泉之子瑞洲回家，途遇顾翰飞同回。伊即托由原劝之沈耕云，再三劝解，当夜议定妥洽，当场偿还现洋一百元，并期票字据、抵款存款，各依原据，被欠往来之银，除还现洋期票外，余定五年半内还清，明年始，每年六月廿日，还银子二百五十两，十二月廿日，一百五十两，其店货当夜伊即进内管理，次晨开门营业。调解妥洽时，并有其他债权久丰夏布号等之代表两人在场，互相劝解。此顾翰飞负欠映泉六千余元债务之调解经过事实真相也。今不料顾翰飞于事后以恩为仇，以德为怨，于无锡县公署，妄诬告诉映泉散布流言，妨害业务，妄捏种种事实，抹煞真相。窥其意旨，不但妄图抗债，任意诬陷，直欲使映泉受刑事制裁。现县署处分，派警调查事实，再行核办。是水落石出，自属有日。奈顾翰飞以此尚不足为陷害之具，复以映泉行使经济压迫，妄诉贵贤达人之前暨县党部，奸诈百出，故作形容，近辄妄称已得党部援助，定以此特别手段，使映泉无立身之地。其为妄诬恫吓，不言可喻，第恐听者不察，以映泉持经济济人为压迫，以抗债为被害，则映泉枉累深矣。今接锡地来信，果有县党部误听一面之词，函请公安局票传映泉于九日到案预审之消息。是映泉之不独受经济损失，且蒙不白之冤。为特陈请贵会，俯念映泉六千余元之债被累无着，并又图加无辜之深累，赐予主持公道，施以援助，即行分请无锡县公署暨公安局、县党部，毋加枉害，秉公裁判，期以无枉无纵，则感大德于无既也。谨略。无锡旅沪同乡会公鉴。具节略人沈映泉。民国十六年八月六日。

（《无锡旅刊》，第 126 期，1927 年 8 月，第 10—11、12—13 页）

为二五库券掉换事再致无锡县政府函

（1927 年 8 月 8 日）

径启者：八月三日致函贵政府，请将旅沪同乡所认二五库券收据，派员携带来沪，掉换正式库券，发还认购各同乡，以完手续，未荷见复。

查沪地其他商民所认购者，均已向〈江苏兼上海〉财政委员会[①]换到库券，并领到第一期本利，是以各同乡纷纷来会问询。为再函达，请即派员携带上海方面银行收据，来沪掉换散发，或即委托敝会代办，俟散发各同乡后，掉回临时收据，缴还贵政府注销，即希酌定办法，示复为荷。此致无锡县政府。无锡旅沪同乡会理事长荣宗锦。八月八日。

（《无锡旅刊》，第126期，1927年8月，第9页）

无锡俞复县长复函为二五库券掉换事

（1927年8月8日稍后）

敬复者：准贵会函，以沪地中国银行已可掉换正式库券，并领取第一期本、利，各同乡函请派员携带收据来沪掉换库券，发给认购各户等因。查前任经募库券，均领有预约券。本月二日奉财〈政〉厅宥【26日】电，饬将请领库券种类、预约号数开具清折，呈厅汇集总领转发等因。当经本署造折呈送在案，沪行预约券四纸一并列入。刻下未便派员赴沪掉换，应俟财厅将正式库券颁发到县，再行发给认购各户。相应函复，即希查照，并转知各同乡为荷。此致无锡旅沪同乡会理事长荣〈宗敬〉。俞复。

（《无锡旅刊》，第126期，1927年8月，第10页）

① 1927年3月成立，以上海金融界人士为核心，其性质与作用有一变化过程：最初只是蒋介石委派的筹款团体；随着南京国民政府成立，它成为其下的财政行政机构，通过筹集垫款和发行二五库券，为南京国民政府提供财政支撑；从5月后，专事二五库券的发行及相关事项，直至8月结束。

为无锡旅沪同乡会会员沈映泉与顾翰飞钱债纠葛案证人李锡根被公安局拘留事致无锡俞复县长快邮代电请查照前函核办并转行公安局将被拘证人李锡根暂行交保释放

（1927 年 8 月 10 日）

无锡县长俞〈复〉勋鉴：

本会会员沈映泉，与顾翰飞为钱债纠葛一案，业经详细函呈。现据沈映泉来会声称，证人李锡根到案，乃被公安局拘留，属会恳转公安局，先行保释，听候法庭判断等语。查两造涉讼，万无收押证人之理，拟请查照前函核办，并转行公安局，将证人李锡根，暂行交保释放，足纫公谊。无锡旅沪同乡会理事长荣宗锦叩。灰。

（《无锡旅刊》，第 126 期，1927 年 8 月，第 13 页）

为无锡旅沪同乡会会员沈映泉与顾翰飞钱债案致无锡县公安局邓涤青局长快邮代电恳乞主张正义即日彻究将顾翰飞移送法庭俾便追索欠款

（1927 年 8 月 14 日）

无锡县公安局邓〈涤青〉局长勋鉴：

本会会员沈映泉，与顾翰飞因钱债致起交涉，顾架词沈，以经济压迫、朦诉县党部，函由贵局传票彻究在案。查沈映泉平日对于地方公益事件，莫不尽力维持，乡众皆知。此次顾翰飞控沈要点在封存店货，其实当对封存之时，系各债权人与债务人双方之同意，而翌日映泉之子，知手续上恐有不合，即行赶回取消原议。顾翰飞其初因欲减少债务负担，极端赞同封存于前，迨启封之后，见仍须负六千余元之债务，又以各债权人以沈为最巨，择肥而噬，遂饰词控沈于后。若果以封存货物为沈罪，则当时同意之债权人，同属犯罪，而顾翰飞当时亦同意封存，足见其心已怀叵测。敝会深知沈映泉平日为人忠厚，有惠乡里，故敢代为呼吁。现此案沈映泉已在法庭民事起诉。素仰贵局长本三民主义、革命精神，施政乡邦，用敢代为申诉，恳乞主张正义，即日彻究，将顾翰飞移送法庭，俾便追索欠款。公意如斯，事实如斯，千祈明察核夺，实感公谊。无锡旅沪同乡会理事长荣宗锦叩。寒。

（《无锡旅刊》，第 126 期，1927 年 8 月，第 13 页）

无锡俞复县长复函为二五库券掉换事

（1927 年 8 月 15 日前）

宗敬先生大鉴：

顷奉惠函，只悉一是。二五库券预约券四纸，计洋五万七千三百元，兹交章君秉嘉携带来沪，即祈察收请发为荷。此复，顺请台安。俞复谨启。

（《无锡旅刊》，第 126 期，1927 年 8 月，第 10 页）

为二五库券掉换事致无锡俞复县长函

（1927 年 8 月 15 日）

仲还县长勋鉴：

前由章君秉嘉带申二五库券预约券四纸，计洋五万七千三百元，当即备函向财政厅掉换。据云此项库券尚未到厅，预约券四纸仍由原任带回。兹特随函送呈，即祈查收，作速汇向财政厅催换，以清手续，无任企祷。敬请勋安。荣宗锦启。八月十五日。

（《无锡旅刊》，第 126 期，1927 年 8 月，第 10 页）

为送请核议民国十五年度决算案及十六年度各项收支预算案致无锡旅沪同乡会评议会函请议决见复

(1927 年 8 月 23 日)

径启者:查会章第二十五、第二十七各条,本会之预算、决算均应提交评议会议决。兹将〈民国〉十六年度各项收支预算案编制完竣,连同〈民国〉十五年度决算案,一并备函送请核议,至祈分别议决见复,至纫公谊。此致评议会。理事会理事长荣宗锦。八月廿三日。

(《无锡旅刊》,第 126 期,1927 年 8 月,第 1 页)

为设立无锡旅沪同乡会会员寄宿所事致评议会函请核议见复

(1927 年 8 月 23 日)

径启者:八月廿一日理事会常会,以优待会员起见,提议设立会员寄宿所,经议决《会员寄宿所章程》十四条,相应函送核议见复,至纫公谊。此致评议会。理事会理事长荣宗锦,八月廿三日。附章程一份。

无锡旅沪同乡会会员寄宿所章程

一　本会为优待会员起见,设立寄宿所,非会员恕不招待。

二　本寄宿所酌收宿费,暂定一榻之地,长期每月三元,短期每星期一元(不满一星期者亦作一星期算)。

三　长期寄宿预征宿费一月,短期预缴一星期,入所时凭会员证,出所时请先通知会计处结清账目。

四　租定榻位不得转租别客。

五　长期宿客如欲迁移出所，请于三日前通知会计处。

六　宿客带有贵重物品可交会计处代为存储，否则如有遗失本所概不负责。

七　宿客晚间有事出外，请于十二时前回所，遇有特别事故，至迟亦不得过一时。又清晨六时前勿谈笑吵闹，以不妨别客安睡为主。

八　所内不得招妓、饮酒、赌博及一切违禁事项。

九　伙食由客自理。

十　女宾来所访客，须在会客室聚谈。

十一　所内注意清洁，以重卫生。

十二　所内工役，专司吏扫、听差及其他之工作，工役于宿客有不尊敬之行为，请通知总务科惩戒。

十三　本所不取不账，惟贵客愿赏给工役者，请交会计处，以便共同分给。

十四　宿客损坏本所器物，请照原价赔偿。

（《无锡旅刊》，第126期，1927年8月，第1、7—8页）

致叶楚伧、马超俊[①]函恳为请求政府命令禁止华棉出口

（1927年8月23日）

吾国实业本在萌芽时代，近年受时局影响，纺织业所受痛苦，视他

① 叶楚伧（1887—1946），原名单叶，笔名小凤、湘君，江苏吴县周庄（今昆山市周庄）人，楚伧是他在从事新闻工作时所用的笔名，后以此为名。早年加入同盟会和南社，1912年中华民国成立后，任上海《民立报》记者，并先后在上海创办《太平洋报》、《生活日报》；1916年与邵力子在上海合办《民国日报》，任总编辑，抨击袁世凯称帝，并任复旦大学中国文学科主任；1926年在广州任国民党中央党部秘书长；北伐后相继任武汉中央执行委员会与国民政府联席会议秘书长、上海临时政治分会委员、南京中央代理工人部长、代理中央宣传部长兼江苏省政府委员及建设厅长、中央执行委员兼宣传部长等职，时任国民政府江苏省政府委员兼主席。（注转下页）

业为尤甚。盖战事频仍，则产额减少；交通阻梗，则销路呆滞。花贵纱贱，事势使然，无可避免。查在年丰时，吾国产棉供华厂用者仅有半数，其余悉取给于国外。今年印度、美洲产额骤减，棉价继长增高，难保无贪图重利〈之人〉，采办华棉，接济外商。华商既受时局之影响，再感棉荒之痛苦，万一厂家不能维持，因而停业，则数百万工人之生活，将何所恃？其影响于社会，夫岂浅鲜？用特函达公〔台〕端，可否请求政府命令，禁止华棉出口，俾垂绝之实业得以苟延，工商前途实利赖之。

（申新总公司函稿汇登）

附：华商纱厂联合会致上海总商会函请援助禁棉出口(1927 年 9 月 3 日)

现裁厘加税，已因故展缓实行，而自主政策，政府仍声明并未改变。敝会鉴此，不得不更有陈请者。则本年印、美棉产，皆报歉收，国内各纱厂，不独不能输入外棉，以补原料之不足，而对于本国棉产，又不能禁外人之输运，留为本厂自用之需，充其结果，惟有停业，而数十万工人生计，虽欲维持而不可得。敝会有鉴于此，曾电请中央，将本国棉花一律禁止输出，以期实施自主政策，而维工厂原料。兹拟恳贵会力予主张，转陈当局，即予实行。

（上海《新闻报》，1927 年 9 月 4 日，第 3 张第 2 版）

（续上页注）马超俊(1886—1977)，字星樵，曾名马麟，广东台山人。早年赴日本明治大学政治经济系学习并加入中国同盟会，时任广东省政府委员兼农工厅厅长、建设厅厅长。

为二五库券掉换事致无锡俞复县长函务请作速掉换以竟手续

(1927年8月)

仲还县长勋鉴：

前县政府在上海，募集旅沪同乡二五库券五万七千三百元，曾经函准将预约券来沪，就近掉换，因该预约券载明“应赴财政厅掉换”字样，又将该项预约券五万七千三百元，送请县政府汇总掉换在案。刻又多日，各县所领预约券，均已掉换库券，领到第一期息款，独本县尚未掉换分散。应请县长速派财政科吴君，或刘君干云，持券赴厅掉换。各同乡来会问讯，日必数起，务请作速掉换，以竟手续。专此，敬请勋安。无锡旅沪同乡会理事长荣宗锦。

(《无锡旅刊》，第126期，1927年8月，第10页)

呈南京国民政府陈述纺织、面粉两业发展现状节略

(1927年8月)

宗敬厕身商界三十年矣，所经营者为纺织、面粉两业，敬将两业之现状，为明公略陈之。

欧战[①]而后，华商竞设纺织厂，外商知纺织业之有利可图也，于是不旋锺而外厂林立。我国产棉之区，如〈江〉苏之南通、太仓，浙〈江〉之余姚，以及陕西等省，年岁丰稔，尚不足供华厂半数之用。自产地至厂，层层捐输，种种亏蚀。外厂则挟“三联单”得以自由采办，不为

① “欧战”指的是1914—1918年间的第一次世界大战。

我国税率所束缚，迨制成熟货，运销各埠，通行无阻。遇华厂纱价略高，则洋纱源源直接输入。以视我国之货物囤积，遵陆则货物停驶，溯江则到处踏船[①]之痛苦为何如？今岁印度、美洲棉价骤增，外商若再来华采办，则华棉势必继长增高，而垂绝之华厂，内感管理之困难，外受棉荒之打击，亦惟有停机歇业，置数十万工人生计于不顾。于此而言维持，（一）宜禁止华棉出口，如事实上有所窒碍，宜抽一·二五税（12.5%），以减少出口数量；（一）劝导工人尽心工作，俾了然于工商息息相关，决无独存之理。华商之生机惟此，华商之属望亦惟此。此纺织业之大略也。

更言面粉业。我国面粉，自清季始用机制。外粉进口，载在约章，例所不禁。昔之供给外侨食品者，今则充斥市廛，夺我华商之利。而且奖励出口，如香港等处则销澳〈洲〉、美〈国〉之粉，大连等则销日本之粉。华粉价高，外粉则自产地直接运输，攫我金钱而去者，每岁不知凡几。回顾我国面粉业则何如？小麦产额逐年加增，无如征税重叠，交通阻滞，加以人心欺诈，原料往往搀杂灰沙，使厂家受无形之亏折。幸面粉向奉免税，苟遇粉销畅旺，尚有薄利可图。而原料昂贵，粉价随涨，不悉商情者，不曰操纵，即曰把持。不知潮流所趋，百物昂贵，有不期然而然者矣。惟望出厂税早日实行，粉税视麦税为轻，保护厂商即所以维持民食。此面粉业之大略也。

（申新总公司函稿汇登）

① “踏船”，此为无锡方言用语，即强制征用船只之意。

为二五库券掉换事致无锡县长俞复函

（1927 年 9 月 4 日）

仲还县长勋鉴：

前奉赐覆，知二五库券已呈催财政厅批答，当即转知旅沪各同乡去后，刻逾旬日，旅沪同乡又以报载准备金存储无锡江苏银行，须俟县政府派员领取根票等语，迭来问讯，并促函催前来。用特备函奉布，至祈即日派员赴宁领取，一俟领到，即通知德生舍弟，将上海方面预约券，连同县政府所出印据存根专送来沪，掉换国库券后，由会通知各同乡到会掉换。缘上海方面预约券备函寄陈，仍留茂新面粉厂也。至上海方面掉换清楚，当将印据存根缴还，以清手续。再，本日《新闻报》载财政委员会撤销通告，有凡持有本会直接填发之预约券，可径向基金保管委员会领取等语。对于吾邑所持之上海方面预约券是否适用，可否径来掉换，以期迅速，并祈酌夺办理。该通告附上，即希察核。专此，敬请勋安。无锡旅沪同乡会理事长荣宗锦。九月四日。

（《无锡旅刊》，第 127 期，1927 年 9 月，第 1 页）

附：苏沪财政委员会撤销之通告[①]（1927 年 8 月 31 日）

为通告事。案照本会前经议决撤销，移交财政部接收，其尚有未领之二五库券，限本日止，逾限应即改向财政部换领等情，并经通告在案。兹因本会业于本日实行撤销，所有文卷、钤记、账目，暨各项器具物件，并已由财政部派员来会接收，而库券一项，仍有未领者，爰特公同会议，

① 1927 年 8 月 31 日，江苏兼上海财政委员会遵令结束，此通告为该会结束当日发布。

并蒙财政部钱〈永铭〉[①]次长面嘱，凡关于库券换领未完事项，另行委托二五库券基金保管委员会代为经理。凡持有本会直接填发之二五库券预约券，暨换领十元库券凭单者，仰即径向该基金保管委员会（香港路四号银行公会）换领正式库券可也。恐未周知，特此通告。

（上海《新闻报》，1927 年 9 月 4 日，第 3 张第 2 版）

无锡俞复县长复函为二五库券掉换事

（1927 年 9 月 7 日）

宗敬先生大鉴：

昨奉赐函，敬悉一是。上海方面二五国库预约券，昨已向令弟德生先生处取回，兹由蔡兼三先生推荐窦鲁沂君赴申，约于明后日启行，汇齐各券，径向上海江苏银行掉换正式库券，一俟取到，即当分别发领。报载财政委员会撤销通告，业已阅悉，第吾邑所持预约券，应由财〈政〉厅核发，与财政委员会直接填发者不同，径向委员会领取，恐未能适用。特此奉复，敬请台安。俞复谨启。九月七日。

（《无锡旅刊》，第 127 期，1927 年 9 月，第 1 页）

① 钱永铭（1885—1958），字新之，浙江吴兴（今湖州）人，生于上海。1903 年赴日本留学，入神户高等商业学校学习经济；回国后，曾任上海交通银行上海分行经理、上海银行公会会长；1927 年任南京国民政府财政部次长、中央银行副行长；1929 年辞职，任中兴煤矿公司总经理、中兴轮船公司董事长；1930 年任中法银行中方副董事长；1935 年任中国银行、交通银行常务董事；1937 年参与组织上海各界抗敌后援会；1938 年任交通银行董事长；1942—1943 年任中华事业信托公司和通济公司常务董事。1938—1945 年，连任第一至第四届国民参政会参政员。

上海总商会徇五卅烈士丧葬筹备处之请来函催将认募之款早日惠下俾便应用[①]

（1927年9月8日）

五卅烈士公墓，自营墓以至建碑，工事所需，计不足者三万元。前日曾由敝会发起招募款项，俾早告成，以扬先烈。荷蒙台端认募款项，具征热心公益，无任钦佩。现已动工，需款甚急，用特专函奉达，务请将前日认募之款，早日惠下，俾便支用。

（上海《申报》，1927年9月9日，第4张第13版）

为丁梓仁、查仲康入股嘉兴纸版厂遭陈右之声请关提原委致无锡俞复县长函

（1927年10月13日）

仲还县长赐鉴：

敬启者。有嘉兴纸版厂者，由陈右之发起，集股开设。同乡丁君梓仁、查君仲康，因与其父〈陈〉良卿先生开设常熟大兴银行，向有往来，情不可却，丁君入股五千，查君入股二千，被推为董事及监察人。该厂于陈右之为经理时，向茂生洋行订购机器，丁、查两君亦经列名签字。该厂现已停歇，因拖欠茂生洋行机器款项，计美金五万两，合银十万余两，屡催不交，控经法庭饬传共同签字之五人，到庭集讯。丁、查两君，曾经到庭，而陈右之及后任经理盛良周，既避不到庭，复不设法清理，以致案县〔悬〕不结。今茂生洋行已设法将陈、盛两君拘案讯押，讵料陈、盛以

① 此函分致荣宗敬、虞洽卿、陈才宝等人。

不提丁、查并押为借口，声请关提，希图延宕。查丁君病在床褥，查君现赴济南办花，均难到庭。倘法院行文到县关提，即祈据实照复，以免胥役到门，惊及老幼。不胜感祷之至。耑此，顺颂勋安。弟荣宗锦启。十月十三日。

（《无锡旅刊》，第 128 期，1927 年 10、11、12 月合刊，第 1 页）

致江苏省政府民政厅钮永建厅长电请正式委任宋镇涛为无锡公安局局长

（1927 年 10 月 20 日）

南京省政府民政厅钮〈永建〉钧鉴：

无锡代理公安局长宋镇涛，久列戎行，并娴警务，历遇无锡地方吃紧之际，联络军警，保卫桑梓，不遗余力。当此冬防将届，伏莽未靖〈之际〉，环请厅长可否取消“代理”，明令正式委任，俾专责成，而资策励。宗锦等虽旅沪上，于梓乡治安关系，不得不据实陈情，务乞俯赐允准。无锡旅沪同乡会荣宗锦、孙泰圻、丁宝书、陶起凤、孙肇圻、徐士渊、毛鉴清叩。号。

（《无锡旅刊》，第 128 期，1927 年 10、11、12 月合刊，第 1—2 页）

致闽南江苏同乡会函为感谢在无锡旅沪同乡会会员荣和甫旅厦经商期间所予援助

（1927 年 11 月 2 日）

敬启者：据敝会会员荣和甫函称，今次旅厦经商，被当地吴景唐，以无理对待，致羁困异地数月之久，后蒙闽南江苏同乡会援助，始克早日言旋，心感之余，合应函陈，敢请本会代为备函道谢，以重乡谊等情到会。查荣君和甫，经商在厦〈门〉，人地生疏，致遭横逆，倘无贵会仗义执言，被累将不堪设想，今得安然返沪，实出贵会之赐，不独荣君明感五中，敝会亦纫公谊于无既也。敬布谢忱，惟希公鉴。此致闽南江苏同乡会。无锡旅沪同乡会理事长荣宗锦。十一月二日。

附1：无锡旅沪同乡会会员荣和甫来函请代向闽南江苏同乡会所予其旅厦期间之援助道谢（1927年10月31日）

无锡旅沪同乡会台电：

敬启者。和甫今次旅厦经商，被当地吴景唐，以无理对待，致和甫羁困异域数月之久，后蒙闽南江苏同乡援助，出而调解外，严与交涉，始克早日言旋。和甫心感之余，合应函陈，敢请本会代为备函道谢，以重千里乡谊。耑此布奉，敬请公安。荣和甫启。夏历十月初七日。

附2：无锡旅沪同乡会复荣和甫函（1927年11月2日）

和甫先生大鉴：

顷接台函，备悉一览，致闽南江苏同乡会一函，兹备就送上，即祈转寄可也。此颂台祺。无锡旅沪同乡会启。十一月二日。

（《无锡旅刊》，第128期，1927年10、11、12月合刊，第4—5页）

无锡俞复县长为续募二五国库券事来函祈广为劝募

（1927年11月4日）

径启者：案奉江苏财政厅转奉财政部训令，内开："现在本部续发二五库券二千四百万元，指定以江海关二五附税之奢侈税全部，及江浙卷烟税统税之一部，拨交保管委员会，作为本息基金，其担保确实，还期迅速，与上次所发二五附税库券，信用同着，无锡权限摊派二十五万元。当此军政各费，需用浩繁，催解急如星火。"查上次募集二五国库券，仰仗鼎力协助，集款甚巨，钦佩良深。兹奉前因，相应函请查照，仍希广为劝募，赓续进行，无任感祷。此致旅沪同乡会宗敬先生。俞复谨启。十一月四日。

附 1：无锡旅沪同乡会致全体职员通函为召集联席会议商榷续募二五库券劝募方法(1927 年 11 月 7 日)

径启者：准无锡俞县长来函，以奉厅令饬募续发二五库券，无锡全县，摊派二十五万元，催解急如星火。上次募集二五库券，旅沪同乡，集款甚巨，此次仍希广为劝募，赓续进行等因。查我同乡爱国之忱，素称热烈，况此项库券，担保确实，还期迅速，定必乐于认解。为此定于十一月九日(星期三)下午三时，开全体职员联席会议，商榷劝募方法，届期务请拨冗准时莅临，千万勿迟为盼。此颂台绥。无锡旅沪同乡会理事会、评议会启。十一月七日。

附 2：无锡旅沪同乡会理事会、评议会为续募二五库券事复无锡俞复县长函(1927 年 11 月 12 日)

径启者：准十四日大函，以奉厅令饬募续发二五库券，无锡全县，摊派二十五万元，催解急如星火，嘱旅沪同乡，广为劝募等因。当以事关军政要需，不容延缓，即于九日召集全体职员联席会议，商榷募集办法。而是日到会人数零零，致无从集议进行，此足见沪地商情萧索，筹款维艰之一证。惟是北伐未竟全功，凡是国民，同应努力，赓续进行，分所当然，成效如何，惟力是视。知劳垂注，先此奉复。此致无锡县长俞〈复〉。无锡旅沪同乡会启。十一月十二日。

(《无锡旅刊》，第 128 期，1928 年 10、11、12 月合刊，第 2—3 页)

为无锡新安乡陈高氏长媳被人诱奸藏匿事致宝山县政府公函请准予先将其具领回里

（1927年11月12日）

径启者：据敝会会员周寿甫函称，“有无锡新安乡人陈高氏，因其媳陈丁氏，被人诱匿，偕子杏根来沪寻觅，托经其戚陈阿二访悉，该陈定氏系为宝山县属杨巷乡镇附近杨家宅地方〈以〉石匠为业之杨阿江诱奸藏匿。即经报告该镇公安分局，将陈丁氏拘局解县，并由陈高氏偕子杏根投县起诉，请求领回陈丁氏在案。惟陈高氏家境贫苦，其子恃缝工生活，今来沪多日，费用告罄，行将枵腹。为此函恳垂念同乡之谊，设法援助，俾其母子得早日返里。”等语到会。查杨阿江奸占有夫妇女，陈高氏既经在贵政府起诉，自应听候拘拿杨阿江到案讯办，惟该氏母子，穷居异地，生活维艰，确系实在情形。为此代为陈请，敢乞准予先将陈丁氏具领回里，以免久羁异地，实纫德谊。至祈查核施行，见复为荷。此致宝山县政府。无锡旅沪同乡会理事长荣宗锦。十一月十二日。

附1：昇昌铁号[①]为无锡新安乡陈高氏长媳被诱奸藏匿事来函恳为其设法援助（1927年11月11日）

敬启者：顷据本邑南门外新安乡华大房庄附近三十二图陈高氏，偕子杏根，声称：长媳丁氏（即杏根之妻）不安家室，于上年九月十三日，带物私逃，招寻无着，即托亲戚陈阿三，在宝山县境内杨巷乡镇访问，确被该镇附近杨家宅杨阿江诱奸藏匿。陈阿三即会同该乡第二公安局拘获，已蒙该局于十五日移县审理。陈高氏即于昨日具呈宝山县，请求拘究杨阿江，领回长媳。不识能否批准，且陈高氏家境贫苦，缝衣图食，今

① 昇昌铁号为民族资本家周舜卿于1881年在上海创办，专为洋行销售钢铁器材。

来申多日，所带用费，业已用罄，行将枵腹。为此函恳贵会垂念同乡之谊，为其设法援助，俾陈高氏同子，得以早返家乡，免受窘迫之境。专此奉恳，即请同乡会诸位先生大鉴。昇昌谨上。夏历十月十八日。

附 2：无锡陈杏根来函为感谢无锡旅沪同乡会鼎力援助得以领回其妻团聚(1927 年 11—12 月间)

同乡会诸位先生钧鉴：

敬启者。民妻丁氏被杨阿江奸占一案，涉讼被累，蒙贵会鼎力援助，得将丁氏领回团聚。山海鸿恩，难以图报。本当到会叩谢，因道途遥远，更兼穷忙，为特先行函谢。专肃，即颂公安。陈杏根启。

(《无锡旅刊》，第 128 期，1927 年 10、11、12 月合刊，第 4 页)

1928 年

为询续募二五库券掉换日期事致无锡俞复县长函

（1928 年 2 月 14 日）

仲还县长勋鉴：

去冬委托刘君干云来申，续募二五库券，应募者仅执县政府印收，尚未掉换正式库券。近日诸同乡纷纷来询掉换日期，用特函询，敢祈示悉，以便对付。专此，敬请勋安，鹄候玉复。荣宗锦启。二月十四日。

（《无锡旅刊》，第 129 期，1928 年 1、2 月合刊，第 1 页）

无锡县俞复县长为续募二五库券掉换事来函

（1928 年 2 月 18 日）

径复者：顷奉大函，藉悉种切。敝处库券款项解省，分中〈国〉、交〈通〉、江苏〈银行〉三行经办，日内闻悉〈江〉苏〈银〉行已将正式库券领到，中〈国〉、交〈通〉正向沪行领取。拟于后日星期一派员分赴该三行一并倒换，手续办妥，即当通知各户换领也。覆颂日祉。愚弟俞复启。二月十八日。

附 1：无锡俞复县长来函告已领到二五库券（1928 年 2 月 22 日）

径启者：〈续〉二五库券，敝处业已领到。沪上认购各户，费神就近知照,无论亲自或派人来取,应带印收倒换,如由贵会汇齐办理,尤为妥当,诸惟酌夺为荷,专颂台绥。俞复启。二月二十二日。

附 2:无锡旅沪同乡会分致认募续二五库券诸同乡函询领取办法(1928 年 2 月 24 日)

径启者:顷准无锡县长函开,"续二五库券,敝处业已领到。沪上认购各户,费神就近知照:无论亲自或派人来取,应带印收倒换,如由贵会汇齐办理,尤为妥当,诸惟酌夺。"等由。查此续二五库券,尊处曾经认募,现在券已到〈无〉锡,拟否检同印收派人或亲自赴〈无〉锡倒换,及交会汇齐办理,统祈酌夺,并候玉复。此致祝伊孚先生、唐子培先生、张云樵先生、王尧臣先生、薛慈明先生、锡金公所。无锡旅沪同乡会启。二月二十四日。

(《无锡旅刊》,第 129 期,1928 年 1、2 月合刊,第 1 页)

致上海特别市公安局函祈从宽将店伙王银海交保释放

(1928 年 2 月 22 日)

敬启者:据会员王发祥函称,渠在薛家滨开设王恒昌草货号,旧历十二月廿五日【即 1928 年 1 月 17 日】,突遭回禄①,适发祥在外收账,店伙王银海,当被公安局拘押,因令将保险单呈案,至今尚未开释。惟王恒昌并未保险,无单可呈,实无托名保险图赔情事。现在王银海家属,以银海屈受牵累,来店吵闹,函属转呈公安局,准将该伙开释等情,并准本会评议员吴臣笏函证王恒昌草货号,实未保险情事到会。理合据情转陈,仰祈贵局俯念薛家滨王恒昌草货号实未保险,无单可呈,从宽将店伙王银海交保释放,实为公便。此致上海特别市公安局。无锡旅沪

① 回禄,相传本为火神之名,后引申指火灾,又作"回陆",见于《国语》《左传》等。

同乡会理事长荣宗锦。二月廿二日。

附1:无锡旅沪同乡会会员王发祥来函恳转呈上海特别市公安局将被拘店伙王银海开释(1928年2月21日)

敬启者:发祥在薛家滨开设王恒昌草货号,旧历十二月廿五日,突遭回禄,适发祥在外收账,店伙王银海当被公安局拘押,因令将保险单呈案,至今尚未开释。惟王恒昌号并未保险,无单可呈,实无托名图赔情事。现在王银海家属,以银海受屈牵累,来店吵闹,函恳转呈公安局,准将该伙开释,无任盼切。此致无锡旅沪同乡会。会员王发祥。二月廿一日。

附2:无锡旅沪同乡会评议员吴臣笏来函证明王恒昌草货号系小本营生并未保险并请致函上海特别市公安局将该店伙王银海开释(1928年2月21日)

敬启者:同乡王发祥在薛家滨开设王恒昌草货号,上年遽遭回禄,当因王发祥出外收账,经公安局将店伙王银海拘案收押,令将保险单呈候讯夺。查王恒昌系小本营生,并未保险,无单可呈,合代证明,敬祈贵会函致公安局,将该店伙王银海从宽开释,无任切祷。此致无锡旅沪同乡会。吴臣笏。二月廿一日。

附3:无锡旅沪同乡会复评议员吴臣笏函告须缴纳罚款少许后可将店伙王银海保出且须由店主王发祥开庭时亲自到庭办理具保手续(1928年2月29日)

臣笏先生台鉴:

前准公函,以王恒昌草货号失慎,店伙王银海被押,嘱为设法营救等情到会,当由理事会正式致函公安局,保证王恒昌实未保险,请将王银海从宽交保开释外,并函商公安局督察处徐咏华君设法。据称业向司法科致意,但须店主王发祥开庭时亲自到庭,以便办理具保手续,倘须罚款少许，亦可随时缴纳，将人保出等语。相应函复，即请转知前途为盼。顺颂台绥。无锡旅沪同乡会谨启。二月二十九日。

（《无锡旅刊》，第 129 期，1928 年 1、2 月合刊，第 2—3 页）

为王恒昌草货店伙王银海被收押事致上海特别市公安局督察处徐咏华函祈设法转致司法科从宽释放

（1928 年 2 月 22 日）

咏华先生大鉴：

今因王恒昌草货店不幸失慎，店伙王银海被公安局收押，令将保险单呈候讯夺。查王恒昌小本营生，并未保险，无单可呈。除函公安局外，务祈设法转致司法科，从宽释放，无任切盼。此颂。

（《无锡旅刊》，第 129 期，1928 年 1、2 月合刊，第 2 页）

为无锡申新第三纺织有限公司补行注册换给执照事呈国民政府全国注册局文

（1928 年 3 月 16 日）

呈为补行注册，换给执照事。窃宗锦等前在无锡五洞桥地方，创设申新机器纺织第三厂，按照无限公司性质办理，合出资本银圆一百五十万元，专营采办棉花、机器纺纱、织布营销，呈奉〈北京政府〉农商部核准给照在案。现奉全国注册局公布《注册条例》①第五条内开："在民国十

① 1927 年 11 月 19 日，国民政府公布《注册条例》，共计 13 条，规定：凡在国民政府统治下经营工商业者，均应依法就公司、商号、商标、矿业等向全国注册局，呈请注册。

六年五月以前，已经北京政府注册者，应至本条例公布日起三个月内，向国民政府注册局补行注册，换取执照。”又第九条内开：“补行注册者，应缴注册费三分之一”各等语。查本公司系在民国十六年五月以前呈北京政府农商部注册有案，理合检同旧有执照摄片，并照公布条例，缴纳注册费三分之一银五十元、教育费三成银十五元、印花税银一元，呈请核准，补给执照，实为公便。谨呈全国注册局。

计呈

旧有执照摄片一纸

注册费三分之一银五十元、教育费三成银十五元、印花税银一元

章程一份

注册呈一份

营业概算书一份

无锡申新纺织公司代表荣宗锦

年五十五岁，江苏省无锡县人

现住上海江西路五八号

批件请寄上海静安寺路与合里一九一二号李澂会计师事务所

中华民国十七年【1928】三月十六日

无锡申新第三纺织无限有限公司章程

第一条　本公司依照《公司条例》第二章规定办理，名曰“无锡申新第三纺织公司”，呈请农商部注册。

第二条　本公司专以机器纺纱、织布销售为营业。

第三条　本公司向外特购纱锭三万枚、塞格罗纱锭二万枚、布机五百部，厂房设无锡五洞桥，批发处设无锡北塘，总批发处设上海江西路五十八号，办花处设常熟支塘，随时视营业必要得于他省他县酌设采办及分销处。

第四条　本公司以“四平莲”为商标，另呈农商部备案。

第五条　本公司资本额定银元三百万元，先收一百五十万元，业已三次收足。

第六条　本公司股东姓氏、住址如左：

荣宗敬	无锡西门外荣巷	荣德生	无锡西门外荣巷
王禹卿	无锡西门棉花巷	华干臣	无锡东门亭子桥
王尧臣	无锡南市桥	薛毓津	无锡希水关
毛鉴清	无锡西门外	荣月泉	无锡西门外荣巷
薛凤喈	无锡学前	华绎之	无锡荡口镇
吴昆生	无锡西水关	冯屺怀	无锡光复门内
项仰斯	无锡棉花巷	蒋雨辰	上海城内
尤莲增	无锡西门外	严裕昆	无锡西门外上蒋村
荣鄂生	无锡西门外荣巷	范楚卿	无锡西门内
高子敬	无锡西漳	浦文渭	无锡冉泾桥
浦文汀	无锡光复门内	曹杏卿	无锡大市桥
张春霖	无锡茅竹桥	荣梅春	无锡西门外荣巷
查仲康	无锡西门外查巷	邹仲丹	无锡东河头巷
荣吉人	无锡西门外荣巷	薛挹新	无锡盛巷桥
陶仞千	无锡江阴巷	蒋成之	江阴城内
陆辅仁	无锡西门内	李国伟	无锡城内
薛保成	无锡甘露镇	窦慕仪	无锡新街巷
李伯壎	无锡北门张成街	刘绥之	吴县洞庭东山
荣锦裕	无锡西门外荣巷	荣雪梅	无锡西门外荣巷
薛明剑	无锡通运桥	蒋濬卿	无锡西门外河埒口
朱觉卿	无锡石塘湾	杨少棠	无锡西门外杨巷
朱兰笙	吴县洞庭东山		

第七条　本公司各股东订立合同，所出资本数目，均于合同内订

明，各股东各执一纸，以资信守；股东如有遗失合同时，应由本人报明本公司，并经登报声明，经一月复查无别项纠葛，再凭妥保补缮合同。

第八条　本公司之业务分为三部分整理：

（甲）采办：专司采办花衣等事项。

（乙）厂所：专司纺纱、织布等事项。

（丙）批发：专司营销纱布等事项。

第九条　本公司所设职员如左：

（甲）总理一人

（乙）经理一人

（丙）副经理一人

（丁）各处办事员若干人

第十条　本公司总理、经理即为代表公司之股东，有代表公司执行一切业务之全权关系，其选任、解任应由股东全体同意决定。

第十一条　本公司副经理驻厂辅助经理执行业务，关于其选任、解任须得全体股东过半数取决之。

第十二条　本公司现经全体股东议决，公推荣宗敬君为总理，荣德生君为经理，荣鄂生君为副经理。

第十三条　各处办事员均由总理、经理商同任免。

第十四条　本公司办事员均须具有介绍书及保证书。

第十五条　本公司遇有特别要事，由总理或经理随时函知各股东公同议决。

第十六条　各股东所出资本利息常年壹分。

第十七条　本公司每年结账一次，除一切开支及给发正息外，所得纯益金按十三成分摊派，以十成归股东分配，一成提作公积折旧，其余二成为总理、经理、副经理及办事人酬劳，其分配方法另定之。

第十八条　本公司以每届旧历岁底为结账之期，次年三月由总经理、经理通函召集各股东讨论账务，分配利息，并商议进行办法。

第十九条　本公司出入款项，应造具财产目录、贷借对照表、营业报告书、损益计算书、纯益金分派之簿册，以备各股东查阅。

第二十条　本章程以呈请批准之日为施行之期，其一切未尽事宜，悉遵照《公司条例》无限公司规定办法，如有应行修改之处，应由股东公同商议，得大多数之可决修正。

无锡申新第三纺织公司谨将本公司呈请注册各款条陈察核

一　商号　　　申新第三纺织无限公司

二　营业　　　纺织

三　资本总数　一百五十万元

四　本店所在地　无锡西门外五洞桥

五　支店所在地　无锡北塘上海江西路五十八号

六　股东姓名住址

七　设立年月　民国十一年十月

无锡申新第三纺织无限公司代表荣宗敬(印)

中华民国十七年三月 日

营业概算书

具营业概算书。无锡申新第三纺织无限公司谨将本公司营业概算书开列于左，敬祈鉴核。计开：

纺纱项下：布机未到，织布一项，暂缺；英机未齐，先从美机概算之。

每日夜用子花四百担，每担轧花衣三十五斤，计轧出衣一百四十担，核二百五十二担，风耗八担。

纺陡纱四十包，每包用花衣三百五十斤，计用花衣一百四十担，每纱一包作四百十五磅，算约用花衣一百二十四担五十斤，应余黄花、飞花、油花纱头等十二担，折耗三担五十斤。

每日办头等子花四百担(每担运费连捐计洋十五元五角)，计价洋六千二百元。

每日夜轧花衣一百四十担(每担需工资、电力、物料等费洋七角),计工价洋九十八元。

每日衣纺大包纱四十包(每包需工资、电力、物料等费洋二十元),计工价洋八百元。

每日官利及庄息(统年官利洋十二万元,庄息六万元),计洋六百元。

以上每日纺纱成本洋七千六百九十八元。

每日夜纺纱四十包照市(每包约售洋二百十元),计洋八千四百元。

每日夜轧出花核二百五十二担(每担售洋一元五角),计洋三百七十八元。

每日夜纺纱用胜黄花油花十二担(每担二元),计洋二十四元。

以上每日售得洋八千八百另二元,除去成本外每日结余洋一千一百另四元,统年以三百日工作计算,净获益余洋三十三万一千二百元。

全国注册局无限公司注册簿稿底

公司名称	无锡申新第三纺织无限公司
本店地	江苏无锡西门外五洞桥
支店地	江苏无锡北塘 上海江西路五十六号
营　业	纺织
设立年月日	民国十二年十月
代表股东姓名	荣宗敬、荣德生
股东姓名住址及其出资种类价值	荣宗敬　吴昆生　曹杏卿　薛宝成　荣德生　冯屺怀　张春霖 窦慕仪　王禹卿　项仰斯　荣梅春　李伯壎　华干臣　尤莲增 查仲康　荣锦裕　王尧臣　严裕昆　邹仲丹　荣雪梅　蒋雨辰 住江苏上海

续表

公司名称	无锡申新第三纺织无限公司
	薛毓津　荣鄂生　荣吉人　薛明剑　均住江苏无锡 蒋成之　住江苏江阴 毛鉴清　范楚卿　薛挹新　蒋睿卿　刘绥之　住江苏吴江 荣月泉　高子敬　陶仞千　朱觉卿　朱兰生　住江苏吴县 薛凤喈　浦文渭　陆溥仁　杨少棠　华绎之　浦文汀　李国伟
资本总银数	壹百伍拾万元

附:国民政府全国注册局批(1928 年 4 月 6 日)

批。无锡申新第三纺织无限公司代表荣宗敬呈件均悉,核与《〈注册〉条例》尚属相荷,应准注册给照,合并填发执照一纸,仰即收执。此批。附批照一纸。

(国民政府经济部档案,中国第二历史档案馆藏)

上海机制面粉公会呈广东省政府请征收洋粉进口税或运销内地税以减输入节略[①]

(1928 年 3 月 24 日)

敬启者:查吾国产麦运销内地,向例征税,面粉则向免税厘。缘民食攸关,既征原料,熟货未宜重征,国民政府亦援成案免征粉税,粉业咸感当局裕商便民之至意。至洋粉进口,向不征税,其故由于约章载明,接济外侨食品,而外商则利用机会,成为贸易之大宗。原料既无权征税,熟货输入又漫无限制,华粉销路呈〔呆〕滞,粉业前途,至可危惧。贵省富庶甲全国,一岁之中,所销洋粉,为数甚巨,而执政诸公,皆能维护

① 此呈文系由荣宗敬先生与顾馨一先生联名,呈交当时的中央政治会议广州分会。据上海社会科学院经济所编《荣氏企业史料》,认为此函系福新公司以上海机制面粉公会名义所发,见该书上册,第 206 页。

实业，振兴国货，具有世界眼光，用敢不揣冒昧，略陈梗概，可否请求贵省政府，于洋粉进口时，令行征税；万一因开税犹未达自主时机，不能急切施行，则请于洋粉进口后运销内地时，豫定税率，强制纳税，俾洋粉得以减少输入，而华粉得以推行尽利。查华粉输入日本每包征税七角，输入美洲每包征税两元，外人待遇华商如此其苛，吾国对于外粉输入，不予以相当限制，似非事理之平。倘蒙贵省政府，体恤商艰，立为设法救济，粉业前途，庶几有豸。谨略。上海〈机〉制面〈粉〉公会会长顾馨一、荣宗锦。

附：国民党中央政治会议广州分会函广东财政厅据上海制面粉公会会长顾馨一等呈请征收洋粉进口税或运销内地税一案议决可行交该厅拟定办法呈核由(函第五四〇〇号)(1928 年 4 月 30 日)

径启者：现据上海制面粉公会会长顾馨一等呈，请征收洋粉进口税或运销内地税，以减少洋粉输入，救济吾国粉业等情，当经本会第一百零一次会议议决："可行，交财政厅拟定办法呈核"在案。相应抄同节略，录案函达，即希查照妥议办法呈送核办。此致兼广东财政厅厅长冯〈祝万〉[①]。〈国民党中央〉政治会议广州分会。

(《中央政治会议广州分会月报》，第 6 期，1928 年 5 月 31 日，第 107—108 页)

---

① 冯祝万(1879—1954)，广东鹤山县人。毕业于保定陆军军官学校第一期步兵科，1912 年参加广东北伐军；1922 年任粤军总司令部兵站总监部参谋长；1923 年任广州大本营军政部军务局少将局长；1924 年任粤军总司令部军务处中将处长；1925 年 5 月任大元帅府参谋团军军务处长；1926 年秋任国民革命军总司令部军务局高级参议、代局长；1927 年 7 月任广东省政府委员兼农工厅长、财政厅长兼国税管理公署署长；1928 年任广州政治分会委员；1929 年 4 月任广东省政府委员、代理民政厅长；1931 年 5 月任广州国民政府政务委员会委员、军事委员会参谋团上将主席、国民党广东省党部执行委员；1932 年再任广东省政府委员兼财政厅长、西南政务委员会委员；1936 年 7 月因陈济棠下野，离穗赴澳门定居，后参加民革，从事宗教活动。

无锡旅沪同乡会同乡黄子华请求援救伊子黄大霖函

（1928 年 3 月 25 日前）

理事长先生勋鉴：

敬启者。小儿大霖，前年考入黄埔军校第六期学生后，时有信来，并立志为党国服务，不幸去年清党事起，即被不睦同学诬指为共党分子。当时被诬而入南石头惩戒场①者，共有四百余人，至今含冤莫白。客岁久无音信，曾由华紫封先生致函恳求营救，后以张〈发奎〉、黄〈淇翔〉倒〔捣〕乱②，事亦不果，至今仍羁囹圄。刻接小儿来函，述及目下广东〔州〕政治分会已组织特别法庭审理此事，但每日只审理七八人，如有团体或军政两界中人去函证明，即可保释，先后被保释者已有十余人。小儿此时患病在狱，而祖母等亦忧虑成病，危在旦夕。为此，不得不专函，恳求设法营救保释。特此奉恳，即请公安。黄子华谨启。

附：无锡旅沪同乡会复同乡黄子华函（1928 年 5 月 1 日）

前接来函，以令郎大霖被诬，拘押粤东，属为设法营救。即经本会函请广东省政府农工厅长马〈超俊〉③，设法援救。去后，兹准函覆："黄大霖被拘惩戒场一案，当即备函请托特别法庭罗庭长端甫，提前审理省

---

① 广州"南石头惩戒场"监狱，位于广州河南（今海珠区）南石头近珠江地方，原为旧炮台，清末时被废弃。1913 年广东警察厅长陈景华将其改建成井字形的二层楼房，对外围原有围墙加固加厚后，设置关卡，以作监狱。该监狱原为关押普通刑事犯，在 1927 年"四一五"后，遂成为国民党反动派囚禁共产党人和革命者等政治犯的集中营。

② "张黄倒乱"一事，系指 1927 年 11 月 17 日凌晨，张发奎、黄琪翔等人在广州发动政变，改组国民党广东省党部、广东省政府的事件，其目的本是反对当时控制南京国民政府的新桂系，结果目的未达到，反而使得此前被迫下野的蒋介石得以借机复出。

③ 马超俊（1885—1977），字星樵，广东台山人，毕业于日本明治大学，时任广东农工厅厅长。

释,俟其办理如何,再为详达。”等因前来。相应函达,即希察照为荷。专复,即颂台绥。无锡旅沪同乡会启。五月一日。

(《无锡旅刊》,第 130 期,1928 年 3、4、5 月合刊,第 1—2 页)

为营救无锡同乡黄大霖事致广东省政府农工厅马超俊厅长函

(1928 年 3 月 25 日)

敬启者:昨准同乡黄子华函,称伊子大霖自前年考入黄埔军校第六期学生后,立志为党国服务,不幸去年清党事起,即被不睦同学诬指为共党分子。当时被诬而入南石头惩戒场者,共有四百余人,至今尚待审理。刻接伊子函称,目下广东〔州〕政治分会已组织特别法庭审理此事,每日审理七八人,如有团体或军政两界中人去函证明,即为保释。伊子在狱患病,祖母年高,思孙成疾,属为营救等情到会。查黄大霖为无锡东亭乡人,曾在上海闸北满洲路三畏里设立商务中学,经本会评议员华君紫封介绍为会员。准函前由,用敢函恳代为调查,如无共产〈党〉嫌疑,赐予设法援救,俾得团聚骨肉,毋任盼切。专此,敬颂公祺。无锡旅沪同乡会理事长荣宗锦启。三月二十五日。

(《无锡旅刊》,第 130 期,1928 年 3、4、5 月合刊,第 1—2 页)

致吴稚晖[①]函请转江苏省政府免调无锡俞县长

(1928 年 3 月前后[②])

稚晖先生大鉴：

敬启者。无锡俞县长，品端学粹，素为地方所推崇。此次奉令到锡，任事以来，勤慎廉洁，民众悦服。去冬征收银漕，若论各佃欠租情形，则业主势必拖欠国课，幸而俞县长以感情婉催，得有如此成绩。现当开办验契之际，非得与各乡行政人员素有感情者，不能收辅助、督促之效。兹闻省署有将俞君调任之说，设或果成事实，在地方固失一良吏，恐于征收课税，亦不免因遽易生手，发生影响。我公素知俞君人格，且认无锡为第二家乡，倘得尊示纸转，实于上下均有裨益。用敢联名函恳，敬祈转致省中执政，以免更易。凡属锡人，无不拜君之赐。肃此，祇颂台祺，惟希亮察。荣宗敬、王禹卿、陶起凤、孙肇圻、毛鉴清、荣永吉、丁彦章。

(吴稚晖档案，中国国民党党史馆藏)

① 吴稚晖(1865—1953)，原名朓，幼名纪灵，后改名敬恒，字稚晖，江苏武进(今常州武进区)人。自幼丧母，常住在无锡外祖母家。幼年肄业江阴南菁书院，1905 年冬加入同盟会，1924 年任国民党第一届中央监察委员，南京国民政府成立后，历任国民政府委员兼中央监察委员会委员、国民革命军总政治部主任(未到任)、国民党中央特别委员会委员、中央监察委员、中央政治会议委员、中央政治委员会委员、中央评议委员、总统府资政等职。著作编入《吴稚晖先生全集》《吴稚晖先生选集》。

② 因俞复于 1928 年 3 月离无锡县长之任，故此函当在此前后。

广东省政府农工厅马超俊厅长为无锡人黄大霖被拘惩戒场事复函

（1928 年 4 月 4 日）

宗敬先生惠鉴：

大函聆悉，贵同乡黄子华之〈子〉黄大霖，被拘押惩戒场一案，当即备函请托特别法庭罗院长端甫，提前审理省释，俟其办理如何，再为详达。专此先复，并颂台祺。弟马超俊复。四月四日。

（《无锡旅刊》，第 130 期，1928 年 3、4、5 月合刊，第 1—2 页）

华商纱厂联合会为请颁订植棉奖励条例以示提倡植棉事呈国民政府工商部文

（1928 年 4 月 18 日）

呈为国产原棉不敷厂用，恳请提倡植棉以裕民生衣被事。窃纺织工业为民生衣被之实业，近年因种种关系，凋敝不堪，而中外贸易间之最大漏卮，遂致无法补救。其凋敝原因虽不一，而棉贵纱贱实为主因。棉之所以贵，一由于供不应求，二〈由〉于输出无度。查我国现有纱锭三百五十万枚，每一纱锭每年需用棉花平均以两担半计算，全面需用原棉八百五十万担。又查我国出产棉花，据本会调查估计，最近三年间之产额如下：

十三年份　七八一一〇六二担

十四年份　七五七七五七三担

十五年份　五六八〇〇〇〇担

上述产额，每年除去民间需用约计二百余万担外，是其供求不敷已属甚巨。加以外商购运出口为数颇多，声请禁止未获施行，一遇外棉歉收，则输出愈盛，国内市场供求不足，售价高昂，而纱市则因战乱销滞，反见低下。厂商营业亏损，无法支持，破产、倒折比比皆是。兹幸我政府军事将终，渐谋建设。纺织业关系民生之大，为《建国大纲》中规定实业之一，目前危殆情形，尤盼政府有以救济，而根本办法则在推广本国棉花产额，使厂用原棉不致有缺乏之虞，庶几衣被之工不致尽为外人所夺，裨益国家实非浅鲜。为特具呈钧部，拟恳对于民间植棉，颁订条例优予奖励，以示提倡而裕民生。除分呈农矿部长外，理合备文，呈请鉴核，批示施行，实为公便。谨呈工商部长。

具呈人　（上海爱多亚路八十号）华商纱厂联合会

代表人　荣宗锦

中华民国十七年四月十八日

附 1：国民政府工商部批（字第　号）（1928 年 4 月）

批上海华商纱厂联合会（上海爱多亚路八十号）呈一件，呈请须订条例奖励植棉由。呈悉，该纱厂联合会呈请须订条例奖励植棉一节，业经本部据情咨行国民政府农矿部核夺办理矣。此批。

附 2：国民政府工商部咨农矿部文（1928 年 4 月 27 日）

为咨行事。案据上海华商纱厂联合会代表荣宗锦呈称，国产原棉不敷厂用，恳请颁订植棉奖励条例以示提倡等情。查此事关系奖励农产，拟应由贵部主持核办。相应咨请贵部核夺办理，并见复为荷。此咨国民政府农矿部。

附 3：国民政府农矿部咨工商部上海华商纱厂联合会代表荣宗锦请颁订植棉奖励条例俟与该会径行商定办法后再咨达文（1928 年 5 月 2 日）

为咨复事。案准贵部商字第七十七号咨开，案据上海华商纱厂联合会代表荣宗敬呈称，国产原棉不敷厂用，恳请颁订植棉奖励条例以示提倡等因，并附原呈一份到部。查此案前据该会具呈前来，当经指派本部科长杨开道与该会径商办法，应俟商定后再行咨达。准咨前因，相应咨复贵部查照。此咨国民政府工商部。

（国民政府工商部档案，中国第二历史档案馆藏）

呈国民政府财政部为汉口福新第五面粉厂已注册给照且所用商标亦奉颁注册请饬属查照免征税厘

（1928 年 4 月）

本公司【上海福新面粉总公司】分设汉口第五面粉厂，业遵部电，检同章程、合同、旧执照摄片、营业概算书等件，呈经全国注册局注册给照，使用“牡丹”商标亦经奉颁注册证各在案。理合呈请察核，俯赐饬属查照免征税厘，实为公便。

附：国民政府财政部令（第一九六四号）（1928 年 5 月 2 日）

为令行事。案查前据上海福新面粉总公司荣宗锦呈称：“同上（略）”等情，并附牡丹商标壹百纸到部。当以该厂机制面粉所用牡丹商标，既遵照《注册条例》呈准注册，应准暂照现行成案免征税厘，即经批饬补呈商标，俾便令行所属遵照。去后，兹据该商标图样遵前补前来，除分行并批示外，合行检发商标图样令仰该遵照，并即饬所属一体遵照。此令。计发商标图样（　）纸。中华民国十七年五月二日。

（《国民政府财政部财政公报》，第 10 期，1928 年 6 月 1 日，第 1 页）

为被拐同乡李秀英事致无锡旅沪同乡会蔡兼三理事函祈逾格查明李巷妥交其家

（1928 年 5 月 26 日）

兼三先生大鉴：

敬启者。今承法总捕房任督察员水阳，派探伙周麟甫，送来被拐同乡李秀英一口。询据年二十三岁，住无锡小三里桥附近李巷，家中有老母李陆氏，本人向在湖州城内织布厂做工已及四年，因厂歇停工被人拐来上海，转辗被法总捕房拿获送会云云。查李巷究在何乡，是否在三里桥左近，无从得悉。适徐可亭先生来锡，特派茶房〈章〉荷舲伴送李秀英同行，尚祈逾格查明李巷，妥交其家。除一切由徐君面达外，用特专函奉布，至祈接洽为盼。此颂夏祺。荣宗锦启。五月二十六日。

（《无锡旅刊》，第 130 期，1928 年 3、4、5 月合刊，第 4 页）

为被拐同乡李秀英事再致无锡旅沪同乡会蔡兼三理事函

（1928 年 5 月 29 日）

昨日下午九时许，同乡会茶役章荷舲回申，知送锡被拐女子李秀英暂留铁路饭店，随令荷舲至招商局寻到李秀英之翁李福培来会。据称年五十七岁，北门北家桥袁李巷人，在招商内河轮局行驶珠家角和平轮船上烧饭，送锡之李秀英实名阿二，无锡北乡三坝桥人，与伊子寿本姘合业已四年；寿本向为招商内河轮船烧饭，行驶上海至湖州间，故将姘妇李阿二寄居湖州面店内，因与面店不合，遂迁至左近旧铜匠店内。日前阿二失迹，传说系随在申杨树浦做洋铁匠罗姓来申。寿本追踪，寻至杨树浦无着，承会送锡，理应随即往领，惟今日寿本适值恒吉轮船开往湖州，须至〈阴历〉十二〈日〉【即 5 月 30 日】下午方能回申，届时拟与寿本商量，再行一同来锡具领等语。查两造并未见面，李秀英是否即阿二，是否李寿本之姘妇，无从揣测。拟请枉驾铁路饭店，先询李秀英情状是否相符，一俟十二〈日〉晚间李福培带同其子李寿本来会，再行给函投前，斟酌情形给领，无任感祷。此颂台绥。荣宗锦启。五月二十九日。

附：李梅根领回李秀英保单(1928 年 5 月 31 日)

径启者：族侄李寿本之妇，前因在湖州被诱到沪，幸蒙无锡旅沪同乡会得悉被诱情形，留养并专派茶房送锡，寻觅该妇家属领回，不胜感激之至。梅根今同族侄寿本亲至蔡兼三先生及铁路饭店毛剑明先生两处声明，即日领回家中，以后倘有别种异言，归梅根担负完全责任。特此郑重声明。专此，顺请无锡旅沪同乡会诸位先生钧鉴。李梅根谨启。五月三十一日。

(《无锡旅刊》，第 130 期，1928 年 3、4、5 月合刊，第 4 页)

呈国民政府财政部为茂新、福新面粉公司及所用各商标均已呈请全国注册局注册请分令所属各关、厅、局一体遵照成案免税放行

(1928 年 5 月)

窃于民国十七年二月奉部批，上海机制面粉公会为机制面粉，请求援照成案，通令免税由，奉批“节略已悉，候通令各财政厅、各关监督，转饬所属，一律查照成案办理，此批”。又奉电开：“既经免征华粉税厘，应即转知各粉厂，迅照通例注册”等因。奉此，查茂新面粉公司设厂无锡，

福新面粉公司设厂上海，均经呈请全国注册局注册，所用兵船、宝星、蝠寿、财神、渔翁等五种商标，亦经呈请全国注册局注册，各在案。兹遵照批、电，检同兵船、宝星、蝠寿、财神、渔翁等五种商标各一千份，呈请钧部分令所属各关、厅、局一体遵照，免税放行，实为公便。

附：国民政府财政部令（第　号）（1928 年 5 月 31 日）

令各财政厅、各关监督、津浦铁路货捐局、各内地税局局长：

为令行事。据无锡茂新、上海福新面粉总公司代表荣宗锦呈称："同上（略）"等情，并附呈兵船、宝星、蝠寿、财神、渔翁等五种商标样张各一千份。据此，查机制面粉曾经本部核准，在面粉划一征税办法未实行以前，暂照现行成案，一律免征税厘在案，该公司等即已向全国注册局呈准注册，应予通令饬遵，以利运销。除批示并分行外，合行检发商标样张，饬令仰遵照迅即转饬所属，一体免税验放，勿延。此令。计发商标样张五种，每种计 纸。中华民国十七年五月三十一日。

（《国民政府财政部财政公报》，第 10 期，1928 年 6 月 1 日，第 29—30 页）

为无锡公安局第五分局长朱允中等被控贪污溺职拘传去宁事致锡澄常宜四县公安队联防区顾笠夫区长函祈秉公查复俾得回复自由

（1928 年 6 月 6 日）

敬启者：前阅邑报，知吾邑公安第五分局长朱允中、第三分局长裘维章等，被人控以贪污溺职，被〈江苏〉水陆公安管理处[①]钮〈永建〉

① 1927 年 5 月，江苏省政府成立，设江苏水上警察厅，管理全省水上警察，同年 11 月改称江苏水利公安管理处，钮永建兼任处长。

处长，拘传去宁，不胜惶悚。查朱分局长等供职梓乡，已历多年，办事谨慎和平，舆情尚恰，此盖邑人所共知，惟难免无开罪于人之处，致有被控情事。近闻已交法庭，并委执事查复。日前敝会适值开评〈议会〉、理〈事会〉联席会议，公同讨论，拟乞执事秉公查复，俾免冤抑。用特备函奉恳，至祈执事秉公查复，俾得回复自由。凡属同乡，均深感篆。此致笠夫区长公鉴。无锡旅沪同乡会理事长荣宗锦启。六月六日。

（《无锡旅刊》，第131期，1928年6、7月合刊，第1—2页）

无锡米豆业公所来函请恢复一百九十磅成例[1]

（1928年6月19日）

请即转知顾〈志南〉、钱〈大椿〉二君，依照荣德生君主张[2]，恢复一百九十磅成例，以恤各行客困难。

（上海《申报》，1928年6月20日，第3张第11版）

---

① 无锡米豆杂粮业，因反对小麦加磅，曾于1927年6月18日召开八段同业全体大会，议决于阴历五月初一日起，恢复一百九十磅旧章，同行一致遵守，违则公议处罚。（详见《地方通信·无锡·小麦加磅问题已解决》，上海《申报》，1928年6月19日，第3张第11版）但茂新、福新两面粉厂买办顾志南、钱大椿，在6月19日仍坚执一百九十二磅办法，不允让步，并暗中向泰隆面粉厂买办季郁文接洽，请一致反对恢复一百九十磅之办法，遭季君婉言拒绝。米豆杂粮业方面所获悉此事后，以季君拒绝顾氏所请，认为体恤行客，特由米豆业公所去函道谢，同时并致函荣宗敬，力请恢复一百九十磅成例。此为该函大致内容。

② 无锡米豆杂粮八段同业，曾于1928年6月5日派代表赵子新等与茂新面粉厂主荣德生晤面，接洽小麦加磅事宜。荣德生允向同业调解，并表示：小麦标准作一百九十磅，如加增二磅，则可加价二分。《地方通信·无锡·米豆也续开大会》，上海《申报》，1928年6月7日，第3张第10版）

呈国民政府关务署为汉口申新四厂机制布匹所用“四喜”商标业经注册请通令各厅关局遵照机制洋式货物完税

（1928 年 6 月 21 日前）

申新公司汉口第四纺织厂，机制布匹所用“四喜”商标，业经呈奉全国注册局核准注册，请通令各厅、关、局，遵照机制洋式货物完税。

附：国民政府财政部令（1928 年 6 月 21 日）

为令行事。关务署案呈，据上海申新纺织公司荣宗锦呈称，（同上，略）等情，并附呈货样二份、商标一千二百份前来。查该公司汉口第四纺织厂所织“四喜”布，既系机制洋式货物，所用“四喜”商标并经呈准注册，应准按照机制洋式货物完税，以示提倡。即于运销国内时，由经过第一关局征收出口正税及内地税各一道后，概免重征，其运销外洋者，并准豁免一切税厘。除将该厂“四喜”牌布匹货样，检发该厂所在地之第一关——江汉关备查，并批示分行外，合行检发该厂“四喜”商标（　）份，令仰该监督遵照，迅即转饬税务司并所属一体遵照。此令。计发商标样张五纸。中华民国十七年六月二十一日。

（《国民政府财政部财政公报》，第 11 期，1928 年 7 月 1 日，第 16—17 页）

上海面粉交易所理事会秘书处为召开第九届理事会紧急会议来函

（1928 年 6 月 28 日）

径启者：兹定于本月廿九日准午后，开第九次理事会紧急会议，务请执事拨冗惠临，弗却为荷。此致宗敬先生。上海面粉交易所谨启(上海面粉交易所理事会秘书处)。六月廿八日。

(〈国民政府〉工商部给荣宗敬聘函及申新纺织总公司为申请新秘书处给杜月笙、吴开光等人的信件，上海市档案馆藏)

致苏浙区麦粉税局局长李茀侯[①]论粉厂困难书

(1928年7月10日)

麦粉出厂税已于7月1日实行。[②] 查小麦免税，改征粉税，在厂方免除重捐需索诸弊，在公家化零为整，事诚两利。但从前苏省小麦产、销并征，每石不过大洋四分，现改征粉税，每包一角，以麦税与粉税比较，粉税实超出麦税五倍之多，厂方吃亏不在少数。……在麦粉出厂税筹备期间，本说明小麦免税单通行全国，俾厂方原料不虞缺乏。孰知麦粉征税后，免税单之效力仅及江、浙、皖三省。厂方采办原料，视线均集江南，三月之内，麦价涨起三、四角之谱，遂成此麦贵粉贱之局。而北洋、天津等处粉厂仍在上海采办小麦转口，芜湖、九江、汉口等处采办小麦直运天津。加以洋粉价廉，南北充斥。江苏粉厂，历年因小麦供不应求，开机时全年通扯只有半年，而工人因停歇问题，往往因此发生交涉，厂方困难已达极点。为今之计，惟有请求财〈政〉部，于产粉各地，克〔尅〕期设立麦粉特税局，一面通饬产麦各行省，厂商采办小麦，报用免税单，以归划一而昭平允，否则上海一隅粉厂负担特重，殊

① 李承翼(1885—?)，字茀侯，浙江杭县(今杭州)人，自1923年起跟随宋子文从事金融业，历任广东大元帅府财政部第二局局长、中央银行顾问、全国经济会议秘书长、交通银行常务董事等，为宋子文心腹之人。1929年8月16日任福建省政府委员兼财政厅厅长，1931年1月16日免职。当时李任苏浙区麦粉税局局长。

② 国民政府《征收麦粉特税条例》规定，自1928年7月1日起，本麦免税，国粉与洋粉同样对待，在出厂时每包征税一角。

非事理之平。……

（申新总公司函稿汇登）

上海华商纱厂联合会呈国民政府财政部关务署为机制纱布已完正附各税请凭派司准予分发内地免税单以利运销文

（1928 年 7 月 13 日）

呈为机制纱布已完正、附各税，请〈凭〉派司准予分发内地免税单，以利运销事。查上海各纱厂出品，向蒙海关特别优待，可以尽数报关纳税，分填派司。自征收二五附税后，各厂亦系尽数缴付附税，由内地税局给予总数，收征并不照派分给，因此分运各地之另〔零〕散纱布，正税有派司，而附税无收证。各埠内地税局遂以此为勒令重征附税之借口，阻遏国货销行，莫此为甚。查洋货转口，于完纳附税后，可凭派司，请求给予内地税免税单，通行无阻，华商各厂出口，可否仿照洋货请求转口单办法，于报运出口时，由各厂持同出口报单及派司，请求发给内地免税单，至到达地点不再重征。缘各厂之能取得派司，必已完清正、附各税无疑。既无流弊可言，而洋货转口尚蒙优待，国货在国内运销，似更应予以特别便利。所有洋货请求转口，每张报单例有手续费一两，应恳蠲免，以示维护。复查钧署机制洋货免税办法，必须各厂呈奉核准通行有案，方能在经过第一关局征收征税一道，其余税、厘概免缴纳。此节想系指新近成立之工厂而言。若国内所设华商纱厂，远者为前清奏办，近者亦在前北京农商部注册，始有在海关领请派司之优待办法。目今政府虽更，国体未变，曾经注册有案之纱厂，似应继续有效。可否准令苏省境内华商各纱厂，凡在海关领有派司者，准其一体向内地税局请求发给内地税单，以免重复注册，羁延时日致碍销行，藉副钧部提倡国货之盛意。所有呈请缘由,理合备文,呈请鉴核、批示施行,实为公便。谨呈国民政府财政部关务署。

具呈人　上海爱多亚路八十号【上海】华商纱厂联合会

代表人　荣宗锦

十七、七、十三

附1:国民政府财政部关务署关于机制纱布完清租税后得凭派司发给内地转口免税单之令文(署令第一六九三号)(1928年7月25日)

为令行事。据上海华商纱厂联合会荣宗锦呈称,机制纱布已完正、附各税,请派司准予分发内地免税单以利运销等情。据此,查机制洋式货物,准照进口洋货例,发给分运转口单,前经本部饬据该局拟具办法,并经部核准,令仰照办在案。此次该会所请一律按照派司给予转口单一节,系为便利国货运销起见,应予照准。除批示外,合行令仰该局遵照办理可也。此令。

(关税署编:《财政部关务署法令汇编》,1928年,第94—96页)

附2:华商纱厂联合会致南京国民政府财政部、次长、关署长电(1928年7、8月间)

查本会呈请机制纱布已完正、附各税,请照进口洋货办法,按照派司发给内地税免税转口单一节,先后奉钧部六六二七号及关务署一六九二号【应为一六九三号】批示照准,经本会通知各厂商遵照在案。讵各厂纷纷报告,江海内地税局员司对于此项请求转口纱布,仍拒绝给单,复经本会派员持钧批前往接洽,仍不许可。压迫商人,蔑视法令,至于此极。当此国家整饬纪纲之时,而下级官吏乃敢如此抗令作威,商货停滞,损失固多,而部、署命令,竟不能施诸直接管辖之局、所,中央威信不存,政治修明,宁复有望? 务恳钧座饬属查办,以保威〈信〉,而维原案,曷胜祷企。

(《银行月刊》,第8卷第8号,1928年8月,“各省财政”,第72页)

致夏应庚[1]论粉税书

(1928 年 7 月 17 日)

麦粉特税,上海一隅已实行征收,沪宁一带及内地各粉厂,闻尚未照章办理。[2] 同一粉厂,待遇各殊,似未能贯彻体恤商艰之至意。小麦免税,原议全国一律,乃仅限于江、浙、皖三省。浙省产麦本属有限,皖省能否一无障碍,尚无把握。厂商为维持营业起见,曾呈请政府禁止小麦转口,未邀允准,而北省来苏采办小麦,则已成事实。现在南北一家,小麦既可转口,则同隶国民政府之河北、北平等处各粉厂,似应与苏省粉厂一例征收粉税,方昭公允。不识政府已否派员设局,何时起征收?若于沪宁一带及内地各粉厂从缓进行,于北省粉厂不予征税,商人虽懦,公理犹在,恐同业决不能默默也。

(申新总公司函稿汇登)

呈国民政府提倡振兴工商实业说帖

(1928 年 7 月)

工商业为立国要素,是故世界列强无不注意工商业之发展。我国

① 夏孙鹏(1887—1933),字应庚,江苏江阴人。1899 年入南洋公学学习;1905 年被派往英国留学,后毕业于英国海军学校;1911 年出任邮传部高等商船学堂教务长;1913 年 8 月,萨镇冰奉命督办吴淞水陆警察事宜,学校事务由夏孙鹏兼理;1928 年,先后任南京国民政府国民革命军海军总司令部编译委员会主任委员、训练处处长;1930 年 1 月,出任福建海军学校校长;1932 年 5 月 28 日,接替杨志雄任吴淞商船学校校长,至 1932 年 12 月。夏应庚为具体负责筹备麦粉特税事项者之一。

② 自财政部颁布麦粉特税条例之后,以上海、无锡等处麦粉特税均已接洽就绪,率先实行开征,而南通、泰县、高邮、芜湖等内地各麦粉厂家,则咸以厂址关系,与沪汉各厂不同,成本綦重,无力任此巨负,藉词延宕。

自清季创办南洋劝业会[①]，奖励实业，实业萌芽，即基于此。自辛亥革命以迄于今，无岁不战，无地不兵，匪盗横行，水旱迭见，工商业直接、间接所受之痛苦，视农民为尤甚。乃者北伐告成，全国统一，不得不竭诚呼吁，俾工商业同享革命之利益。我廉洁之政府，其垂听焉！

一曰减轻税率。纳税固人民应尽之义务，然必视其力之所逮而征之，庶几乐于输将而无所怨。我国因关税不能自主，商民痛苦莫可告语，乃日用必需之货物，犹复层层剥削，处处留难，提倡国货之谓何？体恤商艰之谓何？现今裁厘加税，施行有期。商民闻裁厘则遍然喜之，喜数十年之苛政一旦革除也；闻加税则惶然惧之，惧特立名目无货不税也，惧已税之货有加无已也。夫裁厘为一事，加税又为一事，若不分别缓急，权衡轻重，酌剂盈虚，惟底布〔抵补〕之是务，则加税适成为变相之厘金，口惠而实不至。商民之感想为何如是？宜审核货物之性质及种类，何者为日用必需，何者为奢侈消耗，应先者先，应减者减。用人尤宜审慎，手续务取简捷，货物加增，税收自裕，剔除中饱，实惠及民。此应请政府注意者，一也。

一曰便利交通。军政时代运兵运饷，所至〔置〕舟车，商民无与也。原料积滞病在农，熟货壅塞病在商，工厂则因原料关系作辍无常，因熟货关系损失尤巨。夫国家之有交通，犹人身之有脉络，必脉络贯通，而后五官百骸极运用之能事。今则陆运车辆犹虞缺乏，货物堆集，运输不易；水运则河道淤塞，积久不雨，舟车易位（江北患旱，农民用小车载麦在河道中行）。即在上海之苏州河，亦可谓航行水道，然往往帆船舟舶相接，鱼贯数里，事隔多日，犹待疏通，其他乡僻之河港可知。现今全国

① 1910年6月5日至11月29日，陈琪、端方在清政府支持下，采用官商合办之法，在南京举办南洋劝业会，历时半年，分设农业、医药、教育、工艺、武备、机械、美术、通运等馆及劝业场，陈列各地产品，这是中国第一次全国性博览会。

视线所集，顾惟裁兵，实行后，可规定若干名额，专任筑路、濬河之事，由乡而邑而省而国，务使陆行有平坦之途，水行无濡滞之患，一面请交通部整顿路政、航政，俾便运输，然后商贾无远弗届，国货推行便利。治道成梁，古有明训，经国要图，无分今昔。此应请政府注意者，二也。

一曰防止工潮。工人于厂，犹唇之有齿，关系密切，无逾于此。自工人为外界诱惑及利用，于是劳资问题遂起纠纷。不知厂家集资数十万或数百万，创办工厂，一方面为国家发展实业，一方面解决工人生活问题。而时局之不宁，金融之竭蹶，捐税之重叠，在在与〔予〕厂方以重大之打击。乃工人不谅，犹复借故为难，必使厂方无法维持，而后决心停工。最近如姜案①，轰动一时，迁延数月，始告解决。案情如何，又一问题，因姜案而停工之各丝厂，所受损失何可胜数！现今丝绸业已成弩末，何堪再受此重大损失乎！回忆去年工潮最剧烈者为汉口，厂方当时所受损失亦最巨，今则劳、资两方回复原状，可知掀起工潮者非工人之本意，去害群之马，拔乱苗之莠，而工潮平矣。本埠工厂林立，五方杂处，良莠不齐，与其止之于已然，不知防之于未然。此应政府注意者，三也。

凡此三者，商民视如当务之急，于民生主义实无背谬。际此百业待兴，与民更始，用敢据实上陈，倘承鉴及刍荛，立予施行，岂惟工商业之幸，家国前途利赖之。

（原件系手抄稿，存上海社会科学院中国企业史资料研究中心）

---

① 1928年初，闸北纬纶丝厂因开除工人沈锡南等数人引起纠纷，劳资双方相持不决。至3月7日，厂方因被辞男女数人不愿离开，请该段警官王喜平派警察十余人用武力驱逐，在双方纷扰之中，警察用枪柄乱击工人，致数人受伤，其中工人姜阿兴受创过剧，于次日毙命。为此，上海全市丝厂工人自3月10日即行同盟罢工，以示抗议。罢工持续了4天，参加罢工的男女童工共计64500人，影响丝厂89家。与此同时，工人们向法院起诉，希望从法律上得到正义的解决。结果，上海市地方法院判决徐可亭与王嘉安无罪，并将被捕的工人吕来发和朱阿三各处徒刑18个月。此项判决引起工人的不满，随即从6月8日开始举行第二次同盟罢工，最后以资方让步，劳资双方订立九项条件，才于9月5日宣告结束。

为要求设法取消棉类特税①事致叶琢堂②、陈光甫③、缪斌④等函

（1928 年 8 月 1 日）

吾国实业尚在萌芽，〈民国建立〉十七年来，受时局影响，纺织业更岌岌可危。方今北伐告成，建设伊始，正冀政府加意维护，俾纺织业有一线生机，乃忽有棉类特税局之设立。纺织业同声呼吁，尚未见收回成命。查复进口税，早奉厅令免除，内地各厂正深庆幸，而特税局成立之第一日，即对于免除复进口税之棉花索取派司。不知派司于棉花进口时早经海关收去，一货有两种派司，为事理所必无，税局甫行设立，留难已见端倪，特举一隅奉陈左右。现在吾国纺织厂，大半移转〈到〉外人之手，若再多方剥削，不恤商艰，惟有停机歇业，坐以待毙。工人生计至不能维持时，或致影响地方治安，知必有负其责者。且棉类特税，冠以"江苏"

① 南京国民政府建立后，以裁厘为名，开征"特税"。然而，"特税"开征后，苛杂既未能免除，税率反见提高，企业负担增加。江苏省开征棉类特税，因李济深、戴季陶电请取消，苏省政务会议交财政厅查复，然而此中暗中积极进行甚力，并在 1928 年 7 月中旬渐趋成熟，并传出总局设在上海南市油车街前纱税公所原址，陈卓甫为局长，在通、崇、海等处下设 8 个分局，内定自 8 月 1 日起即实行开征。《苏省棉类特税已有定期开征说》，《纺织时报》第 521 号，1928 年 7 月 16 日。

② 叶琢堂（1875—1940），字瑜，浙江镇海人，早年曾是洋行买办、交易所经纪人，与蒋介石关系极密，时任国民党浙江省政府委员，后任中央、中国、农民等银行理监事，四明银行代总经理及中央信托局局长。

③ 陈光甫（1881—1976），原名辉祖，后易名为辉德，字光甫，以字行世，江苏镇江丹徒人，时为上海银行总经理、上海市银行公会主席，后任国民政府棉业统制委员会主任委员。

④ 缪斌（1902—1946），字弼丞，号丕成，江苏无锡人，为荣宗敬外甥女婿。曾任国民党江苏省政府民政厅厅长，1930 年初被弹劾撤职，回无锡与当地实业界人士来往，后任荣德生、荣宗敬系统各厂总工程师；1937 年"七七"事变后做了汉奸，先任北平"新民会"副会长，后任汪伪政府考试院院长、东亚同盟文化委员会副主任。抗战胜利后，于 1946 年夏被以叛国罪处决。

两字，不知何仇于江苏，必欲陷我纺织业于绝地？台端洞悉商情，且素为党国倚重，拟恳设法，达到取消棉类特税之目的，以维实业而重民生。

（申新总公司函稿汇登）

复上海总商会陈述对于麦粉税则意见书[①]

（1928 年 8 月 17 日）

接奉台函，嘱将现行税则于国货有无妨碍之处，尽量指陈，以备转复工商部等因。查小麦向不征税，自庚子年【1900】起，始征小麦产销税，每石四分；面粉则通行国内，一体免税。今年七月，部令小麦免税，改征麦粉特税一角。……自华粉征税后，成本加重，不能与无税之外粉竞争。在未征税前，粉价二两二钱，现征税后跌至二两，麦价为贱，粉市一落千丈。贵会领袖万商，承询现行税则于国货有无妨碍，敝业认为现行税则于国货确有妨碍。政府如决心提倡国货，应援各国先例，凡小麦、面粉有关民食者概予免税，外粉进口从重征税，以树关税自主之先声。

（申新总公司函稿汇登）

附 1：上海总商会分函各商厂征求对于现行税则是否有妨碍国货发展之意见（1928 年 6 月 25 日）

径启者：本月二十五日接国民政府工商部驻沪办事处函称："案查关税自主，定于十八年一月一日实行，国定税则委员会现正筹议厘定税则，事关商税，理应从速设法，以恤商艰，而纾民困。为此函询贵会，现行税则有碍国货发展之处，希尽量指陈，径送本处，以便核转相应函达，请烦查

---

① 1928 年，国民政府完成北伐后，即宣布自 1919 年 1 月实行关税自主，随即由工商部组织国定税则委员会筹议厘定税则，并以现行税则有碍国货发展之处，要求各制造家各抒所见，以备采择。

照，并希转知各制造家为荷。”等因到会。用特分函奉达，即请查照，将现行税则妨碍国货发展之处，各抒所见，报由敝会函请该处核转，以备采择。事关各厂自身营业，幸勿缄默放弃。专泐，并颂公绥。上海总商会启。

（上海《申报》，1928 年 6 月 26 日，第 4 张第 14 版）

附 2：上海总商会分函各工厂团体请指陈有妨碍国货发展之税则（1928 年 7 月 10 日）

案准国民政府工商部驻沪办事处函称：“案查关税自主，定于十八年一月一日起实行，国定税则委员会现止筹议条定税则，事关商税，理应从速设法，以恤商艰，而纾民困。现行税则有关国货发展之处，希尽量指陈，径送本会，以便核转。”等因到会。用特备函奉达，即请查照转致各会员厂号，对于现行税则有妨国货发展之处，迅即各抒所见，以便汇转采择施行。是为至荷。

（上海《申报》，1928 年 7 月 11 日，第 6 张第 23 版）

附 3：国民政府工商部驻沪办事处致上海总商会函征询国货税则意见（1928 年 8 月 14 日）

径启者：案查现行协定税则，有碍国货发展之处，曾经函请贵会尽量指陈，并请转告各厂家，并迭经贵会函转各厂家之意见到处各在案。兹悉国定税则委员会，在此二十日内准备结束。查贵会转来之件，为数甚少，兹将最重要各业另单开列，请赶即按单征询各厂家意见，速转来处，以便汇转国定税则委员会，俾该会对于各业应如何保护、如何发展，得以审慎考量。事关各厂家切身利害，勿扰宜漠视，并希告知各厂家为荷。相应检同附件，函请查照办理。此致上海总商会。附单二纸。

（甲）重要国货单：（一）糖类，（二）杂粮及杂粮制品类，（三）油、虾、胶品（烛、皂附），（四）鱼介、海产品，（五）五金品及制品，（六）荤食、菓品、菜蔬及饮食杂品，（七）子仁品，（八）木材、木、竹、藤品，（九）酒品，

（十）颜料品、染料品、拷皮料品、擦光料品、漆品及墨品，（十一）棉及棉制品，（十二）植物动物品（有生活力者），（十三）煤燃料品，（十四）纸品，（十五）石料及泥土制成物品，（十六）烟草品，（十七）工业化学品，（十八）化学药品，（十九）药材及香料，（二十）机器品，（二十一）皮货、生皮、熟皮品，（二十二）羊毛、兽毛、禽毛、毛皮、头发及其制品，（二十三）骨毛、羽毛、发角、介壳筋、象牙等品，（二十四）袋席、地席产品，（二十五）丝（蚕丝或人造丝）及丝制品，（二十六）大麻、黄麻、苎麻、亚麻及其他植物线维（棉花除外）之原料及制品，（二十七）石械品，（二十八）书籍、地图、教育用品，（二十九）杂项化学产品及副产品。

附 4：上海总商会为征询国货税则意见事致各业函（1928 年 8 月 14 日）

请将现行税则于国货有无妨碍之处，查照前函，将意见尽量发抒，以备转复。事关商人自身利害，幸勿缄默。

（上海《申报》，1928 年 8 月 15 日，第 4 张第 13、14 版）

附 5：泰来面粉公司复上海总商会函痛陈内地面粉厂之艰困（1928 年 8 月 21 日刊载）

迭奉大函，敬悉贵会受工商部沪办事处委托，转询各厂对于现行税则，有无妨碍国货，属尽量发悉意见，以凭核转。只聆之下，感激无似。盖面粉向来免税，以其纯系国货之故。今当局竟特行征税，且每包须纳银一角之多，虽将制粉原料之麦，免去厘税，然在内地厂家计之，所免微而所加巨。缘内地厂家，悉设立于产麦之区，就地进麦，所纳厘税，每石平均常不出一角以外，故以每石制粉两包半计之，则每包实在银三四分以下。今迁增至一角，如此重征，何能负担？若说税加而价亦可增，与厂家无甚关系，然此不知内地各厂之实在情形。盖内地厂家与上海各厂，迥然不同。内地欲完成所制面粉，若煤炭，若袋布，若五金等物，均为必要之品，然此俱非内地所产，无一不向上海购买，运入内地，无一不向关卡纳税;上海则皆引用电力,既不必有煤炭,而袋布、五金,则更取求极便,系毫不纳经过之税,苦乐相去远甚。徒以上海厂家向内地办麦,所纳厘税,较内地厂家麦税免除,而所制之粉,一律征收一角。尚有何人向内地顾问?我内地厂家,惟有一律闭歇而已。总之,是项税则,在在予上海厂家之利益,而我内地厂家,则处处适得其反。故此税若不撤销,内地各厂,惟有从此消灭,不独敝公司一厂供其牺牲而已。请贵会据情转告,代行恳求,速将此税立行罢免,俾内地厂家稍留一线,则感拜宏施,不独敝公司一厂已也。

(上海《申报》,1928 年 8 月 21 日,第 5 张第 18 版)

广东省政府建设厅马超俊厅长来函告无锡同乡黄大霖已由特别法庭提前审讯

(1928 年 8 月 19 日)

贵同乡黄大霖君,前经去函特别法庭,闻已提前审讯,一俟宣判无罪,当为保释也。

(《无锡旅刊》,第 132 期,1928 年 8、9 月合刊,第 3 页)

致华紫封、黄子华函转告无锡同乡黄大霖已由特别法庭提前审讯

(1928 年 8 月 20 日)

径启者:昨准广东建设厅马厅长超俊函开,"贵同乡黄大霖君,前经去函特别法庭,闻已提前审讯,一俟宣判无罪,当为保释也。"云云。特此函布,敬颂台绥。无锡旅沪同乡会理事长荣宗锦启。八月廿日。

(《无锡旅刊》,第 132 期,1928 年 8、9 月合刊,第 3 页)

复广东建设厅马超俊厅长函为感谢其催特别法庭提前审讯同乡黄大霖事

(1928 年 8 月 27 日)

敝同乡黄大霖君,承函转特别法庭提前审讯,异日得庆更生,皆阁下再造之力,不独黄君一人感激已也。

(《无锡旅刊》,第 132 期,1928 年 8、9 月合刊,第 3 页)

复无锡旅沪同乡黄子华函告复广东建设厅马超俊厅长函内容

(1928 年 8 月 27 日)

径复者:顷准大函,藉悉前复函件,已邀鉴及。令郎事,前接马厅长函,又经去函声谢,其文曰:"敝同乡黄大霖君,承函转特别法庭提前审讯,异日得庆更生,皆阁下再造之力,不独黄君一人感激已也"云云。请托之函,只能如是,俟得函复,再行奉布。先此布复,敬颂台祺。无锡旅沪同乡会理事长荣宗锦。八月廿七日。

(《无锡旅刊》,第 132 期,1928 年 8、9 月合刊,第 3 页)

致全国反日委员会函请对于华商之再定外粉切实劝阻或加以取缔[①]

（1928 年 8 月 29 日）

自公等组织反日会后，风声所至，各界咸了然于何者为国货，何者为非国货，国货之亟须提倡，非国货之亟须屏绝，有功党国，实非浅鲜。惟面粉一项，尚未承公等注意。查华厂面粉，产额甚多，近因举行面粉特税后，各厂于粉销，不得不竭力设法。惟南洋如厦门、汕头、广州等处，北洋如大连、营口、天津等处，日粉源源输入，而华商之定货者尚继续未已。非特绝我华厂生路，即对于公等反日之宗旨，亦觉背驰。应请贵会对于华商之再定外粉，切实劝阻，或加以取缔，以冀华粉得以畅销，对外以示抵制，对内以示提倡。

（申新总公司函稿汇登）

呈南京国民政府陈述中国面粉业之现况文

（1928 年 8 月 30 日）

吾国面粉业，比较东西各国，尚在幼稚时代，近年受时局影响，营业益感困难。就上海一隅而论，除停业各厂外，开机制造者仅十三厂，一昼夜制粉约七万九千包，销路以北洋为大宗。现今吾业认为，切肤之痛

① 该函系荣宗敬先生以上海面粉公会名义发出。此处的“全国反日委员会”应为“上海各界反抗日军暴行委员会”。1928 年“五三”济南惨案发生后，全国各地掀起排日运动。1928 年 5 月 15 日，上海民众集会成立“上海各界反抗日军暴行委员会”，推聂潞生、胡越为正副主任，并通过组织规程与大纲，以石芝坤、叶惠钧等人组织的常务委员会为实际最高负责机构。

苦，厥有两端：一曰粉税之特重，一曰外粉之充斥。清季奖励实业，粉厂乘时崛起，面粉通行全国，概免税厘。辛亥而后，并未变更，商民咸称便利。乃于全国统一、废除苛捐杂税之际，忽有麦粉每包征税一角之令。迩来敝厂原料昂贵，开支浩繁，金融周转，常虞竭蹶，何来每包一角之赢余？事关民食，又岂宜抬价居奇，以增食户之负担？此粉商所以一再呼吁，邀求豁免或减轻者也。

（申新总公司函稿汇登）

复广东省政府建设厅马超俊厅长提倡国货书

（1928 年 8 月）

敝公司申新纺织厂出品，有三十二支、四十二支双股线，四十支细纱，每月可出一万二千余件，现销南洋、新加坡等处。自抵制日货后，敝公司出品，颇得国人之欢迎。阁下注意国民经济，于国货作精密之统计，若再能减轻税厘，便利交通，当无求过于供之虑。总之，抵制不能徒托空言，宜以提倡为抵制，国货能推行有利，外货自抵制于无形，谅高明亦以为然也。再有请者，贵省营销外粉，为数之巨，至可惊人。前承阁下暨当局诸公，设法征收外粉进口税，冀减少输入，惠我华厂，实非浅鲜。现〈北〉平、〈天〉津两市府亦已晓谕商民，禁销外粉，是以划分销路日有起色。还望阁下始终予以维护，俾华粉得以畅销，外粉无由侵入。

（申新总公司函稿汇登）

陶起凤来函告北平廉南湖来电内容及处理[1]

（1928年9月22日）

径启者：本月二十二日，接北平廉南湖先生电开："上海陶仞千兄鉴：两月息，乞归原垫。泉。"等语。查前准廉南湖先生以小万柳堂在爱尔德洋行[2]押元三万两，到期无偿，息亦无着，函托徐可亭先生，约仆转请诸君协力。旋准荣宗敬、德生两先生各助洋一千元，丁仲祜、陆伯鸿两先生各助洋六百元，薛慈明先生助洋五百元，共计洋三千七百元。嗣于九月二日承南湖令坦[3]连君炎川，约在大加利餐叙，到者为丁仲祜、陆费伯鸿、徐可亭三先生及仆四人，公同议决：自本年六月十三日起，约可维持至来年四月十二日止，计十个月，除炎川经付七月十二日止，息洋三百四十八元外，余洋三千三百五十二元，悉数凭同徐可亭先生送交中国农工银行，托邹颂丹先生存候，按月支付爱尔德息款。炎川赴宁即有函来，索还五、六两月垫付息款，当以未在餐叙提出，商诸可亭先生，未允照付，即行函复。"准电前因，除商同可亭先生知照中国农工银行，照南湖先生电示，将五、六月两月息款，付归原垫，并函复外，核计存行之款，只能维持至来年二月十二日，即在旧历年底。

---

① 此函系陶起凤分致荣宗敬、德生、丁仲祜、陆伯鸿、薛慈明、邹颂丹诸人。陶起凤，即为陶仞千，无锡人，生卒不详，为荣氏企业文牍主任。

② 爱尔德洋行（Algar, A. E.），系由英国人爱尔德（Albert Edmund Algar），于1897年在上海创立的一家设计公司，主要承接建筑设计及土木工程等。1906年前后，爱尔德一度与毕士来（P. M. Beesley）合伙，将公司改名为西文行名"Algar & Beesley"。1915年，爱尔德洋行改组为爱尔德有限公司（Algar & Co., Ltd.），直至1920年代中。

③ 令坦，系对对方的女婿的一种敬称，语出南朝宋刘义庆《世说新语·雅量》有关王羲之"坦腹东床"典故："遣门生与王丞相书，求女婿。……门生归白郗曰：'王家诸郎，亦皆可嘉，闻来觅婿，咸自矜持，惟有一郎在床上坦腹卧，如不闻。'"后人把"东床坦腹"、"东床"作为女婿的美称，或称呼他人的女婿叫"令坦"。

款关同乡维持，相应通函知照，即希查照为盼。此颂台绥。九月二月十二日。陶起凤。

（《无锡旅刊》，第 133 期，1928 年 10、11、12 月合刊，第 11 页）

致国民党上海特别市党部函为忠告函事

（1928 年 9 月 27 日刊载）

为接得未用贵部信笺信封，且未署名盖章，仅署“上海特别市党部陈启”字样之忠告函，略谓“近日面粉暴涨，显有人操纵，希速设法平准。”等语。用敢据实奉复市价涨落原因（见下），请亮察。

附：国民党上海特别市党部指导委员会对于此函讨论决议结果

函复荣宗敬，并无此信发生；登报通告，本部对外文件，俱有正式关防，嗣后如有假借本党部名义在外招摇者，可随时扭送官厅法办。

（上海《申报》，1928 年 9 月 27 日，第 4 张第 13 版）

复国民党上海特别市党部函解释面粉市价涨落原因

（1928 年 9 月 27 日前）

顷奉台函，内开：“本部今据商业调查员报告云：‘近日沪上面粉暴涨，不合原理，显见有人操纵，’因面粉攸关民食，当即详细调查，实由阁下从中把持，经已分函司令部、社会局、总商会等，依法纠正，惩究垄断。特以私人资格，进忠告与〔于〕阁下，速即设法平准，恐遭民怨之后，在尔个人生命亦有所不利。是否有当，幸祈三思是要。”等语。查营业自由，商家惯例；市价涨落，视社会之需要与否为转移。目今原料逐步昂贵，且将告罄，营业方面，势难维持，华厂正苦呼吁无门，今因粉价偶涨，又蒙垄断操纵之恶名。实则市价公开，有卖出之人，即有买进之人，设市价由涨而落，亦将疑鄙人为垄断操纵乎？抑别有垄断操纵之人乎？

（申新总公司函稿汇登）

致广东省政府建设厅马超俊厅长再论提倡国货书

（1928 年 10 月 7 日）

此次反日空气，弥漫全国，非特为外交后盾，且为提倡国货唯一之机会。近闻贵省对于反日之举，已归平淡，此间商号竟运销大批日纱到粤，致华纱销路呆滞，市价低落。道路传闻，未敢凭信。素仰阁下热心党国，对于国货尤所维护。现济〈南惨〉案未解，外患方滋，贵省当能坚持到底，争外交上最后胜利。

（申新总公司函稿汇登）

国民政府财政部长宋子文来函告知已被特派为中央银行理事（并附特派状）

（1928 年 10 月 13 日）

径启者：准国民政府秘书处函开："案奉国民政府令开：特派宋子文、陈行、叶琢堂、姚咏白、王宝仑、钱永铭、陈光甫、荣宗敬、周宗良为中央银行理事，并指定宋子文、陈行、叶琢堂、姚咏白、王宝仑为常务理事。此令。"又奉令开："特派李铭、贝祖诒、秦润卿、虞和德、林康侯、徐陈冕为中央银行监事。此令。"并奉谕："贝祖诒、秦润卿、徐陈冕皆任期一年。"等因。奉此，除填发派状并公布外，相应录谕函达查照，转饬遵照等因。准此，除分函外，相应函达查照。此致中央银行理事荣宗敬。财政部长宋子文。中华民国十七年十月十三日。

附：中央银行理事特派状（府字第八十六号）

特派荣宗敬为中央银行理事。此状。委员会议主席谭延闿，常务委员谭延闿、蔡元培、张人杰、李烈钧、于右任。中华民国十七年十月五日。

（国民政府和财政部特派及聘请荣宗敬等为中央银行理事等任状问题的档〈案〉，上海市档案馆藏）

为无锡同乡陆小妹被人拐骗来申事致上海特别市公安局函祈行区饬传买主王全顺及陆王氏到案讯问彻究给领

（1928 年 11 月 5 日）

敬启者：顷据同乡张辅卿来会报告，有亲戚陆王氏，扬名乡陆典桥人，有女陆小妹，又名爱弟，年十六岁，本年三月十五日被人拐骗来申。现经访悉，卖与上海老北门口四十二号张永兴木器店楼上宁波人王全顺家。即与王全顺交涉，承认出洋一百二十元，有媒据为证等语。理合据情陈请，仰祈贵局行区饬传买主王全顺及陆王氏等到案讯问，彻究给领，足纫公谊。再，陆王氏现住香港路铁业公会，并及。此致上海特别市公安局。无锡旅沪同乡会理事长荣宗锦启。十一月五日。

（《无锡旅刊》，第 133 期，1928 年 10、11、12 月合刊，第 2 页）

为无锡同乡陆小妹被人拐骗来申事致上海特别市公安局督察处徐咏华函祈设法援助

（1928 年 11 月 5 日）

径启者：顷据同乡张辅卿来会报告，有亲戚陆王氏，扬名乡陆典桥人，有女陆小妹，又名爱弟，年十六岁，本年三月十五日被人拐骗来申，现经访悉，卖与上海老北门口四十二号张永兴木器店楼上宁波人王全顺家。即与王全顺交涉，承认出洋一百廿元，有媒据为证等语。除函请公安局行区饬传买主王全顺及陆王氏到案讯明，彻究给领外，用特备函奉布，即祈设法援助，是所切盼。此致咏华先生。乡愚弟荣宗锦启。十一月五日。

（《无锡旅刊》，第133期，1928年10、11、12月合刊，第2页）

上海特别市公安局督察处徐咏华复函告接到有关援助无锡同乡陆小妹被拐案来函后相应办理情况

（1928年11月16日）

宗敬先生大鉴：

两奉教章，并嘱致公安局一函，当曾转交三科，面请袁科长认真查办，以杀害风。业已派所在区所严密查明，着手拿办矣。知劳廑注，敢以奉闻，歉未即复，罪甚罪甚。如办有端倪，当再函告，或面陈一切也。手此，覆请公安。仞千先生均此请安。乡晚徐士杓拜启。十一月十六日。

（《无锡旅刊》，第133期，1928年10、11、12月合刊，第2页）

致天津麦粉税局孙庚三[①]局长函为感谢破获津埠伪造福新公司粉袋机关并获主犯事请严惩

（1928年12月5日）

两奉专电，敬悉津埠有伪造敝公司粉袋情事，现机关已破，并获主

① 孙庚三（生卒年不详），名群，浙江富阳人，曾任浙江公立第二师范学校校长、《教育周报》主编，时任国民政府天津麦粉特税局局长，著有《孟子与现代》《人生八大基础》等。

犯。当发江【三日】、微【五日】两电，感谢盛意，并请严惩，定荷垂察。

（申新总公司函稿汇登）

呈国民政府工商部、财政部为《工厂法草案》最不合于纱厂业事折文

（1928 年 12 月 3 日刊载）

呈为《工厂法草案》规定各端，诸多窒碍，敬陈意见，请详查纠正事。窃查工厂法于劳资两方关系至密，必需深合国家情形、人民习惯，理论事实兼筹并顾，庶能行之无弊。微闻此次所编订之《工厂法草案》，大都以赤俄法规为蓝本，而于规定工人生产能力诸端则悉予删除，世界各国绝无规定之分红制度则必予加入，循此以行，势非使全国生产业完全消灭不止。在工厂法规委员会编订此项法规，未尝不持之有礼，顾生产业先进诸国若英若美之法规，宁无一、二节可采，而独以赤俄为依归，且变本加厉焉，其居心所在不敢妄测。谨就《工厂法草案》中最不合纱厂业诸端，另折录呈钧鉴，敬乞俯予采纳，实全国实业之幸。

（《纺织时报》，第 559 号，1928 年 12 月 3 日，第 234 页）

附 1：棉纺织业对于《工厂法草案》之意见书[①]（1928 年 9 月）

《工厂法草案》已经工商法规讨论委员会第二组审查会修正，兹就棉纺织业对于该草案，认为有窒碍难行之处者数端，摘录如下：

（一）该草案规定十二足岁至十六足岁之男女为幼年工，未满十二足岁，厂方不得雇用（第八、九条）。按此节，厂方原属无庸反对，以雇用幼年工在厂方原属不利，方以不能拒绝为苦。然现在各纱厂幼年工为

① 本意见书由华商纱厂联合会书记处提出，最早提交 9 月 19—20 日上海实业工厂各团体为研究《工厂法草案》而召开的联席会议上讨论。

数何以甚多,则大都为成年工之子女,由成年工携以俱来,再三恳求经便工作,以为生计上之补助,若厂方不予容纳,在外荒嬉,则在厂工作之父母反有不获管束之苦,而生活负担又不免加重,厂方因感情作用,勉为收留。而学士、文人方以厂方役使幼年工为不合人道,此与事实相去几何?设此项法规一旦实行,厂方虽因掉换生手,一时或不免感觉不便,而实际上蒙其不利者,则仍为工人。是在社会制度未经改良、义务教育尚未普遍以前,必欲令未满十二岁之男女童工,终日荒嬉,重其父母负担,恐亦非现时优遇劳工之道也。

(二)该草案规定厂方临时解雇,类多给一月工资,在《劳动保险法》未施行以前,再须加给一月工资(第十六条)。设此项法规一经实行,则厂中管理规则,必且立时失效,而工作能率必且异常减退。盖工人将以蒙厂方开除为乐,厂中对于解雇之事,亦必且疲于奔命,而各种工作必将无从进行,且偶因灾变为人力所不及防,或营业失败而至停业,亦必责令厂方多给工资,设厂方财力竟有不及,又将何以责偿?投资者辛苦经营,幸获开厂,为国家、社会谋福利,同时又为多数贫苦同胞谋安身之所,不幸事业失利,反有违法辱身之祸,则资本家必视工厂为不祥之物,国家对于实业工厂又将何以为劝?

(三)该草案规定工作时间为八小时,呈请延长亦不得过十小时,及对于幼年工、女工种种制限(第四章各条)。查八小时制度为世界各国所采用之法定工时,然实际上实施者,除一、二工业国因减缩产额而实行者外,向因市面良好,仍须随时增加工作,即如美国非世界工业之先进,而工人福利为世人所艳称者乎?然据最近英国某著名团体之总干事,调查美国工厂报告,美国各州工厂规定〈女工〉工时如下:

美国各州工厂女工工时一览表①

州名	每日工时	每周工时	州名	每日工时	每周工时
阿拉巴玛	—	—	亚利桑拿	八	四八
阿甘色司	九	五四	加利佛尼亚	八	四八
科罗拉多	八	五六	康涅狄格	一〇	五五
特拉华	一〇	五五	可伦比亚	八	四八
佛罗利达	—	—	乔其亚	一〇	六〇
伊达阿	九	六三	伊犁纳阿	一〇	七〇
英的安纳	—	—	衣阿华	—	—
干萨斯	九	四九点五	阡的伊	一〇	六〇
鲁安西纳	一〇	六〇	湎因	九	五四
马里兰	一〇	六〇	马沙朱色特司	九	四八
密悉干	九	五四	密昔昔比	一〇	五五
明尼苏达	九	五四	密苏里	九	五四
蒙大拿	八	五六	内布拉斯加	九	五四
内华达	八	五六	纳罕什尔	一〇点二五	五四
纽折尔西	一〇	五四	新墨西哥	八	五六
纽约(尚有例外)	八	四八	北加罗利拿	一一	六〇
南达克他	一〇	五四	南加罗利拿	一〇	五五
坦纳西	一〇点五	五七	塔克萨斯	九	五四
乌台	八	四八	洼满的	一〇点五	五六
佛及尼亚	一〇	六〇	华盛顿	八	五六
西佛及尼亚	—	—	惠期康新	九	五〇
窝民	八点五	五六	北达利他	八点五	四八

① 因翻译问题,州名与现在多有不同,仍用当时的翻译。

续表

州名	每日工时	每周工时	州名	每日工时	每周工时
哇亥俄	九	五〇	俄克拉哈麻	九	五〇
俄勒冈	九	四八	宾西尔法尼亚	一〇	五四
罗德斯	一〇	五四			

上表为女工之规定工时，有“—”记号者为无限制之州，全国男工现完全无法定工时之存在，遇时、季需要，即须增加工作。观于此表，则每日十时以上之工作，虽在美国女工，亦属所在多有，而男工竟无法定工时之制限。又若英国表面上果实行八时制已久，然此制始终未经国会批准，最近且有提议修改国际劳动公约者。即东邻日本，虽经加入国际公约之林，而每日工时实行十一小时如故。乃实业幼稚、生计艰难之我国，独不许超过十时之工作，而对于原则八小时所延长之工时，复有增给工资之规定，一方面原有工资，既因减少工时未必能减，厂方负担将一跃而增加二分之一，而延长工时又须增给四分之一至二分之一（第三十七条），厂方能力几何，工人效率何若，皆可置诸不问。且全国工厂工人最多者即为纱厂，而妇女又居大半，该草案规定女工不许夜间工作，势非将夜班工作完全停止不可，以生产落后之国，工作效率又不如人，而必竭力令之减缩工作，以自取灭亡，亦诚不如编订该草案诸公用意何在矣！

（四）该草案规定各种休假日期，并须发给工资（第五章各条）。厂方对于假期，倘不在出品需要时节，原不可持异议，但观于前节列表，彼美国行八小时制之各州，而每周工时达五十六时者，则其星期日不复休假可知。好逸恶劳，人之常情，独念我国仅有少数工厂，犹不自知奋力，毋亦自待过厚。且休假日发给工资，世界各国工厂，恐无此先例可援。为工人计则善矣，其如飘摇风雨之中国工厂何，其如中国纺织实业之前途何？

（五）该草案规定工厂对于职工不得扣存工资（第四十条）。查各厂通行之存工，为保证工人不致无故不到，或转入他厂起见，与工人本身原无甚不利之处。倘将此制取消，工人到厂与否可一任其意，工厂因一部分工作之停滞，影响全体工程，管理上必大感困难。欲免除此弊，除存工外，果另有良法，各厂当可择善以从也。

（六）该草案规定盈余分配为四四二制（第四十四条）。查工人分红之制，欧美工厂间有实行，然从无十分之四之多，亦从未订诸法令。我国工厂每年能必盈余者几何？而亏累负债之厂又几何？此多数亏累之厂，偶获盈余，即须与工人平分，不特向所亏耗，将永无弥补之日，为债权者所不许，即无负债之厂，以后遇经济困难之时，必更无财界肯出而维持之者。至就经济原理上立论，其为有弊无利，潘序伦会计师已有论列，无俟赘言。总之，在学理上纵有是处，而事实上实难办到。此种革命精神，虽有可取，但完全离开事实，不顾任何一切，恐世界亦无如此原则，而可成为良美法制也。

总之，工厂法系工厂切身之事，而其订立，不许办理工厂者参预其间，宜其有仅凭学理不切事实之条文！纺织业为现时中国最大之新式工业，而所雇用工人人数又最多，对于该草案诚有不能漠然置之者，敬略举其未妥者如右，应如何参酌争议之处，尚希贵联席会议从详审议，转陈当局。倘全国工厂因不胜条文掊击，而至全部消灭，此与国家为福为祸，与工人为害为利，此当局者所当明辨者也。

（《纺织时报》，第 540 号，1928 年 9 月 17 日，第 157—159 页）

附 2：1928 年 12 月 4 日上海纱厂联合会对于《工厂法草案》交换意见情形

本月四日午后四时，上海纱厂联合委员会，在联华总会开例会，中、日、英各委员均有出席，对于我国《工厂法草案》有所讨论。以此项草案为十年前苏俄所订，照其原文翻译者，起草此案之朱氏，对于工场经营，全无经验，似欲以此不谙实际之悬想推行之：依此章案，取利益之二成，归工场管理机关，所余之八成，归资本家与劳动者平均支配；采用严格八小时劳动制；夜工亦在废止之列，此英美各先进国犹不能实施之制度，欲在中国实施，事实上自不可能，现此法未经立法部决议，想亦不至轻易通过，当决议分别向各管公使转请我国政府予以考虑云。

（上海《纺织时报》，第560号，1928年12月6日，第239页）

附3：南京国民政府工商部批词（1928年12月14日刊载）

呈及附件均悉。查《工厂法草案》，系依据本党党纲，及国内社会、经济状况，博采周咨，详为拟定，并未以任何一国法规为蓝本。况分红制系采取我国旧法，为永远消弭劳资纠纷之计。该代漫表〔表漫〕不加察，遽以微闻辞，谓为以赤俄法规为依归，实属误会。具呈及附件，措词尤多失态之处，殊有未合。惟现在该法草案尚在审查中，既据条陈多端，自可留待参酌。仰即知照。此批。

（上海《申报》，1928年12月14日，第4张第14版）

复天津麦粉税局孙庚三局长函述捐税苛重实为商业凋敝主因

（1928年12月15日）

迩来凡百商业，胥现凋敝之象，捐税之苛重，实为主因。即如粉业，就表面观察，似可维持，而一究内容，无不露厥〔蹶〕状态。例如华丰粉厂，地位绝好，机器亦精，拍卖时竟无人问津，粉业之现状，可以概见于此。

（申新总公司函稿汇登）

为请设法保释无锡同乡黄大霖事致广东省政府建设厅马超俊厅长函

（1928 年 12 月 28 日）

超俊厅长勋鉴：

久违雅教，殊切驰思。比想勋福延厘，禔躬辑祜为颂。敝同乡黄大霖，前承函示，业已去函特别法庭，闻已提前审讯，一俟审判无罪，当为保释等因。转致大霖家属，同深感篆。今接该家属交阅大霖来函，谓已由特别法庭审判感化两年，将由公安局转解惩教场等语。兹特备函具保，敢祈设法保释，由该家属领回管束，俾得早完骨肉，是所切祷。专此，敬请勋安。无锡旅沪同乡会理事长荣宗锦。十二月廿八日。

（《无锡旅刊》，第 134 期，1929 年 1 月，第 1 页）

1929 年

广东建设厅马超俊厅长为保释无锡黄大霖事复函

（1929 年 1 月 4 日）

宗锦先生大鉴：

接奉大函，备聆种切。贵同乡黄大霖，既经法庭审判感化两年，自应遵照奉行，毋庸具保。相应函复，希为查照为荷。专此，敬颂台祺。马超俊。一月四日。

（《无锡旅刊》，第 134 期，1929 年 1 月，第 1 页）

致汉口申新四厂、福新五厂经理荣月泉函缕陈国民政府财政部举行麦粉特税以来面粉业困苦情形

（1929 年 1 月 18 日）

自财〈政〉部举行麦粉特税以来，凡我同业无不感受痛苦，而以沪厂为尤甚。兹特缕陈颠末，系铃解铃，冀有所补救焉。查接奉二月初三日手书并抄示致李君茀侯稿，承兄介绍，始识李君，开始谈判税率。几经宴会，几费磋商，卒定一角为标准。沪厂方面以为麦厘全免，各区同时征税，办法划一，以符国税之定义。乃沪厂于七月一日实行，而内地及江北各厂，群起反对，尽量宣传，竭奔走呼号之能事，结果江北改为六

分，内地改为七分。沪厂以为，苏浙区既定等级，苏鲁区对于洋粉、华粉应查照条例规定，一律征收一角。乃始则一味迁延，继则准许洋粉登记，一任七八百万元洋粉源源输入，至今洋粉、华粉每包仅征五分。沪厂感于征税偏重，北洋又为洋粉充斥，阻我销路，不得已向财〈政〉部一再呼吁。函电往还，历时三月，仅批准减征二分，以十一月、十二月、一月、二月四个月麦荒时期为限。不知阳历三月一日，即阴历正月二十日，新麦岂能登场，原料何从采办？如谓沪厂可采办洋麦接济，不知洋麦进口向例无税，今用洋麦制成之粉不能免税，其运费之大，成本之巨，在厂方岂能维持？至于华麦免厘，亦未能通行各省，安徽等处麦厘照征，直接取诸贩商，厂方即间接受其影响。凡此种种，纯系事实，问题无可掩饰。在兄远处汉皋，容或未明真相；而李君则为创办特税之主要人，始终与闻其事，尽力帮忙者，固若是乎？亦岂兄介绍李君之本意乎？兄亦曾远涉重洋，周游各国，试问民食是否征税？是否显分等级？如各国无此先例，应请兄函请李君为彻底之帮忙，建议财〈政〉部，将是项麦粉特税根本取消。万一不能于短时期达到目的，征收华厂粉税须一律平等待遇，不容稍分轩轾。至洋粉进口，无论如何，应请重征，至少每包二角，以期减少输入。此系吾业存亡问题，亡羊补牢，时不可失。兄主持厂务，切肤之痛，彼此同之。非李君不能疏通政府，非兄不能婉告李君，故不嫌词费，缕陈左右。李君为部长素所信任，诚如尊函所云“李君有所见白，采纳自在意中”，甚望李君有所解沪厂之困厄，而不得不借重吾兄一言也。

（申新总公司函稿汇登）

致上海妇孺救济会[①]函请设法救济无锡同乡葛刘氏

(1929 年 1 月 30 日)

敬启者:敝同乡杨君石渔函称:“据敝处乳妈之戚葛炳春来称,其妻葛刘氏,原名小妹,现年二十六岁,前于乙丑年[②]十月初七日失踪,杳无音信,近忽自北平寄来一信,始知当日先曾赴沪佣工,因钱少事多,遭人所骗,至北方可以多钱发财,后为携至北京,竟被售入妓院,觉为所给而已不及,实苦无可如何,经人告以其出身价洋五百元,近以市面不佳,生意毫无,所亏之数计已六百余元,刻即将迁往奉天,特赶信到家,求其借款往赎,迟恐不及。伊现住北平前门外大安里三号,取名惜花。炳春已作复,允为筹赎,以缓其出走之计,但炳春系做骨牌为业,进项微薄,安有余力得此巨款,苦求怜悯,设法救济等情,函属转恳贵会,垂怜拯救,转致北平慈善机关,按址访查,力为设法,倘得拨出火坑,重回故土,复行骨肉团聚,皆出自仁德所赐,感戴同深。所有应须费用,一俟前途复到,即当饬令炳春,即日如数备齐来申叩谢而缴,并可领人同回。弟昔年曾恳周君舜卿,转托救济会,先后在奉天、营口等处,救出吾邑妇女数人,想救济会诸君子存心利济,必能如前准予援手也。”等由。查葛刘氏,即小妹,被骗至北,售与北平前门外大安里三号妓院,取名惜花,行将迁往奉天,务祈贵会设法救济来申,俾得领回,团聚骨肉,毋任盼切。此致上海妇孺救济会。无锡旅沪同乡会理事长荣宗锦启。一月三十日。

(《无锡旅刊》,第 134 期,1929 年 1 月,第 3 页)

① 1912 年,洞庭东山旅沪同乡会与湖州、宁波、绍兴等地旅沪同乡会,发起组织上海妇孺救济会,该会于 1914 年正式成立。

② 乙丑年,即 1925 年。

复无锡旅沪同乡会会员杨石渔函告已函请上海妇孺救济会设法救济

（1929 年 1 月 31 日）

石渔先生大鉴：

昨奉手函，以葛刘氏，即小妹，被拐至北，售与北平前门外大安里三号妓院，取名惜花，行将迁往奉天，属为设法救济等因。遵即函请上海妇孺救济会，设法救济，俟得函复，再行奉闻。先此奉复，敬请冬安。荣宗锦启。一月卅一日。

（《无锡旅刊》，第 134 期，1929 年 1 月，第 3 页）

为由无锡乘车来沪男女二人行迹可疑事致上海特别市公安局四区第一分所倪所长函恳请隔别询问以明真相

（1929 年 1 月）

敬启者：兹据同乡朱伯昂来会报告：昨晚由〈无〉锡乘车来沪，隔座有男女二人，见其形迹可疑，即上前盘问，听其言语支吾，下车后即暗随侦察，至华兴坊口，该二人即入华兴小客栈内，乃唤警查得该二人，居然同房同榻，当即由警带局拘留等云。本会诚恐或有拐逃之嫌，务请严行彻究，因近来地方拐逃之案，层出不穷，无知愚妇，受其所惑者，不可胜计。本会谊关同乡，何忍漠视。既据该员报告，为此具函，恳请贵区隔别讯问，以明真相，实为公便。此致〈上海特别市〉公安局第四区第一分所所长倪。无锡旅沪同乡会理事长荣〈宗敬〉。

（《无锡旅刊》，第 134 期，1929 年 1 月，第 1 页）

致沪北经售米粮公会范和笙主席[①]函祈将恒康米行交会洋交与过锡永收回

(1929年2月1日)

径启者:据生润米行过锡永函称:"锡永在沪伙开生润米行,向由船户吴宗泰代理买卖米豆。兹有白米十九石,白米籼九十五石,经吴宗泰卖与恒康米行,售见洋一千三百六十二元五角二分,除已付过洋一百五十元,尚存洋一千二百十二元五角二分。吴宗泰因与敝行同事意见不合,拒不交付,与之交涉,现由恒康米行交与沪北经售米粮公会,居间交还,函应予以证明给领。"等由。用特备函证明,至祈贵会将恒康米行交会洋一千二百十二元五角二分,交与过君锡永收回,实纫公谊。此致沪北经售米粮公会范主席。无锡旅沪同乡会理事长荣宗锦。二月一日。

(《无锡旅刊》,第135期,1929年2月,第1页)

为1929年2月10日"本埠新闻"栏内所载恐吓信事致《时事新报》编辑谢介子[②]函

(1929年2月11日)

贵报〈1929年〉2月10日"本埠新闻"栏内载有恐吓信,上绘有酱油瓶与枪弹一则新闻,开首即云:"黄介民、顾锺不、张大同等,前控上海纱布交易所董事荣宗敬等,串同该所经纪人杨习贤等,舞弊诈财于临时法院[③]。"云云。是项新闻,是否有人投稿,抑系贵报派去公堂探访得来?

---

① 范和笙(1879—?),字衍祚,江苏无锡人,时任沪北经售米粮公会主席。

② 谢介子(1898—1930),江苏镇江人,谢公展弟,擅词章之学,时为《时事新报》编辑。

③ 此处临时法院,指的是当时国民政府设在租界的法院。

此案曲折甚多，孰是孰非，终须大白。宗敬经商上海，垂三十年，横逆之来，一向可哂。俟执事答复后，当将此案颠末直陈左右，谅亦执事所乐闻也。荣宗敬启。〈1929 年〉2 月 11 日。

（申新总公司函稿汇登）

上海总商会来函告知被补推为举办特种消费税委员务祈发抒伟谟共同匡助

（1929 年 2 月 23 日）

径启者：五省裁厘会议[①]议决，举办特种消费税一案，曾经本会召集各业团体，开会讨论，一致反对，并推定石芝坤、王介安、沈叔瑜、黄搢臣、毛子坚、顾子槃、徐侠钧诸君为委员，任办理在案。兹以此事经两次电部抗争，迄未蒙容纳，续经召集大会，讨论主张，通电各省，共同力争，并推派代表赴京请愿，冀达取消目的。此事关系各业利害甚巨，亟应集思广益，共策进行。兹经加推薛文泰、曹显裕、邵宝兴、朱秀升、董文卿、张钰章、叶惠钧、陈玉亭、荣宗锦、陈翊周、张季棠、程幼甫、席嘉荪、潘祥生、徐静仁诸君为此项委员。夙仰台端领袖商界，擘书有素，除分函外，合亟函达查照，务祈发抒伟谟，共同匡助。幸勿见却，是为至祷。

（上海《申报》，1929 年 2 月 24 日，第 4 张第 14 版）

---

① 1928 年 12 月 14—19 日，国民政府财政部为准备裁厘，实行新税制，召集苏、浙、皖、闽、赣 5 省财政厅厅长及部令指定出席人员，在南京开裁厘会议，贾士毅为主席。会议提出裁厘的 7 项先决条件和方针，时间以 6 个月为期，并通过了《特种消费税条例》，规定特种消费税设局原则：凡性质相同及征收手续相近的零星货物，在同一地点收税的应归一局办理，但大宗货物则按类设局；裁厘改办特种消费税后，减少的收入从国家正税收入及原厘金下的附征税款内抵补，不得在特种消费税下带征任何附税。实际上，这次会议并未真正裁厘，反而增增加了税收，因此遭到商民的强烈反对，最后不得不取消特种消费税。

为无锡旅沪同乡会注册事呈上海特别市政府社会局文

（1929年4月30日）

呈为呈请注册事。窃宗敬等办理无锡旅沪同乡会各项事业，理合遵章开具呈请书，并检同章程、职员履历表，及调查表暨印鉴单各二份，备文呈请鉴核，准予注册。谨呈上海特别市政府社会局。呈请人荣宗敬，联署人陆培之、王禹卿。中华民国十八年四月卅日。

附：上海特别市政府社会局批文（1929年6月3日）

呈件均悉，准先备案，仰该会迅将章程修正，呈局候核。此批件存。局长潘公展。中华民国十八年六月三日。

（《无锡旅刊》，第137期，1929年5、6月合刊，第1页）

廉南湖[①]来函述近况

（1929年6月5日）

宗敬先生执事：

榴花照眼，节近端阳，旅泊萧寺，欲归不得，唯遥祝起居万福而已。弟一月中患吐血三次，烂脚久而未愈，虽将身心世界一齐放下，毕竟尚活着，连得内子告急书，不能不一动心。承赐膏秣之资，请先移缓应急，为内子过节之用，拟以两月为期奉赵[②]，倘蒙许可，藉宽内顾之忧，千感

① 廉泉（？—1932），字南湖，江苏无锡人。家世书宦，清时曾官度支部郎中，民国建立后，隐居不仕。廉南湖平时以游侠自任，轻财好义。宣统三年（1911），良弼为革命党彭家珍炸毙后，廉与良友善，乃商同翊教寺纯悦方丈，拨该寺东院十数楹，建良公祠，而自奉香火。

② “奉赵”，意为：以所借之物归还物主，犹奉还。语本《史记·廉颇蔺相如列传》蔺相如完璧归赵的故事。

万感。亡友良赉臣[①]三女未嫁，为弟不能南归之最大原因，拟尽年内为故人了此向平，详见答侯疑始书、简报附察。肃颂潭绥，不尽偻偻。弟廉泉再拜。六月五日。

仞千、可亭、云初诸兄，前均此致候，恕不一一。附寄内子一书，阅后封固饬送为叩。

附 1：廉南湖答侯疑始书(1929 年 5 月 10 日)

疑始先生执事：

公与宗敬、云初诸兄见爱盛心，所谓生繁华于枯痍，育丰肌于腐朽，可以死效，难用策陈。局外不察，见吾与诸公书，多感恩知己之语，“惹得虚空满腮”。世俗之见，自当如此，不知思德滋深，良心之发现，一时有不容自己者，我尚非我，而他是谁，笑骂由他，求吾心之所安而已。顷奉五月一日手帖，语长心重，反复不能答一词，所以留滞至今者，因对于吾友三女未嫁，与良祠付托无人。此数月中，为慰男、秀华两姊妹相攸，其慎重实过于己子。最近得武冈刘君百昭，足配慰男，为忠靖先生婿矣。已取得慰男同意，日内将行纳彩之礼，吾以红豆一双为二人福德之证。其妹秀华，已为介绍某大学生，双方在考察中，品性才学，亦颇相当。哑妹秀玉，则与马君启钧，早订婚约，拟尽年内为故人了此向平。而潭柘疗养院，希望于最短期间成立，(工务局已派员入山，查勘路线，预备筑汽车道以利交通)俾不佞得南北自由，否则功败垂成，或有意外之障碍，未可知也。柳堂问题，一时未易解决，恐内子憔悴忧伤以死，愈想愈不敢回家。苦语流传，徒贻笑柄。(为小报添资料不少，在此日与

① 良弼(1877—1912)，爱新觉罗氏，字赉臣，满洲镶黄旗人，系清宗室多尔衮之后，大学士伊里布之孙。早年曾留学日本陆军士官学校步兵科，1902 年毕业后归国，入练兵处，历任陆军部军学监督副使、军学司长、禁卫军第一协统领兼镶白旗都统、军谘府军谘使等职，为清政府训练新军、改革军事而效力。武昌起义后，力主对起义军实行严厉镇压，并组织宗社党负隅顽抗，于 1912 年 1 月被革命党人彭家珍炸伤致死。

魑魅相搏，人亦魑魅也）刻刻自危，不免去住两难，“只身南返”云云。理想去事实太远，诸公望眼欲穿，感当奈何，愧当奈何，敬问无恙不宜。泉再拜。五月十日。附刘百昭先生来函一通。

附2：刘百昭与廉南湖书：向良弼女公子慰男求婚（1929年4月30日）

南湖先生钧鉴：

昭在韶龄，即闻先生于士林有文章之华，行义有任侠之慨。近读天荒地老录，先生有云宁犯当世之不韪，求吾心之所安；又曰，力任抚孤，不畏舆论之攻击。豪迈之气，略可想见。昨复承教，云十余年来，栖隐幽燕，以良公赉臣之女慰先（原名慰男，肄业女大，名慰先也）等，教养未成，适人有待，闻昭断弦，愿以慰先续之，特设谯良公祠，约与介见。昭铭感盛意，藉拜良公，并得觇亲笔遗书，与祠中陈列诸物，使我触目增感，更起崇敬之心。盖良公律己严明，待友以信，报国以忠，好学深思，勤政爱民，以挽回天下危局为己任。窃思现代武人中，除蔡公松坡外，无有与比伦者。慰先体健性豪，颇有父风，而举止大雅，言语温恭，非先生与赵太夫人之素训谆谆，必难至此，由斯可见先生表彰忠烈、善抚遗孤，古宜昭垂，今世罕见，实令人钦佩不置也。昭出诗礼之家，守忠恕之训，游学海外，历十余年，任职国内，亦已八载，谨行勤学，不敢稍越礼法，治事待人，无或丝毫苟且，尝以为国家治乱，系乎教育宗旨之邪正。年来办校授课，时循正轨而行，当任教部专司，力矫学界恶习，曾一时受效，惟大局已去，狂澜复起，策划不行，舆论靡然，身价蒙祸，识者惜之。而昭至今仍未稍易心志，殆亦略具有先生不畏舆论之攻击，与忠靖公以挽回天下危局为己任之精神，得以见重于先生，而愿以忠靖之女妻之也欤。惟昭秉性既如前述，又素不事家人生产，虽微有祖业，意存以养族中长老之无可告者。昭在外奔走廿余年，不敢稍随流俗，一至京中服官，耗费较繁，不特毫无储蓄，而反负债如山。现任银行职务，所获略能清理旧欠。此种经济状况，有不能不请转告良女士考虑者一也。昭现无父母儿女，虽有兄弟，均已分家，惟有一妹，尚未适人。此吾家庭境况，有须请女士考虑者二也。昭年将不惑，与女士相差十有七岁，虽古今名夫妇中，男倍于女之年者甚多，而昭名业未就，有愧匹配名公之女。此又有须请女士考虑者三也。昭详述家世状况与己之个性，原无他意，惟以造端之道，关系重大，须彼此互晓品性才学、家庭环境，苟与相合，然后论婚，方称佳偶。昭拟请先与女士为友，俾彼此有考察之机，想先生视女士若己子，必愿慎重其事。特将鄙意函达，祈转告为幸。专此，敬请道安。刘（制）百昭谨启。四月三十日。

附 3：廉南湖致冯云初书（1929 年 4 月 11 日）

云初先生执事：

昨得疑始书，谓公与宗敬先生有所筹划，欲出不佞于水火，而登衽席。思德滋深，但有感涕。去冬仞千颂陀来书，传述宗老盛意，敦促南下，点缀湖山。此固所愿，只因良祠及庙产正在阽危中，奔走呼吁，几以身殉，至今病犹未愈。昨已寄敬老一书，直言不能遽归之苦衷，与感谢之意，容再寄函答疑始也。此数月中，亲旧以脑充血而死者五人，不佞病榻缠绵，头痛若裂，不胜痛逝自念之感。此片附致疑始一瞥，容续制即寄。柳堂望早得生，免负担太重。肃谢并候起居。弟泉再拜。四月十一〈日〉辰。

附 4：廉南湖与侯疑始书（1929 年 4 月 12 日）

疑始先生：

我在翊教寺与狐鬼奋斗者八年，于今因打破迷信，于去冬初把初二十六之三个鸡蛋、一杯烧酒取消，次日（旧历十二月十七夜）与姬人春野一言不合（其实她并不错，她见我每日穷愁无赖，于晚饭后闲谈，怨我不到南京去，谓全家饿死了，亦不管，专为和尚事穷忙云云），不知如何动了杀机，立将室物捣毁一空，自鸣钟、电话机以及茶杯、茶壶、砚池、墨盒接二连三向三孩子头上飞去（三孩立在床前，相距不过两三尺地，无一受伤者，此亦奇事）又欲拔良公之刀，把她（以下皆指春姬）及三孩杀了同归于尽，惊动全寺人马及内弟吴静山，左右拥护，幸未演成惨剧，而我全身受跌扑伤，腰及右腕，今犹未健。二月初二，仍不具供（大殿上有仙爷牌位七八年来，我于旧历向不记得，她每到初二十六必告我曰：今日要供大仙爷了，偶或遗忘，必于次日属我补供。她是基督教徒，故于我佛及大仙爷皆不拜，而如此关心者，恐大仙爷作祟，或不利于孺子也。她夜深梦醒时，所见鬼面一分钟，能变七八相，十分可怖。如是者月必数次，谓已见怪不怪，而心不动，恃有上帝佑我云）。初三夜又捣乱一场，将玻璃门窗打到粉碎，她虑长安不易居，欲挈三孩东去，与我永诀。奈小湖毕业高小，暑假后要入中学，平湖亦在公立第四小学，两兄弟不愿辍业半途，在母前涕泣，长跪以请。她因此去住两难，顣頞忧伤，患重伤寒月余，几致不起。亲友闻此，谓千年古刹，孤鬼所居，不如退避三舍，以希苟全，有在左近为我租屋，代付月金者。我为故人看守祠堂阅八年，誓死勿去，以此南归一层，更无从说起，亦不自解何以至此也。今日内子来书，“谓君能救王小航出狱，能为秋烈士、良忠靖表彰于身后，能为潭柘寺追回已失之产，改建天然疗养院，而对于四十余年相处之老妻病榻哀鸣而不一顾，诸孙失学，眷口流离，全家将成饿莩，而君一不动心，不知君何伤心而至于此”云云。我实无词以对，唯诵寒厓先生“天地何宽我何窄”之句，书空咄咄而已。闲话说了，下归正传。

疑始先生，我接读十二月十六日手帖，知千尺饭篓，可无问题，快慰自不待言。老画师不能北来，寒食西城，真成故事，曾示意转荐汀鹭，不谓书未至而悲鸿已被击，知难而退，当即报告寒厓，料寒厓必通知前途时，不佞正在病苦颠连中，于老画师前，久置不答，岂胜歉悚。昨奉清明一帖，当今之世，乃有鲍叔其人者，能知仲子之贫，一话无说，但有涕泪而已。嗣又得云初书，亦如是云云。我于梅园万顷堂都未到过，为生平憾事。去冬仞千、颂陀来书，传述宗敬昆仲盛意，敦促南下，点缀湖山，此固所愿，拟俟柳堂让渡，能将诸公维持之款一一筹偿，乃趋前承教，否则有何面目见江东也。而此简〔间〕百事牵率，良祠托付无人，女孤未嫁，对于寺产奔走呼吁，当局虽允清理，不知尚存几何（良乡县有潭柘寺田八十亩顷，被直鲁军盗卖殆尽，今托商〈震〉主席派员调查，尚未得覆，欲保良祠，不得不维持潭柘、疗养院之设立，别有苦心）。不佞此间一部分小家庭，亦复去住两难。以前所述，孔兄与我绝交，南北负担太重，遂至一事不能办，一步不能行，苦闷苦闷。云初暨诸老爱护覆持，情均天伦，然我之分际，亦当自知，竭忠尽欢。古人所戒，累人过分，魂魄亦为之不安也。稚[①]、寒二老，爱友之诚，足风薄俗，实因幻身不了，不能入都。此一年有半中，今日生不知明日死，然自神户来时，欲利用某之除一大害，效忠党国，不谓竖子无可与谋，卒借他力，拔此葛藤（容他日相见时再谈）。至银塘十亩，杨子佽优为之，荒野人自觉不类，公谓如何？一肚皮不合时宜，见似人皆，即怕情绪可知。敬简无恙不宣。四月十二日。

（《无锡旅刊》，第 137 期，1929 年 5、6 月合刊，第 17—18 页）

---

① 吴敬恒（1866—1953），原名朓，字稚晖，江苏武进人。清光绪十七年（1891）举人，1902 年加入上海爱国学社，与《苏报》工作；1905 年在法国加入中国同盟会，次年与张静江、李石曾创建世界社，发行《新世界》周刊；1907 年，任天津北洋学堂国文教员；1915 年参与组织留法勤工俭学会；1916 年在上海任《中华新报》主笔；1922 年里昂中法大学校长；1924 年在上海创办“中华粥会”，同年参加国民党第一次全国代表大会，被选为国民党中央监察委员；1927 年起，任国民政府委员、中央监察委员会委员等职。

致江西成翊青函敬祈知照主管人员如遇申新纱厂已完税之纱布运销贵省请予放行

（1929年6月13日）

敝厂所出棉纱、棉布，照章在产地完税一道后全国通行。乃近有棉纱运销赣境，又有进口特种消费税及九江市特捐两种捐税，非特商家不堪负担，抑且违背定章。敬祈知照主管人员，如遇敝厂已完税之纱、布运销贵省，请予放行，以符定章，且维国货。

（申新总公司函稿汇登）

为无锡面粉业工潮事致江苏省政府民政厅厅长缪斌函

（1929年7月8日）

此次先是罢工，而后继以工潮，在“训政时期”且亦有此现象，实惟实业前途之不幸，抑示地方社会之隐忧。阅报知阁下对于商工潮有所表示，面粉厂总罢工之处置，谓为一般工会“寄生虫”播弄所致，并希工人自身彻底觉悟，勿为“寄生虫”利用。此种见解于工潮症结所在，洞若观火。民厅方面能本此意旨，辅助厂方铲除“寄生虫”，俾良好工人勤于工作，粉业前途庶几有一线曙光，税收方面亦可取之不竭。现今粉业疲萎极矣，自征收特税而后，厂方不计赢〔盈〕亏，按期缴税。南北洋洋粉充斥，华粉销路几绝，虽经粉业一再呼吁进一税一，致征收尚未实行，加以新麦昂贵，粉价低廉，即使开机，除供给粉税外，殊无利益。而工人不谅，出此无意识之举动，厂方惟有停机歇业，静听官厅解决。若敷衍迁就，一任“寄生虫”之蹂躏，厂方虽懦决不采此，在商此自杀政策也。至对于罢市之事，阁下主张商人反求诸己，商会不放弃责任，领导商人为爱国运动，自无须他人越俎代谋。针砭之言，极奈寻味，鄙意爱国非一人一己之事，必举国之人人人爱国，庶有裨益。就纱业论，一年中日本添纱锭三十余万，我国纱业未闻在抵制声中有借款之气象，有特殊之利益。大凡天下事，必名实相符而从事乃有济，若徒有其名，或仅其表面自欺欺人之工具，则未受其利先受其害，社会继见其踌躇不安而已。阁下对于救国素抱热忱，连叹及之，不识以刍荛之献为是否？……

（申新总公司函稿汇登·第四册〔1929—1931 年〕，上海社会科学院图书馆藏）

为遵章将民国十七年度决算、终了四注清单及十八年度预算清册连同救济费四注清单[1]送请决议事致无锡旅沪同乡会评议会公函请核销见复

（1929 年 7 月 21 日）

径启者：查会章第二十五、第二十七两条，本会会用及事业费收入、支出之预算、决算，均应提交评议会议决，兹将〈民国〉十七年度决算、十七年度终了四柱清单，及〈民国〉十八年度预算，仍照向章，分别造就清册，连同救济费四柱清单，相应送请议决，核销见复为荷。此致评议会。理事会理事长荣宗锦。七月廿一日。

（《无锡旅刊》，第 138 期，1929 年 7 月，第 2 页）

① 详见《无锡旅刊》第 140 期（1929 年 10、11、12 合刊），第 4—12 页。

上海特别市公安局督察处徐咏华复函为无锡同乡陶阿元为人被诬窃裤被押公安局事

(1929年8月6日)

谨启者:顷奉函开:同乡陶阿元为人被诬窃裤被押公安局一案,应即与其昭雪,恢复自由。当即前往三科详查案卷,确以窃案嫌疑,拘由六区三所转解来局,正在侦查之中,业已商请该科,既无重大案情,局方又不能予以判决,不若速移地方厅,俾可早日解决。现在已在办稿,准于明晨解往地方厅,到厅后势无留难之处,当可立时释出。合将办理情形,相应函复。谨呈荣理事长暨〈陶〉仞千先生钧鉴。徐詠〔咏〕华谨复。八月六日。

附1:无锡旅沪同乡会为无锡同乡陶阿元为人被诬窃裤被押公安局事致徐咏华函请调查明确设法令其自由(1929年8月6日)

径启者:顷准蔡副评议员长禹门函开:无锡北乡人陶顺金,因子阿元充龙华水泥厂工人,于前月为人被诬窃裤,业经拘留上海市公安局旬余,为设法复其自由等由。查陶阿元拘留公安局旬余,是否仅为窃裤,抑有其他别情,望即调查明确,如无其他别情,设法令其自由。此致詠〔咏〕华先生。无锡旅沪同乡会启。八月六日。

附2:无锡旅沪同乡会副评议员长蔡禹门为无锡同乡陶阿元被诬窃裤拘留上海市公安局事来函(1929年8月6日)

径启者:顷据本邑北乡人陶顺金,因子阿元充龙华水泥厂工人,于前月为人被诬窃裤,业经拘留上海市公安局已经逾旬,而陶子阿元素来忠厚,此次系属为人挟怨被诬,为此函恳贵会,垂念乡谊,为其设法援助,俾得沉冤得雪,速复自由。专此奉恳,并附陶顺金函,即请同乡会诸位先生大鉴。蔡禹门谨上。八月六日。

附 3:无锡同乡陶顺金为子陶阿元蒙冤被拘事来函伏乞赐予援助并恳设法彻底调查(1929 年 8 月 6 日)

敬启者:顺金以子蒙怨被拘,呼救无门,不得不求救于诸位先生之前。窃顺金现在沪充厨夫,系无锡北乡人,有子阿元廿六岁,向在龙华水泥厂药水间充当工人已二年半,此次忽于七月十六日,因同厂电灯匠姚阿金失窃春云纱裤,有同在药水间做工之人,名戴祥生者,素与阿元不睦,因而唆串刘虎才作证,诬称为阿元所窃,即于十九日扭入漕河泾区署,二十日移解公安局。阿元为人素忠厚诚实,此次实属冤被诬陷,并且以赃证未见,竟以一二人之唆串,凭空架诬,被拘公安局,业经多日,未见释放,怨沉无告,伏乞同乡会执事先生赐予援助,并恳设法,彻底调查,俾诬良为窃不白之冤,复见天日,不胜戴德无涯矣。专此,敬请公安。陶顺金谨启。八月六日。

(《无锡旅刊》,第 138 期,1929 年 7 月,第 1—3 页)

致崔景珊函告济南茂新四厂损失

(1929 年 8 月 13 日)

敝公司于济南设茂新第四面粉厂,被张宗昌粮秣厂强取面粉五万余包,计洋十二万元,分文无着。敝厂停机至今,所有损失约计五十余万元,坐耗费用,开机无期。

(申新总公司函稿汇登)

与朱鸿昌致福建闽侯商会会长罗勉侯[①]函请设法将无锡同乡荣元全之被诱拐女在法院领会

（1929 年 8 月 13 日）

径启者：敝同乡荣元全之女阿娥，年十六岁，被人诱拐，乘大阪公司盛京丸轮船赴闽，经该轮察出，当将拐逃人等，送由福建司令部转交闽侯地方法院讯办。元全得悉，当请中国妇孺救济会函请闽侯地方法院，将被拐女荣阿娥，交轮带沪给领。嗣准闽侯地方法院，以被诱人供词闪烁无常，一时未能发见真实，属饬荣元全到案备质等因。除由中国妇孺救济会给函荣元全持赴闽侯地方法院投到，并请迅予讯结，即将被拐女子荣阿娥，准给其父荣元全领回外，鸿昌为本会理事，知与执事有旧，用特联名作函奉恳，至祈推爱屋乌，一俟荣元全趋前，即行指示一切，并望设法将其女阿娥在法院领回，以全骨肉，是所切祷。此致闽侯商会罗勉侯先生。无锡旅沪同乡会理事长荣宗敬、理事朱鸿昌。八月十三日。

（《无锡旅刊》，第 139 期，1929 年 8、9 月合刊，第 3 页）

廉南湖来函述近况

（1929 年 8 月 27 日）

宗敬先生执事：

不佞破产后，因欲避免各方之纠纷和冲突，故至今旅泊萧寺[②]，不敢

① 罗勉侯（1884—1938），原名嵚尧，福建福州人，福州著名的民族资本家，时任福州总商会会长、闽侯县商会会长。

② 萧寺，即佛寺。据唐李肇《唐国史补》卷中："梁武帝造寺，令萧子云飞白大书'萧'字，至今一'萧'字存焉。"后因称佛寺为萧寺。

遽归，家人分散，无地容身。稚、寒二公为策万全，情逾骨肉，奈理想去事实太远，皆难办到。不佞书空咄咄，南北一筹莫展，而老画师凶问又至，急欲奉偿前款，为丧葬之用，不知稚老近在何处，故托陶仞兄转商，想已接洽矣。发电后，而陈仲英先生适来北平，传述稚公雅意，要约同归，云能到南，百事皆可解决。不佞感觉过分，不知所以为辞，但有涕泪而已。潭柘筑路，正在敦促当局进行，不日华南主将亲往查勘。疗养院，年内如可成立，准接内子入潭柘将养，歌斯哭斯，于愿足矣。不佞对于良忠靖先生女孤三人、表妹二人，负教养之责，尽于年内尽了向平，则我可死。今年已嫁二人，其表妹霞江昨亦订婚矣。附函阅后，乞即饬送为叩。肃颂，阖潭万福。弟泉再拜。八月二十七夜。仞千、可亭、云初诸兄前，晤是乞致耿臆。（不直电稚公而托陶仞兄转商者，因贵公司有挂号电，可省地名，且免老人惊心，与译电之劳也。）

附 1：廉南湖致吴观蠡书（1929 年 8 月 24 日）

管蠡先生执事：

海帖敬读，老画师噩耗传来，一恸几绝，当寄陶千仞先生一电曰：“岱劳作古，闻耗恸绝，乞商稚公于房价内付千元，还岱款，由兄寄锡。”云云。江云燕树，为之招魂，有挽诗一首，装成挂镜，托陈子宽先生带锡。贾岛哭孟郊曰：身死声名在，多应万古传。老画师不死，而我之遗恨，重累故人，虽生犹死矣。来教哀时叹逝，不堪卒读。岱老小传，乞稚公为之，必能信今传后。气候不齐，愿十分保重。泉再拜。八月二十四日。

附 2：廉南湖致余大雄函（1929 年 8 月 27 日）

大雄先生侍者：

霞江女士，已与八月二十六日与王君乔在中山公园水榭订婚矣。不佞为霞江物色端砚一方，并刻诗曰：“雀屏今中选，自有传婿砚。千载仰遗风，佳话两家擅。传堉砚王氏旧物也，见挥尘前录己巳八月为君乔、霞江贤伉俪题。南湖。”媵以绿玛瑙章（金石家张樾丞，为刻王君名号）以此二事，为女家之答礼，双方十分圆满。霞江为公故人之子，知必乐闻，故特专函奉告。刘良丽影，手制邮片，附尘一笑。霞江倩影已见贵报，容觅得王君小影，当续奉也。不佞近得江南老画师噩耗，不胜痛逝，自念之感，挽诗呈教，敬候起居，不尽缕缕。弟泉再拜。八月二十七〈日〉夜。

附 3：南湖：《哭江南老画师》

海国人称老画师（日友犬养毅来平展观南湖诗，意图尚问老画师无恙否），中郎旧业叹无倪。

可堪薤露闻歌日，正是云岚暑券时。（樊山赠小万柳堂诗曰：姜家纵写云岚券，也是空言博士胪；又曰：世间风雅真妨事，问舍求田要俗人。今日柳堂正破产，吴稚老亲笔为立草约，二月出屋故云。）

咄咄书空行自念，茫茫遗恨有谁知？

银髯皓首眼犹在，死后声名万古悲。

（《无锡旅刊》，第 139 期，1929 年 8、9 月合刊，第 8—10 页）

上海华商纱厂联合会呈国民政府工商部为拟派员分赴各省棉区调查棉产请鉴核并通令转饬各省县协助进行文

（1929 年 8 月 30 日）

呈为属会派员分赴各省棉区调查棉产，恳请转咨各省通令各县政府建设局、县农场以利进行事。窃欧美各国对于国内农产品靡不由精确之统计，昭示大众俾国人明供求之盈虚、管业之标准。我国棉产居世界第三位，而统计缺如。属会补揣绵薄，自民国八年起，遴派专员分赴各省棉区实地调查，十三年后因各省军事方殷暂告停止，现在国内统一，军事告终，亟拟赓续进行。惟调查员多由他省派往，人地生疏，情事隔阂，且闻内地盗匪未靖，行旅仍多有不便，拟恳转咨各省通令各县政府给予相当保护，并令建设局各农场协助进行，俾调查得早日完成，而结果亦稍能精确。为此备文，呈请鉴核施行。又，所有调查员九月中旬即须出发，并乞即日咨行，实为德便。谨呈工商部长。

具呈人（上海爱多亚路）华商纱厂联合会

主席委员荣宗锦

中华民国十八年八月三十日

附 1：国民政府工商部批文（1929 年 9 月 4 日）

具呈人华商纱厂联合会（上海爱多亚路）呈一件（拟派员分赴各省棉区调查棉产请鉴核通令转饬保护协助由），呈悉，已咨行各省政府通令产棉各县妥为保护，并转饬建设局农场以及农业团体一体协助进行，仍仰该会将调查结果呈报本部以备参查。此批。

抄发咨行省分清单一纸

附 2：国民政府工商部咨各省文（1929 年 9 月 4 日）

为咨请事。案据上海华商纱厂联合会呈称："窃欧美各国对于国内农产品靡不有精确之统计，昭示大众（照抄至）俾调查得早日完成，而结果亦稍能精确。为此备文，呈请鉴核施行"等情到部。查棉为我国重要农产品，亟应详实调查，以资统计，而图改良。该会拟请派员继续分赴各省棉区实地调查，事关切要，除批示外，相应据情咨请贵省政府查照通令产棉各县妥为保护，并转饬建设局、农场以及农业团体一体协助进行，至纫公谊。此咨产棉各省省政府（江苏、浙江、安徽、江西、湖北、湖南、四川、贵州、河北、河南、山东、山西、陕西、辽宁各省政府）。工商部部长孔祥熙。

（国民政府工商部档案，中国第二历史档案馆藏）

无锡旅沪同乡会会员徐菊泉为胞弟徐柏南等被诬拘局收押事来函乞设法援助

（1929年9月2日）

径启者：菊泉开设徐翼记漆作，在老北门城内长生街一百十号门牌，素来安分，不预外务。讵意于本月二日下午十二时，突被隔壁成衣店主名叫德兴者，向公安局二区一分所诬告投函吓诈，当由该分所派警拘人，即将胞弟徐柏南、学徒周正祥、曹伯寿，以及菊泉之妻徐吴氏，一并拘局收押。菊泉闻此噩耗，甚为惶骇，窃思胞弟徐柏南等年龄尚幼，向来谨厚，忽遭捏造函件，诬告拘办，实属飞来横祸，冤遭不白，为此到会请求，敢乞贵会念同乡之谊，设法援助，实为公便。谨呈无锡同乡会理事长钧鉴。会员徐菊泉谨上。九月二日。

（《无锡旅刊》，第139期，1929年8、9月合刊，第1页）

为无锡旅沪同乡会会员徐菊泉胞弟徐柏南等被诬拘局收押事致上海特别市公安局函

（1929年9月3日）

径启者：据会员徐菊泉函称，开设徐翼记漆作，在老北门城内长生街一百十号门牌，素来安分，不预外务。讵意于本月二日下午十二时，突被隔壁成衣店主名叫德兴者，向公安局二区一分所诬告投函吓诈。当由该分所派警拘人，即将胞弟徐柏南、学徒周正祥、曹伯寿，以及菊泉之妻徐吴氏，一并拘局收押。菊泉闻此噩耗，甚为惶骇。窃思胞弟徐柏南等年龄尚幼，向来谨厚，忽被捏造函件，诬告拘办，实属飞来横祸，冤遭不白，为此到会请求设法援助等情前来。查徐菊泉系属安分商人，今其胞弟等人，被人捏造函件诬告拘办，情殊可悯，为特函恳贵局讯明徐柏南等，如无投函吓诈情事，即予释放，彻究诬告，以儆刁顽，实为公便。此致上海特别市公安局。无锡旅沪同乡会理事长荣宗敬启。九月三日。

附：上海特别市公安局第三科复函（1929 年 9 月 14 日）

径启者：奉局长发交台函乙件，并谕此案业经讯送地方法院办理，所请释放彻究诬告之处，应径向法院声诉，希即转复等因。理合遵谕奉达，即希察洽为幸。此致无锡旅沪同乡会。上海特别市公安局第三科启。九月十四日。

（《无锡旅刊》，第 139 期，1929 年 8、9 月合刊，第 1 页）

致青岛特别市市长吴思豫[①]函告派员赴青岛招募失业女工来申、锡各纺织厂工作

（1929 年 9 月 11 日）

阅报知贵市纱厂罢工已久，至今未能解决。长此迁延，非将断绝工人生计，抑且影响地方治安。窃思吾国纺织业尚在萌芽，日商之在吾国经营纺织者，有一日千里之势。弟经营是业垂三十年，历尽艰辛，未敢退避。既伤他族之侵凌，复感民生之憔悴，拟在贵市招募失业女工，分派申、锡各纺织厂工作。特属罗君叔羲偕同李君国栋、王君一鸣担任招

① 吴思豫（1884—1958），字立凡，浙江嘉兴人。1929 年 4 月前，南京国民政府与日本政府交涉，决定收回被日本侵占的济南、青岛，思豫奉命负责接收，事后任国民党青岛特别市党部指导委员兼青岛市代市长。时青岛日本工厂发生大罢工风潮，吴思豫支持罢工，不与日本资方妥协。

募女工事宜。恐人地生疏，易生误会，用敢具函证明。

（申新总公司函稿汇登）

呈国民政府财政部为纱类特税华厂不胜负担恳祈特予救济文[1]

（1929 年 9 月 12 日前）

呈为纱类特税华厂不胜负担，恳祈特予救济以维棉业事。窃读钧部所拟《纱类特税条例草案及其理由书》，计划周详，内外兼顾，无任钦佩。惟亘古以来，理论与事实往往不能尽相侔合，始谋不臧，贻害无穷。属会未国计民生着想，不得不沥除利害，以陈清听。

查全国现有纱锭计三百六十万枚，属于英人者十五万枚，属于日人者一百四十余万枚，又名为华厂而以债务关系实权操诸日人者三十余万枚，此外在青岛、大连、辽宁等等处日人新建及扩充之厂，仅以本年论已达五十万枚，其总数实已驾国人所有者之上。查十年以前日商在我国纱厂仅三十余万枚，不过十年之间，竟扩增至二百万枚以上，再越十年，诚不知将成何现象。华厂在过去已极感日厂之压迫，幸以平时勉力争持，与国人之热烈爱护，得未完全覆亡。处此特殊情势之下，苟全国境内如青岛、大连、辽宁各处之外籍纱厂，不能一致奉行新税，事无异速华厂之灭亡。此应请求钧部特别注意者一。

现行棉纱进口关税，每担自三两至五两余，而出口税率每担为一两另五分，外纱与国内各厂出口税率平均约为四与一致比。十余年来国内各厂以蒙此优益待遇，外纱进口始得渐见减少，市上洋纱几可绝迹。乃新税规定外纱纳税，较国内各厂出品仅多三分之一，其比一变而为四

---

① 同时呈国民政府工商部，恳请转咨财政部核办。

与三，如此骤然减为差率，则洋纱必复踊今，况棉纱为布匹之原料，原料以加税而骤昂，将何以与进口布相竞争？织厂不能立足，纱销且必大滞。故进口洋纱布匹设不能同时增加进口税率，更无异间接速华厂之灭亡。此应恳钧部特予施行者二。

我国自《马关条约》准许外人在国内设厂制造，大权尽失，补救无从，以华厂之财力、技术，本已竭蹶堪虞，而对与政府种种负担，如印花税、公债、杂税等等，在华厂为国人应尽之义务，在外厂则为政权所不及，丝毫不能过问。事之不平无逾于此，更况外棉进口之税重，华厂出口之税轻！国内日厂平素以有其政府之担保，购用印棉可延期付款至六个月之久，故其采用印棉比华厂为合算，又益以退税办法，每包棉纱以三担半原棉制成，每担退税一两二钱，竟可收回四两二钱。华厂或以设备不周，或以远处内地，虽欲购用印棉而不可得。因此种种，苟欲维持华厂之生命而免日厂之压迫，势非钧部持给华厂按照特税五成以上之奖励金，不足以维持现状。此应恳钧部特霈恩赐者三。

尤以一端为属会欲言所不敢言者，则举国财政是否已完全统一，钧部命令是否各省已敬谨奉行？设名为废除棉花货厘杂税，而陕、豫等省征收如故；名为已纳特税之纱类，国内不在〔再〕征收任何税捐，而川、赣等省征收又如故，在外籍纱厂有各地领事之保护，各省计吏不敢稍事留罪，华厂惟忍痛听其宰割，设不明定规章予以救济，是又无异制华厂之死命。此尤不得不恳求钧部规定办法者四。

总之，棉货为历年之最大漏卮，纱厂为全国仅有之实业，设有顿挫，于国计民生皆有极重之影响。况棉纱为民生日用必需之品，在欧美各国均鲜闻有征收税款者，吾国当全国统一之后，正应与吾民生息之机，今于棉纱加税，是否与先总理三民主义相合，贤明当局当于此点早有深切之考虑！属会审度国情，权衡利害，不得不有此最低度之四项请求，仅欲使已有之纱厂不致因特税而灭亡，并不敢稍存逾分之欲望。是否有当，理合备文呈请钧部鉴核批示施行，实为德便。

（《纺织时报》，第633号，1929年9月23日，第130页）

附1：国民政府工商部长孔祥熙咨财政部文（1929年9月12日）

为咨请事。案据华商纱厂联合会主席委员荣宗敬呈称："窃读财〈政〉部所拟《纱类特殊条例草案及其理由书》，计划周详，内外兼顾，无任钦佩。惟亘古以来，理论与事实往往不能尽相侔合，始谋不臧，贻害无穷。沥陈利害四则，请转咨特予救济以维棉业。"等情。据此，查原呈所称各节，对于棉业前途关系至巨，除批示外，相应抄附原呈，咨请贵部查核办理，并希见复为荷。此咨财政部。工商部长孔祥熙。中华民国十八年九月十二日。

（《工商公报》，第17期，1929年10月，第77页）

附2：国民政府财政部所拟纱类特税条例草案及理由书（1929年9月）

（一）纱类特税条例草案

第一章　总则

第一条　凡国内所产机制纱类及国外输入之机制纱类，含有营业性质者，均照本条例之规定，征收纱类特税。

第二条　凡国内所供机制纱类之棉花货厘，及国外输入机制纱类之子口税及货厘，均全部废除之。

其用国外输入之棉花已纳海关进口税者，俟制成纱类纳税时退还其原征之税。

第三条　凡非机制之纱类概不征税。

第二章　税率

第四条　国内机制纱类特税税率按照进口关税规定如左：

甲、不过十七支，每担三两（合洋四元五角）。

乙、过十七支，不过二十三支，每担三两三钱（合洋四元九角半）。

丙、过二十三支，不过三十五支，美担四两五钱(合洋六元七角)。

丁、过三十五支，不过四十五支，每担五两一钱(合洋七元六角半)。

戊、过四十五支，从价百分之七·五。

第五条　凡国外输入之纱类，按照前条所规定税率减征三分之一，作为子口税及货厘。

第三章　征收机关

第六条　纱类特税由财政部设纱类特税局征收，并得于机制纱类出处之处由局酌设分局及驻关征收处、驻厂委员，处理征税及稽查事务。

第七条　纱类特税〈局〉隶属财政部，秉承部长命令，管理纱类特税事务。

第四章　征收方法及手续

第八条　征收方法分为两种：

甲、凡国内机制纱类，于装包出厂时收税，发给税单。

乙、国外输入之机制纱类，于行栈起卸时声明收税，发给税单。

第九条　本国机制纱类于装运国外时，按照数量退还特税二成，另换税单凭单验放。

第十条　凡已纳特税之纱类，如运往国内各处分销时，立即放行，不得征收任何税款。

第五章　检验及罚则

第十一条　凡纱类特税之征收及检查事项，由各局于所管辖境处理之。

第十二条　纱类特税由漏匿情弊或违反本条例之规定者，均应酌量情节轻重，处以相当之罚金，其罚则另定之。

第六章　附则

第十三条　本条例如有未尽事宜，得随时修正，并另以细则定之。

第十四条　本条例兹公布之日施行。

（二）财政部提案理由书

考现在纱类之税，其由国外输入者入国境时有进口税，进入内地有子口税及各种之货厘；其在国内厂制者，原料之棉花既须逢关纳税，过卡抽厘，迨至制成纱类时，大率援照机制洋货案办理，纳一出口税及出口二五税。惟各省之间有征认税者（如苏浙两省每包征收二元一角六分），甚至如四川省内每包征至四十元之多，是国内厂制之货较诸国外输入之货纳税反重，有背近世财政之原理，而征收之手续繁琐，税款之不能集中，则内外商人暨政府方面均感觉不便焉。现拟仿照麦粉税成例，化散为整，既减商民困苦，复增国库收入，酌拟条例凡十有四条，总其要旨约分四端：

甲、国外输入之纱类征税办法。现制洋纱纳进口税后，运入内地尚须纳子口税及内地税厘金，层层征税，外商苦之，兹拟于纳进口税后同时缴纳三分之一之特税，一税之后通行全国，以资便利。

乙、国内厂制纱类之征税办法。现制原料有税，熟货有税，且其所纳之税目既繁，运输亦难，厂商苦之。兹拟改征纱类特税，即以进口税率为标准，废除原料税及熟货流通之税，以归划一。

丙、内外纱税分等之方针。方考卷烟新章，进口货征百分之四十，而内地厂制之货为百分之三二点五，略含分等之意。今外国输入之纱合计进口关税及特税共为值百抽十，而国内厂制之纱特税税率为值百抽七点五，适与卷烟现制相符。

丁、内外纱税负担之状况。就商人担负言，国外输入之纱，目前须纳进口税及子口税、内地厘金，今于进口关税加纳三分之一特税，仅当免除子口税之数，固与外商原纳之数无甚出入；至国内厂商在新制改良后，税目既简，流通亦便，较诸现行之制受益良多。

以上四端系创办纱类特税之理由，前本部调查全国厂制纱类出数，约在二百二十万包左右，华商约占半数以上、日商占三分之一、英商占二十之一强，每包约合三百十斤，每担以三两二钱计算，约每年可得二千万两左右，此指国内厂制之纱税而言也。至国外输入之纱税，查十六年【1927】海关贸易册进口纱类价值共一千七百七十三万余两，以值百抽二点五计算，约年收四十五万两，此指国外输入之纱税而言也。以上系估计将来税款之略数，虽内地棉纱及棉花之货厘尚须免除，国外输入棉花进口之税复须退还，然就大体言，不仅内外商人蒙其利益，而税款集中，实于计证亦不无裨益也。是否有当，仍乞鉴核。

(《纺织时报》，第 631 号，1929 年 9 月 16 日，第 122 页；第 632 号，1929 年 9 月 19 日，第 126 页)

为无锡旅沪同乡会会员杨荣宝次子被杀事致上海地方法院刑庭庭长过纯初函请依法惩办凶犯

(1929 年 10 月 8 日)

纯初先生大鉴：

敬启者。昨据会员杨荣宝，以次子二毛被人暗杀，移尸河滨，业经检验获犯讯办，函属转函法院，从严惩办等语。查此案既经贵院检察官验明获犯讯供，自有一定办法，敝会未便干预，惟检察处手续完备，必经贵庭审理，届时尚祈推念乡谊，依法惩办，俾伸怨抑。专此，敬候起居。无锡旅沪同乡会理事长荣宗敬启。附抄原函。十月八日。

附：无锡旅沪同乡会致冯云初[1]理事函(1929 年 10 月 8 日)

云初先生大鉴：

顷据杨荣宝，以次子二毛被人暗杀，移尸河滨，业经检验获犯讯办，

① 冯云初(生卒年不详)，无锡人。1920 年任无锡商团交际股股长，1923 年后任无锡旅沪同乡会评议员、理事、无锡商团总干事。

函属转函法院从严惩办等语;重以贵处介绍,即经函请地方法院刑庭庭长过君纯初从严惩办在案。惟查杨荣宝,会员录内并无此人,只有普通会员胡荣宝,系执事绍介入会,是否"杨"字误作"胡"字?现已两年未缴会费,已失会员资格,本会已尽义务,应请执事转致杨荣宝补缴两年会费,更正姓氏,补给会证,无任切盼。此颂台祺。无锡旅沪同乡会启。十月八日。

(《无锡旅刊》,第140期,1929年10、11、12月合刊,第1、2页)

呈上海特别市政府请求弛禁申粉出口文[①]

(1929年11月13日)

呈为申粉出口,请求驰禁,以利粉销而维实业事。查申粉向例运销南、北洋,自苏俄问题[②]发生以后,申粉遂奉令禁止运往大连及香港、南洋群岛等处,借以防止接济敌粮,仰见钧府防微杜渐之至意。惟是天津一埠,洋粉囤积四五百万〈包〉,大连日本粉厂林立,区区申粉,固不足以资接济,且亦无须申粉之接济。盖大连所销申粉,接济者为民食,今申粉不能运往大连,是不啻导大连人民为日粉推广销路。申厂因粉销路呆滞,又加原料缺乏,势必停机歇业,工人生计无法维持,厂方营业从此停顿,税收亦何所取偿?至……大连、香港、南洋群岛等处,本不专销申粉,惟华侨颇知提倡国货,申粉到埠,亦极欢迎。今概行禁止,阻申粉之推销,即绝厂方之生路。年近岁逼,银根奇紧,厂方已岌岌不可终日,若再禁止出口,销路滞则粉价愈低,亏本多则停机必速。钧府周知市情,粉业艰难早在洞鉴中,为此请求申粉准运大连、香港、南洋群岛等处,以

① 该文系荣宗敬先生以上海面粉公会名义,致上海特别市政府的呈文。

② 此处"苏俄问题",系指1929年发生的"中东路事件"。南京国民政府在该事件发生后,曾限制上海面粉北上,并下令禁止抵制日货。

利粉销，而维实业。

附：福新麦粉公司致苏浙区面粉特税局局长王晓籁[①]函(1929 年 10 月 21 日)

敝公司制成之粉，向以推销北洋为大宗。查天津一埠，存积洋粉有数百万包，大连及威海卫等处奉令禁止装运，北洋销路无形断绝；而原料又受米价影响，逐步昂贵，无从采办。敝公司各厂因无法维持，势将于 11 月 1 日一律停机。用特专函奉告，速譾贵局长熟谙商务，粉业现状早在洞见中，不识能体恤敝公司艰困情形，以善其后否？

(申新总公司函稿汇登)

钱孙卿等来函告本日谒见市政筹备处孙主任函陈三端

(1929 年 11 月 23 日)

本市地方父老昆季暨旅外同乡公鉴：

本日上午十时，偕赴市政筹备处谒孙主任，函陈三端：

(一) 建筑章程，如门面、房屋只许拆卸翻造，不准重行修理，及房屋

① 王晓籁(1886—1967)，名孝赉，别号得天，后改号晓来，浙江嵊县人。出身富户，1910 年与他人创办闸北商场和闸北工程局；1913 年二次革命后，任上海商业银行、中华信托公司董事、上海总商会会董、上海闸北商会会长、上海租界纳税华人会主席等职，并代表上海商界列席关税会议；1927 年春上海工人第三次武装起义时，曾策动闸北保卫团响应，后被推为上海商界代表，任上海临时市政委员会主席委员、全国卷烟税务局局长等职；1930 年任全国商会联合会理事长；1931 年 9 月被选为上海救国会常务委员，参与发起上海抗日义勇军，后出任上海总商会会长、上海市民地方维持会副会长兼粮食委员会主席等，积极支持抗日救亡活动；1936 年兼任中国航空协会总会理事长；1938 年任中央赈济委员会常委；1942 年 7 月，任第三届国民参政会参政员；1945 年在重庆筹开来兴业公司及中国人寿保险公司，自任总经理，又连任第四届国民参政会参政员；抗战胜利后，先后任全国商会联合会理事长、中国银行理事、中国信托公司理事，以及由南洋华侨集资成立的中南贸易协会理事长等职。1949 年去香港，1950 年初回上海，被指派为中国人民银行总行代表，1954 年当选为上海市人民代表，1958 年改任上海市政协委员。

内部零星修理，亦须纳费领照，方准动工，否则以违章建筑论处罚。乃至一正两罚，外界颇滋物议，似应公同考量衣、食、住、行民生要素，建筑一事关系民住至巨，稍有窒碍，阻力横生，应请将原章酌定犹豫期间，公告地方，广征意见，再定施行。

（二）新创各种捐税，住户一项已在调查，此外间拟议尚多，地方颇滋疑惧，现市政设施，既须地方担负经费，所有一切计划，及应需用费，亦须布告民众，公开研究，在尚未研究完善以前，应请暂缓实行。

（三）拆城问题，计议已非一日，均以时局多故，迄未实行，而证以各地事实，如首都经专案研究，尚在考量；徐州虽经动手拆卸，因发现土匪，旋亦停工；溧阳上年拆卸一部，屡被匪扰，此次又致失陷；宜兴前年被共党踞扰，所幸城垣尚在，未致遇事蔓延。苏皖鲁豫多匪之区，乡镇自卫，尚有添筑寨堡，此皆目前彰彰事实，不可掩没。现在西北军事未了，溧阳又告匪警，加以地方盗劫频闻，人心颇为不安，所有拆城一举，将来自应从长计议，目前只可暂缓实行。孙主任允于下星期一召集市政讨论委员会开会讨论，并经告以某等虽奉聘讨论会委员，然委员既系聘任，只可对于当局稍尽献替之责，实未敢自居全市民众代表地位，所有一切市政应兴应革事宜，仍旧付诸关系切身之市民公同研究，庶与贵主任前载市政特刊发刊辞"市民共谋建设"之旨不背。

至十二时半，辞而出。合先布达，伏乞公鉴。钱孙卿、陈湛如、程敬堂、周寄湄、陈品三、杨翰西、许彝庭、蔡有容同启。十一月二十三日下午六时。

（《无锡旅刊》，第140期，第10、11、12月合刊，第1—2页）

日商上海三井洋行来函告知代为买进芝加哥交易所定期小麦数

（1929 年 12 月 16 日）

本月 9 日，承委托敝行，代为买进芝加哥交易所定期小麦 1930 年 5 月期二万包，约定限价每包价 G. $. 1. 70。兹将已经代为买进之数，开列于下：

芝加哥交易所 5 月期小麦二万包，每包 G. $. 1. 99625。请即转入尊帐，并将应交〈保〉证金及敝行佣金（每包 G. S. 0. 01）等费，共计 G. $. 1000. 00，随即掷下，为盼。但此项交易，均须按照该交易所规定办理，日后一切责任，当然均由尊处自行负担，敝行仅属代办性质也。

（申新纺织总公司档案）

1930 年

致无锡县政府函请依法惩办会员任农轩所言族恶任金玉

（1930 年 1 月 1 日）

敬启者：据会员任农轩函称："族恶任玉金，于十月间，与此次受灾人任二〔仁〕方、任二郎，构讼不遂，心怀怨毒，常扬言非报以恶辣手段，誓不甘休，即将自己家中什物、稻谷，悉数拨至邻村北张巷至戚张富根家，当经村长任文浩、任克明等出为质问，并报告无锡第十五区一公所区长袁士魁有案。讵任玉金竟置不睬，延至十一月三十晚九时许，先将自己猪只运在后巷空屋内，时值黄昏，潜至任二郎柴间内，泼油纵火，以致延烧任陶氏、任福保、任二郎、任仁方、任振大、任道远、任克明、任细狗、任六宝等房屋二十一间，损失不下二万金，旁住屋五间及一切家具、契据等，完全被毁，损失不资。当起火时，任陶氏家距任二郎柴间甚近，曾于窗橱间，目观任玉金纵火，并有任许氏闻声赶至，见任玉金捷足奔避。迨火熄灭，任玉金忽然失踪，显系情虚逃避。现经受灾人任仁方，扭至第十五区区公所转解至县公署押候讯办，函会转请县公署依法严办"等由。理合函请县长察核，俯赐饬查任玉金，有无挟嫌纵火，先将家中什物、稻谷，寄囤张富根家，经村长报告区公所有案，及将猪只运至后巷空屋内情事，讯明依法惩办，实为公便。此致无锡县政府孙〈祖基〉①

---

① 孙祖基（1903—1961），字道始，江苏无锡人，时任无锡县县长，编有《中国历代法家著述考》《无锡先哲遗书书目》等目录学著作。

县长。无锡旅沪同乡会理事长荣宗锦。一月一日。

（《无锡旅刊》，第 141 期，1930 年 1、2 月合刊，第 1—2 页）

为同乡华长生被上海特别市公安局误拘事致无锡旅沪同乡会徐咏华评议员函乞设法援救

（1930 年 1 月 5 日）

咏华仁兄阁下：

久未晤谈，想新年如意为颂。兹有恳者，会员许裕昌，以旧徒华长生，现在姚泳顺鼓乐店为业，平素安分，向不为非作歹，特于去年十二月廿九晚七时，休业出外游散，适有绑匪被剿，长生在旁观看，被匪误指同党，同送一区二分所预审一堂，旋于三十一日解送公安局讯办，函会援救等情。查华长生既为许裕昌旧徒，声明平素安分，向不为非作歹，现在姚泳顺鼓乐店为业，似非无业游民，致与绑匪同党，是否误认，本会亦不得而知，拟乞推念同乡，一为调查，设法援救，无任切盼。此颂年祺。无锡旅沪同乡会理事长荣宗锦启。一月五日。

附 1：无锡旅沪同乡会徐咏华评议员为同乡华长生被上海特别市公安局误拘事复函二则（1930 年 1 月 9、11 日）

其一（1 月 9 日）

昨奉函开，以同乡人华长生被公安局误拘案内，即于今日下午前往公安局，声明原委，适司法科长公出，当即面托该科检察主任代转设法，容得到复信后，再函陈如何办理也。专此，敬颂公安。徐咏华顿首。一月九日。

其二（1 月 11 日）

前奉函开，以华长生被市公安局误拘一案，当即前往声明原委，业经函复在案，随于次日复往交涉，曾承三科长面允交保开释。刻下该华长生，谅已恢复自由矣。特再奉闻，即颂公安。徐咏华谨上。一月十一日。

附2：无锡旅沪同乡会理事会复会员许裕昌函(1930年1月10日)

径复者：前接手函，以旧徒华长生，被公安局误拘案内，属为设法援救等语。当即由本会徐评议员赴局声明原委，适司法科长公出，当即面托该科检察主任代转设法，容得复信再达。先此布复，祇颂年祺。无锡旅沪同乡会理事会启。一月十日。

附3：无锡旅沪同乡会理事会致会员许裕昌函(1930年1月14日)

径启者：查华长生被拘公安局一案，业经徐评议员赴局，声明误拘在案，兹复经徐评议员前往交涉，曾承三科长面允交保开释。刻下华长生曾否恢复自由，用特函询，即祈查复为盼。此颂冬祺。无锡旅沪同乡会理事会启。一月十四日。

(《无锡旅刊》，第141期，1930年1、2月合刊，第3—4页)

为无锡旅沪同乡会旧仆章义昌被保卫团诬为匪类拘留事致海门县政府函如无为匪证据即祈迅予开释

(1930年1月13日)

敬启者：旧仆章义昌，即和林，前赴海门包场地方，向阿二讨款，旋同阿二来申理涉，行至中途，特被保卫团诬为匪类，解县拘留看守所，函会援救前来。查章义昌，即和林，向在本会服役，尚属谨慎，并无为匪不法情事，如果讯无为匪证据，即祈迅予开释，无任切盼。此致海门县政府。无锡旅沪同乡会理事长荣宗锦启。一月十三日。

(《无锡旅刊》，第141期，1930年1、2月合刊，第2页)

无锡旅沪同乡许裕昌来函感谢设法救援华长生

(1930 年 1 月 21 日)

无锡旅沪同乡会会长先生台鉴:

日前两奉大函,所云小徒华长生,已由局内保出无事。此次全仗贵会设法救援,不胜感激之至。专此奉复,敬请大安。会员许裕昌谨上。一月二十一日。

(《无锡旅刊》,第 141 期,1930 年 1、2 月合刊,第 4 页)

无锡旅沪同乡会秦燮源[①]评议员来函请开去学务兼职另简贤能

(1930 年 2 月 2 日)

径启者:燮源承乏学务,转瞬数载,以费绌才短,鲜所建树,负疚滋深。今春因兼职数处,更难兼顾,恳请另简贤能,俾免废弛学务,无任感祷。即请宗敬理事长大鉴。秦燮源启。二月二日。

附:无锡旅沪同乡会理事会复函祈照常任事(1930 年 2 月)

径启者:按准台函,以兼职数处,无暇兼顾,函会开去学务兼职等由,当于二月三日理事会开会提交核议,再三讨论,一致挽留,以资熟手。用特备函布达,即祈照常任事,毋任切盼。此颂春祺。无锡旅沪同

---

① 秦燮源(1895—1934),字理斋,江苏无锡城内小娄巷人。毕业于上海圣约翰大学文科,1917 年进入上海申报馆,担任编辑部英文翻译,公余兼任国民新闻社、商务印书馆、世界书局等处译务。

乡会理事会启。二月五日。

（《无锡旅刊》，第141期，1930年1、2月合刊，第5页）

为无锡旅沪同乡会旧仆章义昌被诬匪类拘留事致无锡县政府孙祖基县长函乞致函海门江辅勤县长如讯无为匪证据即予从宽释放

（1930年2月4日）

道始县长勋鉴：

久未晤谈，甚念念也。比想起居，如意为颂。兹有恳者，旧仆章义昌，即和林，向在无锡旅沪同乡会服役，前月赴海门包场地方向阿二讨款，旋同阿二来申理涉，行至中途，突被保卫团诬为匪类，解县拘留看守所，函会援救。即经函请海门县政府，如果讯无为匪证据，即行迅速释放在案。惟事经匝月，尚未释放，其家一再函会援救，不得已拟乞县长，函致海门县政府江县长，如果讯无为匪证据，即予从宽释放，无任切盼。专此奉恳，敬请勋安。无锡旅沪同乡会理事长荣宗锦启。二月四日。

（《无锡旅刊》，第141期，1930年1、2月合刊，第2页）

无锡县孙祖基县长复函为章义昌被诬匪类拘留事告已遵命转恳海门江辅勤县长即日省释

（1930年2月5日）

宗敬先生大鉴：

接奉台函，为章义昌事，嘱函海门县政府，即予省释等由，业已遵命转恳该县江县长，即日省释矣。专复，祇颂公绥。孙祖基顿首。二月五日。

（《无锡旅刊》，第141期，1930年1、2月合刊，第2页）

上海机器面粉公司公会致南京国民政府电请注意中日互惠条约

（1930 年 2 月 26 日）

南京行政院长、外交部长、财政部长、工商部长钧鉴：

吾国工商业，为关税条约所束缚，绝无发展余地。乃报载，中日关税条约互惠协定[①]，以原料易制品。就粉业论，日粉尽量输入，东三省销路，尽为所占，日麦无籽粒可供华厂机用，是互惠固托空言，华厂竟蒙实害。务恳钧座主张，在互惠条约中，将日制面粉除外，并请在未签字前，将条约全文披露，以昭大信而顺舆情，临电不胜翘企待命之至。上海机器面粉公司公会主席顾履桂、孙景西、荣宗锦叩。寝。

附：上海机制国货工厂联合会致国民政府电请注意中日互惠条约（1930 年 2 月 26 日）

南京国民政府分送工商、外交、财政部钧鉴：

报载中日拟订新约，业已内定中日互惠税率货品百余种之多，棉

① 1928 年 6 月北伐胜利后，国民政府即积极谋求关税自主。7 月 19 日，国民政府照会日本，1896 年中日通商航海条约期满，应根据平等相互之原则"商定新约"；新约未订之前，适用临时办法。8 月 14 日，国民政府再次照会日方，但日方表示不接受。迄至 10 月，美国已与中国订立关税新约，英、法、意相继表示赞成中国关税自主，日本正逐渐孤立。田中内阁因对华强硬措施未有效果引起国内批评，连原本积极支持田中的日本工商业阶层，也因受排货影响，渐至不能支持而口出怨言。在中国关税自主已不可避免的情形下，田中修改对华政策，希冀与中国交涉订立互惠条约。中国的国内情形也迫使国民政府尽快与日本交涉，取得关税自主权。新税则迫在眉睫，日本急于在 1929 年 2 月 1 日中国新税则实施前与中国解决。最后日本选择接受宋子文 1928 年 11 月的提案。1930 年 3 月 12 日，中日双方签订草约。5 月 6 日正式签字。历时两年的中日关税谈判终于以《中日关税协议》的签订而告终。在协议中，中国以签订包括面粉、棉纱、棉布在内的中日特种物品税率协议为代价，换取日本正式承认中国关税自主。

纱、棉布亦在其列。日本输入，都属工业再制品；中国输出，都属原料品。中国棉织业现状，正在危亡之秋，此项互惠条约成立，足制〔致〕棉织业于死命，关系国计民生綦大，请加注意，以维国货命脉，而杜列国效尤。上海机制国货工厂联合会。宥。

（上海《申报》，1930年2月27日，第4张第13版）

呈请国民政府提倡垦拓植棉说帖

（1930年3月3日[①]）

中国以农立国，衣被为人民日用所需，而近年棉货进口，除布匹已居输入之第一位，即棉花一项，为〔其〕值亦几近一万万两。据最近海关报告，进口棉花，〈民国〉十五年值九千三万〔百〕七十五万两，十六年值七千九百八十一万两，十七年值六千七百九十八万两，国内棉产之不敷自给于此可见。我国棉产，近年平均约为七百万担，如前、去两年之歉收，尚不足此数。而国内纱锭已达三百五十万枚，〈以〉每锭每年用棉二百五十斤计，共需九百万担，合之制衣、制被之用，至少当在一千一二百万担，较之生产，几差一倍。惟自欧战后国内纱锭虽增，因营业不利，尚未完全开工，故棉花供求状况，其差数尚不如前述之巨。自去年国内统一，内地商业复兴，纱销骤旺，纱锭固完全开工，同时各厂增锭甚多，合计华、日各厂约可五十万枚，预计将来即纱厂销用棉花已需一千万担以外，如国内棉产不随之增加，则外棉输入亦将与日俱进，与布匹同为绝大致漏卮。

中国为工业落后之国，对于工业品之缺乏，固非一时所能补救，棉花为原料，以农立国者岂能任其源源输入耶？更就世界产棉国观之，产

① 此为刊载日期。据《纺织时报》在刊载该说帖时，对其有一段说明，记为“本会主席荣宗敬先生于本年初曾有请国府提倡植棉之说帖”，可知其草写时间应在1930年初，甚至更早。

额推美国第一，印度次之，中国及埃及又次之。埃及完全为长绒棉，供极精细纺织品之用，兹姑不论。美国有棉田三万英亩亩【此处第二个“亩”应为衍字】，产棉五千五百万担；印度有棉田一万六千万亩，产棉二千万担。我国据华商纱厂联合会近年统计，平均棉田三千万亩，产棉七百万担，仅美国八〈分〉之一，印度三〈分〉之一。然而美国、印度之土地面积，固均视我为小，我国除山陵川泽，几于无地不宜植棉。即以人口密度最大、农业最称发达之江苏言，除已有棉田一千万亩外，据切确调查，尚有可垦以植棉者二千余万亩。江苏如此，他省可知，估计全国荒地之可垦植者，可至少当在五万万亩以上。若能尽数垦拓植棉，则中国之棉田足与今日世界之总数相若，每年增进国富尤可惊人。故中国推广棉产，就土地言，其希望正无穷也！

棉货为人生必需之品，中国现有之纺锭即以四百万枚计，其出产数去自给尚远，将来关税自主，进口税率渐增，输入棉货必减，国内纺织业之发展当为百业之冠。彼时所需棉花更多，产额若不增加，势必悉数仰求于人。盖建厂增锭期年可成，而推广棉产殊非一时所能奏功。今革命已入训政时期，关税自主已属不成问题，则为棉货原料之棉产，其推广实有不容或缓者矣。

吾人更回顾国内棉产状况，尤有亟待提倡者。即已有之生产量，亦复渐趋减少。据华商纱厂联合会统计报告，全国产棉数量，民国七年一千零二十二万担，八年九百万担，九年六百七十五万担，十年五百四十三万担，十一年八百三十一万担，十二年七百十四万担，十三年七百八十万担，十四年七百五十三万担，十五年六百二十四万担，十六年六百七十二万担，十七年六百六十一万担。近五年之平均数，已较前五年为减，其原因或以战乱，或以天灾，致农民失所，田亩荒芜。此外，种植方法不良，收量〈逐〉渐减少。若再任其自然，而不亟自提倡推广，恐并现有之数亦不易保持也。

我国所产之棉皆属细绒，虽陕西灵宝号称细绒，亦仅能纺二十支之纱，较细之纱线，即须购长绒之美棉。近年社会进步，棉织品之需要渐趋精良，纱锭颇多改纺细纱者，销费美棉渐多，此亦外棉输入增加之一原因。据过去国内棉作试验报告，在黄河流域试种美棉，成绩甚著，以其气候、土质宜于美棉。是我国之风土，对于长绒棉种亦极适合，若能力事推广，将来棉产地位之超越北美，殊无义疑，岂仅自给之目的可达而已。

现在各国对于棉产之推归〔广〕改良，皆已积极从事，若英若日尤为努力，然皆苦于地势难期大效。我国已公认为世界植棉之最有希望，顾过去以政局不宁，无暇及此，坐视大利委弃于地。兹者革命完成，总理民生四大要需第一之衣的问题，亟待发展。原料之棉产，尤须及早计划。中央已经成立农业推广委员会，谋国内农产增进之策，深冀各省农矿厅，督促各县农场，联合农民合方〔力〕推广。若能力行不懈，不出十年，中国棉产必增二倍，海关报告亦将一变入超而为出超，其裨益于国计民生非浅鲜也。

（《纺织时报》，第675号，1930年3月3日，第311—312页）

陕西省救灾委员会来电感谢募购美国棉子二百吨分配陕豫各百吨并已派员赴郿接运

（1930年4月10日）

上海中国济生会会长暨诸公[①]惠鉴：

顷接本会孙代表维栋冬【2日】电，藉悉先生募购棉子二百吨，分配陕豫各百吨，交郿州商会代表薛杨二君起运，请派员赴郿接运等因，足见胞与为怀，饥溺在抱，钦佩殊深。除派员接运外，特电鸣谢。陕西省

① 包括王一亭、荣宗敬、穆藕初等。

救灾委员会。蒸。印。

（《陕西赈务汇刊》，第1期第2册，1930年4月，“公牍”，第30页）

呈国民政府财政部为捡齐货样商标呈请审核定案通行各省财政厅、海关、税务局按照机制洋式货物税办法办理文

（1930年5月）

查申新纺织公司业经呈奉全国注册局核准注册，所有童子军、文明结婚、双骆驼、好做、招财进宝、福寿、人宝、如来佛、双鸭、飞童、金钟、龙船、铁锚、美人等十五种商标用于棉纱及棉线，又人宝、如来佛、飞童、双聚宝盆、握手、兄弟等六种商标用于布匹，亦经奉商标局注册给证及审查认为合法，附刊《商标公报》各在案。兹检货样、商标，呈请审核、定案，通行各厅、关、局，按照机制洋式货物税办法办理。

附：国民政府财政部咨工商部申新纺织公司第七厂制造品未经呈准援例完税其厂内设备及制品究系如何情形请查明见复文（1930年5月31日）

为咨请〈事〉。据申新纺织总公司荣宗锦呈，略称“（同上，略）”等情，并附货样、商标及该公司各厂商标出品名称等件到部。查该公司所制人钟、四平莲两商标棉纱、布匹，及仙女牌棉纱、四喜牌布匹，均于民国十六年【1927】间呈准本部按照机制洋式货物税办法办理有案，此次该公司增添童子军等商标，仍使用纱布等品，据验，所呈商标注册证影片，确已向商标局呈准注册，所有该项商标之制品，自当予以核准，原案之同等待遇。惟查该公司第七厂制品未经呈准，按照机制货物待遇，其厂内设备及制造情形，来呈亦未叙明。相应抄附该公司各厂商标出品名称表，连同货样商标及事项表一纸，咨请贵部饬属查明见复，俾凭办理为荷。此咨

工商部。附商标出品名称表一纸,货样(纱十五、布六)、商标十五张、事项表一纸。财政部长宋子文。中华民国十九年五月三十一日。

(国民政府工商部档案,中国第二历史档案馆藏)

致江苏省政府主席、民政厅长挽留无锡县孙祖基县长电[①]

(1930年7月4日)

镇江江苏省政府主席叶〈楚伧〉[②]、民政厅长胡〈朴安〉[③]勋鉴:

敝邑县长孙祖基,办理县政,尚称得宜。现在安置伤兵,正须熟悉地方情形者,方能妥善。闻孙县长迫〔近〕有辞职消息,尚祈顾念地方,勿予照准。无锡旅沪同乡会理事长荣宗锦叩。支。

(《无锡旅刊》,第143期,1930年5、6、7、8月合刊,第1页)

无锡旅沪同乡会挽留无锡县长孙祖基电[④]

(1930年7月5日前)

镇江江苏省政府叶〈楚伧〉主席、民政厅胡〈朴安〉厅长钧鉴:

---

① 孙祖基因得前江苏省政府民政厅厅长缪斌提携,出任无锡县长。1930年缪斌退隐后,孙亦不安于位,遂向省厅辞职。此系荣宗敬先生以无锡旅沪同乡会理事长身份,致电江苏省政府挽留孙祖基。

② 叶楚伧(1887—1946),原名单叶,以字行,别字小凤,江苏吴县人,民国元年(1912)任上海民立报记者,1916年与邵力子在上海合办《民国日报》,任总编辑,并兼任复旦大学中国文学科主任,1926年在广州任国民党中央党部秘书长,1927年任上海临时政治分会委员,南京国民政府成立后,先后任国民党中央代理工人部长、宣传部长,1929年3月当选为国民党第三届中央执行委员,复被推为宣传部长,1930年11月任江苏省政府委员兼主席。

③ 胡朴安(1878—1947),原名韫玉,字朴安,安徽泾县人,时任江苏省政府委员兼民政厅厅长。

④ 此为荣宗敬先生与无锡旅沪同乡裘葆良、丁福保、丁宝书、孙北萱、陶仞千、徐可亭、杨伯庚、冯云初、王西神等联名,以无锡旅沪同乡会发出。

察吏求治，贤劳为念。比闻敝邑孙道始县长有辞职之讯，窃思孙县长精勤廉洁，桑梓敬恭，一年以来四境又安，群情爱戴，遽传事蹈之风，共切挽留之意，卧辙攀辕，同兹感想。况迩时伤兵休养，维护治安，尤关重要。弟等为地方计，敢请官书之中，责其工作，不许坚辞。盖新尹虽贤，固未若旧尹之轻塾，想亦明公所赞许，是为至祷。

附：无锡旅沪同乡会致无锡孙祖基县长函请打销辞意(1930 年 7 月 5 日前)

道始县长台鉴：

久慕高贤载劳寤寐，近阅沪报，藉知我兄以处事棘手，恳请辞职。窃以乡人作宰，掣肘正多，一年以来，苦心孤诣自不待言，譬如食膏粱者回思芥菔，处市廛者每羡山林，烦恼荡胸，退换空气。方今伤兵不少，照应治安，尤须导训，乘此引去，为兄个人计固亦自得，独不念桑梓之父老乎？揆以往日行政，四境安口誉所及，宛比子奇之治阿。矧兄年富力强，精干廉洁，正当为地方父老服务，高蹈尚非其时。除由弟等联名电呈省府民厅不许坚辞外，尚希打销辞意，照旧工作，是为至祷。专颂霱祺。治弟裘葆良、王西神、杨伯庚、丁福保、陶彻千、张卓仁、丁宝书、孙北萱、徐可亭、冯云初。

（《无锡旅刊》，第 143 期，1930 年 5、6、7、8 月合刊，第 1 页）

无锡县孙祖基县长复函在未奉省厅批准辞职以前仍当完全负责

（1930 年 7 月 5 日）

宗敬先生转同乡会诸公大鉴：

顷阅沪报，藉悉诸公爱护祖基之至意，曷胜感激。祖基承乏乡邦，瞬逾一载，奉职无状，殊为愧恧，久思告退，以避贤路，乃迭次电辞，均未获准。近来精神既觉不支，学殖尤感荒落，决计乞休，还我初服，俾读书养气。他日如有机遇，再图报答诸公及地方父老。在未奉省厅批准以前，在职一日，仍当完全负责，尚请诸公勿念为荷。肃上，谨请公安。孙祖基顿首。七月五日。

（《无锡旅刊》，第143期，1930年5、6、7、8月合刊，第2页）

同仁法律事务所[①]来函抄送顾钟石等告发设立复兴公司诈财案法院判决书

（1930年7月5日）

径启者：顾钟石等告发执事之设立复兴公司诈财一案，日昨奉特区法院送达判决，以本件起诉程序不合，不予受理等因。惟判决书只有一本，爰将全文抄印奉上（未见），即烦查照。此致荣宗敬先生台鉴。同仁法律事务所启。中华民国十九年七月五日。

（陈则民等律师承办顾钟石等诉荣宗敬等诈财暨伪造文书案，上海市档案馆藏）

附1：顾钟石、黄介民、张大同、曹咏武等通告纱布交易所散户同人之广告（1929年4月4日）

纱布交易所散户同人公鉴：

径启者。纱布交易所理事荣宗敬等，暗组公司，违法舞弊，由杜理事月笙调解情形，昨已通告在案。查该理事等以三月份业经了结，不惜抹煞事实，敷衍延宕，所覆杜理事函，殊难满意。兹由同人集议，一面仍与杜理事继续交涉外，一面汇集证据向管辖法院提起刑事告诉，在本

① 同仁法律事务所，为当时上海一家法律事务所，地址在上海北京路137号，冯炳南为该所主办人，受荣宗敬先生委托，负责代为办理有关顾钟石等控告其设立复兴公司诈财一案。

诉讼未终结前，不再与该所营业，免受损失。所有证据须于三日内迭送来，以便汇呈法院。同人等既受委任，自应坚持到底，决不半途终止，有负诸公之望，即希公鉴为荷。顾钟石、黄介民、张大同、曹咏武等同启。

（上海《民国日报》，1929 年 4 月 4 日，第 1 版）

附 2：荣宗敬关于报载顾钟石等人告发设立复兴公司诈财致纱布交易所散户广告之启事（1929 年 4 月 9—11 日刊载）

顷阅四月一日《新闻报》、四月四日《民国日报》所载顾钟石、黄介民、张大同、曹咏武等，通告纱布交易所散户同人之广告，内有宗敬利用地位，操纵、把持、扰乱金融，垄断商市，及暗组公司违法舞弊等语，不胜骇异。宗敬忝为华商纱布交易所理事之一，依法奉职，岂能有所操纵、把持，亦岂能有所扰乱、垄断？此种架词诬蔑，非特任情毁谤，直系蓄意倾陷。顾君等既谓执有证据，即请于三日内，将所指操纵、把持、扰乱、垄断之证据影印制版，在报纸发表，宗敬愿受法律处分。倘逾期不能将该项证据一一发表，则事关诬陷，人格、名誉俱有莫大损害，宗敬不敏，惟有进一步以谋保障，而免黑白混淆也。特此声明，诸希公鉴。

（上海《申报》，1929 年 4 月 9—11 日，第 2 版）

附 3：律师陆家鼎、陈则民、蔡倪培、施庆华代表张大同、顾钟石、黄介民、曹咏武答复荣宗敬之启事（1929 年 4 月 11 日）

顷据当事人顾钟石君等，声称荣宗敬于各报登载启事一则，指钟石等前登纱布交易所散户同人广告，为架词诬蔑，限于三日内发表证据等语。查荣宗敬等暗组公司违法、舞弊各节，业将证据摄影，控奉法院饬传在案，自应静候依法解决，在本案未终结前，不应将存案各证登报宣布，特托贵律师等代表答复前来，据此合亟，代为答复。此启。

（上海《申报》，1929 年 4 月 11 日，第 2 版）

国民政府工商部国货陈列馆杨铎馆长为9月9日举办国产棉织品流通展览会事来函希即准备大宗出品届期参加

(1930年7月18日)

径启者:查棉织品为我国出产大宗,衣被万方,销路最巨。近年自洋布入口,国产棉织品营业大受影响,本馆为提倡改良起见,定于本年九月九日举办国产棉织品流通展览会。素仰贵厂规模宏大,出品精良,用特专函奉达,希即准备大宗出品,届期参加。如荷赞助,请即赐复,以便项目呈请工商部加聘台端担任筹备委员,俾利进行。此致申新第七纺织厂经理荣宗敬先生。馆长杨铎。中华民国十九年七月十八日。

(〈国民政府〉工商部给荣宗敬聘函及申新纺织总公司为申请新秘书处给杜月笙、吴开光等人的信件,上海市档案馆藏)

为无锡旅沪同乡会会员沈瑞洲[1]等组织南达通达汽轮公司加开短班遭锡南公司陆士铨等呈请制止事致无锡县建设局姚涤新[2]局长函祈顾念交通免予制止

(1930年8月12日)

敬启者:据会员沈瑞洲、王元勋、浦粹和、顾鸿沼等函称:"瑞洲等前因便利交通、发展地方起见,组织南达通达汽轮公司,行驶汽轮,路线自

① 沈瑞州(1897—1968),无锡人。幼读私塾,家境清寒;稍长,即承父业,在上海经营桐油,因精明能干,企业逐步扩大发展,有"桐油大王"之称。

② 姚滌新,生卒年不详,毕业于上海工业专门学校本层土木科,时任无锡县建设局长。

锡邑工运桥起，经过南北中三桥、蠡园、石塘桥、葛棣桥，以至南方泉为终点，每日按前、后班轮流开驶。旋因民众请求，加开下午短班，以便乡民到城料理要事后，可以即日从容回去，不致留顿过夜，以节糜费。即旅沪邑人，亦可当日遄归，以便交通。因即抽出一轮，每日下午由城到石塘桥，加开短班一次，以应需求。行驶以来，众皆称便，不意忽有同路线之锡南公司陆士铨等，见敝公司营业发达，顿生妒忌。初则轮船在途屡次寻衅，危及旅客，节经敝公司起诉县〈政〉府，尚未解决，忽又异想天开，朦呈建设局，请求制止短班。奉批：'呈悉，候派员实地调查，如果属实，应予分别制止，此批。'等因。闻讯之下，殊深骇异。窃查交通事业为地方要政，是以总理遗训对于航政，尤极谆谆提倡，列为人生要需之一。在此青天白日之下，各方努力建设之时，欲求增多轮班，以利交通，犹恐不暇，决无使已经开辟之航路，反使阻塞之理。该锡南公司陆士铨等，如不胜妒羡，尽可多备轮船，加开短班，使交通更加利便，决不能违反公理，意图制止，而碍城乡交通，以背国府建设之大计、地方发展之机会、民众切要之需求。事关锡邑交通，影响甚巨，为亟据实函请贵会，转请建设局主持公道，严行驳斥，勿为所蒙，庶不至因噎废食，阻碍要政，以利地方而便民众。"等由。查此项短班，专为便利由申赴锡游客，以及旅沪同乡游玩蠡园而设，有此短班，庶几当日游毕尚可遄返沪上，彼此各行其是，似与锡南公司长班不生关系。据函前由，理合备函转达，即祈贵局顾念便利交通，免予制止，足纫公谊。此致无锡建设局局长姚〈涤新〉。无锡旅沪同乡会理事长荣宗锦启。八月十二日。

（《无锡旅刊》，第 144 期，1930 年 9、10 月合刊，第 1 页）

致江苏卷烟特税局上海查验所姚所长函请求发还无锡同乡尤阿银被扣船只

(1930年8月27日)

径启者:据敝同乡尤阿银函称"阿银有拖船一只,装运客货为业。上月二十八日下午三时,该船代客张明德等,承装货物,由老公茂轮船拖带,途径苏州路盆汤衖三泰码头,忽被贵所调查员沈叙福查获,内藏卷烟,除将卷烟充公外,并将拖船扣押。虽经阿银将该烟商张明德扭交爱文义路捕房,转送第六区公安分局,移由曹家渡卷烟查验分所解至贵所,并未受理。窃思当时载该货之时,即经阿银询问该商,据云系属洋袜,且于包裹上粘有票签,注明'德记袜厂'字样。阿银不疑有他,当场并未拆开查看,本与阿银之拖船无涉,乃该船迄未发还。阿银一家老幼,全赖该船运载客货,藉得工资、租金以资维持,今无辜被累,一家生计顿绝,不得已恳予援助"等情前来。查尤阿银以船为家,靠此营生,所装卷烟既经贵所调查员查获充公,交带卷烟之张明德,亦经尤阿金扭送公安分局移转贵所,似与船户无涉。据函前由,应请贵所将该船予发还阿银,俾维生计而张公道,至纫公谊。此致江苏卷烟特税局上海查验所所长姚。无锡旅沪同乡会理事长荣宗锦启。八月二十七日。

(《无锡旅刊》,第144期,1930年9、10月合刊,第1—2页)

致江苏卷烟特税局上海查验所姚所长函祈呈请部处将无锡同乡尤阿银被扣船只免予抵充

(1930年9月7日)

径启者:前准贵所函复,以王五宝为卷制白烟之主犯,应处五倍罚金〈共计〉一千四百零八元，呈请部处核准，令饬遵照执行；倘该船主延抗不遵，即将所扣船只变价抵充罚金，函属转饬知照等因，准经转知在案。兹据尤阿银来会声称："船伙王五宝代客私带未税白烟，阿银事前并不知情。惟该船只确系阿银向船厂租来，平日依船谋生，现船只忽被扣留，委系无故牵累。乃匝月以来，谋生无路，典质殆尽，已属苦不堪言，再将船只代船伙王五宝抵充罚金，船厂索船无从归偿，阿银身家性命势将不保，惟有恳会函所代为证明，免致牵累。"等情。查尤阿银所称各节，经会调查，确系实情，为特备函证明，至祈贵所长呈〈请〉部处，免予抵充，足纫公谊。此致上海查验所所长姚。无锡旅沪同乡会理事长荣宗敬启。九月七日。

（《无锡旅刊》，第 144 期，1930 年 9、10 月合刊，第 2 页）

为申新纱厂产纱布运往安庆要求另纳落地税致苏浙特税局局长贾果伯[1]函请知照主管人员从速办理免征

（1930 年 9 月 11 日）

敝厂有纱、布运往安庆，棉纱须另纳落地税，每件洋一元一角五分，布匹须另纳落地税，每匹洋三分三厘，殊与定案不符。除呈部行令安徽财政厅及特派员转令安庆等税局，免予重征落地税外，敬请执事知照主

① 贾果伯，即贾士毅(1887—1965)，江苏宜兴人。曾赴日本留学，1911 年毕业回国；1912 年即进入政府任职，历任财政金融要职达几十年。先后任北洋政府财政部参事、会计司司长、库藏司司长等职；1927 年，出任南京国民政府赋税司司长，整顿税收，革新税制，当时财政法规之研、订均出自他的手笔。1932 年升任财政部常务次长。1933 年出任湖北省财政厅厅长，对湖北财政进行全面改革。后调任江苏省财政厅厅长，代理江苏省政府主席。抗战胜利后，任鄂湘赣区财政金融特派员，负责接收三省日伪财经机构。他还从 1927 年起兼任中央大学、中央政治学校经济系教授。著有《民国财政史》等书，保存了民国时期大量的财政实况与数据。

管人员从速办理，俾机制洋式货物完过征税及内地各税各一道后，得以通行国内。

（申新总公司函稿汇登）

国民政府工商部来函敦聘为首都国货陈列馆棉织品展览会筹备委员

（1930 年 9 月 12 日）

（商字 12654 号）

径启者：查本部国货陈列馆，于本年五月间举行国产丝绸展览会，征集各省市丝绸出品，分部陈列，颇具规模，足以引起社会人士之注意。本部以棉织品为民众服用所必需，销场较广，价格较廉，且为黜奢崇俭起见，亟应继续举行棉织品展览会，以资劝导而励观。奉前令饬国货陈列馆相度时期办理在案。兹据该馆呈报，定于本年十月十日举行棉织品展览会，拟订章程暨征品规制，呈请鉴核前来。查核所订章程人数尚妥，业已令准照办，惟此举关系棉织业前途甚巨，筹备一切端赖各棉织业家，共同协助进行。夙仰台端对于棉织业经验宏富，热心提倡，兹特敦聘为首都国货陈列馆棉织品展览会筹备委员，随函检同章程、规则等件送请察照。至关于筹备出品事项，并请照章会同该馆馆长办理，无任感盼。此致申新第一纺织厂荣宗敬先生。附送国货陈列馆棉织品展览会章程一份（未见，略）、国货陈列馆棉织品展览会规则一份（未见，略）。部长孔祥熙。〈中华民国〉十九年九月十二日。

（国民政府工商部给荣宗敬聘函及申新纺织总公司为申请新秘书处给杜月笙、吴开光等人的信件，上海市档案馆藏）

为无锡旅沪同乡会会员刘耀甫补办护照事致上海市政府公安局外事股函

(1930 年 9 月 16 日)

径启者:敝会会员刘耀甫,向在荷属爪哇[①]地方经营顾绣[②],现因回国一年有余,原有派司过期,出洋必须另请护照,来会请求备函证明。查〈国民政府外交部驻上海〉交涉署裁撤后,关于出国护照,即由贵市政府公安局外事股照章发给,理合备函证明,即祈照章发给护照为祷。此致上海市政〈府〉公安局外事股。无锡旅沪同乡会理事长荣宗锦启。九月十六日。

(《无锡旅刊》,第 144 期,1930 年 9、10 月合刊,第 2 页)

致国民政府财政部长宋子文[③]函恳设法将华产面粉运往大连及南洋群岛等处援天津例一律弛禁

(1930 年 9 月 20 日)

日昨专谒,不晤为怅。面粉弛禁事,承公等体恤商艰,已于今日实

① 今印度尼西亚爪哇。

② 顾绣,又称"露香园顾绣",因起源于明代松江地区的顾名世家而得名,为上海民间传统刺绣工艺。据传顾绣绣法出自皇宫大内,顾家先后出现了缪氏、韩希孟和顾兰玉等顾绣名手。明景泰年间,露香园主顾名世之妾缪氏擅绣人物、佛像,又有顾媳韩氏仿宋元画入绣,劈丝精细,绣品气韵生动,于是名噪一时。顾绣精工夺巧,同侪不能望其项背,人巧极天工,错奇矣。顾绣绣品多为家庭女红,世称"韩媛绣",基本用于家藏或馈赠。

③ 宋子文(1894—1971),祖籍海南文昌,生于上海,毕业于上海圣约翰大学,之后赴美国留学,获哈佛大学经济学硕士学位、哥伦比亚大学经济学博士学位。1923 年任孙中山英文秘书,同年 4 月被委派为中央银行筹备员,不久出任中央银行副行长、两广盐务稽核所经理;1924 年 4 月,任中华民国军政府陆海军大本营财政委员会委员,8 月任(注转下页)

行弛禁。惟弛禁仅限于天津一隅，大连及南洋群岛等处依然禁运。迩来南、北洋，洋粉充斥，华粉已无立足余地，若长此禁运，非特粉业无生存之望，即税收也有重大影响。敝业同人已一再具呈呼吁，谅荷鉴察。查南中各省，米谷及杂粮丰收，粮食恐慌已不成问题，应恳我公设法〈将〉面粉运往大连及南洋群岛等处，援天津例一律弛禁，以维粉业，而裕税收，实纫公谊。

附：上海机器面粉同业公会致国民政府呈文节略(1930年7月)

上海面粉厂共计十六厂，每日出粉约计九万余袋，每袋四十九磅，专供南北通商各大埠暨南洋等处华侨食品，历有年所。今年江南、〈江〉北及沿江一带，小麦丰收，厂家采办原料，制成面粉，全赖推广销路，以维营业。查沪地每日销粉只有七千余袋，现今北洋阻运，南洋等处尚未弛禁，面粉积滞一隅，金融不能流动，厂方营业无法维持。南洋等处，申粉销数本不敌洋粉，今因金贵关系，华侨极思申粉接济，函电纷驰，只因禁令攸关，无从应付。

（申新总公司函稿汇登）

致苏浙特税局局长贾果伯函祈设法由部令行粤桂两省如遇申新公司已完税纱布进口应一律放行

（1930年9月22日）

迭接敝公司【申新公司】批发处来函，据称：粤、桂两省对于已纳税之纱布，进口时均须重征，于敝公司纱布推销，极有关系。兹特摘录号

(续上页注)中央银行行长；1926年1月当选为国民党"二大"中央执行委员；1927年后，先后任南京国民政府财政部部长、国民政府委员、行政院副院长、代理行政院院长、全国经济委员会主席、中央银行总裁、中国银行董事长、外交部部长、行政院院长、广东省主席等职。

信，附奉台察，敬祈设法，由部令行粤、桂两省，如遇敝公司已经纳税之纱布进口，应一律放行，以维国货，而符部令。

附：申新总公司致华商纱厂联合会函祈电请国民政府财政部对运往粤桂两省之已完税申新纱布经过各关卡时均需勒捐迅予制止（1930 年 9 月 24 日）

敝公司有纱布运往粤、桂两省，已按照机制洋式货物，纳过正、附税，经过各关卡，均需勒捐，客户请求免征无效。敬祈贵处电请财〈政〉部，迅予制止，以符法令，而恤商艰。

（申新总公司函稿汇登）

国民政府工商部孔祥熙[1]部长为工商会议会期已近函询来京日期以便准备一切由

（1930 年 9 月 26 日）

径启者：查工商会议定于十一月一日至八日开会，前经依照规程第

① 孔祥熙（1880—1967），字庸之，号子渊，山西省太谷县人。9 岁入基督教公理会所办的小学校读书，及长入通州协和书院。光绪二十七年（1901）随清廷出使大臣李鸿章赴美国，随后在美留学，先后就读于俄柏林大学、耶鲁大学，1907 年获理化硕士学位归国。返回山西后，创立铭贤学校。辛亥革命后，被举为太谷县民政长及新军统制。民国建立后，任山西都督阎锡山参议。"二次革命"后，东渡日本，担任东京中华留日基督教青年会总干事，为中华革命党筹募经费，并协助孙中山处理文书函电。1924 年，受孙中山之召，任广东财政厅厅长。1925 年孙中山北上病重时，赴京护持。国民政府建立后，先后任广州国民政府财政厅厅长、武汉国民政府实业部部长。1928 年，任南京国民政府工商部部长。1930 年，农矿、工商两部合并为实业部，任实业部部长。1933 年，任中央银行总裁、行政院副院长兼财政部部长。1938 年，任行政院院长兼财政部部长、中国银行行长、四行联合办事处副主席。1939 年 12 月，蒋介石自兼行政院院长后，改任副院长。1944 年，在美国压力下，辞去财政部部长职；1945 年，又辞去行政院副院长、中国银行总裁和四行联合办事处副主席职。1948 年，辞去中国银行董事长职务。1962 年到台湾，任"总统府"资政、台湾中华书局董事长；1966 年去美国定居。著有《孔庸之先生演讲集》。

三条之规定，函聘执事为会员，业经函复，准期出席在案。现在会期已近，执事拟何日来京，请即查照见示，以便准备一切，是所至盼。再，关于提案方面，兹经根据召集会议之本旨提出扼要各点开单附上，请于拟具提案时参考为荷。此致荣宗敬先生。附提案要点一件[①]。部长孔祥熙。中华民国十九年九月廿六日。

（〈国民政府〉工商部给荣宗敬聘函及申新纺织总公司为申请新秘书处给杜月笙、吴开光等人的信件，上海市档案馆藏）

为敦聘为无锡旅沪同乡会名誉法律顾问事致孙钟伟大律师函

（1930 年 10 月 6 日）

子襄先生台鉴：

敬启者：敝会成立以来，于兹数载，会务进行，端赖诸同乡群策群力，共匡不逮。素仰先生法理湛深，学识宏富，兹承陶君仞千之介绍，敬请先生为敝会名誉法律顾问，尚祈不吝教益，指示周行，是所盼祷。专肃，敬颂台绥。无锡旅沪同乡会理事长荣宗锦启。十月六日。

（《无锡旅刊》，第 144 期，1930 年 9、10 月合刊，第 2—3 页）

① 国民政府工商部所拟“工商会议提案要点”，共十二条，内容分别是：(1) 关于国民失业救济事项；(2) 关于实业救济事项；(3) 关于国际贸易事项；(4) 关于工商金融事项；(5) 关于集中本国资本及利用外贸开发实业事项；(6) 关于劳工福利及劳资纠纷事项；(7) 关于科学管理事项；(8) 关于商税事项；(9) 关于工业原料问题事项；(10) 关于提倡及保护国货事项；(11) 关于固有产品及政府事项；(12) 关于基本工业事项。

为无锡同乡杜张氏之子杜馨宝被蒙混拘留事致上海市公安局局长袁良[1]函请讯明情形即予从宽释放

（1930 年 10 月 11 日）

径启者：据同乡杜张氏函谓，伊子【杜馨宝】现年二十二岁，无锡张泾桥人，本年三月间，与友合股开设两仪印刷公司，于北西藏路总公益里九号，承印各印刷品，安分度日。本月初，忽有沈士铭者，介绍印刷品一件，当时疏忽，未及察其内容，即行接受承印。且馨宝每日在外招揽生意，并不常在店中查看，岂知被其蒙混。迨至三日晚八时许，被蒙古路四区一分所警局查系违警之品，即将馨宝拘捕。经馨宝扭获介绍人沈士铭，一并解往公安局。馨宝拘留一星期，仍未释放。吁恳贵会函请公安局，念杜馨宝系正当商人，经营印刷事业，平时并无不端行为，一时疏忽，接受沈士铭介绍之印刷物件，致被牵累，讯明即予释放等情到会。查函称各节尚属实情，应请贵局俯念杜馨宝系正当商人，一时疏忽，讯明情形，即予从宽释放，至纫公谊。此致上海市公安局局长。无锡旅沪同乡会理事长荣宗锦。十月十一日。

（《无锡旅刊》，第 144 期，1930 年 9、10 月合刊，第 3 页）

① 袁良（1882—1952），浙江杭县人，字文钦。早年留学日本，归国后曾任昌图警察总办兼交涉员，后为沈阳交涉署秘书长；1916 年至 1922 年，充北洋政府国务院参议；1924 年，被派为全国水利局总裁，并一度署理中央农业试验场场长；1929 年，为外交部第二司司长；1929 年 10 月—1931 年 2 月，担任上海市公安局局长。

匿名恐吓来信

(1930年10月23日前[①])

宗敬老翁先生台电:

闻他人已有信致阁下警告,谅已明白。阁下现为商界巨子,兼花、纱业,从中可以掌权。阁下虽如此,鄙人等难有生路。如再坚持市面,鄙人等不得已出此下策,即以相当对付。特此预告。专此,顺请财安。空启。即日。

(申新纺织总公司档案)

为面粉出洋事致江海关监督刘纪文[②]函请令知税务司准予报关

(1930年11月22日)

面粉出洋,业已弛禁,而税务司仍未准许报关。迩来粉业凋敝,若不从推销着想,殊无立足之地。我公洞悉商艰,维持实业,应请令知税务司准予报关,以符法令,至纫公谊。

(申新总公司函稿汇登)

---

① 本信无具体时间,信封邮戳日期为1930年10月23日。

② 刘纪文(1890—1957),原名兆熔,字兆铭,广东东莞人。1910年加入中国同盟会,1912年赴日本留学,入东京志成学校,1914年加入中华革命党,任总务部干事,1917年于日本早稻田大学毕业后回国,历任中华民国军政府财政部佥事、广东省金库监理、广州市审计处处长、陆军部军需司司长、陆海军大本营审计局局长兼金库长、国民革命军总司令部军需处处长等职,1927年国民政府定都南京后为首任市长,1930年4月25日出任财政部江海关监督。

为协商建筑支路事致京沪沪杭甬两路铁路管理局函请查明函复

（1930 年 11 月 22 日）

上海申新纺织总公司敬请〈京沪、沪杭甬〉两路局长，查照前订建筑支路合同，尅日与贵局协商等语，合行抄发该公司原函一件（附抄发申新纺织总公司原函一件，未见），仰贵局查明具复，以凭核办。专此，祗颂钧祺。荣宗敬谨启。十一月二十二日。

（盛世佳藏拍卖网）

为无锡旅沪同乡会调查尤泉根被指有绑架嫌疑捕入捕房事致上海特区地方法院函祈讯明交保

（1930 年 11 月 23 日）

敬启者：敝会调查尤泉根，前日在鸿运楼，被新闸捕房捕员张安康指有绑票嫌疑，捕入捕房，敝会深为骇异。查尤泉根系无锡人氏，人极老成，惟过于直率，难免无结怨于人之处。闻经新闸捕房及贵院审讯，曾今〔经〕被绑者指认，均称并未见有此人，则其与绑案无关，已无异疑。敝会对于尤泉根，深知有素，其平日行为，尚称正当，决无绑票嫌疑。用特备函证明，即祈贵院讯明交保。如奉传讯，当令随传随到。此致上海特区地方法院。无锡旅沪同乡会理事长荣宗敬启。十一月二十三日。

（《无锡旅刊》，第 145 期，1930 年 11、12 月合刊，第 1 页）

中国工商管理协会祝贺孔祥熙荣膺国民政府实业部长电

(1930年12月4日)

南京孔部长钧鉴:

顷悉我公荣膺实业部长,无任欢忭。我公主持工商行政,擘书宏远,今后拜命实业,行见经济建设突飞猛进,民生前途实利赖之。谨电驰贺。中国工商管理协会理事刘鸿生、荣宗敬、陆费达、徐寄庼公叩。支。

(上海《申报》,1930年12月6日,第4张第13版)

为日纱日粉充斥中国市廛事复戴明德、荣子青函

(1930年12月18日)

来信已悉。日纱、日粉充斥市廛,实为营业一大障碍。现在只有请〈国民党〉忠实党员调查何地、何号、何人经营日纱、日粉,及其价格、销路,切实劝导采用国货,勿假外货摧残实业;劝导无效,应加以警告;以后若再无效,须定罚则。大约分〈此〉三层办法。宜求助于〈国民党〉忠实党员,为实业方面帮忙。至实行惩罚,须官厅明定办法,否则易启纠纷。兹备一函,可持函晋谒,面陈一切。

(申新总公司函稿汇登)

1931 年

上海总商会来函请召集同业依法筹组上海华商纱厂业同业公会[①]

（1931 年 2 月 12 日）

径启者:查纱厂为吾国最有关系之实业,仅就上海一处而论,华商纱厂已有二十余家之多,按照《同业公会法》,早已符合法定组织家数。从前虽早有华商纱业联合会之组织,惟范围既不以本市为限,其性质自与公会不同。且按照改订之《工商同业公会法》第十四条,先有二个以上之同业公会,始可联合组织,是上海华商纱厂业同业公会之组织,实为纱厂联合会之基础。如果缺乏此种组织,则华商纱厂联合会在《同业公会法》上,亦失其存在,转致本市最关重要之实业,等于一无组织,更何从集中势力,发扬国产?台端俱系纺织界巨子,此中情形,谅必筹之已熟。本会为职责关系,更未便安于缄默,相应分函奉达,即希迅予召集同业,依法筹组上海市华商纱厂业同业公会,俾符法令而资团结,是为至荷。

（《商业月报》,第 11 卷第 3 期,1931 年 3 月 25 日,“本会会务纪要”,第 6 页）

---

① 此函分致荣宗敬、徐庆云、聂潞生、徐静仁 4 人。

为上海三新纱厂[①]机器、厂屋均归收买事致国民政府实业部孔祥熙部长快邮代电

（1931年3月21日）

窃上海三新纱厂，在纺织界有悠久历史。该厂欠汇丰银行[②]巨款，由汇丰〈银行〉将该厂转售与中国营业公司[③]，由〈中国〉营业公司出售与沙逊洋行[④]，其厂屋及全部机器，由宗敬出银四十万两之代价，向该洋行

① 光绪八年（1882）三月，北洋大臣奏请在上海设立机器织布局。光绪十年（1888），上海机器织布局（通称洋布局）竣工，十六年开车，厂址在杨树浦路。光绪十九年九月全部毁于火。次年，武进盛宣怀集资改组，就洋布局原址兴办，易名为华盛纺织总局，后盛据为私有，并在光绪二十五年又改名为集成，宣统年间又改名为又新。辛亥革命后，盛宣怀恐被查抄，聘英人 H. C. Marshall 为总理，并向香港注册，悬英国牌号。民国二年（1913）十二月又改名为三新纱厂。盛氏故后，后人无意经营，乃将三新以八十万两押于汇丰银行，而汇丰对于纱厂经营既不熟悉，又对工人无办法，只得仍租给盛氏开车。

② 汇丰银行的全名是香港上海汇丰银行（Hong Kong and Shanghai Banking Corporation），此处具体指汇丰银行上海分行。

③ 中国营业公司，原系华洋人寿保险公司附设地产部，由美国人派克（R. H. Parker）创办于1902年，1909年改名为中国营业公司，专营房地产投资、抵押、设计、建筑、经租、道契挂号、保险等业务，1922年派克让盘与美国人萨达利（F. W. Sutterle）。公司在房地产买卖中以代客买卖为主。抗战期间，为日军管制，战后业务基本停止。1951年1月被军管，1955年10月歇业。

④ 沙逊洋行（David Sassoon& Sons Co. ,Ltd. ），有“老沙逊洋行”“新沙逊洋行”之分，系旧中国最著名的英资洋行之一，业务涉及金融、房地产、船舶修造、进出口等方面，与怡和洋行、太古洋行、英美烟公司，被合称为外资在华的“四大集团”。老沙逊洋行由英籍犹太人大卫・沙逊（David Sassoon）于1832年印度孟买设立，主要业务为从孟买将英的棉织品和印度鸦片运入中国，营业不断扩大。道光二十四年（1844）、二十五年（1845）相继在香港、上海开设分行，成为在华英商大商行之一。同治三年（1861）该行和大英轮船公司、宝顺洋行等筹设汇丰银行，翌年汇丰开业，沙逊家族为该行首届董事众的八名成员之一，直至20世纪30年代，汇丰银行董事会均有沙逊家族代表参加。自同治初年起，取代怡和、宝顺，成为中国的最大鸦片进口商之一，将其在华攫取的财富，大量投资于孟买的工业和码头设施。同治十一年（1872）由大卫・沙逊之次子伊利亚斯・沙逊（Elias David Sassoon）沙逊设立新沙逊洋行，原沙逊洋行改称“老沙逊洋行”。新沙逊洋行逐渐取代（注转下页）

买进。诚以纺织业凋敝已极，与其落于外人之手，于营业更起竞争，不如勉力买回，徐图发展。是以一俟移交手续办理清楚，拟立即开工。孰意一再到厂接收，职工方面多方阻挠，无从交替。虽职工提出要求，与宗敬无涉，而停顿一日即损失一日。部长维护实业，夙具决心，应请令饬上海市政府社会局，迅予处置，俾该厂早日开工，实为公便。

附：国民政府实业部部长孔祥熙致上海市社会局电（1931 年 3 月 23 日）

市社会局览：

顷据荣商宗敬马电称："窃上海三新纱厂，（内容同上，略），俾该厂早日开工，实为公便。"据此，合行电仰该局迅为查照办理具复。实业部。漾。

（上海《申报》，1931 年 3 月 25 日，第 4 张第 14 版）

为接收三新纱厂事致上海市社会局局长潘公展[①]函请求迅予调解俾得早日接收

（1931 年 3 月 25 日）

接奉训令暨通知书，为三新纱厂职工问题，嘱宗敬于承买价银项下

（续上页注）原沙逊洋行的业务，除继续运销鸦片外，兼营棉纱、棉布进口以及房地产投资和保险代理等业务。光绪六年（1880）伊利亚斯·沙逊去世，其长子雅各比（Jacob）接管洋行，将总行迁往孟买，上海改设分行。1923 年，新沙逊洋行第三代主持人维克多·沙逊（Victor Sassoon）重返上海，扩大经营与投资范围，约有五十个公司和子公司。不过，由于清末中国禁烟运动日趋高涨，沙逊洋行在华业务逐渐萎缩，至 1935 年将上海分行的出口部和汉口分行的业务停歇。抗战胜利后，在华业务除经营房地产外，其他业务基本停顿。

① 潘公展（1895—1975），浙江吴兴（今湖州）人。早年毕业于上海圣约翰大学，南社社员，1920 年任上海《商报》电讯编辑，后兼《申报》记者，并先后在上海大学、国民大学、南方大学任教，1927 年加入中国国民党，后任国民党中央政治会议上海临时分会委员、上海市政府社会局局长、教育局局长等职，1932 年后创办上海《晨报》《新夜报》《儿童晨报》《儿童画报》等，并兼任中国公学副校长，1935 年当选为国民党第五届中央执行委员。抗战期间，（注转下页）

先行扣存一部分，负责办理，听候调解，并嘱推定负责代表，到局听候问话。查宗敬向银团购买三新纱厂全部房屋、机器，与盛姓及三新职工无涉；职工向盛氏请求，更与宗敬无关。扣存一部分价银，碍难遵办，似无推派代表之必要。只求局长迅予调解，俾得早日接收，实为公便。

（陈文源、钱江主编：《荣宗敬文集》，广陵书社，2019 年，第 56 页）

上海市社会局为接收三新纱厂事来训令文

（1931 年 3 月 25 日）

为令遵事。案奉市政府第七六八三号训令，为据第三特区棉纺业工会呈为三新纱厂出卖，请求设法救济并饬发给酬劳金等情，转发副呈，饬即查核办理具报等因。奉此，正核办间，复奉实业部漾【23 日】电，饬迅查照办理是案。查该厂开设已久，服务职工有数年，以至数十年者，一旦厂基出售，根本动摇，群情惶恐，自意中事。除经劝谕该厂职工不得阻扰新旧接收，并饬静候调解外，奉令前因，除分别呈复暨批示工会外，合亟令仰遵照。此令。

（上海《申报》，1931 年 3 月 26 日，第 3 张第 10 版）

附：第三特区棉纺业工会呈上海市社会局文（1931 年 3 月 24 日）

呈为三新纱厂出售，事前秘密，事后仓猝，既未经钧府核准，又不于一月前通知全体工友，贸然歇业出售，违抗政府明令，剥夺劳工生计，实属顽固已极。窃三新纱厂创设迄今，已有四十余载，历来营业不恶，资本竟由八十万达到四百五十万之谱。此次出售内幕，不言可状，因思该

（续上页注）历任湖南省政府秘书长、国民党中央宣传部副部长、国民党中央常务委员。抗战胜利后，任上海《申报》馆董事长兼社长、上海第一届参议会议长、上海文化运动委员会主任等职，1949 年到香港，后定居美国。

厂主只求私利，置工友生命于不顾，实堪痛恶，奈木已成舟，亟宜办理善后，而免吾四千余牛马之工友，坐待惨毙。此次厂方实有违犯职工退职待遇暂行办法，兹将登记全体工友，每月工资、工作年数，依法计算，造具清册二份，请钧局尅日训令厂主照给。况该厂开设颇久，工友对厂主不无微劳，故年老力衰、无处谋生工友，除要求退职金之外，须酌给赡养费。又该厂同善堂，系职工普善团体，基金及经常费，概由职员、工友捐助，历来颇有余蓄，如今厂已出售，同善堂所有一切财物，均应交还吾职工。曾会同职员致函前总办盛玉麟，要求移交，讵彼置之不复，迹近吞没。理合具文一并呈请钧局，伏乞体恤劳工生活，迅予办法，俾得早日解决，使吾四千余工友，得以生存，实为公便。谨呈。

（上海《申报》，1931 年 3 月 25 日，第 4 张第 14 版）

上海市社会局来通告为调处接收三新纱厂事

（1931 年 3 月 27 日）

荣宗敬、盛泽丞[①]览：

为通告事。查三新纱厂职工因厂基出售请求救济一案，本局于本月二十六日召集问话。该关系人荣宗敬与盛泽丞均未来局候询，殊属不合。兹本局再定于本月二十八日下午一时召集问话，即行相机调处。除通知工会外，合亟登报通告，仰该关系人荣宗敬与盛泽丞本人，或推派负责代表，依期到局，听候调处，切勿诿延。特此通告。

（上海《申报》，1931 年 3 月 27 日，第 1 张第 4 版）

---

① 盛泽丞，生卒年月不详，盛宣怀四子，先后担任汉冶萍公司总经理、三新纱厂总经理。1931 年，三新纱厂经营不善，被抵押给汇丰银行，由荣宗敬出手买回。

致上海市社会局潘公展局长函解释未赴三月二十六日召集问话理由

（1931 年 3 月 27 日）

前奉训令及通知书后，当即函陈一切，谅已览及。顷阅日报登载贵局召集问话一节，有“市社会局因昨日召集问话，机器、厂屋买主荣宗敬及三新厂主盛泽丞均未来局候询，殊属不合”等语。查三新纱厂机器、厂屋，系银团卖与宗敬，与三新无关，尤与三新职工无关。职工向三新交涉，揆诸法律、事实，宗敬似不应参加，是以前函声明不派代表。除静候贵局调处银团正式交替外，不负任何责任。特再函陈，惟希亮察。敬颂公祺。

（陈文源、钱江主编：《荣宗敬文集》，广陵书社，2019 年，第 56—57 页）

上海市社会局来训令暂缓接收三新纱厂

（1931 年 3 月 28 日）

令三新纱厂机器厂屋买主、申新纺织公司总经理荣宗敬：

为令遵事。查该商承买三新纱厂一案，前据面称，愿负责襄助，解决工潮，故经准许先行接收。乃本局召集调节，新、旧厂主一再不到，致本案悬而未决。合请令仰遵照，在该厂职工退职金纠纷尚未解决以前，暂缓接收，以免激成意外。此令。

附：上海市社会局通告三新纱厂厂主盛泽丞、经理盛玉麟文（1931 年 3 月 28 日）

为通告事。查该厂此次出售，事前既未呈请，事后本局召集调解又未推派代表出席，殊属不合。除训令承买该厂主荣宗敬，暂缓接收外，特再定于四月一日下午一时召集调处，合亟登报通告，仰该盛泽丞与盛玉麟本人与推派负责代表，依期来局，听候调处，毋得再事违误，以免激成意外。特此通告。

（上海《申报》，1931 年 3 月 29 日，第 4 张第 13 版）

为三新纱厂接收事呈复上海特别市政府社会局文

（1931 年 3 月 30 日）

敬复者：接奉八三一六号训令，内开："（内容同上，略）。"查贵局召集调解，宗敬不应参加理由，已声明在案。至接收问题，本案一日不解决，即一日不能接收，在收买该厂机器、房屋之时，极思早日开工。为营业计，即为工友生计，万不料迁延至今，纠纷未已，宗敬惟有遵令暂缓接收，静候贵局解决。合应函复。此上。

附：上海市政府为三新纱厂接收事给上海市社会局指令文（1931 年 3 月 31 日）

呈为将处理三新纱厂出盘案经过情形，先行呈报鉴核由。呈件均悉，关于劳资纠纷部分，仍仰妥为调处。此令。

（上海《申报》，1931 年 4 月 1 日，第 3 张第 10 版）

上海市社会局来令为三新纱厂接收事

（1931 年 4 月 24 日）

为令遵事。案据第三特区棉纺业工会呈，为三新纱厂新旧交替时，资方代表诸广成，于四月九日，在厂内写字间，曾当众负责允许，全体工人，一律复工，且有律师伍守恭在场证明。兹厂方宣布，于本月二十七日开工，二十一日起，报名登记；据资方工程师吴士怀，向劳方代表报告，谓须另招新工，因之群情惶迫，请救济等情。据此，查该厂新旧交替时，既由代表诸广成声明在前，不应反悔，况既承盘该厂，亦应尽先录用旧工友。据呈前情，合亟令仰遵照，毋得任令职员故意留难，致滋纠纷。切切。此令。

（上海《申报》，1931 年 4 月 25 日，第 4 张第 14 版）

附：申新总公司复上海市社会局函（1931 年 4 月 25 日）

为呈复事。奉九二八三号训令，内开："（内容同上），略"等情。窃本公司承盘三新纱厂时，承诸广成代表调解，现该厂已布告开工日期，工友自应择优录用，原无新旧可言，何有厚此薄彼之意？查三新出盘以前，工作如何，无待赘言。今既由本公司接收，自应切实整顿。堵广成对于三新工友一律复工，在择优录用以前，为当然之表示，若误认"一律复工"为"一律录用"，则人浮于事，绝无整顿之机会，而一般忠实工友无由发挥其才能。盖工友生活固宜维持，工厂地位亦宜保全。钧长明察，早在洞见之中。至该厂工程师谓"另招新工"云云，恐非事实。除择优录用旧工友外，自不得不另招新工补充，并非置旧工友于不顾也。除知照该厂职工外，合行呈覆。

（申新总公司函稿汇登）

为粉厂麸皮出口税增重事致国民政府财政部贾果伯司长函恳设法疏通以维原议而恤商艰

（1931 年 5 月 12 日）

闻 6 月 1 日起，粉厂麸皮出口，估价值百抽七点五斤。查〈民国〉十七年【1928】7 月 1 日实行麦粉特税时，麸皮一项，每百斤抽出口税洋五分。因麸皮系畜料之一，吾国销数无多，大多数销至日本。当时我公经办特税，主持公道，历时未久，谅能忆及。6 月 1 日如果实行新税，以目前市价而论，较原定五分相差四倍，麸皮势必囤积厂栈，无人过问，霉烂堪虞。现在粉业受洋粉倾销之影响，已有惶惶不可终日之势，麸皮若加重税率，销路停顿，于营业更感困难。我公熟悉商情，久绾税政，务恳设法疏通，以维原议而恤商艰。

为请予援助同乡女子潘琴贞事复无锡旅沪同乡会刘春圃理事函

（1931 年 6 月 23 日）

敬复者：接读大函，以同乡女子潘琴贞一案，请予援助，并由该女子潘琴贞到会声述泣求。当经本会转函法院，依法严办矣。特此奉复，即希察照为荷。此致春圃理事先生大鉴。荣宗锦谨启。六月二十三日。

附：刘春圃理事致无锡旅沪同乡会函请予同乡女子潘琴贞援助（1931 年 6 月 23 日）

敬启者：昨据同乡女子潘琴贞涕泣来告：“现年十八岁，无锡北门水关桥人，在沪住徐家汇余九里二号，向在大中华套鞋厂做女工。乃于两月前，被流氓张阿四强行奸污，始以弱质女子忍泣吞声。既该张阿四又强暴胁迫，屡图加害生命，迫不得已，遂于本月十四日扭控六区二警察所解局移解法院。当在检察处侦查庭审讯时，该张阿四仍信口雌黄，任意污蔑。刻被告虽在拘押之中，只以女流无知，不明诉讼程序，更无资延请律师，可否恳求转函同乡会，赐予援助。”等情前来。按其情形，实堪怜悯。夙仰贵会素以扶助同乡为职志，用敢函达，尚乞察照，查询详情，函请法院，秉公严办，或转任顾问律师，义务援助，不胜感恳之至。此颂公绥。刘春圃拜启。六月二十三日。

（《无锡旅刊》，第148期，1931年4、5、6月合刊，第2页）

为无锡同乡女子潘琴贞事致上海地方法院沈秉谦[1]院长函祈将该犯张阿四依法严办

（1931年6月23日）

径启者：据敝会理事刘春圃函陈："同乡女子潘琴贞，涕泣来来告：'现年十八岁，无锡北门水关桥人，在沪住徐家汇余九里二号，向在大中华套鞋厂做女工，乃于两月前被流氓张阿四强行奸污，始以弱质女子，忍泣吞声。既该张阿四又强暴胁迫，屡图加害生命，迫不得已遂于本月十四日扭控六区二警察所解局，在局曾预审一庭，该张阿四业经供认在案。旋移解法院，当在检察处侦查庭审讯时，该张阿四仍信口雌黄，任意污蔑，大反前供。刻被告虽在拘押之中，只以女流无知，恳求转函同乡会，赐予援助'等情前来。按其情形，实堪怜悯，为特函会恳予援助"等语，并由该女子潘琴贞泣求前来。用特备函请求，至祈钧院将该犯张阿四依法严办，毋稍宽纵，以儆不法而安人心，实纫公谊。此致上海地方法院院长沈〈秉谦〉。无锡旅沪同乡会理事长荣宗锦谨启。六月二十三日。

（《无锡旅刊》，第148期，1931年4、5、6月合刊，第1—2页）

---

① 沈秉谦，生卒年不详，字逊之，安徽省人，原为上海地方法院首席检察官，1930年4月由司法行政部部长魏道明任命为上海法院院长，任该职至1932年3月。

李国伟[1]来函谈荣月泉辞职事

（1931 年 7 月 4 日）

月泉先生如此坚决辞职，实出意外。然汉地政失其统，工人枭〔嚣〕张，下陵上替，实办事困难。月泉先生年岁已高，处此境地，实为痛苦。能否由总处派一二自己人，暂来汉相助为理，或于此间同事中酌提一二人暂帮？一切均请主裁。

（李国伟致荣宗敬信，武汉市档案馆藏）

无锡陈傅德[2]县长为锡邑水灾筹赈事来电恳时赐教言鼎力协助

（1931 年 9 月 4 日）

上海七浦路无锡旅沪同乡会荣宗敬先生，并转裘葆良、丁云轩、丁仲祜、陶仞千、孙北萱、季云卿、冯云初诸先生均鉴：

两月以来，天作淫雨，大水为灾。锡邑各区低洼之处，被淹农田共有二十八万余亩，约占全县田亩十分之二以上，圩破岸坍，尽成泽国。禾苗全腐，桑株多萎，不特将来收成无望，即目下秋蚕饲养之数，亦因之

① 李国伟（1893—1978），江苏无锡人。1915 年毕业于唐山交通大学，先后担任申新四厂及福新五厂协理、经理，兼任汉口纺织、面粉同业公会负责人。抗日战爆发后，拥护抗日。全国解放后，响应中国共产党的号召，从香港返回内地，并在 1951 至 1955 年间将自己经营的全部企业先后申请改为公私合营。

② 陈傅德（1883—1954），字仲达，嘉定县钱门乡（今上海市嘉定区外冈镇）人。清光绪三十四年（1908）毕业于上海复旦公学，获文学士学位。曾任南京两江师范学堂教员，江苏省立水产学校教务主任，江苏省立第四中学学监、代理校长，复旦大学教授，嘉定县等职，1931—1933 年任无锡县县长。

而大减。傅德亲赴各乡查勘，实觉目击心伤。现已由党政机关及各法团联合组织无锡水灾筹赈会，于上月卅一日成立，暂设县商会内。惟是灾情较重，救济维艰。素仰诸先生热心公益，乐善好施，平时嘉惠梓桑，不遗余力，为特肃电奉达，务恳时赐教言，鼎力协助，俾被水灾黎不至流离失所，实深盼祷。无锡县长陈傅德叩。支。印。

（《无锡旅刊》，第150期，1931年9月，第1页）

为水灾筹赈事致无锡水灾筹赈会代电

（1931年9月14日）

无锡水灾筹赈会理事长唐蔚芝[①]先生、副理事长华艺三[②]先生鉴：

冬代电悉。敝会前以本年洪水为灾，十余省尽成泽国，即经一再开会，分发捐册，募款救济。除募集一千元，先交由江苏水灾义赈会，拨济里下河之[③]兴化、东台、泰县、盐城、阜宁，及沿运河之高邮、宝应诸灾区外，现正在续募中，俟集有成数，即当分拨贵会，以尽绵薄。相应复请察照。无锡旅沪同乡会理事长荣宗锦叩。虞。

---

① 唐文治（1865—1954），字颖侯，号蔚芝，晚号茹经，江苏太仓人。18岁时中举人，21岁入读江阴南菁书院，1892年中壬辰科进士，同年五月以主事分部学习，任户部江西司主事。其后先后担任总理衙门章京、外务部榷算司主事、商部右丞、左丞、左侍郎，农工商部署理尚书等。1906年因母亲病逝回乡，其后退出官场，开始从事教育事业，1907年起出任邮传部上海高等实业学堂监督，学校改名为南洋大学堂、交通部上海工业专门学校后，继任校长，直至1920年因病辞职。后在无锡创办无锡国学专修馆，并任馆长长达30年，至1950年学校（时改名为中国文学院）并入苏南文化教育学院后，任名誉教授。

② 华文川（1860—？），名艺三，无锡人，工书善画，人称"艺三先生"，著名实业家，任无锡商会会长多年，兼任同善社、红十字会溥仁慈善会会长，与荣氏家族交谊深厚。

③ "裏下河"，现在通作"里下河"，它不是一条河，而是指里运河以东、串场河以西、苏北灌溉总渠。

附 1:无锡水灾筹赈会为水灾筹赈事来函代电(1931 年 9 月 2 日)

上海七浦路无锡旅沪同乡会公鉴:

本邑蚕熟失收,继以大水为灾,田地淹没,秋成无望,当在洞鉴之中。而远方告赈,近如江北,远暨武汉,纷至沓来。若非统筹兼顾,恐将穷于救济。瞻念前途,不寒而栗。兹由地方党政机关及慈善团体,于本年八月三十一日,在县商会发起组织无锡水灾筹赈会,公推文治、文川担任正、副理事长,并于县商会设立事务所,即日成立,以期群策群力,统筹本邑及各处捐赈事宜。文治、文川垂垂老矣,事关善举,未敢告劳。本年水灾几遍全国,而锡邑又加蚕荒,四乡室尽悬罄,既须度人,且复自度。同人心长力短,深惧不克负荷,务乞随时赐教,尽力协助。除俟本会捐册印就,再行寄请公鉴,并盼赐教。无锡水灾筹赈会理事长唐文治、副理事长华文川叩。冬。

附 2:国民政府救济水灾委员会为水灾筹赈事来函(1931 年 9 月)

本年洪水横流,十数省尽成泽国,虽经政府勘救,究以灾重难周,所望举国同胞,本己饥己溺之怀,发大慈悲之愿,或疏财慨助,或推食解衣,共拯灾黎,同襄义举。兹据勘灾专员报称,哀鸿遍野,状实堪怜。且也转瞬秋风即起,蔽体无衣,瑟缩号寒,情尤可悯。设不早为之所,则幸免与波臣为伍者,亦将死于寒威矣。爰有征集衣服之举,想恻隐之心,人皆有之,有力者或捐款购制御寒之具,无力者或捐助破旧之衣,即诸仁人所认为不堪使用之破旧衣裤、鞋帽、被褥等,亦皆为被难同胞所求之不得者。〈黄〉仁霖奉委员长宋〈子文〉命,计划征集事宜,除函请各大慈善团体竭诚相助外,素仰贵会急公好义,久播仁声,故敢敬请贵会担任收件处之一,并恳鼎力倡导,广为征集,俾千万灾民早登袵席,则感荷恩施,当无既矣。至应备之收据、告白等,一俟印就,即行送奉。专此布恳,尚希赐复是幸。此致无锡旅沪同乡会。国民政府救济水灾委员会启。

(《无锡旅刊》,第150期,1931年9月,第1—2页)

为水灾筹赈事致无锡陈傅德县长代电

(1931年9月14日)

无锡县长陈勋鉴:

冬【二日】代电悉。敝会以本年洪水为灾,十余省尽成泽国,即经一再开会,分发捐册,募款救济。除募集一千元,先交由江苏水灾义赈会,拨济里下河之兴化、东台、泰县、盐城、阜宁,及沿运河之高邮、宝应诸县灾区外,现正在续募中,俟集有成数,即当分拨,以副雅望。无锡旅沪同乡会理事长荣宗锦叩。虞。

(《无锡旅刊》,第150期,1931年9月,第2页)

为锡邑水灾筹赈事复无锡陈傅德县长函告已募集一千元汇交无锡水灾筹振会查收拨济灾区

(1931年9月15日)

径启者:前准支代电,以锡邑灾情较重,救济维艰,属即尽力协助,俾被水灾黎,不至流离失所等因,遵即分发捐册,交由诸评议、诸理事、诸会员分投劝募。兹已募集洋一千元,汇交无锡水灾筹振会查收,拨济灾区。知关绮注,用特奉布。此致无锡县长陈〈傅德〉。无锡旅沪同乡会理事长荣宗锦。二十年九月十五日。

(《无锡旅刊》,第150期,1931年9月,第3页)

为锡邑水灾筹赈事致无锡水灾筹赈会理事长唐文治、副理事长华文川函

(1931 年 9 月 15 日)

敬启者:昨准捐册,以本邑蚕熟失收,继以大水为灾,田地淹没,桑谷无望,并先电属协力劝募等因。查敝会前以各省水灾奇重,即经分发捐册,设法劝募,幸承诸评议、诸理事、诸会员分投劝募,陆续送交到会。兹先筹集洋一千元填入捐册,随函附呈,至祈查收函复,并掣给收条备查。此复无锡水灾筹振会理事长唐〈文治〉、副理事长华〈文川〉。无锡旅沪同乡会理事长荣宗锦启。九月十五日。

再启者:迭准函电,以本邑大水为灾,属为协助募款济振等因,遵经诸同乡分投劝募,业已筹集洋一千元,备函寄陈。虽杯水车薪,无补万一,惟贵会筹集款项,是否专振本邑,抑分振江北,及各省灾区,敢祈示悉。再颂善祺。

(《无锡旅刊》,第 150 期,1931 年 9 月,第 3—4 页)

无锡水灾筹赈会为赈济江苏水灾事复无锡旅沪同乡会函代电深望随时指教尽力协助

(1931 年 9 月 17 日)

上海七浦路无锡旅沪同乡会荣宗敬先生暨诸乡台鉴:

接奉大函,并第一号捐册暨洋一千元,毛鉴清先生移拨令孙汤饼宴资、特捐锡赈洋一百元,均领悉,谨为灾民九顿首以谢。锡赈会前经决定方针,对于各处灾赈,由会统筹斟酌情形,分别接济,暂以本省江北暨临近各县急赈为主。计自本会成立以后,先后拨上海江苏水

灾义赈会水灾急赈银六千一百七十五元，又镇江江北水灾临时义赈会江北急赈银二千元，合共八千一百七十五元。其本地，除灾重之区，由地方义绅私人筹资，酌放急赈外，拟再办理工赈，实施根本救灾工作。已推顾述之先生主任设计，协同县建设局暨有关农事各团体，组织水灾调查团，即日出发，先从此次淹没最甚、江阴交界之第十五区旧青城市入手，以次及于第五区旧天上市、第十六区旧万安市、第十七区旧富安乡暨其他各区。其设计步骤，第一步堵闭缺口，排水种麦；第二步修筑圩岸，整理沟渠。惟此项工作将来需费甚巨，同人责任綦重。鉴于江北祸至之无日，或重贻诸乡台忧。事关根本，不敢不勉，深望随时指教，尽力协助，无任企盼。无锡水灾筹赈会唐文治、华文川、钱基厚叩。筱。

（《无锡旅刊》，第151期，1931年10月，第1页）

致江苏省政府电恳派属收容难民须将无锡一属除外

（1931年9月17日）

江苏省政府主席暨各厅均鉴：

顷闻苏〈州〉、常〈州〉各属，有派收容难民之说。敝邑为京沪线工区，五方杂处，良莠不齐，日前已有少数难民到锡，发生冲突。且本年同被水灾，各公团正在设法筹振。务恳派属收容难民，须将无锡一属除外。迫切电陈，伏祈俯准。无锡旅沪同乡会理事长荣宗锦叩。筱。

（《无锡旅刊》，第150期，1931年9月，第3页）

复无锡县党部、商会等电告致江苏省政府电内容

(1931 年 9 月 17 日)

无锡县党部、县商会、水灾筹振会鉴：

铣电悉。顷致江苏省政府主席暨各厅长一电，文曰：“顷闻苏常各属，有派收容难民之说。敝邑为京沪线工区，五方杂处，良莠不齐，日前已有少数难民到锡，发生冲突。且本年同被水灾，各公团正在设法筹振。务恳派属收容难民，须将无锡一属除外。迫切电陈，俯祈俯准。”等语。用特电复。无锡旅沪同乡会理事长荣宗锦叩。筱。

(《无锡旅刊》，第 150 期，1931 年 9 月，第 3 页)

附：无锡县党部、县商会、水灾筹赈会为省政府令派收容难民事来电(二则)(1931 年 9 月 16 日及稍后)

其一(1931 年 9 月 16 日)

七浦路无锦〔锡〕旅沪同乡会鉴：

省令电县，派苏〈州〉、常〈州〉各属收容难民，地方人心震动，赈务无法办理。〈无〉锡拟请免，即行晋省，务请一致恳免。盼复。无锡县党部、县商会、水灾筹赈会叩。铣。

其二(1931 年 9 月 17 日稍后)

铣电计达。苏〈州〉、常〈州各属〉收容难民，〈无〉锡代表偕县长同晋省，径赴民〈政〉厅陈明胡〈朴安〉厅长。当奉面谕，新自江北巡视返省，深知真正难民，恐将来复业为难，多不愿轻去其乡，业经决定变更，暂作罢论。并于筱【17】日奉县转省电，江北灾民，现已分电淮安、淮阴、泰县等地，近日筹办收容所，以便分途容纳，所有前拟丹阳等四县添设收容所，应查明分电撤销等因。特闻。

(《无锡旅刊》，第 151 期，1931 年 10 月，第 1—2 页)

无锡陈傅德县长及水灾筹赈会为锡地赈务来电务望尽力劝募源源接济

（1931 年 9 月 24 日）

上海七浦路无锡旅沪同乡会、荣宗敬、丁云轩、陶仞千、孙北谖，并转裘可桴、丁仲祜、王尧臣、丁梓仁、丁福怜、徐可亭、季云卿、刘春圃、冯云初、荣瑞昌、冯绪承诸先生鉴：

〈无〉锡地〈方〉赈务，慨荷协助，乡里同感，惟以内外兼顾，标本并治，同人心长力短，深苦杯水车薪，时觉捉襟见肘。〈无〉锡水灾〈筹赈〉会历届会议记录，暨办赈计划，业已先后奉寄，并于筱【17】日代电奉复在案，谅荷察照。夙仰诸公关怀桑梓，情殷救济，务望尽力劝募，源源接济。傅德等本拟亲自赴沪，面领教益，只以近日职务缠身，未克即行来沪，用特先行电恳，稍迟有暇，仍当趋沪专候也。无锡县长陈傅德，水灾筹赈会唐文治、华文川、杨寿楣、钱基厚等同叩。敬。

（《无锡旅刊》，第 150 期，1931 年 9 月，第 5 页）

致申新各厂通函要求由各厂经理召集工程师暨重要职员切实讨论如何加紧工作与改良出品以副爱用国货者需求

（1931 年 9 月 25 日）

此次关外事变[①]猝起，日人侵略之野心完全暴露，诚危急存亡之秋。吾国纺织业受人倾轧已非一日，现在全国人民一致抵制日货，如能坚持

① 即指“九一八”事变。

到底，则实业有振兴之望，而国家亦可转弱为强。查各厂报单，出数较前已有进步，甚为欣慰。当此纱销畅旺、国货推行之际，应由各厂经理召集工程师暨重要职员，切实讨论如何加紧工作、如何改良出品，以副爱用国货者之需求。须知外交紧迫，正吾人奋斗之时，幸振起精神，努力厂务，是为至要。

（申新总公司函稿汇登）

为提倡实业振兴国货事致张静江[①]函

（1931 年 10 月 15 日）

静江先生勋鉴：

日前畅聆教言，至为愉快。东北事变发生，瞬将一月，国〈际〉联〈盟〉虽表示好感，然终不如民众有决心、有毅力，博最后之胜利。现在抵制之声浪日高一日，与历届经过情形不同，第恐境过情迁，仍贻五分钟热度之讥，而不能制强敌之死命。报载上月日本输出减少一千二百万〈元〉，如能永久抵制，则平时以经济侵略吾国者，吾国即以抵制杜其侵略。虽属寻常之事，实为扼要之图。窃谓二十年来“振兴国货、提倡实业”已成口头禅，外侮之来，正予吾国以提倡实业、振兴国货之机会。宗敬是以草具计划书，冀于纺织业先有所发展，以挽回纱布利权，幸蒙主座【即指蒋介石】嘉许，促其实行。倘能早日成功，则纺织界不啻骤添无数生力军，其效力当胜于标语万倍。尤望各业联络一气，毋逞私意，毋图近利，苟可以抵制者，即竹头、木屑之小工艺，亦应各出其心思、智

① 张静江（1877—1950），名增澄，又名人杰，字静江，别署钦光，晚年又号卧禅，浙江吴兴（今湖州）南浔镇人，出身江南丝商巨贾之家，与蔡元培、吴稚晖、李石曾并称为“国民党四大元老”。先后担任国民党中央执行委员、中央常务委员会主席、代理中央执行委员会主席、浙江省政府主席、建设委员会委员长等职。

力，集资组织，以供社会之需求，而谋根本之救济。如是，而强邻犹不屈服者，未敢信也。先生负党国重望，登高一呼，市面皆应，用将鄙意贡诸左右，惟垂察为幸。

（申新总公司函稿汇登·第四册〔1929—1931 年〕，上海社会科学院图书馆藏）

为提倡国货抵制非国货事致李济深[①]函

（1931 年 10 月 20 日）

目前最重要者，无如外交。国〈际〉联〈盟〉主持公理，美国加入旁听，彼国犹多方狡辩，冀达其永久侵占之目的。吾国对付，应取如何态度，谅政府自有成竹，未宜置喙。就商民立场言，惟有团结一气，永久抵制，誓为政府之后盾。吾国本为彼国百货商场，商民尽推销之义务，于不知不觉中，一任每岁捆载数千百万金钱而去。今东北不幸发生事变，实予吾人以觉悟之机会，知非永久抵制，不足以制其死命。爱国为国民分〔份〕内之事，岂他人所能借口，只须有秩序、有组织，进行须分步骤，处置不涉偏私，俾商民了然于何者为国货，何者非国货；不提倡国货，不抵制非国货，皆为不爱国。以和平之口吻，为扩大之宣传，如是而商民犹不觉悟者，无是理也。宗敬经营纺织业垂三十年，目击上海一隅，日厂林立，纱锭之数，有增无减，市价上落，为他人操纵，而无可如何。然爱国之心，未敢后人，为实行抵制计，曾草具计划书上之政府。兹检呈油印一份，幸加指教。宗敬以为，纺织业为民生主要问题，视他业尤为重要；凡百小工业，亦应加以提倡，供社会之需求，以裕国民经济，而塞

① 李济深（1885—1959）有时又作李济琛，字任潮，广西苍梧人。早年毕业于保定军校，留学日本；曾任国民革命军第四军军长，黄埔军校副校长、广东省政府主席，1929 年联合桂系李宗仁等反对蒋介石，被蒋软禁在南京汤山，1931 年“九一八”事变爆发后始获自由。

漏扈〔戹〕。先生洞明世事，素所心折，极拟趋谒，知莅申未久，晋接必多，敬具芜函，聊陈衷曲，惟垂察焉。

（申新总公司函稿汇登）

无锡县商会、水灾筹赈会为江南各县集会共筹救济灾情事来函代电请速集议指示方针

（1931 年 10 月 23 日）

上海无锡旅沪同乡会荣宗敬先生，暨诸乡台鉴：

溧阳东坝，迭有谣啄，幸荷诸乡台先后电省，饬属保护，乡里逖听，咸深感钦。乃接溧阳县商会快函，近竟发现一种开坝标语，除由〈无〉锡电省派队保护、饬属防范外，并由溧阳县商会发起，定于十月一日邀集相关各县商会，借座镇江商会，特开联席会议。闻各县建设局亦有同样集合，共筹救济，藉杜祸因。事关江南各属数千万生命、财产，敝会等拟即推派代表前往出席。夙謡诸乡台垂注，幸速集议，指示方针，无任企盼。无锡县商会、水灾筹赈会叩。漾。

（《无锡旅刊》，第 151 期，1931 年 10 月，第 2 页）

为兴化散赈事致无锡华艺三先生函

（1931 年 10 月 31 日）

艺三先生大鉴：

前奉大函，以道院中统坛，嘱与常州合作，同赴兴化散赈。近该县长华倩叔君，世居荡口，既属同族又属同乡，特地回乡募赈。今无锡水灾筹赈会仅拨二千元（余款拟作本邑修堤工赈之用），散户另集四千元，

拟集万元之数，仍烦施襄臣[①]君与常州分头往赈，不敷甚多，属〔嘱〕于上海同乡会经募款内，酌拨一二千元以资协助等因。准经会商本会经募诸同乡，拨助洋二千元。随函附款，至祈查收，速嘱施君前往兴化散赈，并望函复备查。专复，敬颂善祺。无锡旅沪同乡会理事长荣宗敬启。十月三十一日。附洋二千元。

附：华艺三君复无锡旅沪同乡会函（1931年10月31日）

来书奉悉，并由仁山兄交到贵会捐赈兴化款洋二千元之支票，即交由水灾会亲掣收据一纸，察入，俟出发时当收付。此行现集赈一万、棉衣三千套，衣拟先运，款由施君携去，约须出月初旬方行也。振款一俟收齐，再行合登《锡报》鸣谢。先此奉复，敬颂慈祉。华文川顿首。十月三十一日。

（《无锡旅刊》，第151期，1931年10月，第2—3页）

振兴实业、发展经济以惠民生计划书

（1931年11月1日）[②]

吾国幅员之广，人民之众，物产之丰，设有清明之政治，具体之建设，干戈载戢，朝野合作，策久远之规，跻大同之治，岂不甚善！无如天祸吾国，洪水为灾，灾区十六省，灾民五千万，造成空前之浩劫。举国皇皇〔惶惶〕，呼号奔走，筹赈机关，联络进行，办赈人员，勤奋将事。而我

① 施襄臣（1886—1936），字永成，无锡人。时任无锡中国银行经理、无锡溥仁慈善团董事，乐善好施。

② 此计划书系荣宗敬向国民政府提出。据荣宗敬先生1931年10月15日致张静江、10月20日致李济深两函推断，该计划书原稿草拟以及提交国民政府的时间，应分别约在1931年9至10月间及10月15日稍前，此处所标时间系公开发表时间。在此计划书中，荣宗敬先生向国民政府提出借款订购美国棉麦和赊购英国纱锭的建议。

政府知非宽筹食品，无以救垂毙之人民；非借助他邦，无由得大宗之接济，爰有向美国购麦之举。美国总统胡佛[①]一视同仁，立允所请，四十五万吨合同[②]，业已签定。救灾恤邻，善意可感。吾人何能作无厌之求，抱过奢之望？无如以五千万之灾民，摊派四十五万吨之小麦，灾民纵沾实惠，于民众食品，犹少裨益。美国种植精良，农产丰稔，输出四十五万吨，等于九牛一毛。鄙意宜向美国续购，利率及价格以前订合同为准，付款之期，须商请放宽。美国当局救助灾区之心，已昭然若揭，苟诚恳继续协商，当无拒绝之理。如能达到目的，美麦源源而来，粮食之价格借以抑平，我政府对于民食恐慌问题，亦得从容解决。此计划之应行商榷者一也。

衣、食同为生活要素，有裹腹之粮，无章身之具，于民生主义，仍得其偏。查吾国产棉之区，占地不广，纺织业平时恒藉外棉接济应用。此次水灾遍地，棉田亦同受影响，即有收成，亦当减色。美棉产量既丰，积贮亦厚。是宜援订购小麦之例，向美国订购棉花，以济厂用，俾原料无虞缺乏，工人生计亦得维持。由我政府与美国磋商条件，订立合同，付款之期，须较美麦延长，俾得次第偿还，维持国际间信用。此计划应行商榷者二也。

进而言之，就今日而言，建设工业，实为要图。即以纺织一业而论，吾国人口四万万，只有纱锭二百余万枚，较诸欧美各国人口与纱锭之比

---

① 赫伯特·克拉克·胡佛(1874—1964)，曾给自己取中文名字“胡华”，后大多将其姓译作胡佛，美国第 31 任总统(1929 年 3 月 4 日—1933 年 3 月 3 日)。

② 1931 年 9 月，国民政府为赈济水灾区域起见，与美国农业部订定购买美麦合同：(一) 向美国粮市平价委员会购买美麦或麦粉 45 万吨，此项麦价嗣经结算，共 9,212,826.56 美元，作为借款；(二) 麦款利息周年 4 厘，每年 6 月 30 日及 12 月 31 日付息一次；(三) 麦款分三期偿还，每期付三分之一，第一期〈民国〉二十三年【1934】12 月 31 日付清，第二期二十四年【1935】12 月 31 日付清，第三期二十五年【1936】12 月 31 日付清；(四) 指定关税 5 厘水灾附加税为还本付息之担保。见国民政府财政部财政年鉴编纂处编：《财政年鉴》，上海商务印书馆 1935 年版，第 1422 页。

例,我国现有之纱锭,实不能供国民之需求。惟其如此,是以他国在吾国设厂,以遂其经济侵略之野心,而使我纺织业受重大之打击。纱布为人生必需之品,乃至仰给他人,痛心之事,无逾于此!为今之计,莫如由厂商自动向英国订购纱锭六十万枚,注重纺织细纱、细线,就原有纱厂,力图扩充,以冀供求相应。应请我政府为之担保,其利率应特别减轻,偿清之期,多则十五年,少则十年。在彼方贷出机器,属于营业性质,所处地位,绝无利害冲突。且有我政府担保,宜无不乐从。吾国如骤添纱锭六十万枚,加紧工作,出数至为可观。我政府振兴实业之苦心,庶几见诸实事,否则空言抵制,力竭声嘶,于事奚济!此计划之应行商榷者三也。

至于吾国经济状况,自庚款退还,已减轻一部分担负。所欠外债,历年陆续付与,少数已经偿清;其余外债,距偿清之期不远。厘金数十年积弊,亦已一律铲除。关税实行自主,统计收入,为数不赀。连年发行公债,均有确实担保,且额数并不过巨。以故,市上无须巨额之纸币流通,而金融自臻稳固之地位。此皆事实问题,而无待哓哓者也。

更言吾国工业状况,在昔工业幼稚,生产落后,无可讳言。谋国之士,无不知富国之策,舍振兴实业,其道无由。自一八九五年,美国创始科学管理法,各国咸相则效,风行一时。去年吾国实业部会同工商界,组织工商管理协会于上海。上海各厂遂试行科学管理法,果能增多效能,减少消耗,生产事业之合理化,已为吾国办工厂者所公认,则他日工业之蒸蒸日上,自在意中。而工厂之添购机器,诚为刻不可缓之举。

经济状况如彼,工业状况如此,吾国前途,正可乐观。唯外交吃紧,为目前最重要问题,然公理必能战胜强权,况有四万万人民,为我政府之后盾乎!诚能一德一心,群策群力,采用所陈计划,使灾区无冻馁之虞，实业有蓬勃之象，裕经济即所以杜侵略，兴工业始可以抵外货。愿我贤明当局及国人共勉图之。

（《人钟月刊》，第 1 卷第 3 期，1931 年 11 月 1 日，“言论”，第 1—2 页）

附蒋介石批示：“此件如能实行甚好，交实业部切实筹办，商有端绪后即照执行。”

（朱复康先生生前提供，承陈文源先生赐示）

为减轻工商业贷款利率事致国民政府行政院政务处处长彭学沛[①]函乞言于李烈钧、张静江、吴稚晖、冯玉祥、阎锡山诸人于五全大会提出讨论

（1931 年 11 月 14 日）

浩徐处长勋鉴：

奉手教，敬悉歌（5 日）代电，已邀公等亮察，毋任欣慰。窃思纺织为〈我国〉主要工业，自民〈国〉元〈年〉【1912】至今，日人在华增设四十余厂，计纱锭二百余万枚，其生产力量超过华厂之半。查日本政府与商民合作，工商业贷款利率极微，以故得分其余力在吾国添设各厂，长江、黄河流域日纱势力逐渐发展。我政府虽具保护实业之决心，犹未能慰商民喁望。商民自身，则以借款利率过高，致难维持现状；在金融界，对于利率又未能让步。不知金融界与工商业关系至为密切，断无此荣彼枯之理，若利率不减，工商业万难图存。为今之计，一方努力生产，一方减

① 彭学沛（1896—1948），字浩涂，江西安福县人。在日本京都帝国大学毕业后，又赴比利时留学。归国后，任北京大学政治学教授；1928 年 2 月，中国国民党中央党报《中央日报》在上海创刊，任主笔；1932 年 3 月起，先后代理国民政府内政部长、全国经济委员会委员、交通部常务次长、交通部政务次长、中国国民党六届中央执行委员会、战时生产局副局长等职，1946 年 5 月任中国国民党中央宣传部长，1947 年为行政院政务委员，1948 年 12 月 21 日乘飞机赴香港办理公务时因飞机失事身亡。

轻利率，庶整个农村商得有转机。敬乞我公言于〈李〉协和[①]、〈张〉静江、〈吴〉稚晖诸老，能于五全大会提出讨论，举国商民均所感戴。如能将鄙意代达冯〈玉祥〉、阎〈锡山〉二公，冀得赞助，尤所企盼速速会议。贤劳可想，惟祈珍重。手函，敬颂勋祺。

（申新总公司函稿汇登·第四册〔1929—1931 年〕，上海社会科学院图书馆藏）

上海华商纱厂联合会呈请国民政府实业部咨财政部于棉纱统税项下拨给购买棉种五千担之费用约计洋二万元交由中华棉产改进会采购棉种分发鄂湘等省被淹区以维棉产文

（1931 年 12 月 1 日）

呈为恳请拨款采购棉种，分发鄂、湘等省被淹棉区，以维棉产事。窃据中华棉产改进会函称，“敝会叠接湖北、湖南等省各棉场，来请抽给棉子，以应被灾区域明年种植之需。经敝会讨论议决，采购本国鲁、冀等省之美棉种子，分散于受灾种棉之区，由散发种子省区之棉场，负责在该区繁殖之。估计所需棉子，至少须有一二万担，拟请贵会筹募此项购种经费。”等情到会。查我国棉产近年愈感缺乏，致美〈国〉、印〈度〉棉花输入激增，漏卮之巨超逾万万，故推广植棉尤为当务之亟，而原有棉

① 李烈钧（1882—1946），原名烈训，字协和，又字侠如，号侠黄，江西九江人。1901 年入江西武备学堂，后由北京练兵处选送赴日本留学陆军，先后入振武学校、日本士官学校学习。1905 年加入中国同盟会。民初任江西都督，二次革命中于湖口首举义旗讨袁护法，1915 年与蔡锷、唐继尧共同举兵反袁护国，后又参加护法及北伐战争。南京国民政府建立后，曾任南京国民政府常务委员兼军事委员会常务委员、国民党中央委员、国民政府委员、国民政府高等军事法庭审判长。1931 年“九一八”事变后，李烈钧积极主张对日抗战，要求维系人心，一致御侮。

区更须设法维护。湖北为国内主要棉区，占全国产额三分之一，本年沿江一带棉植尽被水淹，来年棉种势必颗粒无存，无如购置费用为数甚巨，殊非属会所能胜任。为此具呈恳请钧部，俯念推广植棉之重要，咨请财政部，于棉纱统税项下，拨给棉种五千担之费用，约计洋二万元，交由该会采购，以救灾荒，而繁棉植。所有恳请拨款购买棉种情由，理合备文，呈请鉴核，并乞迅赐批示施行，实为公便。谨呈实业部部长孔〈祥熙〉。具呈人华商纱厂联合会主席委员荣宗锦。中华民国二十年十二月一日。

附 1:国民政府实业部批(字第 号)(1931 年 12 月 16 日)

原具呈人华商纱厂联合会呈一件，请咨财政部，于棉纱统税项下，拨给购买棉种五千担之费用，约计洋二万元，交由中华棉产改进会采购棉种，分发鄂湘等省被淹棉区，以维棉产由。呈悉，查该会所请拨款采购棉种，分发鄂湘等省被淹棉区以维棉产一节，案关水灾救济，业经据情转函国府救济水灾委员会酌办矣，仰即知照。此批。

附 2:国民政府实业部致国民政府救济水灾委员会公函(1931 年 12 月 18 日)

实业部公函(字第　号)

径启者:案据华商纱厂联合会主席委员荣宗锦具称，为恳请拨款采购棉种，分发鄂湘等省被水棉区，以维棉产。窃据中华棉产改进会云(见上函，略)，实为公便等情，据此，查该会祈请拨款采购棉种，分发鄂湘等省被淹棉区，以维棉产一节，事关水灾救济，似应按照救济灾区籽种办法，酌拨赈麦二百顿，以为调换棉种五千担。除批示外，相应函请查酌办理，并希见复，以便饬遵为荷。此致国民政府救济水灾委员会。

(国民政府实业部档案，中国第二历史档案馆藏)

致上海《福尔摩斯报》函为该报二十日登载其大贩日货事

（1931 年 12 月 21 日）

二十日贵报登载“荣宗敬大贩日货”一节，闻之不胜骇异。敝公司纱锭有五十余万枚，每日出品不在少数。在此抗日声中，只有实际工作，力谋抵制。乃贵报谓鄙人向浦东日华纱厂购进日纱七千余包，用大号铁驳船装运赴秘密机关，改装华商申新牌子，运销各地，以欺蒙国人。不知申新即鄙人所办纱厂，本地人将日纱改头换面，冒充牌子，不能保其必无，如谓鄙人有此丧心病狂之举，是不啻办实业者摧残实业，办申新者坑坏申新，天下宁有是理？社会不辨是非，以为名目，电话语其者已有数起。鄙人为个人名义计，为实业前途计，特向贵报郑重声明，请迅予更正，以免淆惑听闻。

（申新总公司函稿汇登・第四册〔1929—1931 年〕，上海社会科学院图书馆藏）

附：上海《福尔摩斯报》登载“荣宗敬大贩日货”（1931 年 12 月 20 日）

面粉大王荣宗敬，前以将麸皮向日商交换小麦，为抗日会警告，其事经载本报。讵荣似与日人有不解之因缘，又于前日，向浦东日华纱厂（日商）购进日纱七千余包，用大号铁驳船装运，赴秘密机关，改装华商申新厂牌子，运销各地，以欺蒙国人。其事经人密告抗日会，查察属实，请示常务会处置办法，未知该会是否能照惩戒寻常奸商之例以惩戒之，吾人不妨拭目以待。

（上海《福尔摩斯报》，1931 年 12 月 20 日，第 1 版）

致国民政府实业部部长孔祥熙函乞俯念申新汉厂困难情形迅予设法救济

(1931 年 12 月)

顷接敝公司汉厂来函,略谓“申新工会又提出年底双薪酬劳,经过第二次调解,尚未得要领”等语。查敝公司各厂,汉厂历年吃亏尤多……今年受水灾影响,调度金融,支持厂务,已觉万分困难。乃于国难当前、抵制紧张之际,忽有无理要求,不知夏秋之交,洪水泛滥,厂方于工人已竭尽维护之能事,损失亦复不赀。今工作甫经数月,双薪酬劳信口提出,在工人思想简单,恐有人从中利用,直接剥削厂方,间接摧残实业。国势阽危若此,纺织业若再有动摇,则实业根本破坏,空言抵制,于事何济?现在上海日厂依旧开机,加紧工作,吾国则工人不谅,不从增加生产着想,只争个人权利。言念及此,可为寒心。部长总持全国实业,纺织尤为实业命脉,敬将敝公司汉厂最近现状,陈诸左右,伏乞俯念敝厂困难情形,迅予设法救济,不胜企祷之至。

(申新总公司函稿汇登)

致上海面粉交易所主持人王一亭[①]函乞将汉口工厂劳资间纠纷言于当道俾工人各各安分勤于工作

(1931 年 12 月)

汉口工厂情形,与上海不同,办理更形棘手,现在工人于年底要求

① 王震(1867—1938),字一亭,号白龙山人、梅华馆主、海云楼主等,法名觉器,祖(注转下页)

双薪分红，不知厂中日见亏耗，股东官利尚属虚悬，何来双薪红利分润工人？劳资间纠纷，并非资方之压迫，实由劳方之无理取闹。察其内容，工人安分者多，被人操纵，遂群起而与资方为难。弟有两厂在汉口，剥肤之痛，不能忍受。素谂台端维护实业，且居于第三者地位，敬乞言于当道，俾工人各各安分，勤于工作，勿有所恃而挟制资方，工厂幸甚。专此奉托，先达谢忱。

（申新总公司函稿汇登）

S①来函约期趋谒并呈该国纱业联合会发行杂志一册

（1931年）

宗敬先生大鉴：

久慕威仪，未亲钧诲，时维百福，弥切颂思。特此次观光贵国，一以调查纱业情形，并拟趋叩崇阶，藉伸积愫，俟上海事毕，当即趋前。兹先呈敝国纱业联合会发行杂志一册，伏乞惠览，并留纪念，余容面陈。顺叩台安。S谨呈。

（国民政府和财政部特派及聘请荣宗敬等为中央银行理事等任状问题的档〈案〉，上海市档案馆藏）

（续上页注）籍浙江吴兴（今湖州），清末民国时期海上著名书画家、实业家、杰出慈善家、社会活动家与宗教界人士，曾为日商日清汽船公司买办，并两次任上海总商会主席。加入同盟会，资助辛亥革命和二次革命，任中国国民党上海分部部长。上海光复后，历任军政府交通部长、商务总长、中华银行董事，后任南京国民政府中央救灾准备金保委会委员长。曾任中国佛教会执行委员兼常委，上海佛学书局董事长，致力于慈善事业。

① 原为S开头的英文名字，字迹难辨，故略省为S。疑为美国农业部特派调查棉业专员史咏葛。

1932 年

上海市政府来公函为通知国难会议在沪会员到京开会相关事宜

（1932 年 1 月 27 日）

径启者：案奉行政院经〔径〕【25 日】电，内开“现在国难会议会员业经国府聘任，惟开会之期甚迫，聘书恐未能于期前寄到。查有王大桢、王造时、王景歧、王云五、王晓籁、王震、史量才、朱庆澜、汪伯奇、吴经熊、李石岑、李登辉、李铭、狄葆贤、杜锡珪、杜镛、林光汉、胡孟嘉、胡庶华、胡筠、徐新六、徐绍桢、徐谦、马良、马君武、孙洪伊、夏鹏、陈三立、陈彬、陈辉德、郭泰祺、张寅、张嘉璈、张耀曾、冯少山、冯自由、许世英、章士钊、章炳麟、陶知行、陆伯鸿、黄右公、黄炎培、黄金荣、黄郛、褚辅成、贾景德、董康、董显光、杨铨、虞和德、高一涵、叶琢堂、赵凤昌、熊希龄、荣宗敬、刘崇杰、刘鸿生、黎照寰、穆湘玥、钱永铭、卢学溥、罗隆基、顾维钧诸先生，均现住居该市境内，应即由该市长代表本院敦促就道，即日来京，共纾国难。并将各委员首途日期及如何道来京，先行电知国难会议秘书处，以便派员招待。至会员〔及〕随同来京人员，沿途乘坐舟车，已由铁道、交通两部转饬各路局及招商局，照国民会议代表之例，准其免费，应仍由该市政府于各会员起程时，再就近与路局及招商局妥为接洽，并签发护照，交各会员收执，俾资证明”等因。奉此，除分函外，相应奉达，即希查照，并希将首途时期及如何道入都，照所送表格，迅为填注见复，以便转达路局备车，至纫公谊。此致荣宗敬先生。附表一纸。市长吴铁城①。中华民国二十一年一月二十七日。

会员姓名	
取由何道入都	车 轮
起程日期及时间	月　日上午　时　分 下午　时　分
随员人数	
行李件数	
备注	

此表务请即日填注送还。

(上海市政府为通知国难会议在沪会员开会问题给荣宗敬先生的公函，上海市档案馆藏)

上海市长吴铁城来函为国难会议定二月十一日举行请早日就道由

(1932年1月29日)

径启者：案奉国难会议秘书处电开："国难会议，刻经行政院议决，

① 吴铁城(1888—1953)，名子增，字铁城，广东香山(今中山市)人，生于江西九江。1907年考入九江同文书院，1909年加入中国同盟会，辛亥革命爆发后，参与九江与湖口的行动；"二次革命"失败后，经上海避居日本，后加入孙中山成立的中华革命党。1917年开始追随孙中山，参加护法、东征等一系列行动。1926年因涉嫌廖仲恺被杀一案，被拘押虎门横档炮台，同年10月释放。1927年6月任广东建设厅厅长。1932年1月出任上海市市长兼淞沪警备司令。1937年3月被国民政府委任为广东省主席。1939年赴重庆任国民党中央海外部部长，并主持港澳抗战时期国民党的党务兼管福建、广东对外抗战宣传工作。1946年出任中央党部秘书长，翌年兼任立法院副院长。1948年12月出任行政院副院长兼外交部部长。1949年10月从广州经香港赴台湾。

展定二月十一日在首都励志社举行。为期已迫，特请贵处就近查照公布，在贵省、市内之国难会议各会员，诚恳敦促，盼早日就道。至待遇方法，列后：一、已由铁〈道〉、交〈通〉两部通饬各路局及招商局，按照国民会议代表先例办理，各会员动身时，务请贵处先期电示，以便招待；二、为慎重起见，拟烦各会员赐小照一张，并由贵处送交护照一纸，以便沿途各交通机关有所凭信，而免怠慢；三、各会员住址，多不清晰，务请贵处切实调查，直接通知，以免漏误；四、有名姓相同者，务注意。国难会议秘书处。沁。印。”等由。准此。查国家兵凶，匹夫有责。诸公硕德孔彰，令名彪炳，关怀国难，更不后人。所望早日入都，共筹国是，并希将启行日期、随员人数、行李件数及所由何道入都，填表（表已函送）送府，以凭签发凭照，并乞见赐玉照一帧，以昭慎重，至所感荷。此致荣宗敬先生。市长吴铁城。中华民国二十一年一月二十九日。

（上海市政府为通知国难会议在沪会员开会问题给荣宗敬先生的公函，上海市档案馆藏）

署理财政部部长黄汉梁[1]来函奉送财政委员聘书

（1932 年 1 月）

径启者：案奉行政院第一四九号训令，内开：“为令兹事。准国民政府文官处送来财政委员会委员张嘉璈等聘书四十七件。合行检发原件

① 黄汉梁（1890—1974），福建思明（今厦门）人。为北京清华学校第一批学生，毕业后赴美国留学，先后入密歇根大学、普林斯顿大学、哥伦比亚大学深造，获哥伦比亚大学哲学博士学位（博士论文题目为《The Land Tax in China》（《中国的地租》）。1918 年回国后，入银行界，任上海商业储蓄银行国际汇兑处主任；1923 年任和丰银行香港分行行长；1930 年任国民政府铁道部顾问，9 月 24 日被派为整理招商局委员会委员；1930 年 10 月 29 日至 1932 年 1 月 6 日任铁道部常务次长、英国庚子赔款委员会委员；1931 年 12 月 30 日至 1932 年 1 月 30 日署理财政部部长。

并抄同名单，令仰该部即便查收，转致具报查考。此令。"等因。计检发聘书四十七件，并附名单一扣。奉此。除分函外，相应检同原发聘书一件，随函送上，即祈查收示复，以凭转报，至纫公谊。此致财政委员会委员荣〈宗敬〉。计附聘书一件。署理财政部部长黄汉梁。中华民国二十一年一月。

附：全国财政委员会委员聘书（1932年1月12日）

敦聘荣宗敬先生为全国财政委员会委员。此订。国民政府主席林森。中华民国二十一年元月十二日。

（国民政府和财政部特派及聘请荣宗敬等为中央银行理事等任状问题的档〈案〉，上海市档案馆藏）

为托无锡旅沪同乡会冯云初评议员趋前接洽救济避难同乡事致上海贝谛鏖路霞飞路八号世界红卍字会[1]东南主会函

（1932年2月4日）

敬启者：敝会【无锡旅沪同乡会】为救济避难同乡起见，素谂贵会一视同仁，不分畛域，敝会敬捐助洋一千元。关于救济事宜，无论收容或运送，敬请贵会酌量办理。兹托敝会冯评议员云初趋前接洽，即希商定一切，无任盼祷。此致世界红卍字会东南主会陈民正、张兰坪、郑婴芝先生。无锡旅沪同乡会理事长荣宗敬。二月四日。

[1] 世界红卍字会是在1922—1953年间活跃在近代中国历史舞台上的，一个具有全国性的宗教慈善团体，起源于20世纪20年代兴起的民间宗教——道院，1922年4月26日在上海成立，同年10月28日经北京政府内务部批准立案。

附 1：无锡旅沪同乡会为救济避难同乡事分致吴锡旅馆、梁溪旅馆函（1932 年 2 月 4 日）

敬启者：敝会为救济避难同乡起见，由冯评议员云初，商允贝谛鏖路霞飞路八号世界红卍字会东南主会陈民正、张兰坪、郑婴芝诸君，关于救济事宜，无锡收容或运送均由该会酌量办理，除捐款协助外，惟通信处仅设本会，恐交通不甚便利，拟由贵处及吴锡（梁溪）旅馆，特设通信处，如有被难同乡，请求救济者，望即填明籍贯、姓名、年岁，给函介绍，至红卍字会收容所暂为收容，以便逐批运送无锡。素谂执事热心为善、桑梓情深，特备空白函余（　）套，敬希查照办理。此致吴锡旅馆王立齐先生、梁溪旅馆李茂林先生。无锡旅沪同乡会启。二月四日。

附 2：无锡旅沪同乡会为救济避难同乡事致世界红卍字会主会介绍函（1932 年 2 月）

敬启者：敝会【无锡旅沪同乡会】为救济避难同乡起见，特请敝会冯评议员云初特〔持〕函商允贵会关于救济事宜，无论收容或运送，均由贵会酌量办理在案。兹有无锡避难同乡（　），（　）岁，无锡（　）人，特给函介绍至贵会收容，即祈酌量收容、运送为盼。此致世界红卍字会主会东南主会陈〔张〕兰坪、陈民正、郑婴芝先生。无锡旅沪同乡会启。二月（　）日。

（《无锡旅刊》，第 153 期，1932 年 1、2、3 月合刊，第 5 页）

致上海公共租界工部局总董函请迅知照领事设法制止日方飞机对租界工厂抛掷炸弹[①]

（1932 年 2 月 12 日）

自一月二十八日沪变猝发，至今战事未息。其是非曲直，早为世界

① 此函系荣宗敬先生代表上海华商纱厂联合会发出。

各国所洞悉，即贵总董亦深以失业者有十六万人之多为虑，而亟亟谋租界之安全。但昨日永安第三厂工作之际，日方飞机抛掷炸弹，炸毙女工五人，重伤者十九人，全厂恐怖，秩序顿为混乱，报章记载甚详，且为驻厂美兵所共见。须知租界内工厂林立，若因战争相率停工，则骤添无数失业工人，影响租界治安，殊非浅鲜。平时租界内住户所尽纳税之义务不为不多，当此危急之际，自宜享有安全之权利。敝会同人议决，函请贵总董对于飞机掷弹毁坏工厂，迅知照领事设法制止，俾工厂不致停顿，租界得保安全，毋任企祷。

（申新总公司函稿汇登）

江苏省保卫委员会主席顾祝同[①]来函敦聘为会员

（1932年2月17日）

径启者：兹聘任台端为江苏省保卫委员会委员。此致荣宗敬先生。主席顾祝同。中华民国二十一年二月十七日。

（国民政府和财政部特派及聘请荣宗敬等为中央银行理事等任状问题的档〈案〉，上海市档案馆藏）

---

① 顾祝同（1893—1987），字墨三，江苏涟水县人。保定陆军军官学校第六期步兵科毕业。辛亥革命爆发后，曾参加革命军。1921年冬，到桂林投奔孙中山，任粤军许崇智部军事教导队区队长。1925年参加东征后，历任国民革命军师长。1927年后，历任第九军军长、第一军军长、第十六路军总指挥、国民政府警卫军军长、国民党四大中央执委、江苏省政府主席、五省“剿匪”北路军总司令、重庆行营主任、贵州绥靖主任兼省府主席、西安行营主任等职。抗战时，任第三战区副司令长官，1941年发动皖南事变。抗战胜利后，任陆军总司令，“国防部”参谋总长。

为救济无锡籍难民事复无锡县商会、红卍字会、华艺三、杨翰西、钱孙卿诸先生电

(1932 年 2 月 20 日)

无锡商会、红卍字会,华艺三、杨翰西、钱孙卿诸先生鉴:

删【15 日】代电悉。到〈无〉锡难民,多非〈无〉锡籍,系红卍字会各收容所之难民。敝会方面,所给乘船凭证,限于〈无〉锡人,外籍不给。惟红卍字会收容难民,为数既多,兼之〈上海〉市社会局,因闸北水灾收容所,被敌机掷弹,改由南市,现在按日运送六船,闻均运送无锡。若一律收容,实属为难,容由云初分投〔头〕接洽,请其设法运送他邑。至〈无〉锡籍难民,现不雇轮拖送,已与各轮船局约定,真正无锡难民,由〈敝〉会给予免费乘船证,事后由各轮船局持证来〈敝〉会,算给船价,所有此项难民毋须收容也。荣宗敬、王禹卿、陶仞千、孙北萱、冯云初叩。民国二十一年二月二十日。

附 1:无锡红卍字会来函为救济上海无锡籍难民事(1932 年 2 月 18 日)

敬启者:兹托敝会陈委员祥春,备用无锡东北公司祥裕轮船,随带托船三只,运解大批麻袋,至上海新闸路小沙渡路口江海关监督总办事处,转送前方,并救济〈无〉锡籍工界难友返锡。当由红卍字会发给旗号为凭,特具函绍介,务希赐给一切,予以便利,无任公企。此致上海红卍字会、无锡旅沪同乡会、无锡国难委员会、无锡县商会。无锡红卍字会谨启。二月十八日。

附 2:无锡旅沪同乡会复无锡商会、国难委员会、红卍字会函(1932 年 2 月 20 日)

敬复者:二月二十日由锡轮老大范某交奉公函,以托陈委员祥春备

用无锡东北公司祥裕轮船，随带拖船三只，运解大批麻袋，至上海新闸路小沙渡路口江海关监督总办事处，转送前方，并救济〈无〉锡籍工界难友返锡，当由红卍字会发给旗号为凭，函介接洽一切等因。查陈委员祥春，并未来申，所有大批麻袋，亦不运送江海关监督总办事处查收，擅行车送敝会，责令敝会担负车力洋六元。陈委员既无责任心，所托又属非人，且范老大将麻袋卸清，并不来会接洽，擅行售票揽客运锡，避难同乡持敝会乘船凭证上船，反拒而不收，救济锡籍工界难友返锡之谓何？除将昨日留下难友，会同红卍字会，另雇轮拖今午运送，并将存会麻袋设法转送前方外，用特函复。此致无锡商会、无锡国难委员会、无锡红卍字会。

（《无锡旅刊》第153期，1932年1、2、3月合刊，第5—7页）

留沪国难会议会员致国民政府歌电声明不赴会理由[①]

（1932年4月5日）

国民政府公鉴：

国难会议，辱承敦聘。读组织大纲，"集中全国意志，共定救国大计"等语，念匹夫之有责，虽汤火，其敢辞？顾同人深信，凡民族争存于世界，以合作为最要条件，盛衰存亡，胥系于此。我中华民族，所以积弱至今，濒于危亡者，唯一症结确在不能合作。民国二十余年，内讧之频繁、激烈，人所共见。近数年来，更立一党专政之制，杜绝多数民众政治上合作之途，以致党员斗争于内，民众睽离于外。全国嚣然，戾气充溢。

① 国民政府决定国难会议于1932年4月7日在"行都"洛阳举行，而会员多主张在首都南京举行，且因国民政府规定会议讨论范围，内部出现赴会与不赴会两种不同主张，其中当时在上海的国难会议会员等，以事前政府限制讨论范围，多数不愿到会。4月4日，马良等66人联名致电国民政府，陈述不到会的理由及主张。

日人乘之，乃有“九一八”以来之奇辱。此而不变，沦亡可待，遑论御侮！同人参与国难会议，方拟开陈所信，化除杜绝合作之党治，实现全民协力之宪政，对此救亡大计，努力解决，以答政府相邀之雅，而副人民望治之殷。乃政府忽有限制会议议事之规条，经推代表赴京晋谒，奉询真意，复承汪〈兆铭〉[①]院长函覆“会议讨论，以御侮、救灾、绥靖为范围”等语，诵悉之下，不胜惶惑。以为遵召赴会，如严守制限，置救亡大计不提，则对国家为不忠，对政府为不诚；而政府既已严定制限，则此实施宪政之案，又无提出会议余地。思维再四，与其徒劳往返，无补艰危，不如谢绝征车，稍明素志。用特电陈不能赴会理由，幸乞谅察。至于救济国难，重在实际工作，不以赴会与否而有异同。宪政为救亡大计，同人天责所在，既有确见，仍当次第开陈。所愿党政诸公，念国命之垂危，察症结之有在，破除成见，与民合作。中国幸甚。临电无任悚惶迫切之至。

张耀曾、黄炎培、史量才、张嘉璈、穆湘玥、孙洪伊、温宗尧、狄葆贤、虞和德、李煜堂、刘天予、朱吟江、左舜生、陈启天、张一麐、陈辉德、李璜、许克诚、赵恒惕、沈钧儒、黄金荣、徐新六、张寅、彭允彝、王造时、胡筠、钱永铭、谷钟秀、张子柱、陈锦涛、胡孟嘉、颜福庆、冯少山、刘崇杰、刘鸿生、赵凤昌、卢学溥、程子楷、汪伯奇、陶家瑶、杜镛、吴经熊、李铭、陈彬和、蒋群、陆伯鸿、徐元诰、荣宗敬、赵叔雍、尤列、张元济、胡敦复、欧元怀、金井羊、王云五、章士钊、张九维、董康、夏鹏、黄一欧、曹惠群、俞庆棠、李时蕊、唐文治、冯自由。歌。

（上海《申报》，1932 年 4 月 6 日，第 1 张第 1 版）

① 汪兆铭（1883—1944），字季新，一字桂辛，又字继辛、季辛、季询，笔名精卫，祖籍浙江绍兴，出生于广东番禺。1903 年留学日本东京法蒸队大学速成科；1905 年参加中国，被推选为评议部评议长，编辑《民报》；1911 年与度在天津组织国事共济会，并组织同盟会京津保分会，任会长；1925 年曾代孙中山起草政治遗嘱；国民政府成立后，曾任国民党中央执行委员、国民政府主席、行政院院长、国民党副总裁、国防最高会议副主席、国民参政会议长等职。1938 年与日本合作，组建伪南京国民政府。

留沪国难会议会员致各省市政府、各公团、各报馆及全国国民通电声明不赴会议理由

（1932 年 4 月 6 日）

昨电国民政府文曰："国民政府公鉴：国难会议，辱承敦聘。读组织大纲，'集中全国意志，共定救国大计'等语，念匹夫之有责，虽汤火，其敢辞？顾同人深信，凡民族争存于世界，以合作为最要条件，盛衰存亡，胥系于此。我中华民族，所以积弱至今，濒于危亡者，唯一症结确在不能合作。民国二十余年，内讧之频繁、激烈，人所共见。近数年来，更立一党专政之制，杜绝多数民众政治上合作之途，以致党员斗争于内，民众睽离于外。全国嚣然，戾气充溢。日人乘之，乃有'九一八'以来之奇辱。此而不变，沦亡可待，遑论御侮！同人参与国难会议，方拟开陈所信，化除杜绝合作之党治，实现全民协力之宪政，对此救亡大计，努力解决，以答政府相邀之雅，而副人民望治之殷。乃政府忽有限制会议议事之规条，经推代表赴京晋谒，奉询真意，复承汪院长函覆：'会议讨论以御侮、救灾、绥靖为范围'等语。诵悉之下，不胜惶惑。以为遵召赴会，如严守制限，置救亡大计不提，则对国家为不忠，对政府为不诚；而政府既已严定制限，则此实施宪政之案，又无提出会议余地。思维再四，与其徒劳往返，无补艰危，不如谢绝征车，稍明素志，用特电陈不能赴会理由，幸乞谅察。至于救济国难，重在实际工作，不以赴会与否而有异同。宪政为救亡大计，同人天职所在，既有确见，仍当次第开陈。所愿党政诸公，念国命之垂危，察症结之有在，破除成见，与民合作。中国幸甚。临电无任悚惶迫切之至。"等语。同人深信，救亡大计惟在全民合作，合作之基惟在施行民主主义之宪政，非此不足以解除纷扰，挽救危亡。因并于即日发起民宪协进会筹备会，一切进行办法容待续布。愿我全国

父老兄弟姊妹有以教之。

列名以姓氏笔画多少为次

王造时、王云五、尤列、史量才、左舜生、朱吟江、李时蒋、李煜堂、李铭、李璜、汪伯奇、杜镛、谷钟秀、狄葆贤、沈钧儒、吴经熊、金井羊、胡孟嘉、胡筠、胡敦复、马良、俞庆棠、唐文治、徐元浩、徐新六、孙洪伊、夏鹏、陈启天、陈彬龢、陈辉德、陈锦涛、张一麟、张九维、张子柱、张寅、张嘉璈、张耀曾、许克城、章士钊、陶家瑶、陆伯鸿、黄一欧、黄炎培、黄金荣、曹惠群、冯少山、冯自由、温宗尧、程子楷、彭允彝、虞和德、赵叔雍、赵恒惕、赵凤昌、荣宗敬、刘天予、刘鸿生、欧元怀、蒋群、钱永铭、卢雪溥、穆湘玥、颜福庆同启。

(上海《申报》,1932 年 4 月 7—9 日,第 1 张第 3 版)

国难会议到会会员邀请在沪会员赴会电

(1932 年 4 月 6 日)

立刻到。上海市政府分别探转国难会议会员王大桢、王造时、王景岐、王云五、王震、史景才、朱庆澜、汪伯奇、吴经熊、李石岑、李登辉、李铭、狄葆贤、杜锡珪、杜镛、杜光汉、胡孟嘉、胡庶华、胡筠、徐新六、徐绍桢、徐谦、张嘉璈、黄石公、马君武、张耀曾、黄炎培、孙洪伊、冯少山、黄金荣、夏鹏、冯自由、黄郛、陈立三、许世英、褚辅成、陈彬龢、章士钊、谵景德、陈辉德、章炳麟、董康、郭泰祺、陶凌行、董显光、张寅、陆伯鸿、杨铨、虞和德、叶惠钧、赵凤昌、熊希龄、荣宗敬、刘崇杰、刘鸿生、李照寰、穆湘玥、钱永铭、卢学溥、罗隆基、顾维钧先生鉴:

今晨国难会议业经开幕,下午举行预备会议,产生主席团王晓籁、张伯苓、高一涵、刘蘅静、童冠贤等五人。在〔再〕,到会同人佥以国难日亟,急待各地会员集思广益,共同研讨。本会虽以御侮、救灾、绥靖为范围,但凡关于救国大计,尽可提案讨论。切盼沪地同人,即日莅临,至深遥企。国难会议到会会员一百四十八人同叩。阳酉。印。

（上海《申报》，1932年4月9日，第2张第6版）

留沪国难会议会员致国民政府、国难会议蒸电陈述救济国难根本主张

（1932年4月10日）

洛阳分送国民政府、国难会议公鉴：

惠电敬悉。同人不赴会议之理由，已于歌电陈明，谅蒙察及。顷复仰荷电促赴会，同人自承敦聘，拟贡愚忱，对于国难根本救济主张，对内、对外曾草有两项提案，其概略如下：

其一，同人痛愤日本非法无道之暴力侵略，彻悟拥护民族生存、国家独立之严重责任，同时并顾念世界维护和平之信约及努力，主张以左列大方针，对付外患：一、中华民国领土及主权之完全无缺，为全国人民神圣不可侵犯之主张，不辞任何牺牲，必拥护到底；二、为贯彻前项主张，应以武力自卫为主，以国际折冲为辅；三、对外任何条约及协定，非经临时民选参政机关或宪法上之有权机关同意，不生效力。

其二，同人深感挽救国难，非举国一致不为功；又切念应付国难，非政府健全有力不可；更确信永久防止国难，非实行民主政治不能彻底奏效，主张在宪政未实施以前，由国民政府立即实行左列各项：一、确保人民之言论、出版、集会、结社各自由，凡制限上述各自由之党部决议及一切法令，除普通刑事及警察法规外，均废止之；二、承认各政党得并立、自由活动，不得再用公款支结〔给〕任何一党党费；三、实行地方自治，予人民以自由参与地方政治之机会；四、集中全国人才，组织有力政府；五、设立民选国民参政会，监督政府，限二个月内成立；六、筹备宪政，限八个月内制定民主主义之宪法，宣布之。等语。

强寇在门，国命如线。倘荷大会赞同，政府采纳施行，一新全国视听，借以固结人心，消弭大难，则同人虽不及赴会，其效与赴会无殊。道远时迫，尚希鉴谅。附件另达。

张耀曾、黄炎培、史量才、张嘉璈、穆湘玥、孙洪伊、温宗尧、狄葆贤、虞和德、李煜堂、张一麟、陶家瑶、左舜生、陈启天、刘天予、陈辉德、李璜、许克诚、赵恒惕、沈钧儒、黄金荣、徐新六、张寅、彭允彝、王造时、胡筠、钱永铭、谷钟秀、张子柱、陈锦涛、胡孟嘉、颜福庆、冯少山、刘鸿生、赵凤昌、卢学溥、程子楷、汪伯奇、朱吟江、杜镛、吴经熊、蒋群、陆伯鸿、徐元诰、荣宗敬、赵叔雍、尤烈、胡敦复、欧元怀、金井羊、王云五、章士钊、张九维、董康、夏鹏、黄一欧、曹惠群、俞庆棠、李时蕊、杨赓笙、冯自由。蒸。

（《救国通讯》，第 11 号，1932 年 4 月 22 日，第 166 页）

江苏省政府通告兹订于四月二十八日在镇江召开江苏省战区救济委员出席成立大会务请届时如期命驾

（1932 年 4 月 27 日前）

径启者：本省战区灾民亟待救济，前经筹设江苏省战区救济委员会，聘任于小川、王一亭、王奏云、王彬彦、王企华、王伯秋、王恪成、王浩如、王东臣、王叔相、王丹揆、王兰卿、王展为、王伯权、王敬庭、仇徕之、尹季权、史量才、朱经费、朱凤千、朱庭祺、朱吟江、朱叔源、朱恺俦、朱德轩、朱实秋、朱子桥、朱祥甫、朱仲荆、任孟闲、阮介藩、伍仲文、成翊青、成纯一、江禅山、江问渔、狄君武、狄培生、沈信卿、沈勉后、沈思齐、沈景英、沈梦莲、吴寄尘、吴震修、吴翔甫、吴蕴斋、吴稚晖、吴鹤亭、吴雁秋、吴漱英、贝润生、沙武会、汪伯奇、汪彝伯、汪承宽、李耆卿、李调生、李伯吹、李印泉、李伟、余井塘、余日章、杜月笙、杜庭修、冷御秋、林康侯、金侯城、金巨山、金剑华、周作民、姚石子、俞凤岐、胡笔江、胡健春、洪兰祥、洪镜平、施魁和、马育英、马俊卿、马湘伯、徐静仁、徐锡丞、徐敬甫、徐子树、奚九如、凌植支、梁小初、唐蔚芝、唐寿民、陈匪石、陈武鸣、陈裕仁、陈光甫、陈心铭、陈常、陈陶遗、陈立庭、夏琅云、孙少江、孙东文、孙树人、陆小波、陆颂纶、梁范五、袁叔畲、郭秉文、郭钧辅、郭颂如、黄涵之、黄伯樵、黄金荣、黄立三、黄伯惠、黄膺白、黄任之、黄仁霖、张蔚西、张继斋、张佩年、张岳军、张仲仁、张宏业、张公权、张英三、张竹坪、张竹平、张云持、张轶欧、高践四、高吹万、高望之、庄得之、姬觉弥、许秋帆、曹德良、曾孟朴、汤小宝、程沧波、钮惕生、费仲琛、杨冯署、杨卫玉、杨勉宝、杨翰西、董汉祥、董绶经、董增儒、贾果伯、叶楚伧、荣德生、荣宗敬、赵竹君、赵颂平、赵擎一、赵晋卿、赵叔雍、赵则韶、赵厚生、郑寅伯、蔡望之、蔡熙盛、蔡仲瑜、蔡元直、潘孟翘、潘仰夔、潘公弼、潘指行、蒋蔚仙、蒋韶九、蒋峻、蒋育仁、刘虚舟、刘在几、刘孟侯、刘辅臣、刘献之、刘勷圃、刘铸人、谈丹崖、穆藕初、钱舜卿、钱慕尹、钱乙藜、钱璘叔、欧阳晏清、薛明剑、戴伯寅、魏铭三、蓝伯华、韩止石、颜鲁南、严蕊秋、苏企六、苏福泰、庞甸材、顾少川、顾吉生、顾敬初、顾荫亭、顾荩臣、顾鸿儒、顾君毅、龚文亮诸先生为委员。兹订于四月二十八日，在镇江开成立大会。除分别函电通知外，用再登报通告，务请诸先生届时如期命驾出席，共策进行，无任企祷。

（上海《申报》，1932 年 4 月 27 日，第 2 张第 5 版；1932 年 4 月 28 日，第 1 张第 3 版）

致安徽省建设厅厅长程振钧[①]函 为实业部规定购机锭办法事

(1932 年 6 月 25 日)

振钧厅长勋鉴：

接奉大扎，敬悉一切。所谈各节，已承转陈〈公博〉部长，至可感纫。惟近来贩运劣货者渐多，淞沪战事已停焉，□□官厅既无法制止，华厂更失其保障，实业前途至为可虑。纱锭、布机事，昨日纱联会集议，众谓所颁条例虽为防止流弊，未免过苛，经议决联合再行呈部核办。先生维护实业，纺织同人咸深弥佩，尚望时锡南针，以匡不逮。复颂勋祺。

(申新总公司函稿汇登·第五册〔1932—1933 年〕，上海社会科学院图书馆藏)

① 程振钧(1886—1932)，字弢甫，江西婺源县城人。毕业于安徽高等学堂(安庆)，同盟会会员。1912—1916 年留学英国爱丁堡大学数学系。1916 年回国，先在北京大学任数学系主任，同时兼任清华大学、北京师范大学、北京交通大学教授。1926—1927 年参加北伐，做军需工作。1927 年奉调杭州，任浙江省政府委员兼建设厅厅长，主持和领导过沪淞公路、杭徽公路和浙赣铁路的设计与建设。后改任浙江省政府秘书长兼民政厅厅长。1929 年，筹办了首届两湖博览会，任西湖博览会副会长和筹备委员会主席。1930 年赴欧美等国访问，回国后撰写《实业合理化》一书，并担任南京国民政府实业部工业司司长兼农业试验所所长。1931 年，改任安徽省建设厅厅长。1932 年，赴上海筹款，因劳累过度，于 8 月 8 日晚突发脑溢血而逝，遗体安葬于无锡惠山。

复国民政府中央工业试验所所长顾毓瑔[①]函告纱锭事所有条件碍难接受

(1932年6月25日)

毓瑔先生大鉴：

奉廿二日大函，藉悉一切。纱锭事，昨日纱联会集议，佥谓所有条件碍难接受，须俟磋商就绪，方可决定进行。现在申地日厂加紧工作，与华厂竞争，而不肖之徒复从中渔利，为虎作伥，若忘其姓氏，亦实因一漏万。际此经济恐慌，华厂竭力支撑，再受摧残，纺织业前途真不堪设想。执事热心实业，极可钦佩，有便来申，尚希驾临为盼。专复，祗颂公祺。

(申新总公司函稿汇登·第五册〔1932—1933年〕，上海社会科学院图书馆藏)

无锡旅沪同乡会理事会为卫国阵亡将士遗族抚育会发起事致各同乡函

(1932年6月25日)

敬启者：昨准卫国阵亡将士遗族抚育会送到义字第六三八号筹募基金捐册一本，册面书明“经募人无锡同乡会”字样。查将士阵亡，抚育遗族，凡属同胞，自应尽力资助。惟查执事为发起人之一，究应如何办理，敢祈指示，以便着手。除分函发起人外，此致尤菊荪、祝伊才、黄锦

---

① 顾毓瑔(1905—1998)，别号一泉，江苏无锡人，为顾毓琇的弟弟，1927年毕业于上海南洋大学(现上海交通大学)机械系，随后留学美国，1931年获康奈尔大学机械工程博士学位，1931—1941年任中央大学机械系教授，是中国纺织机械制造专家。

帆、朱竹贤、秦待时、荣宗敬、吴臣笏、徐可亭、陆培之先生。无锡旅沪同乡会理事会启。六月二十五日。

附:卫国阵亡将士遗族抚育会来函(1932年6月24日)

敬启者:本会组织成立时已逾月,关于阵亡将士遗族之抚育办法,急待实施。基金之筹募,尤属刻不容缓。兹已将代收捐款之银行、钱庄接洽就绪,即日开始代收,特检奉第六三八捐册一本,至乞查收,广为劝募。募集之款,均请缴入代收机关,多多益善,不胜感祷之至。此致无锡同乡会。卫国阵亡将士抚育会启。六月二十四日。

(《无锡旅刊》,第155期,1932年6、7月合刊,第1—2页)

致江苏省政府函代电乞饬无锡县实行救荒

(1932年7月21日)

江苏省政府主席顾〈祝同〉、民政厅长赵〈启騄〉①、建设厅长董〈修甲〉②、财政厅长舒〈石父〉③、实业厅长何〈玉书〉④钧鉴:

无锡承上年水灾之后,本年蚕茧又复失收,农村经济崩溃无余,抢米之案,层见叠出。是以县党部联合地方团体积极救荒,旋由地方民众组织临时救荒会。宗敬等旅沪经商,深以为慰。近闻钧府令县解散,令出惟行,该会当已不复存在。惟解散救荒会〈为〉一事,救荒又为一事。

① 赵启騄(1894—1964),又名启陆,字次骅,江苏丹徒人,保定陆军军官学校第六期步科毕业,时任江苏省政府民政厅厅长。

② 董修甲(1891—?),江苏六合人,清华大学毕业后赴美国留学,获市政经济学学士学位和市场硕士学位。1921年后曾在上海、北京等地任教,时任江苏省政府建设厅厅长。

③ 舒厚德(1885—1949),字石父,后以字行,浙江慈溪人,早年入上海广方言馆习英文,后赴日留学,时任江苏省政府财政厅厅长。

④ 何玉书(1892—1969),福建光泽人,历任黄埔军校潮州分校政治部上校主任、国民政府江苏省政府农矿厅长、私立南通大学校董、中华民国立法院立法委员。

解散救荒会以后，如何实行救荒，钧府谅已成竹在胸。若谓救荒会别有作用，解散后即置救荒于不顾，是重视该会，轻视救荒。钧府明察，宁忍出此？伏乞饬县实行救荒，以全民命而维治安，毋任迫切待命之至。无锡旅沪同乡会荣宗敬等叩。马。

（《无锡旅刊》，第155期，1932年6、7月合刊，第2页）

致江苏省政府主席顾祝同函望于无锡救荒事宜予以维护

（1932年7月22日）

墨三主席钧鉴：

前聆教言，曷胜欣感。上年敝邑水灾，被灾田亩二十八万亩余，被灾农民十二万八千余，早经县长填表呈报立案。今年蚕茧失收，农村经济完全崩溃，各乡抢米之案，层见叠出。敝邑民风懦弱，虽闹饥荒，尚未发生意外情事。地方人士目击惨状，坐视不救，心有未安，且恐挺〔铤〕而走险，影响地方治安，爰有〈临时〉救荒会之组织。乃乡讯传来，谓钧府已饬县将该会解散。窃以为，〈饥〉荒如属实，救荒诚为当务之急，该会如无其他作用，或可协助官厅，实行救济。钧府如认该会无存留之必要，应请饬县，秉承钧府意旨，规定办法，次第实施，俾敝邑灾民，早登衽席。敝邑年来工商业，已凋敝不堪，若农民无以为生，地方治安诚有不忍言者。主席以苏人治苏，凡百措施，舆情翕服，深望于敝邑救荒事宜，予以维护。其欲颂者，不仅宗敬一人已也。敬据所闻，上渎钧听，维希垂察，肃颂钧祺。荣宗敬。七月廿二日。

（《无锡旅刊》，第155期，1932年6、7月合刊，第2页）

致上海锡金公所函请求每月补助无锡旅沪同乡会经费二三百元以资挹注

(1932 年 7 月 30 日)

敬启者:敝会会费,向恃普通会费,及房租、储金会补助费等项。沪变发生,会员星散,会费无从收取;致柔拳社解散,少收租银二百四十元;会员寄宿无人,临时假座,亦以会址在苏州河以北,即先行说定者,亦临时作罢;储金会延期三月,即缺少补助银一百五十元。现办二十年【1931】度决算,收入只有二千九百三十五元零,支出乃有四千二百九十元零,两相比较,不敷银一千三百五十五元零。特于七月廿四日召集评议、理事开一联席会议,佥以贵公所同为吾锡公共机关,存项既多,收入亦富,应即函请每月补助敝会经费银二三百元,以资挹注。用特备函奉布,至祈贵公所召集董事,开会议复。贵公所董事,大都为敝会评议、理事,深知敝会为难情形,定荷赞同也。此致锡金公所。无锡旅沪同乡会理事长荣宗敬启。七月卅日。

(《无锡旅刊》,第 155 期,1932 年 6、7 月合刊,第 3 页)

为申新纺织出品纱布被广东民众救国大会以有将仇货冒充国货嫌疑扣留事致广东省建设厅厅长林云陔[①]函希转请该会如数发还

(1932年8月22日)

毅为厅长勋鉴:

久奉鸣声,未亲辱教。敬启者。近接敝公司港粤分行来函,声称:"广东民众救国大会谓,敝公司出品人钟、好做、三虎等商标纱布有仇货嫌疑,到达广州即被扣留。询其原因,谓香港、上海方面有人报告,敝公司纱布有将仇货冒充国货之嫌,须缴鉴定委员会鉴定后方可发还。屡经交涉,事隔多日,尚未解决,厂货误被扣留。"等语。查敝公司创设三十余年,上海、无锡、汉口共有九厂,纱锭计五十余万〈枚〉,布机六千余台,每日出纱一千数百件,〈出〉布一万余匹,各厂工友计有十余万,为吾国纺织业中范围最大之公司,为推销国货,抵制仇货起见,于港、粤等处设立分行,即为尽够推销,断无再将仇货冒充国货,自阻销路之理。且从申装货到粤,均系本国商轮,申地爱国之团体林立,自出厂以至装轮,无不严为监视。是以敝公司人钟、好做、三虎等商标纱布,确系纯粹国货,绝对无仇货嫌疑。若轻信片面报告,即将敝公司出口扣留,恐适中诬陷者之计,而国货悉被摧残。贵省爱国之士,义胆热肠,闻于全国,窃以为国难未纾,对于国货应尽量维护,庶于显示方面可剂于平,而仇货可以绝迹。敝公司在纺织界有悠久之历史,岂肯丧心病狂效汉奸之行为?素仰先生刚正不阿,负党国之重望,敬希转请救国大会,对于敝公

---

① 林云陔(1883—1948),原名林公竞,字毅为,广东信宜市人。早年加入同盟会,参加辛亥革命。1920年后历任孙中山大元帅府秘书、广州市市长,广东省政府主席兼财政厅厅长等职。1932年1月,辞财政厅厅长职,改兼建设厅厅长。

司出品毋庸怀疑，迅将历次扣留之货如数发还，以明真伪而维实业，不胜企祷。再，贵省闻派员驻申调查，对于敝公司出口及销路，定能明了，一经电询，即可证明。专函奉恳，祇颂公祺，惟希垂察。

（申新总公司函稿汇登·第五册〔1932—1933 年〕，上海社会科学院图书馆藏）

为申新纺织出品纱布被广东民众救国大会以有将仇货冒充国货嫌疑扣留事致吴麟书、霍度河函乞转恳救国大会迅予发还

（1932 年 8 月 23 日）

麟书、度河先生台鉴：

敬启者。敝公司广州分行来函，据称："敝公司出品之人中〔钟〕、好做、三虎商标纱布刚到广州，谓有仇货嫌疑，被民众救国大会扣留，须交鉴定委员会鉴定后予准发还，屡经交涉，未曾鉴定出示发还。"等语。查敝公司设厂于上海、无锡、汉口等处，有纱锭五十余万枚，布机六千余台，每日出纱一千数百匹，出布一万余匹，在纺织界中有三十余年悠久之历史，出数既多，是以设分行于港、粤等处，断无将仇货混充，自阻销路之理。乃救国大会谓香港、上海方面有人报告，是以将敝公司出品扣留，不知纱布自制造以至装运，社会之监视极严，如有仇货混充嫌疑，早已发觉，何待到广州后经报告始行扣留？闻有马君者系贵省驻申密查之说，一经电询，即可知敝公司所言非虚。国难当前，非极力提高国货不足以减少仇货，若以纯粹之国货谓有嫌疑，即予扣留，是使国货绝于广州，而中奸人诬陷之诡计，且扣留多日，敝公司损失已系不资，对于客商信用亦多损失。公等热心党国，负指导之全责，为此函陈梗概，务乞转请救国大会迅予发还，以利推销而维国货，毋任

企祷。专此奉恳，祇颂公祺。

（申新总公司函稿汇登·第五册〔1932—1933年〕，上海社会科学院图书馆藏）

无锡县党部、商会、教育会、县公款公产管理处、十七区长等来电恳力予主持速行转请省政府将拟提各县筑路亩捐仍照成案悉留地方

（1932年8月25日）

上海七浦路无锡旅沪同乡会荣宗敬、丁云轩、陶仞千、孙北萱诸先生鉴：

有【25日】日呈江苏省政府顾〈祝同〉主席暨财政厅舒〈石父〉厅长、建设厅董〈修甲〉厅长一电，文曰："报载'建设厅（钧厅）为建筑国、省道，经费无着，饬将各县地方带征五分筑路亩捐之半数，解厅济用。'等语。捧读之下，惶惑莫名。查地方财政，首在划清界限，非可稍有紊乱，致启凌乱之渐。况省之于县，犹国之于省也。最近，苏省烟酒牌照税，财部以省方税收强作中央收入，钧（省政府）府文电往还，据理力争，所以分别国、省财政，划清界限者，言之不厌求详。各县筑路亩捐，为县地方建设专款，用以修筑县道，向由县建设局保管，带征之初，钧（省）府对于用途一项，曾经明白规定，省、县案牍彰彰可考。苏省建设厅成立于民〈国〉十六年【1927】，历任厅长经营〈南〉京杭〈州〉、省〈会〉【即镇江】句〈容〉各路，用省方经费办省方事业，惨淡经营，成绩已有可观，然三四年来，未闻向各县提取分文。即各县教育、公安等费无着，亦未闻向建设局移借分文。即如上年江北大水为灾，运隄溃决，叶〈楚伧〉前主席为一时救急计，曾向各县借用筑路亩捐，然均以治运公债票作抵，且曾一再声明，只此一次，下不为例。各县人士，因省府急于救荒，彼此尚能相谅。今忽推翻成案，自食前言，饬令县局按旬报解。政有常经，岂容朝

令暮改？款属地方，更难挖肉补疮。为建钧（厅）计诚得矣，其如地方建设何？其如省府成案何？况县为自治单位，载在《建国大纲》，县境道路关系重要，仅恃区区筑路亩捐，恐非省府补助，一时尚难观成，今再提取半数作为省款，窃恐各县县道进行无从。总之，省、县行政，各有界限，省、县财政，各有用途。论事实，则县方同感困难；论法令，则成案不容更变。省厅对于各县行政，虽有监督、指挥之权，而对于各县财政断无可以任意提用之理。且省方因经费无着，可向各县提取建设专款济用，此例一开，现在政府经费均感困难，非只建设一端，则教〈育〉、实〈业〉两厅亦可借口经费无着，援例向各县提取教育、实业专款济用，行政系统从此破裂，财政界限从此紊乱，试问各县财政如何保障，各县事业如何维持？敝会等为各县事业计，为省府成案计，用敢环词渎请，务求钧府（厅）即日饬厅将筑路亩捐半数解省一案，明令撤销，以清界限而维事业。除呈中央外，临电不胜屏营待命之至。"等语。事关地方事业，影响尤非一端，夙稔诸公关怀地方，至感维护，用特代电驰达，务恳力予主持，速行转请省方，将拟提各县筑路亩捐，仍照成案悉留地方，以免紊乱财政，影响地方事业，无任公企。无锡县党部、商会、教育会、县公款公产管理处、十七区长，暨各界民众公叩。径（八月二十五日）。

附：无锡旅沪同乡会致省政府顾祝同主席等代电（1932 年 8 月 27 日）

江苏省政府顾〈祝同〉主席暨财政厅舒〈石父〉厅长、建设厅董〈修甲〉厅长钧鉴：

报载，"建设厅（钧厅）为建筑国、省道，经费无着，饬将各县地方带征五分筑路亩捐之本数，解厅济用。"等语。查各县筑路亩捐，为县地方建设专款，备修筑县道之用。省府成案，未便推翻。若提取半数，作为省款，恐各县财政失其保障，事业不能维持。恳钧府（厅）仍照成案，将是项带征亩捐悉留地方，以免影响全县事业，而省、县财政不致紊乱，不胜感激待命之至。无锡沪同乡会叩。感(八月二十七日)。

(《无锡旅刊》,第 156 期,1932 年 8、9、10 月合刊,第 3—4 页)

中央银行总裁宋子文①等来电贺寿

(1932 年 9 月 1 日)

无锡梅园荣宗敬先生鉴:

欣逢令旦,弧悦同欢,开北海之芳樽,祝南山之荣寿,凫水迹阻,祝贺情殷。谨电奉闻,同申庆祝。弟宋子文、陈行、叶琢堂、唐寿民、王宝仑叩。东。

(洪葭管主编:《中央银行史料(1928.11—1949.5)》(上卷),中国金融出版社 2005 年版,第 34 页)

为捐与大夏大学作为永久校地之滩地补给成田知照事呈上宝沙田官产局②文

(1932 年 9 月 8 日刊载)

呈为坐落上邑二十八保二区十并十一图及四图滩地,共计一百一十一亩零零二毫,领有沙财字六七三零五号及沙财字六七三零六号成

① 宋子文(1894—1971),祖籍海南文昌,生于上海,毕业于上海圣约翰大学,之后赴美国留学,获哈佛大学经济学硕士学位、哥伦比亚大学经济学博士学位。1923 年任孙中山英文秘书,同年 4 月被委派为中央银行筹备员,不久出任中央银行副行长、两广盐务稽核所经理;1924 年 4 月,任中华民国军政府陆海军大本营财政委员会委员,8 月任中央银行行长;1926 年 1 月当选为国民党"二大"中央执行委员;1927 年后,先后任南京国民政府财政部部长、国民政府委员、行政院副院长、代理行政院院长、全国经济委员会主席、中央银行总裁、中国银行董事长、外交部部长、行政院院长、广东省主席等职。

② 上宝沙田官产局,为当时管理上海、宝山两县沙田官产的机构。

田执照在案。兹将前项滩地捐与大夏大学作为永久校地，惟是项成田执照业已遗失，请予补给成田执照，并将照上业户姓名改填大夏大学，以便径交该校收执，以垂永远。

附：上宝沙田官产局布告（1932 年 9 月 8 日刊载）

为布告事。案据荣宗敬呈称："（内容同上，略）"等情前来。查荣宗敬所称各节，究竟其中有无其他轇輵，合亟布告登报诸色人等一体知悉，如与上项情事有关，务于一星期内来局声请，逾期慨作无效，本局即行补发新照，仰各注意。切切。特此布告。

（上海《申报》，1932 年 9 月 8 日，本埠增刊第 4 版）

为国民政府订购美国粉麦事致中央银行总裁宋子文、副总裁陈行函[①]

（1932 年 10 月 12 日）

前闻政府有订购美麦之说，以为赈麦甫经结束，未必成为事实。昨阅美人鲍而夫来电，知已订定美麦三十万吨、美粉十五万吨。查今年长江上下游年岁丰稔，粮价低落，若再进大批麦粉，粉业愈无立足之地。惟成事不说，只有在粉麦已定未到之前，豫为之计，庶市面不受影响。鄙意是项粉麦，应归本行全权支配。粉十五万吨，约计七百万包，应在美一律装成白袋，到申后由粉厂分配接洽，然后规定斤两，印成商标，平

① 该函是荣宗敬以国民政府中央银行理事名义写的。陈行（1890—1953），浙江诸暨店口人，毕业于上海圣约翰大学化学系，1917 年考取官费赴美国哥伦比亚大学留学，学习化学并兼学经济。1921 年汉口懋业银行开业，蒙宋子文邀请返国出任该银行经理。1926 年，宋子文在武汉设立中央银行筹备处，陈行负总责，随后中央银行在上海正式开业，宋子文任总裁，陈行任副总裁，此后并兼任中央财政部钱币司司长、上海造币厂厂长。抗战胜利后，作为代表在芷江接受日本投降。1946 年以财政部特派员身份返沪接收日伪敌产，此后仍任中央银行副总裁职，直至 1953 年心脏病病发逝世于台湾。

价出售。其小麦亦须售与各厂支配，方法较为简单，变款亦易。第不知是项粉麦，究于何时装运，每月若干吨，分几月装清，第一批何时到达，约有若干吨？应请调查确实，以便先时措置。宗敬忝列理事，粉麦情形粗知大概，而是项粉麦又与本行有密切之关系，为此具呈意见。倘承采纳，毋任感荷。

（申新总公司函稿汇登）

致美商霍白克电授权其代表茂新、福新、申新各厂在美国和加拿大等处采办棉麦和机器

（1932 年 10 月 17 日）

兹授权阁下代表茂新、福新、申新各厂，在美国和加拿大等采办棉麦和机器，但在签订合约时，有关价格、付款条件等，必须得到各厂书面或电报的同意。同时授权代向银行、金融机关或个人接洽借款，并代表签订合约，惟订约前必须取得厂方的同意。

（申新总公司英文档案）

为拟购棉麦数量、价格及付款方式等致美商霍白克电

（1932 年 10 月 28 日）

拟购棉花一百万包，限价每磅美金四分；购小麦一亿蒲式耳，限价每蒲式耳美金三角。我厂准备适当的银行担保。棉、麦款三年偿付，并希能展期一年。如不能展期，则小麦购七千万蒲式耳。棉要 7/8 吋米特林，小麦为二号麦。

附 1:美商霍白克致茂新电(1932 年 11 月 12 日)

现代〈国民〉政府洽谈购棉一百万包,价每磅美金四分;小麦四千万蒲式耳,价美金二角三分。分三年装运,信用期六个月,由上海的银行担保。轮流装运和付款。与花旗银行联系美金一百五十万元的信用保证,以完成五百万元的货运。

附 2:茂新复美商霍克白电(1932 年 11 月 18 日)

同意购小麦四千万蒲式耳,价美金二角三分。订棉量减为五十万包,否则将引起国内农民的不满。三年期可接受,中国银行和上海商业储蓄银行[①]愿代〈国民〉政府签订这项交易。将汇上美金五千元和二千元。

(申新总公司英文档案)

代理行政院院长宋子文来手令告奉派为招商局理事

(1932 年 11 月 13 日)

手令。为令遵事。查招商局监督处改组为理事会、监事会,并设总经理一案,业经本院决议通过,并呈经中央政治会议决议通过各在案。兹奉国府令,派该员为招商局监事,仰即遵照即日任事,妥速接收,并即日成立理事会监事会具报,勿延为要。此令。右令荣宗敬准此。代理行政院院长宋子文。二十一年十一月十三日。

(国民政府和财政部特派及聘请荣宗敬等为中央银行理事等任状问题的档〈案〉,上海市档案馆藏)

① 上海商业储蓄银行,简称上海银行,由陈光甫、庄得之、张公权、李馥荪发起,成立于 1915 年 4 月,最初只是一家股本仅十万元、存款不过五十余万元的小银行,至 1931 年时,已发展成为公积金达二百六十万元、存款总数达一万万余元的大银行,是当时国内最大的金融机关之一。

为无锡旅沪同乡会会员秦望生罪状未明被羁经月事呈上海市政府吴铁城市长暨市公安局文鸿恩[①]局长文请准令饬讯明虚实即予开释

（1932年11月24日）

呈为罪状未明，被羁经月，请准令饬讯明虚实，即予开释，以免累及无辜事。窃属会会员秦望生（即文甫），向在上海爱多亚路美灵广告公司任事，寄寓英租界温州路耕畴里一百九十三号，已历十余年，旋因该处房屋翻造，甫于二月前迁居法租界福履理路建业里七十八号，复因年来商业维艰，为节省经济起见，于前月三十日移家回锡，只以锡地房屋，曾经分租他人，携往物件不能悉数放置，故将少数木器寄存于其戚龚瑞祥家。讵料本月五日，突有当地公安局警士多名，至龚宅查询有无秦姓寄存木器，并询秦望生是否在家。是时适秦望生因事外出，迨归家后得悉情形，茫然不知所以，急亲自投局询问，遂被扣留。后经龚宅家属询情由，始悉系钧属公安局（钧局）咨请无锡公安局缉拿，已于翌日提沪等情。本会曾据会员龚瑞祥函，请力予救济，业经据情函恳公安局询明释放在案。惟迄今已将匝月，未蒙允准办理，不胜惶惑。查会员秦望生，系属正当商人，平日安分守己，从无不法行为，不特本会同人素所深悉，即其邻居妇孺，亦莫不知其为良善之人。且其寄寓沪滨已达十余载，究竟平时行

① 文鸿恩（1892—1934），海南文昌人，云南讲武堂毕业，曾任孙中山讨贼军总司令部参谋，1922年陈炯明叛变后，随吴铁城参加平叛。1924年任警卫军营长，1925年8月，警卫军改编为国民革命军程潜第六军十七师，文任团长。1926年参加北伐，随程潜进入江西，攻克南昌后，升任少将团长。1928年被派往法国考察军事。1931年回国，任国民政府参议院参议和陆军步兵学校教员。1932年，“一·二八”抗战后，出任国民政府上海特别市公安局局长。1934年12月，病逝于上海。

为如何，一经调查，不难得其真相。素仰钧长明察秋毫，谅不忍以莫须有久羁无辜。本会迭据其家属及旅沪乡人吁恳营救，义难坐视，不获已，具文呈请钧长察核，俯赐迅予转饬公安局(饬科)讯明释放，俾免冤抑而维人权，实为公德两便。谨呈上海市政府市长吴〈铁城〉、上海市公安局局长文〈鸿恩〉。无锡旅沪同乡会理事长荣宗锦。十一月二十四日。

(《无锡旅刊》第 157 期，1932 年 11、12 月合刊，第 1 页)

为无锡籍正风文学院[①]学生堵长青因共党嫌疑遭警探逮捕拘禁事致上海市公安局文鸿恩局长函

(1932 年 11 月 28 日)

敬启者：兹据敝同乡、上海正风文学院院长王西神函称："敝校文学系二年级学生诸长青，世居无锡之杨亭，现年二十三岁，平日在校学、行甚佳，不意于十一月二十日，偕同学杨某至静安寺路延年坊二十号访友，误入六十号。孰料此处因有共党嫌疑，竟同遭警探逮捕，拘禁捕房，继解法院审讯，今且引渡至上海市公安局。敝校以诸君无辜被累，闻耗营救，亟飞函通知其家属，来沪共同设法。无如诸君累代务农，家徒壁立，质田求学，情殊堪悯。其家属筹维无计，日夜饮泣，吁请速求贵会解脱前来。为特函渎，务希顾念乡情，力为援引，俾清贫好学之徒，不致无

① 上海正风文学院，系国民政府时期上海滩专修中国文学的一家私立大学，校董为国民党元老吴稚晖等。其前身是 1926 年韩国钧、胡朴安、王蕴章等在上海南市老西门大吉路创办的正风中学，1928 年改为正风文科大学，1929 年改名正风文学院，先后设有中国语言文学系、教育学系、外国语言文学系、商学系及国学、商学专修科等，首任院长为无锡人王蕴章(王西神)，1938 年起由蒋维乔兼任院长。上海沦陷后，正风文学院校舍被日伪侵扰严重，至 1940 年改名为诚明文学院。1951 年，诚明文学院与上海法学院、上海法政学院、新中国法商学院、新中国学院、光夏商学专科学院等 6 所私立高等院校合并成立私立上海学院，1952 年院系调整时上海学院停办，其相关系科并入复旦大学、上海财经学院等高校。

端受罪，则救人一命胜造浮屠七级，好生之德，同志勿诿。”等情到会。据此，查该诸长青既有该院长证明，确系品学端优之学生，是与共党嫌疑毫无关系。为此，据情函达，务希贵局迅予讯明释放，免累无辜。如果贵局认为确有嫌疑，或无权处分，亦请迅赐解送法院受理，依法讯办，俾张法治，而免冤抑，实纫公谊。此致上海市公安局局长文〈鸿恩〉。无锡旅沪同乡会理事长荣宗锦启。二十一年十一月二十八日。

附：上海市公安局复函（1932年12月2日）

径启者：案准贵会公函内开，以上海正风文学院学生诸长青，因共产嫌疑，误被依法办理等由。准此，查核诸长青共党一案，业经呈请上海市政府核示办理，相应函复查照为荷。此致无锡旅沪同乡会。上海市公安局。十二月二日。

（《无锡旅刊》，第157期，1932年11、12月合刊，第1—2页）

张舍我律师代表励行国货会[①]敬告发起创建无名英雄墓诸先生文

（1932年12月11日）

兹据上开当事人声称：“阅报悉诸先生为‘一·二八’事变牺牲诸烈士募捐，创建无名英雄墓，所以昭示忠贞，表扬义烈。盛意壮举，凡属国民，输将乐助，责无旁贷。本会亦愿竭其微薄，捐助国币五十元，但以建筑此墓，完全采用国货材料为条件。盖诸烈士为抵抗一个帝国主义之武力侵略而死，其忠魂侠骨，决不愿托庇于其他帝国主义者经济侵略形成之舶来品下也。并望全国同胞慷慨解囊，一致主张。请代为登报公

① 1931年11月，上海青年会会员任作君、姚畲荪、赵焕章、杨士珍等，认为实行提倡国货为当时惟一能收救国实效之办法，特组织励行国货会，会址附设在上海四川路青年会内。

告。”等语。合亟代登公告如上。事务所:江西路二一八号四楼;电话:一三九三九号。

(上海《申报》,1932 年 12 月 11 日,第 2 张第 5 版)

为授权美商霍白克洽购美麦事复孔祥熙函

(1932 年 12 月 20 日)

昨奉台函,当复皓【19 日】电,谅荷垂察。胡博克【即霍白克】与弟素不相识,经友人之介〈绍〉,始与周旋。吾国产麦数量有限,非仰给国外,无以维持粉厂。今年长江一带秋收极佳,而小麦则求过于供。胡氏自告奋勇,以接洽赊欠购麦自任。当时政府尚未有向美〈国〉政府购麦之确切表示,弟以面包问题人人必须解决,国产原料既感不足,既有大宗美麦可以借购,亦所乐从。胡氏一再来商,期在必成。弟告以果成事实,准以厂产作抵,胡氏遂欣然回国洽商。维时政府购麦事,报章逐日登载,或谓已经签字,或谓尚未就绪,而胡氏亦函电往还,仍无切实答复。弟早知其对于美政府尚够不上介绍资格,目的只在佣金,是以并不重视,待其自行回绝。今读台函,果在弟意料之中。现在弟处对于胡氏经过谈判,概作罢论。政府如决意向美国购麦,正可乘先生驻美之便,顺利进行。倘能早日成就,于国于商,两有稗〔裨〕益。国内农产未能自给,取材异地,办法极为正当。俟〈国民党四届〉三中全会[①]结束,宋〈子文〉部长来申,弟当与商美麦成交以后种种问题,庶美麦来华,得以从容应付。先生考察欧美实业,负有重大使命,异日轺车归国,造福于社会者必宏。海天在望,诸维珍重。

(申新总公司函稿汇登)

---

① 按照国民党党章规定,四届三中全会应于 1932 年 9 月举行,但因西南方面的杯葛寻衅及蒋汪合作陷入困境,始延至 12 月 15 日至 22 日才在南京召开。

1933 年

为无锡同乡华志达被判缓刑却被羁押匝月事致上海第一特区地方法院函请迅予释放

（1933 年 2 月 2 日）

径启者：窃据本会会员华志仁函称："刘崇武等因以炸弹、手枪对付私贩日货之奸商案内，被告华志达一名，业奉钧院于本年一月十一日宣判：'华志达妨害自由，处徒刑一月，缓刑二年。'等因。是既判缓刑，似应当庭释放。乃捕房律师王耀堂请求，将宣告缓刑之三人，亦暂羁押，以便考虑是否上诉。刻将匝月，已逾上诉期限，函会转求释放。"等语前来。据此，用特专函奉布，仰祈俯赐查明，如捕房并未提起上诉，即请迅予释放，免受无辜羁押，足纫公感。此致上海第一特区地方法院。无锡旅沪同乡会理事长荣宗锦启。二月二日。

（《无锡旅刊》，第 158 期，1933 年 1、2 月合刊，第 1 页）

为无锡同乡丁荣富之子丁龙宝被殴身故事致上海地方法院函请察核缉凶拘案惩办

（1933 年 2 月 25 日）

径启者：顷准会员马少荃君函："据同乡丁荣福声称：荣福向住上海虹镇吴家浜甲字五十五号，开设协泰祥五金号。伊子龙宝，现年十七岁，于本月十二日偶在楼窗倒下垃圾，为邻居吴佛根夫妇扭住痛殴，旋经旁人排解，始行散去。乃吴等心猷未甘，复敢邀约多人，重来寻衅。斯时丁家幸均躲避楼上，未致冲突，然已饱受惊吓矣。伊子龙宝经前次殴伤，复被恐吓，倒卧床上，昏沉不起，延至十九日，因伤重毙命。荣福以乃子殴伤身故，遂向五区四所控告。经该所派警将凶犯吴顾氏拘获，移解上海地方法院法办，恳予转会援助伸雪。”等情，转函到会。查丁龙宝将垃圾在楼窗口倾下，出于无意，吴佛根夫妇不应扭住痛殴，以致因伤身死，现经贵法院委验属实。除由该苦主丁荣福依法起诉外，准函前由，相应函请贵法院察核缉凶，拘案惩办，以儆不法而伸怨抑，实纫公谊。此致上海地方法院。无锡旅沪同乡会理事长荣宗锦启。二月二十五日。

（《无锡旅刊》，第 158 期，1933 年 1、2 月合刊，第 2 页）

为集议组织长途汽车公司事宜致锡沪省道沿线各县绅商通函敬请先期莅止共策进行[①]

（1933 年 3 月 6 日刊载）

敬启者：本省省道，自无锡迤东，经常熟、太仓、嘉定，而达上海之一段，现由建〈设〉厅积极建筑，尅日兴工，告成之期，谅已不远。查斯路经过区域，比较繁盛，与沿线各地之种种事业，均有密切关系，未容漠视，急应

① 当时江苏省各县间交通公路，计有锡常、苏常等干路，锡常路本省省道，已于 1933 年年前动工，建筑土方，惟桥梁方面尚未兴工。1932 年“一·二八”事变发生后，苏常、锡常两路先后奉令赶筑竣事，惟无锡至常州之锡常路尚未完工。1932 年夏，常熟方面曾有联络有关系各县集资，组织常苏锡汽车公司，着手办理汽车运输，旋因两路完工有待，未能见诸实行，惟各县对于县道汽车交通，仍随时注意进行。无锡绅商荣宗敬、杨瀚西鉴于省道完成，关系沿线一带农工交通至为重要，特函邀请各县绅商于 3 月 5 日上午在小箕山集议。此为原函内容。

组织一长途汽车公司，藉资利用。此举不仅似普通商业，目的专在牟利已也。兹订于三月五日午刻，在无锡小箕山，邀集沿路各县同志，筹商一切。台端对于公用事业，夙早〔具〕热忱，敬请先期莅止，共策进行，庶几众擎易举，一脉贯通，他日成功，可操左券。另具请柬，鹄候驾临。

（无锡《人报》，1933 年 3 月 6 日，第 2 版）

美国商人霍白克来函要求提供各厂最近决算书以便与花旗银行联系业务

（1933 年 3 月 14 日）

我为了你的利益奔走，花费一年时间，耗去费用十万银两。根据你的诺言，你应支持我改组你的事业，并通过我购买你厂所需的机器和原料。但现在你已背弃了自己口头的、书面的和电报的诺言，利用我所建立的关系获利数万银两，而不给我任何机会。现请提供你厂最近的决算书，以便我与花旗银行联系业务。希于本星期内答复，否则我为保障自身的利益，有权采取进一步的措施。

（申新纺织总公司档案）

为无锡旅沪同乡会征募基金并承乡长马少荃慨认捐款五百元事致冯云初理事函望即日就近与马君面洽一切

（1933 年 4 月 1 日）

云初先生大鉴：

径启者。本会叠准开会议决，征募基金，期维会务，并承乡长马少荃先生，于会员大会时，首先慨认捐款五百元，热心公益，佩仰同深。兹准联席会议议决，公推先生为代表，前往接洽，务望台旆，即日就近与马君面洽一切，曷胜感祷。相应函达，即希查照为荷。此颂台祺。无锡旅沪同乡会理事长荣宗锦启。四月一日。

（《无锡旅刊》，第 159 期，1933 年 3、4 月合刊，第 2 页）

为无锡旅沪同乡会征募基金事致冯云初理事函请即日代表本会与乡长丁厚卿恳切劝认

（1933 年 4 月 1 日）

云初先生大鉴：

本会叠准开会议决，征募基金，期维永久。乡长丁厚卿先生，望重春申[1]，热心公益，会所基金，定能慷慨认捐。因念先生与丁君交谊素笃，接洽较易，为特专函奉恳，敬屈大驾，即日代表〈本会〉至丁君处恳切劝认，曷胜企祷。或先期至邓脱摩一叙，亦听酌夺。此颂近绥。无锡旅沪同乡会理事长荣宗锦启。四月一日。

（《无锡旅刊》，第 159 期，1933 年 3、4 月合刊，第 2 页）

呈国民政府实业部为胪陈上海华商棉纺业困苦情形并拟具救济方案[2]

（1933 年 4 月 21 日）

呈为胪陈棉纺织业困苦情形，仰祈鉴核，并予救济事。溯自欧战以后，英、法、德、俄等国，以其农工商品国外市场为日、美等国侵夺殆尽，

① 上海的别称。

② 此文系荣宗敬先生代表上海华商纱厂联合会送交国民政府实业部的呈文。

于是努力生产，奖励输出，以相角逐。其对于外货也，或重加关税，或禁止输入；其对于币制也，或停止兑现，或禁止金银出口；其对于工人也，或禁止罢工，或减低工资；其对于经济也，或减低利息，或长期贷款。彼以此来应对其近数年来酿成之生产过剩、民众失业，竟以生产落后之我国为其尾闾。

吾国以资金之不能集中，政府之不能维护，民众之不能团结，以致外贸进口额与年增加。以近年天灾、匪祸、内乱、外〈侮〉相继而作，无时或息，不独轻、重工业毫无创设全国，甚至主要农产品亦须仰给外国。于是，与此相激相荡之倾销怒潮，乃向太平洋之西岸澎湃汹涌而来，以工业幼稚之我国当之，几如摧枯拉朽，莫可抵御。近两年来以入超太过之故，内地黄金输出几尽，现在贸易全赖少数银块、银圆以为市易。似此情形，实属岌岌不可终日，有识之士未尝不深抱殷忧。

就目前本国工业言，资本较为雄厚，制品较为繁多，可以代替一部分外货者，棉纺织业可称首屈一指。然自关税自主以还，各国对我经济侵略日益加甚，以从前购买我国原料，加工制造，转售与吾之方法，尚认为不能彻底也。进而设工厂于吾国，输入最新之机器，任用熟练之技师，与华厂巍然对峙，上海、青岛、汉口、天津，到处皆是，以制我棉业之死命。且彼恃其不平等条约以为护符，如工人之管理易于就范，捐税之征收可以避免（如派销公债，缴纳印花税、营业税等）。至于原料之进口运输便捷，资金之运用息率低微，犹其余事。凡此种种，即在平时，华厂与之相较，无不相形见绌。况前年长江一带之巨灾，去年“一·二八”之惨祸，东北已告沦陷，平津时闻警报。现在农民有破产之虞，金融有枯竭之象，更何能与彼全国一系大规模之倾销相抵抗？是以近数月来，我国纱厂停闭者已有陇茂、同昌、永豫、裕中四家。现全国纱厂因纱、布存积日多，议决自四月二十二日至五月二十一日，每星期六、星期日停止工作，即减工百分之二十三，此系不得已救急之计。若不谋根本救急之方，恐此后全国纱厂之将停闭者，不在少数。

夫纺织业关系于民生者至大，吾国现有纱锭四百五十万，而属于日人者占二百万，彼除在我国设厂外，复以其本国棉货倾销我国。近三年来，日本棉纱及人造丝之织品输入者，平均每年在二万万元以上。瞻顾前途，不寒而栗〔慄〕！

第考我国纱厂，不能与舶来品竞争之原因有三：（一）日本输入原棉无税，而我国输入原棉，每百斤须纳税四元二角，即每包原棉须纳税十五元一角二分。（二）日本棉货输入我国无出口税，而我国纱厂所制棉布、粗纱，每百斤须纳税二元七角五分，细沙每百斤三元七角五分。（三）我国受《中日互惠协定》之束缚，不能重加进口税。

至于不能与在华日厂竞争之原因，亦有六端，兹列于下：

（一）日厂恃领事裁判权之保护，不受党部之干涉与工潮之影响，故训练、管理日臻于合理化。

（二）日厂资本雄厚，贷款利息低微，较之华厂，每包纱成本相差六七元之多。

（三）日厂以东棉日信、江商等〈洋〉行，为其采购原料、推销熟货之机关，在世界各地遍设分行，原料每担可省一元以外，熟货销行畅旺无阻，无形利益不胜数计，华厂则无此便宜。

（四）日本设立纺织专门学校，计达二十四所，人才辈出，技术日精。我国则除〈私立〉南通〈学院〉一校外，别无所闻，人才缺乏，遑言竞争！

（五）华厂须摊派公债，负担印花、营业等税，地方军警、教育、慈善、公益等捐款，种种额外开支，不可胜计，而为日厂所绝无。

（六）日厂分设我国者，以近五年为最多，其机械之新颖，产量之宏多，欧美人闻之，皆为咋舌。我国号称有二百五十万锭，其中十分之四机械皆在二十年以上。至于最新之厂，足与日人比拟者，不及十分之一，言之可为浩叹。

综此数因，华厂虽欲振奋自拔，努力改良，实属戛戛其难。华厂制纱成本每包较日厂高二十元至二十五元，华布每匹较高一元以上。由此以言竞争，宁有立足之余地！

近即以上海一隅言之，存纱已逾十六万包，存布一百五十万匹以上。行见货品愈积而愈多，即受累日增而日重，实业已濒危境，工人生计固将灭绝，国家税收亦必停止，其结果盖有不忍言者。年来抵货之声甚嚣尘上，而日厂不独进行如故，且加扩充，诚以成本低廉，故能尽力倾销，以与华厂竞争，非使之摧毁罄尽不止，其用心之险狠有如此者。往者厘金未废，内地厂商犹赖税轻，调剂挹注，彼于兹稍留竞争余地。自改办统税以来，中外工厂同等待遇，而地方捐税又为外厂之所无，华厂遂至陷于重围之中。

政府注重民生，对于棉业想不漠视，从前立法院制定《褒奖条例》，三中全会又经通过《保护纺织实业提案》，属会翘首企望，〈却〉未见实施。今日火热水深，濒于破产，谨拟救济方案六则〈列〉于后。

（一）统税加级：查海关棉纱入口税共分四级，本国纱厂统税，亦请改为四级，其支数与海关则略有差别，三十三支以上为第一级，每担征税六元；二十三支至三十二支为第二级，每担征税五元；十三支至二十二支为第三级，每担征税四元；一支至十二支为第四级，每担征税三元。棉布税亦应照棉纱等级重量征收，从前十一、十二磅，十三、十四磅，十五、十六磅共一税率，有失公允，应即停止。

（二）退还统税：上条修正统税，中外厂应一律征收。对于华厂所收之数，每月月底由钧部以奖励名义，以一半退还该厂，于征税时划抵，以资补助。

（三）增加关税：查《中日〈互惠〉协定》于本年五月十六日满期，应于是日起，所有从日本进口之棉布、丝光布，照先行关税增加二倍，又人造丝织品增加三倍，再加增本国现行棉纱统税。

（四）退还原棉进口税：查原棉进口税，民国十五年【1926】尚系每担一元二角，现已加至四元二角，拟请对于华厂所收税款，由钧部以奖励植棉经费名义，退还半数，交属会承领。此项退款，由属会以一半发还纳税之厂，其余一半由属会津贴各省植棉场为改良棉种之用，政府得随时派员指导、监视其进行。

（五）低利贷款：华商纱厂受重利之盘剥，为不能与日厂竞争之最大原因，应请由中央银行、中国银行、交通银行，各划巨款，组织实业贷款，银行以低利长期贷与各华厂，俾资营运。

（六）取缔工会：查日厂每万锭雇用工人约一百七八十人，华厂在上海者约用三四百人，汉口、天津等处工会势盛者须用七百余人，工资相差倍蓰，何能竞争？应请明令各省、市党部，以后各华厂开除工人，工会不得横加干涉，俾资整顿。

以上所陈，仅能举其纲要，如蒙采纳施行，国计民生，受益匪浅。临颍不胜迫切待命之至。谨呈实业部部长陈〈公博〉①。具呈人上海华商纱厂联合会主席委员荣宗锦。中华民国二十二年四月二十一日。

（国民政府行政院档案，中国第二历史档案馆藏）

附：华商纱厂联合会呈国民政府备案宣布全面减工（1933 年 4 月 20 日刊载）

呈为厂业艰危，减缩工作，请予备案事。窃自一九二八年以还，世界经济状况，日趋衰落，各国均苦生产过剩，利用倾销之法，拓展国外市场。我国关税最轻，遂成倾销尾闾。迨自〈民国〉二十年【1931】巨大水灾后，继以日人侵热〈河〉、侵沪，农村濒于破产，金融日趋紧缩，购买力

---

① 陈公博时任南京国民政府实业部部长。陈公博（1892—1946），广东南海人，早年参加中国共产党，是中共一大代表，尔后脱党而去，加入国民党，曾任国民党第二次全国代表大会中央执行委员，为国民党改组派的代表人物。抗战爆发后，追随汪精卫叛国投敌，成为汪伪政权的二号人物。

薄,需要大减,在华日厂,更将纱布贬价侵销,华北首告奏功,驯至华纱不能插足,天津、山西厂纱,被迫南运。旋且以施于华北者再移其凶锋于长江流域,因此华厂纱布,去路仅恃华南一途。本年以来,日益衰落,卒使纱布价格民〈国〉元〈年〉【1912】以后之最低数字,而各地积存纱布,亦达空前未有之巨量。值此金融奇紧、利率高昂之时,厂家几皆陷于岌岌不可终日境地。属会各厂,因知当此潮流,自应力图振作,期于挽回颓运,无如产品之纱布,虽极贱而犹不能销,而原料之棉花,则以国产供不敷求,价格并不随纱布呈相等之跌价,购用外棉,亦因金贵而换算价高。以本年三月份与〈民国〉十九年【1930】全年纱花之最低价相较,纱跌二十四两,棉花反涨三两,故在原料与制品之间,不特毫无补救余地,抑且愈陷营业于不利之境。其次则为从开缴方面着手,以企成本之稍低,顾欲轻开缴,惟有减开支与增生产之两途。查三、五年来,职工工资,逐步提高,不增已属难能,何敢再言减少?至增加生产,原为近世各国救济工业之唯一方法,但以我国工厂现状而言,工作已见荒驰,若欲稍事整饬,动辄罹压迫之罪名,或且引起莫大之纠纷。维持现状,犹且不遑,求增生活,实同梦想。故合理化已推行于各国,在我在〔国〕尚无法实施。兴言及此,实可痛心。纺织业处于此种艰危景况之下,匪伊朝夕,以各厂财力之薄弱,早已竭蹶难支。然以棉业关系国计民生之重,不得不勉力维持,以待时机之稍稍起色。讵自去冬迄今,愈趋恶劣,远瞻前途,一时犹无转机之望。愈亏愈重,撑柱日难,迫不得已,因于〈1933 年〉4 月 10 日召集各厂会议,佥以外侮内忧,日臻严重,苛无救急之方,势必同归于尽。经各厂代表一致议决,自 4 月 22 日至 5 月 21 日,各厂一律实行减工,每星期六及星期日昼夜完全停工,以减生产而维生存等情,业经通告各厂准期实行。

(《纺织时报》,第 979 号,1933 年 4 月 20 日,第 1 版)

致中央工业试验所所长顾毓瑔函主张商借部分庚款应急

(1933 年 5 月 3 日)

在京奉教为快。日昨又读手札,只悉一切,附件亦已照收。纺织业,就目前现状而论,可谓困难已臻极点,是以函商,冀寻得一条出路。敝处对于机器、纱锭,有已定未到者,有已到未付款者,最好于庚款中商借一部分,以济急需。至政府有维护之决心,鄙人亦所深悉,但所定治标办法,贵乎切实奉行,否则口惠亦徒然耳。星期五如出席农村复兴委员会〈会议〉,当再图把晤,面罄一切。

(申新总公司函稿汇登)

致国民政府实业部工业司司长刘荫茀[①]函请转商庚子赔款委员会借锭六万

(1933 年 5 月 12 日)

敝公司【申新公司】鉴于纺织业衰落,纱锭有减无增,是以鄙人有用庚款借锭之建议。承贵部采纳,拟照所定计划实施。嗣以条件未曾议妥,致中途搁置。而际此不景气时代,鄙人颇思竭尽绵力,战胜环境,遂向英国订购纱锭及机器,现已到及未到者,计款有十三万磅之谱,拟请贵部转商庚〈子赔款〉委〈员〉会,参照借锭付款办法,暂为垫付,由敝公司按期归还。在贵部既可达奖励实业之主旨,敝公司亦得于纺织业凋敝之秋稍沾实惠。至借锭一节,既有成议,敝公司为扩张事业、减轻成

① 刘荫茀(生卒年不详),字治万,湖北黄安(今江安)人,自 1932 年 9 月 21 日起,任实业部工业司司长。

本计，仍愿借锭六万。敬希台端予以援助，并希贵部迅予批示，以便遵行，毋任企盼。

（申新总公司函稿汇登）

拟借美棉之羡余以补华棉之不足条陈节略

（1933年5月）

谨略者。吾国比年以天灾人祸，几无宁晷，人生日用必需之米、麦、棉，无一不待外产之接济，致每年入超辄逾四万万元，循至金融枯竭，农村破产。生产事业，如我国首屈一指之棉纺织厂，亦日趋危殆，险象之深，虽无外患内乱，亦将无以立国。迩来政府有见及此，遂有农村复兴委员会之集议，而于棉纺织厂，亦急急谋所以救济之道。顾兹事体大，补苴不易，况凡百图谋，非财不办，无如国库如洗，财界资力，亦嫌不裕，终恐筑室道谋，难期明效。窃以棉纺织厂目前最大之困难，则以本国原棉不敷，其价日昂（每年缺少三百万至四百万担），而生产品因外货倾销，其价日落，亏累过甚，难于图存。在棉产最多之美国，反以存棉太多，无从销纳，不惜动用公款数十万万金元，鼓励棉农之减产。在此两国极端相反情势之下，苟能挹彼注兹，由政府出面，向美国政府借购美棉六十万包，约计二百二十万担，每担以四十元计，则农民每年增益二万万元，纱厂原料无匮乏之虞，则营业自有振兴之望，一转移间，于国，于农，于棉纺织业，无不交受其利。昔年借用美麦四十五万吨，不独救济旷古未有之奇灾，且筑成万里长堡，使长江两岸，永免水患，农民增益，每年何止十万万？今之借用美棉，用意正同，而所得结果，必不止此。兹就所拟计划条陈如左：

一、由政府向美政府借购美棉总额六十万包，其结价与农〔装〕运办法与借美麦同。

一、每月由美运华五万包,分十二月装竣。

一、此项棉花计$\frac{7}{8}$吋棉四十二万包,$\frac{15}{16}$吋棉十二万包,$1\frac{1}{32}$吋棉六万包。

一、利息与美麦同。

(《农村复兴委员会会报》,第 1 号,1933 年 6 月,第 64—65 页)

致国民政府行政院政务处处长彭学沛[①]函谈借用美棉事

(1933 年 6 月 5 日)

前奉台函,敬悉借用美棉一节,已由行政院议决进行。顷得路透〈社〉消息,欣悉宋〈子文〉部长在美谈判已有结果。此皆汪〈兆铭〉院长俯纳刍荛,及台端赞助之力。以后复兴农村及关于建设事项,皆可次第实施,其为福利,岂有涯涘,不特纺织业感纫已也。

(申新总公司函稿汇登)

附:此次对美棉麦借款条件

借款总额为五千万美金,按市价美汇计算,约合国币二万万元以上。中以五分之四在美购买棉花,五分之一购买小麦及面粉。购得之货物,并限由美船运华,利息长年五厘。棉花还本办法,货到华时还百分之十,三月后还百分之十五,第二年最后六个月还百分之十,第三年百分之十五,第四年百分之二十,第五年百分之三十;麦及面粉还本,第四年百分之二十五,第五年百分之七十五。担保品为:(1) 统税收

① 彭学沛(1896—1949),字浩涂,江西安福人。日本京都帝国大学毕业后,又赴比利时留学,回国后,任北京大学政治学教授;1928 年 2 月,中国国民党中央党报《中央日报》在上海创刊,他任主笔;1932 年 3 月起,历任国民政府内政部代理政务次长、行政院政务处长、交通部政务次长。在中国国民党内,彭氏属汪精卫派。

入,(2)海关收入。此后统税改组时,并不得使收入短少,以免担保无着。

(《纺织周刊》,第3卷第26期(第113号),1933年6月23日,第811页)

致国民政府行政院政务处处长彭学沛函请转言汪兆铭院长密电伦敦宋子文部长促成向英国四十万纱锭借款

(1933年6月7日)

顷奉密函,敬悉一一。借款成功,用之于棉麦生产之改良,极佩卓识。当由纱、粉两业公会电呈政府,请求将此款完全为改进生产、振兴实业之用。惟弟更有请者,庚款借锭,由弟建议,虽经通过,尚未施行。窃思纺织在实业中最为重要,若不积极扩充,无以杜列强经济侵略之野心,而保存吾国萌芽之实业。宋〈子文〉部长到英〈国〉,报章赞美,获有特殊荣誉。倘承台端言于汪〈兆铭〉院长,密电伦敦,请其进行,则四十万纱锭之成功,可操左券。且英国于商业本极重视,此次美款告成,不知作何感想?若与商借纱锭,以常情揣测,当所乐为。台端维护实业之心,昭然若揭,用特竭诚奉托,尚希力为赞助,毋任铭感。

(申新总公司函稿汇登)

致国民政府行政院政务处处长彭学沛函续言向英国四十万纱锭借款事（附英国商会驻沪会长马歇尔致宋子文电）

（1933 年 6 月 10 日）

七日奉复一函，谅登记室。未尽之意，再为我公陈之。华北协定[①]后，彼方从此实行经济侵略，尤注意于吾国纺织业。若不急起直追，力图挽救，华厂恐无立足之地，而国家、社会之隐忧，诚不忍言。且长期抵抗之谓何？此项借款成功，直接维持工厂，间接复兴农村，只须政府指定用途，商民受惠殊非浅鲜。惟吾国纺织业以纱锭与人口比例相差太远，借外力以助业务之进行，不容稍缓，弟是以有庚款借锭之建议。如成事实，则纱厂有推广之机，投资者庶几踊跃向前，而工人生活、国家税收亦可同时解决。乘〔趁〕宋〈子文〉副院长出席经济会议，在美款借成之后，提出借锭问题，当有成功之望。除由英国商会驻沪会长马锡尔电告宋副院长外，拟请我公将鄙意转陈〈汪〉院长。如荷同意，迅予电嘱宋副院长进行。〈汪〉院长周游欧美，有世界眼光，对于吾国甫在萌芽之纺织业，当力予维持，乐观厥成也。电稿录奉察阅。

---

① 此处的“华北协定”系指 1933 年中日签定的“塘沽协定”。随着“九一八”事变爆发后，东北三省完全被日本占领，日本又将侵略的魔爪伸向华北。为了对中国政府造成压力，1933 年春，日军进占热河和长城各口后，又迅速席卷滦东，威逼中国华北平。其时蒋介石集中力量推行“攘外必先安内”的“剿共”计划，同汪精卫密谋与日妥协。5 月 31 日，国民政府北平军分会总参议熊斌与日本关东军副参谋长冈村宁次代表中日双方在塘沽签订停战协定。主要内容为：中国军队撤退至延庆、昌平、高丽营、顺义、通州、香河、宝坻、林亭镇、宁河、芦台所连之线以西、以南地区；日本军队在确认中国军队已撤退后，不超越该线续行追击，且主动撤归长城线；长城线以南及第一项协定之线以北及以东地区内，由中国警察机关维持治安。

附：英国商会驻沪会长马锡尔[①]致宋子文电稿

伦敦中华民国公使馆投国民政府行政院副院长宋子文先生：

兹因荣宗敬先生拟扩充纺织厂，动用庚款一部作为付款条件，已将此意电达英国机器制造厂联合总公司沃尔登城泼勒脱厂华脱勃勒斯登爵士趋前面晤，已与以电报介绍，请与以短时间之会晤，不胜企盼。英国商会驻沪会长马锡尔拜电。

（申新总公司函稿汇登）

为《无锡旅刊》登记事呈上海市政府稿请转咨国民政府内政部给予登记

（1933年6月16日）

呈为发行《无锡旅刊》，遵照《出版法》[②]，声请登记事。窃属会发行《无锡旅刊》，理合遵照《出版法》第七条规定，声请登记事项，缮具声请书并样本二份，随文呈请鉴核，转咨内政部，给予登记，实为公便。谨呈上海市政府。计呈《无锡旅刊》声请登记书一纸（未见）、《无锡旅刊》样本二份。无锡旅沪同乡会理事长荣宗锦启。六月十六日。

附1：上海市政府第一三三四号批（1933年9月19日）

原具呈人无锡旅沪同乡会呈一件，呈为发行《无锡旅刊》声请登记由。呈件均悉。据呈，当经咨转内政部核办在案。兹准咨复："为准咨，以据《无锡旅刊》声请登记一案，请查核办理，计附声请书、登记表、考查

---

① 马锡尔，英国人。光绪六年（1880）任上海祥兴洋行总经理，经营茶、丝出口贸易，资本规银15万两。该洋行所出口之茶叶，行销欧、美、澳各洲，其往来洋行为"汇丰"、"麦加利"及"有利"等。民国17—34年（1928—1945），出任上海英国商会会长。民国20年（1931），管理中英庚款董事会成立，马氏被推为4个英国董事之一，且一度兼任副董事长。

② 1930年12月16日，国民政府公布《出版法》，该法有六章及附则，共计四十四条。

表、出版物各一份，核与《出版法》尚属相符，除将原送书、表等件存查外，相应填具该刊登记证，咨复查照转发见复，并希转饬该刊，依照《出版法》第十三条之规定，按期寄呈刊物备查为荷。”等由，计附登记证一份。准此，除咨复外，合行检发该证批，仰遵照具领，并依法寄呈刊物，以凭查核为要。此批件转，计转发警字第二七三二号登记证一份。中华民国二十二年九月十九日。市长吴〈铁城〉。

附 2：国民政府内政部登记证警字第二七三二号（1933 年 9 月 11 日）

案据上海市《无锡旅刊》依法声请登记，业经审核，准予登记。此证右给《无锡旅刊》发行人荣宗敬收执。中华民国二十二年九月十一日。内政部发给。

附 3：上海邮政管理局来函（1933 年 8 月 10 日）

径启者：查国内出版之新闻纸或杂志，应由发行人依照《出版法》第七条，及其施行细则之规定，呈由所属省政府，或隶属于行政院之市政府，转内政部声请登记，并将登记证，或党政机关会同证明档，送局查验各节。本局自上年九月间奉令后，迭经函请查照办理，并经派员接洽各在案，乃阅时将近一载，迄未见照办，殊以为憾。事关功令，未便玩忽，用特最后通知，即希于本年九月底以前，将内政部登记证，或党政机关会同证明确已核转登记之文件，寄递过局，以凭核检，如逾限仍不照办，本局即将前准之挂号优益，概行撤销，即希迅予查照办理。此致《无锡旅刊》。上海邮政管理局启。八月十日。

附 4：《无锡旅刊》致邮政管理局函（1933 年 9 月 20 日）

径启者：案奉上海市政府第一三三四号批令内开，“呈件均悉。据呈，当经咨转内政部核办在案。兹准咨复：“为准咨，以据《无锡旅刊》声请登记一案，请查核办理，计附声请书、登记表、考查表、出版物各一份，核与《出版法》尚属相符，除将原送书、表等件存查外，相应填具该刊登记证，咨复查照转发见复，并希转饬该刊，依照《出版法》第十三条之规定，按期寄呈刊物备查为荷。”等由，计附登记证一份。“准此，除咨复外，合行检发该证批，仰遵照具领，并依法寄呈刊物，以凭查核为要。此批。”等因。奉此，除依法遵照按期寄呈刊物外，相应检同该证送请察核见复，并将原证仍行发还收执为荷。此致上海邮政管理局。《无锡旅刊》社启。九月二十日。

（《无锡旅刊》，第162期，1933年9、10月合刊，第1—2页）

为无锡旅沪同乡顾剑青被诬累羁押事致上海市公安局局长暨侦缉队队长函请准予交保释放

（1933年6月23日）

径启者：顷据会员蒋叔襄君函称：“同乡顾剑青，系已故名儒顾子青之子，前在旧都【北京】内务部供职。自鼎革后，离〈北〉平返〈无〉锡，旋即来沪，就上海正风文学院文牍之职，已历多年。早出晚归，老诚自重，安守本分，从无越轨行为，素为一般同乡深悉。不料事出意外，突被伪造山东库券一案诬攀，被押市公安局侦缉队部冤遭不白，函会恳予证明营救。”等情到会。查顾剑青确系乡前辈顾子青之子，向在上海正风文学院职司文牍，属会自可证明，惟会员蒋叔襄君声称突被诬累羁押，如经贵局长（贵队长）讯无实据，恳请准予交保释放，以免冤累，实纫公谊。此致上海市公安局局长（侦缉队队长）。无锡旅沪同乡会理事长荣宗锦启。六月二十三日。

（《无锡旅刊》，第160期，1933年5、6月合刊，第1页）

无锡旅沪同乡会为会议征集同乡会员办法事分致打铁同业领袖通函[①]

（1933 年 7 月 26 日）

径启者:吾锡旅沪同乡号称十万,初次征求,除永久会员,普通会员不足六千人。现在逐年减少,截至〈民国〉二十一年【1932】度决算止,普通会员只有七百三十一人,纵有迁移、改业离沪他去,而未允照缴者,所在多有,似非查照各同乡会办法,重行征求不可。惟有人提议照初次分十七队征求者,又有人提议按照各业推举领袖设法征求者,提交七月二十三日联席会议议决,先由会函约各业领袖征求意见,再定办法。兹先于七月三十日(即旧历六月初九日)中午十二时,略备素餐,邀请贵业领袖商量办法,届时务祈拨冗惠临。天气炎热,菜蔬实备,幸勿见却。除函请邱仁之君面约外,此致于义庭君、蒋廷福君、于寿椿君、王锡爵君、张荣春君、张兆麟君、浦连桂君、张廷桢君、戴义芹君、钱永泉君、蒋金发君、于忠义君、王顺葆君、吴巧福君、张卓贤君、邱仁之君。无锡旅沪同乡会理事长荣宗敬。七月廿六日。

(《无锡旅刊》,第 161 期,1933 年 7、8 月合刊,第 1—2 页)

① 当时无锡人在沪,从事打铁业者人数甚多,且其领袖多为无锡人。

致王禹卿[①]函请即日起担任福新公司总经理

（1933年8月2日）

径启者：弟任茂新、福新、申新总公司总经理有年，事务日繁，申新方面对付又感困难。自即日起请台端担任福新公司总经理，以后关于福新全部营业及银钱往来，统由台端负责，本同舟共济之初衷，期分工合作之实现，幸勿见却。此致王禹卿先生。八月二日。

（申新纺织总管理处关于荣宗敬聘请王禹卿、李升伯担任申新、福新总公司总经理、经理函件，上海市档案馆藏）

呈上海党政机关请解散棉纺工会文[②]

（1933年8月初）

组织该工会者，非在业工人，请解散，否则停业。

（《天津益世报》，1933年8月5日，第1张第2版）

① 王禹卿（1879—1965），名尔正，无锡扬名青祁村人，民国时期上海著名的实业家。1903年，王禹卿被荣宗敬挽入无锡茂新面粉厂工作，翌年底被聘为茂新面粉公司销粉主任，后又任茂新驻天津分销处主任，兼上海裕大祥号天津分号经理。1908年，裕大祥号投机失败，牵累茂新，经王禹卿与各庄联系，立据担保，负责归还欠款，使茂新渡过了难关。1912年，王禹卿与茂新办麦主任浦文汀拟在沪合办面粉厂，因资本不足，后与荣氏兄弟商议合伙投资，在上海创办福新面粉厂，出任经理。至1920年，福新已发展到8个厂，王禹卿任福新面粉公司经理兼福新七厂副经理。王禹卿协助荣宗敬在上海成立面粉交易所，规定“绿兵船”牌面粉为市场标准粉。次年，他与荣宗敬又在上海创办华商纱布交易所，并购得两个经纪人字号，经手买卖纱布、证券等业务。1933年，申新纺织系统发生经济困难，福新各厂从茂、福、申三新总公司分离出来，另行成立福新面粉厂总公司，王禹卿自任总经理。1934年，申新系统经济濒危时，他曾一度被任命为茂新、福新、申新总公司总经理。

② 申新五厂共有男女工人二千六百余人，本无工会，后经王震霆等人筹组四区纺织工会，但遭到厂方反对。至1933年7月，原申新五厂工人、上海杨树埠区棉纺工会常委黄兆辉被绑架案发生后，工会组织惊恐四散，为此纱厂联合会荣宗敬等向党政机关呈请解散工会。

为本日各报登载与申新五厂有关一则新闻事致同仁法律事务所陈忠荫律师函即希修正登报稿径登各报三天

(1933 年 8 月 5 日)

敬启者:今日本埠各报登载新闻一则,牵涉敝公司申新五厂,殊有登报声明之必要。兹草拟登报稿一纸(未见),并本日《申报》所载新闻送呈察阅,即希修正,径登各报(申报、新闻报、时事新报"工商栏"三天)为荷。此致同仁法律事务所陈忠荫律师。

(申新总公司函稿汇登·第六册〔1933—1934 年〕,上海社会科学院图书馆藏)

附:1933 年 8 月 5 日上海《申报》所载与申新五厂有关之新闻"黄兆辉被绑后工会呈报党政请彻查"

〈第〉四区棉纺业公会常务理事黄兆辉被绑失踪后,引起各界深切之注意,工会昨日呈请党政交涉,详情如下。

呈报党政

黄兆辉自本月一日,深夜在杨树浦路瑶铭铁厂附近被绑后,第四区棉纺业工会,即组呼吁会,以备交涉,今晨始将经过情形,呈请市党部、社会局、总工会,请求:(一) 彻查真相,(二) 惩办凶手,(三) 设法营救。

事前遇险

黄兆辉为湖南人,年二十八岁,住虹口新康里,家有妻儿各一,儿方一岁许,向在申新五厂作工。被解雇后,旋即筹办四区棉纺工会,于上星期五(即七月二十八日)下午九时,因赴戚家筹款,支付工会开销,在高朗桥华裕路口,遇流氓二人,索帮忙工会费,而兆辉因素不认识,置之不理，致为拦至附近湘联益酒店强索，而黄兆辉即于此时自该店后门逸去。匪徒乃与该店交涉后，经店主报告榆林路捕房，将二流氓拘去，旋复因原告不到而释放。

工会停顿

第四区棉纺业工会筹备委员为黄兆辉等十五人，自筹备后，即为厂方络续藉词解雇者计八人。自黄兆辉被绑后，各筹备委员，惊惶异常，认为太无保释，不得已均暂避，以免蹈前辙，因此工会负责乏人，无形停顿。至于党政机关对于黄兆辉之被绑，得呈报后，已暗中进行彻查，以明真相。

（上海《申报》，1933年8月5日，第4张第13版）

复无锡旅沪同乡尤幹臣君函为设法援助其同宗尤茂亭之子事

（1933年8月12日）

径复者：昨由贵同宗尤茂亭君，交奉手函，以其子仲岐无辜被累，属吾锡旅沪同乡会设法援助，理应照办，惟来函未将案由叙明，无从着手。询诸茂亭，其子仲岐已经法院判决，徒刑一年零九个月，而属将判决书交阅，再行斟酌。至法院既经判决，应请律师提起上诉，定有期限，逾限则上诉无效，此对于官厅情形也。复查会员名录，尤茂亭、仲岐父子均非会员，不尽义务，亦难享受权利，此对于本会情形也。惟既承谆属，如有办法，本会决不推诿。复颂秋祺。无锡旅沪同乡会理事长荣宗敬。八月十二日。

附：无锡旅沪同乡尤幹臣来函请求设法援助同宗尤茂亭之子（1933年8月10日）

径启者：敝族尤茂亭，系天授市三都二图后沽里人，任第五区沽里朱巷乡乡长，已历四年，素在上海北西藏路开茂裕石粉号，又在虹口周家嘴路开设茂义石粉号，迩因年华已高，乡长事忙，故将沪上两厂交其子仲岐主持。仲岐勤谨经商，不料横祸之来飞从天外，竟有匪夷所思者。现其同辈，已愿为公同证明。敬恳贵会同乡加以保证，俾知此系正当商人，庶可立予昭雪，是所至祷。此颂公安。弟尤桐顿首。八月十日。

（《无锡旅刊》，第 161 期，1933 年 7、8 月合刊，第 3—4 页）

复美商霍白克函告无法律或道义上之义务满足其需求

（1933 年 8 月 16 日）

已与法律顾问商谈，无论我本人或茂新、福新、申新，并无法律上或道义上的义务，来满足你的要求。

（申新总公司英文档案）

为承询小麦滞销及面粉产销状况事复上海市政府社会局第二科科长吴恒如[①]函

（1933 年 9 月 1 日）

承询小麦滞销及面粉产销状况，兹就见闻所及，贡献一二，即希察照。小麦滞销与麦价低落有因果之关系，麦价低落，农民不愿出售，致有滞销之象。麦价低落之原因：（一）现今各种物价有自然下游趋势；（二）关于运输及交通，并未与〔予〕货运以特殊便利，买者、卖者成本攸

① 吴恒如，生卒年月不详，日本东京帝国大学农学院毕业，曾任江苏省立第一农技校长，时任上海市政府社会局第二科科长。

关，多所顾虑；（三）货品高下悬殊，次劣之货杂质太多，不合机制之用，厂方受外粉倾轧，对于进货不得不择优选购，致低劣之货无人过问；（四）收成时适逢阴雨，农家不肯出晒，致货品潮热郁蒸，厂家不敢收买。本市各厂每日成粉约十二万包，销路以北方为大宗。自东北沦陷，北方几为日粉独占，是以北方销路日少，存粉日厚，势必减少出数，以维营业。迩来米价低落，杂粮丰收，产麦各区复多土磨制粉，机粉销路更受影响矣。

本省小麦产额约一千一百二十五万担。

本市每日到货约四五万担。

本市售额运销外埠者每日约有四万余担，在本市及四乡销售者约二万余担。

本市各厂用麦数量，每日约六万担。

洋货进口，本年一至七月约有七百五十万担。

（申新总公司函稿汇登）

致无锡反日救国会主席卫质文函为各报登载上海英商纶昌漂染印花有限公司从申新纺织公司订购大量坯布事

（1933年9月12日）

质文主席大鉴：

阅各报登载上海纶昌布匹系日本坯布一节，查该厂与敝公司素有交易，今年三月至今，陆续购去坯布廿余万匹之多，确系事实，是为该厂购销国货之一证。合行奉达，即希察照。此颂公祺。

（申新总公司函稿汇登·第六册〔1933—1934年〕，上海社会科学院图书馆藏）

附 1:上海申新纺织公司关于纶昌漂染印花有限公司订购大批坯布之启事(1933 年 7 月 17 日刊载)

启者:上海纶昌漂染印花有限公司近在各报声明,该公司向敝公司购进大批胚布一节,兹因各处来函询问是否事实,今免一一答覆起见,故特登报声明:该纶昌公司所述确系事实,且该论昌公司现仍继续向敝公司订购大批胚布,已达二十余万匹之巨。特此郑重声明。

(上海《申报》,1933 年 7 月 17 日,第 1 张第 4 版)

附 2:关于上海《宁波日报》登载申新纶昌两公司狼狈为奸推销仇货事消息之登报声明稿(1933 年 9 月 1 日)

八月三十一日上海《宁波日报》登申新、纶昌两公司狼狈为奸,推销仇货一节,阅之不甚惊异。本公司在吾国纺织界中有三十余年之历史,现有纱锭五十三万枚,线锭二万五千枚,自四支起至八十支止,每日出纱一千余件;布机五千余台,出品中有粗布、绒布、细布、漂布、直贡呢、色丁、军装、帆布、军毯、袋布,各种花色,一律齐备,每日出布数量达一万二千余匹。自本年三月起,纶昌公司到本公司陆续购买布匹,至今虽未曾间断,查纶昌每日用数不过二三千匹,而本公司除自用面粉袋布及供给纶昌外,积货尚甚多,若谓申新每月所出坯布不足纶昌一天应用,绝非事实;至谓申新所卖给纶昌之坯布,均属普通斜纹,并无花标坯布,更不知本公司出品花色之齐备。当此推销国货,营业困难之际,任意宣传,外界不明真相,易滋误会。为特登报声明:嗣后如再有类似之新闻发现,希图破坏本公司信用者,本公司当谋法律上之救济,惟希公鉴。

(申新总公司函稿汇登·第六册〔1933—1934 年〕,上海社会科学院图书馆藏)

附 3:上海市商会函复湖南国货馆英商纶昌公司出品非国货(1933 年 8 月 21 日)

径复者:本月十九日,接准大函,以英商纶昌公司所出"七玫瑰牌"色丁布,究系舶来品,抑或系国货,无从识别,请为查复等由过会。查外国货之定义,本有两种,一为国外制造,运销来华者;一为洋商资本,根据《马关条约》,在华设厂制造者。纶昌系英商资本,在中国设厂制造,当然属于外货范围,况该厂出品之外面包皮,亦有"英商纶昌"字样,更无所容其疑问也。此致湖南国货陈列馆。

(上海《申报》,1933 年 8 月 22 日,第 4 张第 13 版)

全国经济委员会棉业统制委员就职通电

(1933 年 10 月 16 日)

南京〈国民政府〉财政部、外交部、内政部、实业部、教育部、军政部、海军部、交通部、铁道部,各省省政府暨建设厅、实业厅,各报馆公鉴:

奉国民政府令开:"派陈光甫、李申伯、谢作楷、唐星海、邹秉文、陈立夫、荣宗敬、张公权、杜月笙、贝淞荪、张啸林、郭顺、何炳荪、胡筠庵、刘荫茀、孙恩麟、吴醒亚、聂潞生、穆湘玥、陈伯庄、李浩驹为全国经济委员会棉业统制委员会委员,指定李申伯、谢作楷、唐星海、邹秉文为常务委员,陈光甫为常务委员兼主任委员,此令。"等因。奉此,光甫等遵于十月十六日在上海就职,宣告正式成立。事属整理全国最大实业,关系国家经济至巨,尚祈共赐匡济,俾免陨越,曷胜盼感。

全国经济委员会棉业统制委员会主任委员陈光甫,常务委员李申伯、谢作楷、唐星海、邹秉文,委员陈立夫、荣宗敬、张公权、杜月笙、贝淞荪、张啸林、郭顺、何炳荪、胡筠庵、刘荫茀、孙恩麟、吴醒亚、聂潞生、穆湘玥、陈伯庄、李浩驹同叩。谏。

(上海《申报》,1933 年 10 月 25 日,第 3 张第 10 版)

美商霍白克覆函告已收到八千元并退回全权代表授权书及第一次董事会会议记录

(1933 年 11 月 14 日)

收到上海币八千元,为解除对您的要求,附还已取消的全权代表授权书,及第一次董事会会议记录,请查收。

(申新纺织总公司档案)

为请准予无锡旅沪同乡何丁氏具领莫阿金事致上海市公安局文鸿恩局长暨中国妇孺救济会函

(1933 年 11 月 27 日)

敬启者:准本会会员丁彦章函称,侄女何丁氏生有一女,名耀金,即莫阿金,现年十三岁,前于五岁时,过房于莫子卿为女,安迄已八年有余,忽于七月二十六日,因主家虐待外出,经公〈安〉局于八月四日,送入妇孺救济会收留。何丁氏曾经赴会察看,确系亲生之女,情愿领回团聚。该会须由同乡会备函证明,方准给领,属会备函证明等由。查莫阿金既准本会丁会员声明,确系何丁氏之亲生女,除函致妇孺救济会外,(除函请上海市公安局函致贵会外,)用特备函证明,即祈贵局函致妇孺救济会(即祈贵会,)将莫阿金一名,准予何丁氏具领,实纫公谊。此致上海市公安局局长文〈鸿恩〉(中国妇孺救济会)。无锡旅沪同乡会理事长荣宗锦。十一月二十七日。

附:丁彦章君来函(1933 年 11 月 26 日)

兹有舍侄女,于归本邑朱祥巷何顺兴后,生有一女名耀金,统呼之阿金，在五岁时，螟蛉[①]与莫子卿为女，迄今八年有余，该女现已十三岁，今悉承妇孺救济会收留。舍侄女曾赴会察视，的〔确〕系亲生女儿，愿领回归家团聚，而该会须由同乡会致函证明，方许领回。敬乞予给同乡会函，俾舍侄女前赴领回，不胜至感。敬颂大安。丁彦章顿。十一月廿六日。现该女在妇孺救济会八千〇二十号。

（《无锡旅刊》第163期，1933年11、12月合刊，第1—2页）

为制止莫子卿冒领莫阿金事致上海市公安局局长文鸿恩函

（1933年12月1日）

敬启者：前以贵局收留十三岁女孩阿金一名，系敝同乡何丁氏之亲生女，前据会员丁彦章函请证明，业经属会备函证明在案。兹以何丁氏在申守候，应请贵局即予给领，俾得回家团聚。至该女孩从前五岁时，过房于莫子卿，因虐待走出，经旁人送局收留。现闻莫子卿转请沈文卿来局冒领，如果属实，应请制止。合并声明。此致上海市公安局长文〈鸿恩〉。无锡旅沪同乡会理事长荣宗锦。十二月一日。

附1：上海市公安局复函（1933年12月2日）

案查前据本局第六区解送被虐待女孩阿金一口来局，当经询明函送慈善机关留养，并迭经批斥不准该养父莫子卿具领在案。现据该阿金舅父沈子卿呈请具领前来，复将该孩提询，据称情愿随其回去。正核办间，复准贵会来函，以该女阿金，前于五岁时，由其母何丁氏过房莫子卿为女，迄今八年有余，前因主家虐待外出，被公安局查获收留，此刻该女之母闻之，情愿领回团聚，特备函证明，嘱为函致妇孺救济会，准予该何丁氏具领等由。准经询，据该何丁氏声称："此女确系我亲生，前因家

① "螟蛉"，为养子、义子的代称。蜾蠃常捕螟蛉喂它的幼虫，古人误以为蜾蠃养螟蛉为己子。

境贫苦，过房于莫家为女，当时得洋拾元是实。”等语。据此，查该孩既迭据其亲属恳请给领，又复准贵会来函证明，究应由何人领回抚养，相应送请查照，核办见复为荷。此致无锡旅沪同乡会。上海市公安局启。十二月二日。计送女孩阿金一口。

附 2：何顺兴、何丁氏具领证明

具领人何顺兴、何丁氏，今由无锡旅沪同乡会领到亲生女孩阿金一口，阿金确系具领人亲生女是实，为特请求承领，当蒙允许。

（《无锡旅刊》第 163 期，1933 年 11、12 月合刊，第 1—2 页）

致全国经济委员会棉业统制委员会主任委员陈光甫函为该会专家委员李升伯称申新公司违约续解次纱事

（1933 年 12 月 25 日）

光甫先生台鉴：

二十三日本埠各日报登载，棉统会进行第二步工作稳定纱价，初步已告段落一节，内有专家委员李升伯君对记者发表谈话，涉及敝公司交易情事，一则曰次纱，二则曰次纱。查交易所有一定标准，照标准交货，无可疑义，且交易所成立至今有十余年之历史，而“次货”二字，则因棉统会聘请李君后，始行发觉。现在纱业均处于困难地位，敝公司纱锭较多，困难尤甚，是李君发表谈话后，敝公司所受一切损失，应从何所取赎，即乞迅予答覆，毋任企祷。专颂筹祺。

（申新总公司函稿汇登·第六册〔1933—1934 年〕，上海社会科学院图书馆藏）

附：1933年11月23日《申报》刊载“棉统会稳定纱价经过”

大公社云：棉业统制委员会，前以华商纱布交易所所存纱过多，影响市场，为稳定物价起见，特组织合兴公司，收买一部分存纱，以冀流通市面，并呈由实〈业〉部令交易所，于十月份起，不得再交新纱，以示限制。大公社记者昨赴棉统会，探询此事处置经过详情，及今后正本清源办法，当由该会常委李升伯接见，承告甚详。

收买存纱原因

首据李氏称：当纱价极度不振之时，适值秋销发动之际，但因市价日短，纱商不敢放手营业，而农民则无纱可织，于是纱布交易所存纱愈积愈厚，斯时纱交〈所〉共有存纱三万六千包，市面愈跌愈烈。棉业统制会为稳定市价，设法疏通计，乃商由上海之永安、无锡之庆丰、南通之大生三纱厂组织合兴公司，出资收去一万五千包，以为市价稳定之后，则纱商亦可放胆采购，则其他二万一千包之存纱，当可逐渐出清。此为组织公司收买存纱，以稳定市价之最大原因也。

违约续解新纱

不意自合兴公司收去一万五千包之后，而申新厂又继续以次纱解进八千包，纱布交易所限于所定规章，不加制止。棉统会鉴于此种情况，为釜底抽薪计，乃呈准实〈业〉部，令饬交易所，自十月份起之新交易，不许以新纱解所，一方面对于所内，连新解进之次纱八千包，共二万九千包，由纱厂联合会等会同设法出清，因纱厂联合会于七月间开会有一次决议案，限制各厂停解新纱也。

出清存纱办法

经棉统会与纱厂联合会及纱布交易所三方面会商之结果，该项存纱，已决定由申新厂收去七千包，交易所收去一万包，规定价格为每包一百七十元。此项定价，为十五年来之最低价格，即使运往内地销售，当亦不致折本。合同业已订就，并已呈请实部备案，统限本年年底内收清。

收买存纱损失

所收之一万五千包存纱，现已陆续销往各方面者计有一万二千包，尚余三千包未获脱手，但本年年底亦决定出清，统扯每包约须亏折六七元，共计损失约十余万元。棉统会于此事发动之初，本拟要求中央拨款四百万，预备将此项次纱完全收去，嗣因宋〈子文〉去孔〈来〉，财长交替，而中间又以闽变突起，政府财政竭蹶，遂被搁置，否则此种困难已早解决，固毋须大费周章也。

标准分级限制

棉统会为防止以后再有此种弊病计，对于交易所规定标准，拟以科学方法重行厘订，如拉力织、杂色光牌等等均合于百分者，得采取为标准，办法与章程已在拟订中，俟拟定再由交易所认为无讹，然后呈部备案实施，大致以一元为一级，如不满七十分者，即为不合等级，交易所当不予收受。棉统会并拟派专家八人，会同在所鉴定云云。

（上海《申报》，1933 年 12 月 23 日，第 3 张第 9 版）

1934 年

上海面粉交易所理事会秘书处来函请出席理事会第十六次会议

（1934 年 1 月 19 日）

径启者：兹定于本月廿一日准午后三时，假四马路大西洋菜社，开理事会第十六次会议，务请执事拨冗惠临，弗却为荷。此致宗敬先生。上海面粉交易所谨启（上海面粉交易所理事会秘书处）。一月十九日。

（〈国民政府〉工商部给荣宗敬聘函及申新纺织总公司为申请新秘书处给杜月笙、吴开光等人的信件，上海市档案馆藏）

中国红十字会来函为致送征求会员总队长聘书等

（1934 年 2 月 22 日）

径启者：查本会征求会员，业经定于三月一日起至四月三十日止，为正式举行期间，并订定第一次征求会员章程及酬增给奖办法，均经先后呈奉内政部批准备案各在案。嗣经本会议决聘请先生为本会征求会员委员会宗敬总队总队长以利进行，至贵总队长下设分队若干并无限制，请贵总队长酌量分设，所有贵总队长应设副总队长、参谋长及各分队队长等各职，应请贵总队长自行延聘，请将本会空白聘书分别填送，以昭郑重，并请将副总队长、参谋长及各分队队长之姓名开单送会，俾便查考。用特奉上聘书一件及空白聘书、条例、细则、章程、办法、特刊、临时收据、介绍书等件，一并函请察收，分别照章办理。务祈鼎力玉成此事，无任盼祷。此致宗敬总队总队长荣。中华红十字会谨启。廿三年二月廿二日。

（〈国民政府〉工商部给荣宗敬聘函及申新纺织总公司为申请新秘书处给杜月笙吴开光等人的信件，上海市档案馆藏）

致国民政府行政院政务处处长彭学沛纺织业负担太重请设法减轻并于运销方面力予维护函

（1934 年 5 月 21 日）

……至负担太重，亦为纺织业衰落之主要原因。兹制定完纳统税分析表。……呈览。……倘能于负担方面设法减轻，于运销方面力予维护，则感激靡涯矣。

（申新总公司函稿汇登）

为申新纺织公司遭遇困难事致中国建设银公司常务董事叶琢堂[①]函乞设法援助

（1934 年 6 月 12 日）

弟经营纺织业三十余年，困难未有甚于今日者。外厂竞争，外货倾销，农村破产，纱销呆滞，而所担负之统税、利息两项，年在千万以上。

① 叶琢堂（1876—1940），字瑜，浙江鄞县人。早年在上海充当瑞和洋行买办和上海证券物品交易所的经纪人，后与法国人创办万国储蓄会。因资助过蒋介石，故在 1928 年 10 月中国银行改组时被派为官股董事。1928 年 11 月中央银行成立，出任该行董事。1932 年，叶琢堂与宋汉章等创设至中商业储蓄银行；1934 年，为中国建设银公司常务董事。

现状如斯，何能持久？先生知弟最深，弟之艰苦状况，岂有不知？所以不惮烦言者，环顾朋辈中，惟先生思虑周密，不尚空谈。特呈敝公司最近表册一份，祈加垂察，敬乞设法援助，俾已成之局不为环境所支配，不独弟一人感荷已也。弟近日身体疲软，又患重伤风，不克趋前面谈，兹遣小儿鸿三①晋谒，敬乞赐予接洽为祷。

（申新总公司函稿汇登）

复王禹卿函请其出任申新纺织公司总经理

（1934 年 6 月 14 日）

禹卿先生台鉴：

奉大函，只悉一切。本公司总经理一职，非台端莫属。弟退职休养，早具决心。福新二、四、八厂，在总经理统治之下，银团到期继续问题，应请台端全权处理。除邀〈丁〉梓仁②先生面洽一切外，先行函复。敬颂公绥。

（申新总公司函稿汇登·第六册〔1933—1934 年〕，上海社会科学院图书馆藏）

① 荣鸿三（1906—？），字辅仁，荣宗敬先生二儿子。毕业于上海圣约翰大学，曾任申新总公司副总经理兼申新七厂经理。

② 丁梓仁，生卒年不详，无锡人，荣宗敬姻亲，荣氏兄弟在茂新、申新创业时期的主要合作股东，曾任上海福新第二、四、八面粉厂经理，上海申新第二纺织厂经理，因亏空巨款去职。

呈国民政府军事委员会委员长蒋介石[①]请核准申新纺织公司发行公司债由国民政府保息借以维持节略并附该公司资产负债表一件

(1934 年 6 月 15 日)

为略呈商公司概况，敬祈救济事。窃商等鉴于纺织业之有关民生，故自逊清光绪三十一年【1905】，即从事集资〔股〕创设纺织工厂，藉谋提倡。继思非多设较大工厂，仍不足以与世界先进国相颉颃，故于民国四年【1915】复设申新纺织厂于沪上，迄今先后扩充至九厂，共有纱锭五十三万枚，线锭六万枚，布机五千余台。〈凡〉纱支〈自〉四支以达六十支、布匹自六磅以至二十二磅，不论粗、细，均可制造；凡外商之出口，商公司均可承制。统计每日可纺纱一千余件，布一万余匹。直接在工厂者共有四五万人，运输、营业等间接赖以生活者倍于斯。商公司每日完纳国家特税均在一万元以上，年计三百余万，合计最近三年有半，共纳国税一千余万元。其余工资、利息、材料等等，均数倍、数十倍于兹。商等正思努力改进，以利社会，而副钧座提倡盛意，讵料一二年来迭受外货倾销，无利可图，虽属勉力维持，终觉周转为难，不得已将厂抵借，仍觉困难。为特具呈钧座，顾念国计民生，迅赐核准商公司发行公司债若干，由政府予以保息，藉资维持。否则，事败垂成，功亏一篑，于国家税

---

① 蒋介石(1887—1975)，官名中正，字介石，谱名周泰，乳名瑞元，学名志清，浙江奉化溪口人，中国国民党当政时期党、政、军主要领导人。1907 年保定陆军速成学堂肄业，1908 年留学日本并加入同盟会，1924 年任黄埔军校校长，后兼任国民革命军第一军军长，指挥东征与北伐。1927 年发动“四一二”政变，导致第一次国共合作破裂。南京国民政府成立后，历任国民政府主席兼陆海空军总司令、军事委员会委员长、行政院院长、国民党总裁、国防最高委员会委员长、同盟国中国战区最高统帅等职。1948 年召开国民大会并当选为“总统”，1949 年 1 月 21 日宣布引退，同年败退台湾。1975 年 4 月 5 日于台北去世。

源、对外体面均有关系,私人利益犹其余事。用敢敬具节略,伏乞鉴察,实为德便。谨呈军事委员会委员长蒋〈中正〉。申新纺织总公司代表荣宗敬、荣德生。

申新纺织公司资产自清表 （单位:元,法币）

科目		申新各厂	总公司	合计
固定资产	房屋	8 881 734.24		8 881 734.24
	机器	29 519 487.25		29 519 487.25
	器具	127 333.69		127 333.69
	地基	9 384 470.52		9 384 470.52
	股款、地产		2 965 429.33	2 965 429.33
	固定资产总额	47 913 025.70	2 965 429.33	50 878 455.03
流动资产	现金	59 724.44	67 320.42	127 026.86
	应收票据	208 406.36		208 406.36
	各户远期		1 116 516.98	1 116 516.98
	棉花	7 530 162.14		7 530 162.14
	棉纱	5 953 030.48		5 953 080.48
	布、袋、毯	2 495 507.42		2 495 507.42
	在制品	1 047 567.70		1 047 567.70
	下脚	14 490.40		14 490.40
	材料	551 100.49		551 100.49
	有价债券	169 245.71		169 245.71
	花纱买卖		1 463 792.45	1 463 792.45
	预付款项	470 616.95	369 575.41	840 192.36
	存出保证金	16 881.56	6 400.00	23 281.56

续表

科目		申新各厂	总公司	合计
流动资产	各项欠款	438 190. 66	679 803. 52	1 117 994. 18
	荣宗记		1 016 000. 00	1 016 000. 00
	荣德记		291 000. 00	291 000. 00
	流动资产总额	18 955 174. 31	5 010 390. 78	23 965 565. 09
损益	福记损益		823 969. 33	823 969. 33
	花纱损益		338 104. 00	338 104. 00
	历年损益	9 783 730. 23	1 283 482. 05	11 067 212. 28
	上年损益	1 106 886. 91		1 106 886. 91
	本年损益	1 009 482. 98		1 009 482. 98
	呆账(许叔娱)		756 856. 73	756 856. 73
	差额	180 356 66	189 562. 78	369 919. 44
	损益总额	12 080 456. 78	3 391 974. 89	15 472 431. 67
资产总计		78 948 656. 79	11 367 795. 00	90 316 451. 79
长期负债	定期抵押借款	24 272 216. 64		24 272 216. 64
	定期借款		3 705 000. 00	3 705 000. 00
	股票地产押款		2 725 000. 00	2 725 000. 00
	长期负债总额	24 272 216. 64	4 430 000. 00	30 702 216. 64
流动负债	银行钱庄往来		1 991 500. 00	1 991 500. 00
	未到期票据		5 150 000. 00	5 150 000. 00
	应付票据	232 704. 68		232 704. 68
	花纱押款	11 810 428. 77	3 138 350. 00	14 948 778. 77
	存入款	2 336 885. 32	1 087 272. 50	3 424 157. 82
	应付款项	1 821 372 92	250 000. 00	2 071 372. 92
	各厂往来	2 899 716. 61	1 274 591. 77	4 174 308. 38

续表

科目		申新各厂	总公司	合计
流动负债	各批销处往来	236 282.16	4 452 650.00	4 688 932.16
	储蓄部往来		4 211 236.18	4 211 236.18
	存入保证金	82 915.04		82 915.04
	暂时存款	396 745.31	204 289.19	601 034.50
	流动负债总额	19 817 050.81	21 759 889.64	41 576 940.45
	负债总额	44 089 267.45	28 189 889.44	72 279 157.09
纯资金	股本	10 948 471.35		10 948 471.35
	公债	120 993.64		120 993.64
	未付股息及红利	1 957 226.30		1 957 226.30
	折旧准备	5 001 403.41		5 001 403.41
	纯资金总额	18 037 294.70		18 037 294.70
负债与纯资金总额		62 126 562.15	28 189 889.64	90 316 481.79

（蒋中正文物，台湾“国史馆”藏）

福新第二厂经理丁梓仁来函乞退

（1934 年 6 月 15 日）

谨启者：梓仁自壬子【1912】追随诸公之后，迄今廿年有余，而岁月增人，年事渐高，病缠不已，残颓日盛。际此实业奋斗、竞争之会，岂容衰朽之人滥竽其间？兹专诚告退，即日去事，一切职务暂由施君复侯维持，请即派人接替。鄙人所有股本，因不得已随此退股。专上宗敬先生台鉴，王先生并诸股东均鉴。丁梓仁鞠躬。〈民国〉二十三年六月十五日。

（万卷一名人信札，中贸圣佳 2019 年秋季拍卖会古籍善本专场）

复福新第二厂经理丁梓仁函告全体股东集议结果

（1934 年 6 月 24 日）

径启者：前准台函，以年事渐高，病体不已，拟退去一切职务，暂由施君复侯维持，属即派人接替，所有股本因不得已，随此退股等由。当以厂经理进退事关重大，即于六月二十三日召集福新二厂全体股东，在江西路总公司二楼开会集议。当经公同会议，佥以执事去志已坚，无法挽留，议决照办；至执事所有福新二厂丁崇信户资本银叁拾万柒千伍百元，议决先行作抵信记，欠款应请执事出具退股书，连同合同送会，以便呈局〈登〉记。此致丁梓仁先生。福新二厂股东会主席荣宗敬启。六月廿四日。

（丁梓仁为退去福新第二厂经理职务及资本事与荣宗敬的来往函，上海市档案馆藏）

福新第二厂经理丁梓仁复函请全部退股并呈资本合同请予以批准更户及呈官厅登记

（1934 年 6 月 27 日）

径启者：今接六月二十四日台函，内开：前请退去福新第二厂经理职务及资本，因不得已声请随此退股等由，承于六月二十三日召集全体股东会开会，当经公同会议，佥同议决照办，锡会亦具退股书并资本合同送会等云。所有福新第二厂资本系丁崇信户，计资本银三十万七千五百元正，今遵《公司法》第四十条第二项，请全部退股，并呈资本合同壹份送缴贵会,请即予以批注〔准〕更户及呈官厅登记,不胜至荷。此复福新第二厂股东会荣主席宗敬先生。退股人丁梓仁谨启。六月二十七日。

(丁梓仁为退去福新第二厂经理职务及资本事与荣宗敬的来往函,上海市档案馆藏)

呈国民政府实业部、财政部、棉业统制会吁恳救济纺织业文

(1934年6月28日)

呈为纺织业经济竭蹶,营业困难,吁恳派员调查,迅予救济以维现状事。窃宗敬创办申新纺织公司以来,已三十余年,于艰难辛苦中努力奋斗,有进有退。现有纱锭五十余万枚、布机五千余台、线锭五万余枚,直接、间接资以生活者,无虑十万余人。自"九一八"东省事变发生,继以"一·二八"淞沪之役,纺织业受经济侵略、外货倾销影响,营业更一落千丈。宗敬为国家税收、工人生计起见,未敢轻言停工。然营业方面有绌无赢,加以利息之积累,统税之输将,处此环境之中,万难持久。为此,吁恳钧部、〈会〉派员调查实在情形,迅予救济,以维现状。

(薛明剑藏件)

敦请王禹卿、李升伯[①]为申新纺织公司总经理、经理的聘任书

（1934年6月）

敦请台端为本公司总经理，除得股东荣德生、王尧臣君等同意外，俟股东会时追认，务希即日就职为荷。此致王禹卿先生。

敦请台端为本公司经理，除得股东荣德生、王尧臣君等同意外，俟股东会时追认，务希即日就职为荷。此致李升伯先生。

（申新总公司函稿汇登）

致中国、上海银行[②]暨申新各债权函告已聘请王禹卿、李升伯为申新纺织公司总经理、经理

（1934年6月）

径启者：鄙人等经营申新纺织公司，现因债务日重，整理恐难，又以精力衰弱，不竟应付，惟有决心引退。兹聘请王禹卿先生为总经理，李升伯为经理，此后所有各厂工务、营业，均交王、李两先生全权办理，鄙

---

① 李升伯（1896—1985），浙江绍兴驿亭人，在20世纪三四十年代上海工商业界颇有声望，为中国早期纺织实业家、教育家，新中国纺织机械制造业之父。1915年，李伯升毕业上海民立中学，随后遵照父命，放弃读大学的机会，进入一家丝厂工作。1922年他以中国代表团团员身份，出席了美国纽约举办的第一次世界丝业博览会，会后留美攻读纺织工程。1924年又到英、法、意、瑞士、日本等国去考察。1926年他以上海银团代表，为著名实业家张謇先生整顿和发展地方工业、农业和教育子孙，后又任大生纱厂经理，并创办我国第一家棉产改进所引进美棉，改良国棉，以后发展为八省棉产改进所。

② 中国银行、上海商业储蓄银行，为陈光甫等所组织，创设于1915年，最初资本仅十万元，存款不过五十余万元，以后逐渐发展，至1930年时已陆续增资至五百万元，为当时规模较大银行之一。

人等不加干预。用特专函奉达，敬希察照为荷。此致中国、上海银行暨申新各债权咨照。

附：王禹卿、李升伯致中国、上海两银行函告即日就任申新纺织公司总经理、经理(1934年6月)

径启者：鄙人既承荣宗敬先生聘为申新纺织公司总经理、经理，业于本日就职，此后关于总公司各厂工务、营业，统由鄙人会同经理李升伯(总经理王禹卿)先生负责办理。用特专函奉达，即希察照为荷。此致中国、上海银行。

(申新纺织总管理处关于荣宗敬聘请王禹卿、李升伯担任申新、福新总经理、经理函件，上海市档案馆藏)

致张则民函主张应由华商纱业联合会致函棉统会转请政府颁行公债

(1934年6月)

则民先生大鉴：

今接□纱业今日来信，关于拟商纱业拟请政府颁定公债。鄙意应由本会名义函请棉统会转呈，较为有力。此颂公祺。

(申新总公司函稿汇登·第六册〔1933—1934年〕，上海社会科学院图书馆藏)

国民政府实业部部长陈公博复电为呈请救济事

(1934年7月5日)

据呈请救济一案，本部已派工业司长刘荫茀定今日来沪，会同全国经委会暨财政部所派人员清查，并令拟救济办法。

（薛明剑藏件）

附：国民政府实业部拟救济申新纺织公司办法案（1934 年 7 月）[①]

窃申新纺织公司荣宗敬呈请派员调查迅予救济一案，前经拟定暂行方案，提请钧院于 167 次会议议决"通过"，并奉第 8579 号训令"遵照会同办理"，遵即合派本部工业司司长刘荫茀及科长李家礼赴沪，会同全国经济委员会暨财政部所派人员，前往该公司详细清查及拟具根本救济方案候核各在案。兹据本部派员回部呈称："……目前形势之最急者，非申新本身，而为受累之债权及蒙其不良经营影响所及之国内同业，故为救济债权及被累垂危之同业计，非速从清理债务与改换经营组织着手不可，并拟具救济方案，请鉴核"等语。经复核后，酌定办法于次：

（一）由政府责成该公司速行清理，以六个月为限；若清理不成，再由政府派员清查。

（二）由政府召集债权人，组织临时管理委员会，经营该公司现有九厂，至多以六个月为限；六个月后，依整理所得结果，再定具体办法。

（三）在临时管理委员会经营期内，由政府供给三百万元为营运资本。六个月结束，所有盈余或亏损，并入公司债务债权内计算。

以上办法，是否可行，理合缮同该员等调查报告书、表一全份，提请察核公决。

（申新纺织总公司档案）

① 该办法提交国民政府行政院讨论。

复李升伯函为拒就申新纺织部事务事

（1934 年 7 月 17 日）

前接大函，并见今日报载启事，实与私衷相违。所有申新纺织部事务，先生既以职务繁剧，特行声明不克兼顾，鄙人自亦万难相强，只有遵命作罢，容再另行设法。至代表棉业统制会，此自先生之事；而申新系统完全商人营业，且有〔为〕股份公司，并与统制会无涉，是否接受先生协助，尚须内部切实考虑，非私人所敢擅许，幸乞稍安毋躁。合并附复，即希察照。

（薛明剑藏件）

附 1：李升伯拒就申新纺织部事务启事(1934 年 7 月 17—18 日刊载)

日昨报载荣宗敬先生启事，以申新纺织总公司纺织部事务见委。升伯因原任职务繁剧，不克兼顾，业于日昨致函，并面恳荣先生收回成命，当蒙谅解，业已取消。至于代表棉业统制委员会，协助办理申新整理工作，仍照常进行。此启。

（上海《新闻报》，1934 年 7 月 17、18 日，第 1 张第 3 版）

附 2：荣宗敬宣布聘王禹卿代理申新总经理李升伯代理纺织部事务陆辅仁主持面粉部事宜启事(1934 年 7 月 13—16 日刊载)

鄙人创办茂新、福新、申新纱、粉各厂已三十余年，近因年迈多病，精力不济，于 7 月 1 日起，商请面粉部经理王禹卿君为总经理，李升伯君主持纺织部事宜，陆辅臣君主持面粉部事宜。以后关于敝公司一切业务，希与王、李、陆三君接洽。深恐外界不明真相，特此启事。

（上海《申报》，1934 年 7 月 13—16 日，第 2 张第 7 版）

薛明剑来函报告与吴稚晖详谈等情况

（1934 年 7 月 20 日）

荣先生大鉴：

到后，□与稚老详谈，彼言政府工作，只可减有野心者夺取之象，以后维护仍须自求。稚老对于汪〈精卫〉、陈〈公博〉等辩白函，将"救济"换"整理"，"调整"改"结束"，见条件的，允即□出。五时趋谒，又接蒋委员长五次政典，稚老将电另纸录呈，当即撮收。汪院长接蒋〈介石〉电后，今日亦有电告稚老，更允为竭力之。午间由〈陈〉子宽[①]兄携与稚老，不识曾达鉴否？如属达鉴，于□稚老处索阅。临走时，稚老言及，如有要事，当径函府上，请即照察，至盼告知。此致大安。晚明〈剑〉上。〈1934年〉7 月 20 日。

再，稚老切盼先生与孔〈祥熙〉部长一谈，因孔之脾气喜欢自动，不喜欢被动，故稚老不拟致函与彼处，且与陈意见相左，今陈既与棉统会一气，不妨就此入手。又及。

（申新档案一类件，上海社会科学院图书馆藏）

致各钱庄函告即日复职

（1934 年 7 月 20 日）

鄙人因病体尚未复员，拟暂时休养，是以商请王君禹卿担任申新总经理，李君升伯主持纺织部事宜。讵意李君以事繁不克兼顾，仅以棉统会委员资格协助整理；王君又以难肩重任为言。窃思敝公司范围较广，

① 陈子宽系吴稚晖的表亲，当时任无锡工艺机器簿习所经理。

事务殷繁，接替无人，万难卸责，不得已，鄙人即日复职，从事整理工作，对于前欠款项，不论抵押、信用，自当一律负责偿还，不分轩轾。掬诚奉告，即希公鉴。

（申新总公司函稿汇登）

附：王禹卿力辞申新纱厂总经理职启事（1934 年 7 月 20—22 日刊载）

鄙人向来专任福新厂面粉部业务，他事概非所知。今承荣宗敬先生以申新纱厂总经理一职见委，鄙人再四思维，实难肩斯重任。除正式函辞，仍请荣先生勉为其难外，特此声明。

（上海《申报》，1934 年 7 月 20—22 日，第 2 张第 7 版）

致上海商业储蓄银行总经理陈光甫函说明复职内情并请疏通各方疑虑

（1934 年 7 月 21 日）

弟因病体支离，环境恶劣，商请王君禹卿代任职务，俾得迁地休养。讵意王君又以难肩重任为言，公司事务殷繁，未便无人负责，弟不得已即日复职。对于内部切实整理，冀生产增重，成本减轻，无负台端维持之雅意。惟外界不明真相，传闻异辞，敝公司批发所罗布各地，一言出入，关系甚巨。台端与各界人士接洽较多，雅愿借重一言，转移空〈气〉，毋任感幸。本拟趋候，雨阻未果为怅。

（申新总公司函稿汇登）

致荣尔仁[①]函委派兼任申新公司各厂稽查

（1934 年 7 月 25 日）

兹派荣尔仁兼任本公司各厂稽查。此致荣尔仁先生。申新公司总经理。

（申新总公司函稿汇登·第六册〔1933—1934 年〕，上海社会科学院图书馆藏）

致荣伟仁[②]函委派为申新公司组织主任暂兼花纱买卖事宜

（1934 年 7 月 25 日）

兹派荣伟仁为本公司组织主任，暂兼花纱买卖事宜。此致荣伟仁先生。申新公司总经理。

（申新总公司函稿汇登·第六册〔1933—1934 年〕，上海社会科学院图书馆藏）

① 荣尔仁（1908—?），荣德生次子，江苏无锡人。圣约翰大学肄业。曾赴日本及美国考察，在荣家企业中注意健全工厂法规、改进企业管理、提高生产技术水平，成绩显著，为同行所关注，并被上海光华大学授予荣誉法学博士学位。19 岁（1926）时，遵从父命进入无锡申新纺织第三厂实习，任工务员、助理员。1931 年起先后任上海申新纺织第一、八厂和第二、五厂厂长。

② 荣伟仁（1906—1939），荣德生长子，江苏无锡人。毕业于公立上海南洋公学经济科。在荣氏企业中，曾任申新二厂、五厂经理，申新总公司改进委员会主任。他办事干练，为荣氏家族中后起之实业家，在 1934 年申新总公司资金枯竭，银行追讨贷款时，奔走申锡之地，周旋各方，终于渡过难关。1939 年，患鼻癌逝世，年 33 岁。

致上海商业储蓄银行总经理陈光甫函恳请言于军部继续采用申新纺织公司所产军用毯并允准照原价取偿在该行所做棉花押款、机备款

(1934年7月25日)

光甫先生台鉴:

二十一日曾上芜函,谅登记室。棉统会会议,适因□秘治□,未往聆教,至以为怅。兹有启者:敝厂制造军用毯,品质良好,价值亦与外厂出品不相上下,曾经军部采用。因竞争者多,致交易未能继续,现已积有五十万条之谱。恳请台端言于军部,于提倡国货之中,含保护实业之意,疏通存货,周转金融,谅台端乐予赞同,可以棉统会名义行之也。再,敝公司向贵行所做棉花押款、机备款,照原价取偿时,敬希允准,以洽机用。种种顷渎,统候面谢。顺颂公祺。

(申新总公司函稿汇登·第六册〔1933—1934年〕,上海社会科学院图书馆藏)

薛明剑来函告知悉实业部所拟救济申新纺织公司提案后相应对策

(1934年7月27日)

别后,与〈史〉量才[①]先生接洽后,已有具体办法否? 晨间,〈荣〉伊

① 史量才(1880—1934),名家修,字量才,以字行。祖籍江苏江宁,生于松江(今上海)。1910年,考入杭州蚕桑学馆;1904年,在上海创办女子蚕桑学校,先后在南洋中学、育才学堂、江南制造局兵工学堂、务本女校任教,并与黄炎培等发起组织江苏务学总会;1908年,任《时报》主笔;1912年,任《申报》总经理;1921年,参加创办中南银行,发起设(注转下页)

仁[①]兄抄奉实业部提案，实属可怕。稚老【吴稚晖】处，晚已另抄寄去，以便对付。稚老寄汪〈兆铭〉、孔〈祥熙〉两函，已于今日寄出，另纸抄上，希即检收，转致〈荣〉伟仁兄等一阅。临走时，晤《新闻报》主笔陈达哉先生，据云："欧战必〈爆〉发，将来纺织业必有厚望，希先生坚持到底"云云。

（薛明剑藏件）

附 1：吴稚晖致国民政府行政院院长汪精卫函主张维持申新(1934 年 7 月 27 日)

今日见报，申新棉业，政府对之已拟有两办法：(一) 完全收归国营，嗣后收益、负债、盈虚全由政府负责办理；(二) 由政府贷款维持，恢复营业状态，经济责任仍由荣宗敬自负，政府则处于监督地位。且云二者皆须征荣同意。弟知此两说虽仅为一部分之负责人拟议，政府询未决定，非二者必居其一。……即完全收归国营，亦必征荣先生同意；以为收归国有，确于棉业有益，荣先生亦必赞同。弟愚，则觉今日市场之不景气有时如潮流之相迫而来，决非仅仅如何科学管理所能完全抵抗，若航业、若丝业、若粉业、若棉业，痛快言之，最好国营，由专家合法布置，则商战可有力量。我政府迄未能有此大规模之计划者，非惟经济有所未充，且知今日之所谓专家，尚多出于书本上之知识，缺乏经验。一二有

（续上页注）立民生纱厂，帮助扩大五洲药房，协助复兴中华书局；1932 年，捐巨资支援一·二八淞沪抗战，被聘为国难会议会员，并被推为上海市民地方维持会会长；1933 年，创办《申报》补习学校和《申报》流动图书案总馆；1934 年 10 月，在自杭州返沪途中遭国民党特务暗杀。

① 荣伊仁(1912—1948)，字一心，荣德生三子。美国麻省罗惠尔纺织大学毕业。回国后历任申新第三纺织公司经理、合丰企业公司经理、公益铁厂经理、上海市第六区机器棉纺织工业同业公会理事等职，曾积极协理其父发展总管理处系统各企业的恢复和发展，并创办天元麻纺织厂、开源机器厂等，在筹办江南大学中尽了很大力量。1948 年 12 月下旬，在赴港途中因飞机失事而遇难。

经验之商人，则又为自己商营之业，此较精神饱满，为公家事业无心的，比较松懈。国营之事业，世界各国皆不能无所怀疑者，即在于此。故如此次申新资产估价，财部所估多于实部者，财部不过普通例估，实部恤恐有负责国营之事，倘购进破旧事业，购价过高，于将来国营之血本有关。然此等狭小之计较，同于个人小本经营者之状态，并无涵盖一切、统制棉业之意味，几图积小成大，与商人争利而已。实际则如买进一堂旧屋或一身旧衣，欲改造合式，必至如吾乡幽默之谚语，所谓添起衣面换起衣里，旧料徒为废物而已。此又专家之不智也。……弟以成败论英雄，觉营业之开展有如荣宗敬、陈嘉庚诸君，其才必非寻常，维持其业，并当维持其人。棉业而有荣先生，为值得维持之一人。故此次债权人告陈部长谓“最怕复辟”，弟以为摇动荣先生之人格，使人疑其为买空卖空者流，此为大误。故不惮词费，请陈部长切解债权人之惑。因今棉业巨子有如荣先生，又如陈部长告我之李申〔升〕伯先生，诚皆足为棉业生色。然设使请荣、李诸先生主持国营，恐将无疑地的减色。此不能谓荣、李先生心术有问题，实公私之不同，势使然也。否则，我国之招商局何以竟去三菱公司甚远？且现在还将为三北公司、民生公司所威胁，是何故欤？势使然也。所以，现在世界各国皆当首先将护商营之有为人物。弟贡献陈部长，谓申新之事，重心在维持荣先生，非谓维持个人产业，乃维持有为之人物而已。弟愚，以为解决申新之轻易办法，应用第二条调查之方法，亦可知财部之平〔评〕估其值，发见资产负债，两足相抵，大相径庭，便为补助标准。如若同于收买之抑价，并为满意之指摘，惹起一般人之恐慌，反促其颠复〔覆〕，形成荣先生为买空卖空之一人，则爱之不啻害之矣。实际此次搁浅，不过商业常态。商战贵乎日新，合理之组织，必当责令采用，则情至而义亦尽……故弟复敢哓哓以混先生之听。且申新方面，已拟有以后改进之新组织，嘱代呈。赐电，屡渎，无任惶悚！

（薛明剑藏件）

附 2：吴稚晖致国民政府财政部部长孔祥熙函主张维持申新(1934 年 7 月 27 日)

申新棉业，见报先生尽力维持，得介石先生赐电，亦云先生极表同情于荣先生。今日见报，已由政府拟有办法两条：

（一）完全收归国营，嗣后收益、债务、盈虚全由政府负责办理；

（二）由政府贷款维持，恢复营业状态，经济责任仍由荣宗敬自负，政府则处于监督地位。

弟以为，国营完全为专家之理想，每业一有问题，即归国营；国家今日财力如此，有此力量乎？专家书本之合理组织，果有成无败，能绝对乐观乎？此次申新调查资产，实部恐有国营之责任，收买为从其廉，所以作为关店货之估计，形成巨亏；其消息从而漏出，故此次并非维持申新，实同处分申新。幸而财政部鉴定平衡，为合理之估价，产债足抵，社会始即安宁。实部虽起意亦为爱之，然结果不啻害之。实则此次申新搁浅，为寻常商业之所时有，即小喻大，如昔年中华书局为商务书馆为有害之调查，亦即由寻常搁浅者，几变为根本之颠复〔覆〕。既而得人稍加救济，即安然渡过。荣先生搁浅亦非止一次，从前皆由贤明之金融界维护之，皆每次渡过。此次金融界亦并未放弃维护之心愿，或其以为款项较巨，更得贤明政府共同维护，则勇气加增。诚能如报上所拟之第二条，政府能予以贷款，而债权人等皆不愿颠复〔覆〕而招绝大麻烦，正亦想共同维持，则难关轻便渡过。如近来荣先生告迟，金融界五百万押款付过一半，忽将一半扣住，陈部长以为三天亦不能过，而荣先生再出，其内部竭力支撑，竟已支撑旬日，尚无必须颠复〔覆〕之虞。可见，此时而认荣先生确为有为之人物，彼之成败于大局为有影响，且调查其产债实足两抵，并非买室卖空，则搁浅为商业常态，救济为各国通行，采用第二条〈办〉法，相当贷与支持之款，则政府之责已尽。至于惩前毖后，为专家之估量，若不采用合理组织，合法管理，以后此等大事业必难稳定，则荣先生亦理应热诚改良，广纳专家之忠告，而采用其法；再由政府时时监视而督责之，申新之幸亦国家之幸。此等爱护之意，必一一皆为先生所早定。弟因申新嘱将新拟初步改良办法呈览，并附贡一言，皆枝赘之词，万几中劳先生省览，惶悚之至。

（薛明剑藏件）

为国民政府实业部拟定方案计划整理申新纱厂事致财政部孔祥熙部长函祈根据事实早布卓见

（1934 年 7 月下旬）

窃查民商等经营之申新纱厂等，近以感受世界不景气影响，金融周转不灵，前经呈请钧部，并分呈行政院及实业部，乞予救济，以维营业各在案。……而实业部不察，乃贸然拟定方案，计划整理。非惟对钧部为越俎代庖，抑且对民商为滥用职权。以厂方现况而言，无论其尚绝未至停顿地位，初无整理之可言；即停顿矣，在原商股未取得同意前，又何来收归官有之可能？……今兹危急，固甚于昔，然苟获钧部等能稍加怜惜，俯予爱护，则事业复兴，在所可卜。今荷实〈业〉部方针，证以报载官息，用心所在，实有企图宰割之嫌。民商何罪，申新何辜，而乃以卅年辛苦之经营，竟隳之乎盛治？……伏维部长维护国本，夙着勋劳，当此非常〈时刻〉，必有胜算。敬祈根据事实，早布卓见。日月之出，爝火自息，正朝野之观听，拯实业于水火，在此一举，迫切待命。

（薛明剑藏件）

致国民政府军事委员会委员长蒋介石函伏乞对申新纱厂现状赐予亮察俯加救济

（1934 年 7 月）

窃查民商等三十年来所苦心经营之申新纱厂等，近以感受世界不景气影响，金融周转不灵，前经呈请行政院及财政、实业两部，乞予救济，以维营业各在案。惟是行政院据呈以后，采取实业部草拟整理方针，分令财〈政〉、实〈业〉两部暨棉统会等，着手整理。近日京沪报章竞载官方消息，有谓申新纱厂整理委员人选已定者；有谓调查申新资产委员已将全部资产估计完竣者；最近并有政府已准备将申新等厂收归官有之息。流言所及，实属骇人听闻。查申新等厂，开设至今，已三十余年，历系完全商股，此次以整个世界不景气之影响，而金融乃暂感周转不灵，是以呈请政府，予以经济上之救济，以维营业。其重心固在乎经济之救济，其要求更止乎经济上之救济，初无整理之可言，更何来收归官有之可能？然而今乃组织整理委员会，不言救济而言整理，估计申新资产，不言调查而言估计。此中消息，实足令人寒栗。申新现状，至今已惟有上下一致爱护，方克有济。今荷实〈业〉部方针，证以报载官息，万一流于宰割之嫌，则脆弱之基，自相聚讼，外敌虚入，又何以当？民商前以年迈力衰，经已声明退休，然今因流言蜂起，景况日非，不得已重出肩负，以资应付。在民商毕生致力于此，为不忍坐视事业之崩溃，鞠躬尽瘁，又何敢辞？伏维委员长维护国本，夙著勋劳，当此非常，必具胜算。民商今日，已感呼吁无门，敬具芜呈，冒渎万机，伏乞赐予亮察，俯加援济。日月之出，爝火自息，正朝野之观听，拯实业于水火，感沐宏德，岂止一人！迫切上言，实深待命。

（薛明剑藏件）

致中国银行常务董事叶琢堂函恳请言于军部继续利用申新纺织公司所产军用毯

（1934 年 7 月 31 日）

琢堂先生台鉴：

敬启者。敝厂制造军用毯，品质良好，价值亦与外厂出品不相上下，曾经军部采用。因竞争者多，致交易未能继续，现在积有五十万条之谱，急欲脱销，以周转金融。恳请台端言于军部，继续利用，于提倡国货之中，寓有保护实业之意，谅台端不吝一言，为实际□□。专此奉托，敬颂暑安。

（申新总公司函稿汇登·第六册〔1933—1934 年〕，上海社会科学院图书馆藏）

致中国建设银公司常务董事叶琢堂函请设法促成统税登记以维持申新

（1934 年 8 月 1 日）

别后驰念，谅起居安适为慰。申新因环境关系，致劳外界之垂注，我政府亦以纺织业与他种事业不同，而申新复有三十余年之历史，是以救济方案载诸报章不一而足。惜近口惠，无补眉急。弟以无人负责，不得已勉力维持，而外界不谅，至今仍未获相当之援助。长此以往，纵有新组织、新管理，恐难为无米之炊，不久必有停顿之一日。在个人不足惜，其如国家实业前途何？报载褚君民谊谈及维持申新，统税登记可成事实。窃思敝公司每年担负统税为数不赀，若准许登记，于金融方面不啻予以活动之机能。然贵实行，不尚空谈。若并此不能实现，则其他救济方案更成虚语，此应请我公设法促成。

（申新总公司函稿汇登）

附：国民政府行政院秘书长褚民谊谈申新纱厂维持事（1934 年 8 月 1 日刊载）

申新纱厂前因负债过重，有难乎为继之势。政府以其有关整个实业，影响市面，亦殊重大，故曾于中政会议时商议，由政府出而维持。事经实〈业〉、财〈政〉两部调查，正在计拟。最近荣本人已渐有办法，故嗣后政府对维持荣之事业，精神上使债权人不相催迫，物质上特许荣各厂统税准予记账，俾便周转，因荣各厂每月所完统税，数在八十万元左右，政府即予救济，最多亦要能拨款三四百万，故此项统税记账办法，是时足使荣事业方面，解除相当困难。至于整理方案，将暂时搁置。

（上海《申报》，1934 年 8 月 1 日，第 3 张第 12 版）

致吴稚晖函乞于赴庐山后将申新现状言于上峰就可能范围中迅予援助

（1934 年 8 月 4 日）

申新事，承公不吝楮墨，作公道之主张。宗敬在实业界奋斗三十余年，为功为罪，得公大声疾呼，或能邀社会一部分之谅解，以后惟有埋头苦干，死里求生，一身做事一身当，不敢再作种种幻想。但金融枯竭，无可讳言，目前只须三百万，便可舒展自如。救济之声，洋洋盈耳，领了许多口惠，真令人图报无从。宗敬是纯粹商人，绝无政治意味，然爱国之心，未敢后人。财〈政〉部创办特税【即现今统税】，宗敬首先提倡；兰封之役[①]，财〈政〉次〈长〉张〈寿镛〉公[②]商借面粉特税百万，如数筹垫；上年平、津有事，面粉平价以维军储民食，此事叶公琢堂能道其详；余如年纳纱粉统税以及原料机器进口税，通年担负税款不下千万。不揣冒昧，言于政府，请求救济。孰意本月工作报告公开债权，闻之寒心，银团望而束手。五十余万纱锭、五千余台之布机生命，竟断送于轻率之结论、片面之估计，岂不冤哉！为今之计，统税登记，于金融周转，不无补助，能否实现，视政府有无援助决心。本埠银行、钱庄拥资甚厚，惑于估计，莫肯借贷，政府如能担保，则二三百万不难立致。新花登场，市面转机，分期偿还，有何不可？况敝公司各厂产余，尽可担保乎？闻公有庐山之行，渎陈一二，乞言于上峰，就可能范围中，迅予援助，俾申新厂务不致停顿。拜赐者不独宗敬一人已也。

（申新总公司函稿汇登）

为申新纱厂因金融问题致营业发生困难事致国民政府行政院长汪精卫[③]函

（1934年8月6日）

申新因金融问题，致营业发生困难，遂于六月二十七日呈请财〈政〉、

① 民国历史上有多次“兰封之役”，此处系指北伐战争期间1927年10—11月冯玉祥第二集团军与直鲁联军在豫东兰封（今兰考）地区的战争。

② 张寿镛在1927年10月至1932年7月间任国民政府财政部次长。张寿镛（1876—1945），字伯颂，一字咏霓，号约园，浙江鄞县人。1903年中癸卯科举人，先后任江苏淞沪捐厘总局提调、江苏度支公所科长、宁波法政学堂监督、杭州关监督。1912年以后，历任浙江、湖北、江苏、山东四省财政厅厅长，1924年任江苏沪海道尹。南京国民政府建立后，历任江苏省政府委员兼财政厅厅长及上海中央银行副行长、财政部次长等职。

③ 汪精卫（1883—1944），原名兆铭，字季新、季恂、季辛，精卫为其笔名，籍贯浙江山阴（今绍兴）人，出生于广东三水。早年参加同盟会，曾谋刺清摄政王载沣，袁世凯统治时期到法国留学。回国后于1919年在孙中山领导下，驻上海创办《建设》杂志。1921年，（注转下页）

实〈业〉两部救济；同时棉统会有代为整理之意，会同部派各员着手清查。费几许时间，造成报告，批评之处是否恰当，未敢遽下断语，而估计则为人人所注目。自报告传播，银团袖手，债权相逼，宗敬休养旬日，仍起支持。院长爱护申新，屡于函牍及谈话中见之。感激之余，敬将已往之事渎陈左右，幸垂察焉。宗敬经营纱、粉两业三十余年，实业救国之宗旨，历尽艰辛，未尝稍变，爱国之心亦未敢后人。……平时宗敬仰望于政府者至深，是以一再呼吁，冀其援手。无如事隔多日，申新徒居请求之名，政府未予救济之实。局外不谅，犹以无组织、无管理相嘲。平心论之，组织不健全，管理不妥善，无可讳言；岂有无组织、无管理，而可创办二十一厂，奋斗三四十年者？宗敬对于以后厂务，制成方案，切实整理，以待市况之转机。然无米之炊，难乎为继，燃眉之急，所望非奢。即如统税准予记账，公债发行若干，以及由政府名义担保，银行、钱庄借贷五百万或三百万，择一而行，均可使申新全部不致停顿。实业衰落，不独吾国为然，闻日本及欧美各国，利率固轻，而政府维护亦不遗余力。吾国纺织业方在萌芽，“九一八”而后，经济侵略，外货倾销，萌芽有随时摧折之可能。伏乞院长有以灌溉而培植之。无任翘企之至！

（申新总公司函稿汇登）

（续上页注）任广东省教育会长、广东政府顾问，次年任总参议。国民政府成立后，历任广州国民政府主席、南京国民政府行政院院长兼外交部部长、国民党副总裁、中央政治委员会主席、国民参议会议长。1938 年 12 月公开投降日本，1940 年在南京成立伪南京国民政府，并任主席、行政院院长、军事委员会委员长等职。

致薛明剑函抄示致吴稚晖、汪精卫两信如不可为或有披露报上[①]

（1934 年 8 月 6 日）

明剑兄鉴：

刻元首会集芦〔庐〕山，前言均如落空。宗〈敬〉至〔致〕元老、院长两信[②]，抄上抵〔底〕稿，如不可为，或有批路〔披露〕报上，请阅。惟言论和平，人人注目。此事必以解说我们事业之廿一厂创业易、守业难，三十余年如何过去，不可专家一评而全功尽弃。我做事，专家尚未入学，可笑，可笑。此上，大安。宗〈敬〉启。八月六日。

（薛明剑藏件）

① 薛明剑（1895—1980），初名萼培、锷佩，后易名明剑、民剑，笔名民间侍者、民间老人，无锡玉祁人，中国民族工商业者、实业家、社会活动家、史志学家，民国时期荣氏企业的智囊人物。薛氏 13 岁入东林学堂求学，1911 年考取上海复旦中学，后在多所小学执教或任校长；1917 年任江苏省立女子蚕业学校教员，后任省育蚕试验所事务部主任、县立公共体育场场长；1920 年起，任无锡申新第三纺织厂总管理处处长；1923 年创立无锡杂志社，还应聘任省实业厅咨议、县教育会主编、商埠局顾问等社会职务，同时创办明剑工业社等小企业；1927 年 6 月任商团公会会董，先后创办大中国实业公司、允利石灰厂、无锡养鸡场和蚕种制种场等企业；“九一八”事变后，发起组织无锡抗日救国会，成立允利化学工业公司，与人合股创设上海保安公司。对于此函，薛氏批注：“如能披露最好”。

② 此处“元老”指吴稚晖，“院长”指汪精卫，两信分别指 1934 年 8 月 4 日致吴稚晖函，8 月 6 日致汪精卫函，内容见上。

致中国建设银公司常务董事叶琢堂函恳将上蒋介石委员长书面呈并希将申新公司实际状况代为陈述

（1934 年 8 月 16 日）

八月一日曾上一函，由尊府竹报[①]中附寄，谅已垂察。敝公司营业虽照常支持，而金融方面未见有丝毫松动。维持救济，社会资为谈助，报章视为新闻，实则捕风捉影，实际毫无。窃思厕身实业三十余年，对于国家亦既稍尽棉〔绵〕力，求助于政府，事非得已。孰意方案虽多，都归泡影。兹再上书蒋委员长，敬恳我公面陈，并希将实际状况代为陈述。委员长关心实业，倘能俯念艰困情形，力予维护，则幸甚矣。

（申新总公司函稿汇登）

为申新公司救济事致国民政府军事委员会委员长蒋介石函

（1934 年 8 月 16 日）

申新营业困于金融，重劳钧座垂念，至为感谢。现营业照常，金融依然枯竭，维持救济之声，流播社会，按诸实际，徒托空言，转瞬新花上市，需款甚殷，勉力支撑，异常焦急。素譾钧座爱护实业，除恳琢堂先生详述外，渎陈一二。如有垂询之处，乞谕知，当晋谒崇阶，面陈一切。

（申新总公司函稿汇登）

① 竹报，古时对家信的别称，源出于唐代段成式《酉阳杂俎续集·支植下》篇，该书有“北都惟童子寺有竹一窠，才长数尺，相传其寺纲维，每日报竹平安”的记载。

致国民政府财政部部长孔祥熙函请求设法援助俾申新公司不致停机歇业

(1934 年 8 月 16 日)

目前晋谒左右,详陈一切,我公爱护之心溢于言表,欣慰莫名。迩来营业虽有起色,惟周转方面依然呆滞。实〈业〉部维持,只见方案;银团接济,亦托空言。按诸实际,则敝公司数千万之事业,只须筹垫三百万,便可渡此难关。我公主持全国财政,定能设法援助,俾敝公司不致停机歇业。

(申新总公司函稿汇登)

致上海储蓄银行总经理陈光甫、中国银行总经理张公权函请求将申新公司金融周转发生问题事言于政府于最短期内拨款救济

(1934 年 8 月 18 日)

敝公司一、二、五、八厂,与贵行签订补充营运合同,实为贵行与敝公司合作之表现,毋任欣慰。查合同第五条,"上条营运亏损由乙方垫付,纯为维持各厂继续工作起见,应责成甲方于最短期内,请求政府拨款救济,专充各厂营运资金之用"云云。溯敝公司金融周转发生问题,一面商恳公等援助,一面请求政府救济。幸公等贷与巨款,济我燃眉。政府一则曰维持,一则曰救济,云霓在望,未沛甘霖。敝公司呼吁已穷,何敢为再三之渎。〈宗〉敬以公等责成敝公司者,请求公等言于政府,于最短期内拨款救济。敝公司切实改进,早在洞鉴中;以前估计是否确实,政府诸公亦已深悉。重以我公一言,政府慨然拨款,实行救济,自在

意中。倘能达到目的,俾各厂营运资金不致虚悬,岂惟敝公司利赖? 幸我公熟筹之。

(申新总公司函稿汇登)

致国民政府行政院政务处长彭学沛函乞将统税记账问题面陈于行政院院长汪精卫

(1934 年 8 月 21 日)

敝公司因金融周转发生问题,重劳政府诸公垂注。救济方案虽未实施,而维护实业之心,昭然若揭。弟处于欲罢不能之地位,不得不尽人事,以待转机。是以各厂非特不会停工,且加紧工作,冀生产加增,减轻成本。惟统税记账问题,至今未能解决。敝公司出品甚多,照章征纳,为数不赀;倘能规定记账额数,俟营业起色,分期偿还,则救济不托空言,金融可资流转。敬乞我公陈于院长,倘能借重一言,财〈政〉部当有商量余地。转瞬新花上市,需款尤殷。素承雅爱,惟垂察为幸。

(申新总公司函稿汇登)

致上海储蓄银行总经理陈光甫函为续订补充营运借款合同事

(1934 年 8 月 31 日)

久未领教,至为渴念。公等以敝公司【申新纺织公司】资金缺乏难以支持,根据营运借款合同立补充营运借款合同,既经双方签订,自无异辞。惟甲、乙两方既处于合作地位,则甲方认为不便利之处,应尽情贡献乙方,以供采纳,当亦台端所乐闻也。查敝公司一、二、五、八厂纱锭有二十五万余枚,每日所用原料为数不赀,非有相当准备不能维持机用。闻现存原料不足五千担，接济不及，势必出于停工，乙方或致再受意外损失。窃思眼光手段，各人不同，以支配一二万纱锭之眼光手段，支配二三十万纱锭，其不能游刃有余者情也，亦势也。新花陆续登场，宜如何放开眼光，舒展手段，使机会不致错过，至货品优劣，价格高下，更宜悉心研究。乙方多占一分便宜，即甲方多得一分利益。台端洞悉商情，当不以弟言为过当。查原合同到期不足三月，以情势而论，有续订之必要。今检敝公司二厂所存营运借款合同一份，连同押款合同、租赁契约各一份、油印补充合同一份，以备台端余披览。另附表报二十二纸，亦乞随同研究，为续订合同时参考资料。弟与台端相识多年，交谊亦尚不薄。倘敝公司得有转机，借款早日偿清，当拜台端之赐；如其不然，则不幸者不独敝公司已也。恃爱渎陈，惟希亮察。

（申新总公司函稿汇登）

附：申新一、二、五、八厂与银团所订补充营运借款合同（1934 年 8 月 15 日）

今甲方【申新】因市面衰落，出品滞销，价格奇跌，亏损颇巨，以致资金缺乏，难以支持，爰一再与乙方【贷款银团】讨论，商请乙方临时垫款维持，已得乙方同意。除根据营运借款合同执行外，兹议定补充条文如左：

一、凡关于一、二、五、八厂（以下简称各厂）应用之会计员、管栈员、出纳员均由乙方选定指派，其薪金、膳宿由甲方供给支付，其他各职员如有不听乙方指挥或有意捣乱煽动风潮等情，概由甲方负责理楚，与乙方无涉。

二、各厂买卖花、纱、布，添置五金物料及其他应需各件，均须事前商得乙方之同意，并随时于成交簿上双方签字或盖章，以资证明；如未同意之一切买卖，乙方得拒绝之。

三、关于各厂对外发出之一切单据，应用申新一、二、五、八厂营运借款银团名义，由乙方会同甲方派员签字或盖章施行。

四、各厂如遇营业亏损，一、八厂共以洋四十万元为限，二厂以洋二十万元为限，五厂以洋二十万元为限；逾限时应由甲方立即以现款补足，否则乙方即停止垫款，甲方不得有任何异议。

五、上条营运亏损由乙方垫付，纯为临时维持各厂继续工作起见，应责成甲方于最短期间内请求政府拨款救济，专充各厂营运资金之用。

六、各厂关于技术上及工作上之改进，应彻底革新；如乙方认为有改善之必要时，得代为承办，其费用由甲方担负。

七、各厂关于下脚项下售得之价款，应一律归公入账，不得私自分派，应由甲方总经理及重要职员暨各厂经、副理负责办理。

八、各厂门首及各栈房门首均一律悬挂银团名义之标记。

九、本合约系临时性质，以六个月为期，至〈民国〉廿四年【1935】二月半为止。兹闻甲方之其他债权人正在组织整个办法，将来该办法实现，乙方认为可以合并加入时，本合约应即停止。

十、本合约缮成同式七份，各执一份为凭。

（上海银行对茂、福、申新放款历年往来文件，上海银行档案）

为申新公司前欠统税事致国民政府财政部长孔祥熙函

（1934 年 9 月 6 日）

敝公司【申新公司】自七月十六日以后，统税已悉数照付，前欠统税约五十三万有零（五、六两个月，七月半个月）。现敝公司货品直接运至非统税区域，应退之税约有十余万元，以之抵补前欠统税外，现净欠四十万元左右。税署因敝公司欠税，致对于客户应退之税不允照退；敝公司于推销方面大受影响。鄙意前欠统税四十万元左右，除敝公司应退之税尚可陆续抵补外，其余欠税须俟六个月后陆续清偿。至客户退税，应请税署准予悉数照退，俾客户不致裹足。敝公司困难情形，公所深知，无待赘述。

（申新总公司函稿汇登）

中国红十字会来函请将本会前送至此项征求会员三联临时收据如数缴会注销

（1934 年 10 月 24 日）

谨启者：案查本会第一次征求会员早经结束，所有前送之临时收据，亦经迭函请予缴送在案。兹因迄今尚未荷缴还，用再专函催请，务祈先生将本会前送之此项征求会员三联临时收据，成册共计壹百号（计第 39 册自 1901 号起至 1950 号止，第 40 册自 1951 号起至 2000 号止），请即如数缴会注销，如已遗失，亦请示知，以便作废而清手续，乞勿延为盼。此致宗敬先生。中国红十字会谨启。廿三年十月廿四日。

（〈国民政府〉工商部给荣宗敬聘函及申新纺织总公司为申请新秘书处给杜月笙吴开光等人的信件，上海市档案馆藏）

复中国红十字会函告前送征求会员三联临时收据已遗失祈查照作废

（1934 年 10 月 26 日）

径复者：昨准会函，以本会第一次前送征求会员三联临时收据二册共计一百号，计第 39 册自第 1501 号起至 1550 号止，第 40 册自第 1951 号起至第 2000 号止，属〔嘱〕即如数缴会注销，如已遗失，亦嘱示知，以便作废等因。查此次临时收据二册，遍查无着，自系遗失，应即备函奉复，至祈查照作废，以清手续，足纫公谊。此复中国红十字会。荣宗敬启。十月廿六日。

（《国民政府》工商部给荣宗敬聘函及申新纺织总公司为申请新秘书处给杜月笙吴开光等人的信件，上海市档案馆藏）

复中央大学农学院、中央棉业改进所、中华棉产改进会函请呈中央银行于西北一带多发钞票以便流通当地货物

（1934 年 12 月 10 日）

接奉大函，祇悉贵院〈所、会〉定于本年十二月二十四日起至二十九日止，联合举行棉作讨论会，以期改进全国棉产，嘱敝厂派员报告工作概况，并附讨论日程单一纸。查敝厂技术人员，平日各有职司，殊无相当之人可以指派。敬就个人意见，贡献一二，以备采择。

本年十月、十一月间，鄙人曾循京汉路至北平，复循陇海路至潼关，视察所及，知各地产棉甚丰，质量大都优良，惜缺乏现款，货物山积，不能流通。鄙意可由贵院〈所、会〉呈请中央银行，于西北一带多发钞票。中央银行信用久著钞票价值无异现金。若购买棉花必须现金，目前现金多数集中都市，在短时间不易还诸农村，即货物有积滞之虞。自贵院〈所、会〉积极提倡棉产，确有相当进步，惟为救济农村计，流通货物似为要图。以钞票替代现金，在中央银行资力雄厚，尚属轻而易举。是否有当，尚希提出讨论为荷。

（申新总公司函稿汇登）

为申新九厂暨福新二、四厂向麦加利银行押款即将到期如何应对事致惠丰钱庄经理席季明函乞预为布置

（1934年12月21日）

季明先生台鉴：

敬启者。敝公司申新九厂暨福新二、四厂麦加利银行押款，将于〈民国〉24年【1935】2月23日到期，如何继续，或另行设法，急待筹商。弟事务殷烦，殊有顾虑未周之处。素譾台端信用卓著，对于敝处向承爱护，用特专函奉托，即乞预为布置，勿却为幸。专此，祗颂筹祺。〈庞〉毅斋先生均此。

（申新总公司函稿汇登·第七册〔1934—1935年〕，上海社会科学院图书馆藏）

为到期借款致上海储蓄银行总经理陈光甫函乞允先偿还一部分

（1934年12月25日）

接陈贻祥律师来函，以前向贵行所借银币一百万元，到期催索无效，警告前来。正拟答复，又承台端驾临面洽，知事态严重，惶愧万分。只以银根奇紧，罗掘俱穷，终日奔波，迄无效果。查是项借款，系弟等福新面粉一、三、七厂合同议据作抵，王尧臣、禹卿昆季担保。弟惟有商之王君，将今年一、三、七厂盈余划出二十万元，先偿还贵行借款一部分；其到期利息亦如数照解。弟等派到红利，亦当交与贵行，决不移作他用。弟与台端交谊素孚，且承雅爱，处此艰难之际，敢为将伯之呼。务

乞俯鉴愚忱，曲加原宥，无任盼祷。

（申新总公司函稿汇登）

为到期借款事复上海储蓄银行总经理陈光甫函请求先偿部分其余暂缓还款

（1934 年 12 月 26 日）

顷奉复函，以前欠贵行银币一百万元，嘱从速履行契约，筹款归还等语。查是项借款，虽以弟等福新一、三、七厂合同议据作抵，实用之于申新纱厂范围。现纱厂不景气依然，政府救济尚未见诸事实，山穷水尽，欲罢不能，此中苦况，早在洞鉴，无待缕陈。既承贵行暨中国银行变通承借于先，仍请继续维持于后。弟意除先划还二十万元，暨到期利息如数照付，以后派到红利交与贵行外，对于是项欠款，请台端格外变通，准予展期六个月，并请台端向中〈国银〉行婉述弟处艰困情形，冀其放宽一步。好在粉厂由王君禹卿主持，内容如何，外界亦甚明了。弟之敢于请求展缓，实以担保有人，且六个月为时甚暂，并非以空洞论调搪塞台端。务乞顾念旧交，一为援手，感激之处，图报有期。

（申新总公司函稿汇登）

1935 年

致申新九厂经理吴昆生[①]函抱怨王禹卿独揽上海福新公司大权

(1935 年 1 月 5 日)

福〈新〉三〈厂〉成立近已十载,创立由宗〈敬〉而至今,过去之事,实〈王〉尧〈臣〉[②]兄等协力办理。当初添加机力,改良办法,事事磋商,财力、人力均会同进行,合无限公司之办法。近来数年,渐渐变为宗〈敬〉以门外

---

① 吴昆生(1885—?)无锡西乡人,荣氏企业重要骨干。1905 年无锡振新纱厂开办时任该厂栈房管理员,在振新纱厂董事会与荣宗敬、荣德生在发展生产上出现意见相左时,支持荣氏兄弟。1915 年上海申新一厂开办时,转入该厂工作。1931 年上海申新九厂创办时,被任命为该厂经理。

② 王尧臣(1876—1965),名尔忠,王禹卿之兄,无锡扬名乡青祁村人。1902 年,进沈元来油麻店,负责销售工作,在争取客商、招揽生意方面才能出众,后被延入恒来油麻店,派去烟台、营口、天津等地推销商品,并代无锡保兴面粉厂销售面粉。1903 年,被荣宗敬挽入无锡茂新面粉厂工作,派至黄桥麦庄任会计兼司函牍,不久仍派赴烟台、营等地推销面粉,兼销进口美国面粉并经营汇兑业务。翌年底,被聘为茂新面粉公司销粉主任,后又任茂新驻天津分销处主任,兼上海裕大祥号天津分号经理。1912 年,接任福新一厂经理,此后一直担任福新一厂与三厂经理、福新七厂驻厂经理。1932 年,投资 10 万元在无锡迎龙桥堍创办康裕布厂。1933 年,申新系统发生经济困难,福新各厂从茂、福、申三新总公司分离出来,另行成立福新面粉厂总公司。1934 年,申新系统经济濒危时,曾一度担任茂新、福新、申新总公司总经理。1938 年,与王禹卿在上海共同创办寅丰毛纺织厂。1943 年,日伪成立粉麦统制会时,邀请出任该会主任委员,遭到其拒绝。1947 年,上海福新、阜丰、华丰、裕通面粉厂和无锡茂新面粉厂联合成立五厂公记小麦联购组织,担任主任委员。随后考虑到自己年事已高,将福新系统经营大权交由荣毅仁掌握。

汉，然组织在前，并无更改，权限无宗〈敬〉之分，毫勿〔无〕议商，何也？今庚月结、年结支配，必有一度之商议，目今总部为难，亦不可勿合作。

（申新纺织总公司档案）

福新三厂经理王尧臣来函劝解与其弟王禹卿之间的误会

（1935 年 1 月初）

今送上麦灰派法一单，今年派单，待向各厂收来再抄。

你我同创基业，弟经管各厂以来，今已二十四载，患难相依，鞠躬尽瘁。粉厂方面，三年前，在洋麦上几乎全军覆没，夙夜筹划；三年来恢复原状，禹〈卿〉弟同吾兄费去心血不少。现在福新一局之功劳，宗〈敬〉、尧〈臣〉、禹〈卿〉共负之。此刻吾兄虽以〈上海福新公司〉总经理一职推让与禹〈卿〉弟，对于阁下向有权利，不过小有出入，请兄谅解弟，顾念大局为重。粉厂方面之困难，目下之局面，实不易支持。

（申新纺织总公司档案）

为押款到期事致中国银行函恳请展期三月

（1935 年 1 月 9 日）

径启者：敝处曾以中行股票一千九百五十股、纱交股票六千二百九十五股，向贵行抵押洋五十二万六千八百元，是项押款已经〈民国〉二十三年【1934】十二月三十一日到期。敝处因经济竭蹶，仍拟商请贵行展期三月，情非得已，定荷鉴原。此致中国银行。

再，股票价格，如能逐步提高，即请分别让受。又及。

（申新总公司函稿汇登・第七册〔1934—1935 年〕，上海社会科学院图书馆藏）

致国民政府行政院政务处长彭学沛函陈述取缔纱布交易所投机为救济纱业之要点

（1935 年 1 月 18 日）

宗敬从事实业，数十年于兹，只因环境关系，焦头烂额，如坐愁城。……窃思〈上海华商纱布〉交易所本为平准市价之枢机，在吾华则徒供某国人之操纵，致纺织业受致命之伤。查某国人棉纱常卖空六万件，棉花常多十万余担，每年获利约计数百万；添机之举，时有所闻。经济侵略无止境，则吾国纱业无转机。鄙意取缔投机，洵为救济纱业之要点。

（申新总公司函稿汇登）

附：中国棉纺织业呈国民政府行政院等请制止纱布交易所投机文（1935 年 1 月 12 日）

呈为投机家摧毁实业，取缔刻不容缓，联恳当机立断，以维全国纺业事。查年来棉贵纱贱，业纱厂者，已亏累不堪，毫无生气，而一般投机家，明知国内产棉不敷厂用，犹复抬价竞收，囤积居奇，以致纱布交易所拍出花、纱两价相差逾远，不能平衡，纱业之危，不可终日。考世界各国，凡有棉产之地，其交易所从无以花、纱两项同时拍价者，盖恐价值悬殊，妨害纺业也。乃上海华商纱布交易所则不然，花、纱两种同时开拍，棉花一项，专以国棉为标准，致令投机家得逞其垄断操纵之手段，花价愈抬愈高，而纱价则瞠乎其后。按照标花现市换算标纱价格，每包棉纱须亏本二十余元之多。数月以来，全国纱厂饱尝此苦。盖一般投机家，只图私利，不顾大局，明知原棉价格，虽抬至极高，厂家断不能停工不用，纱价虽亏本甚巨，厂家断不能趸存不沽。各厂工作一日不停，即不能不忍痛买入贵棉，售出贱纱，进退维谷，莫知所措。是全国纱厂之生命，尽操诸此少数有组织投机家之手。事之危急，无逾此者。政府如不火速救济，则全局崩溃，即在目前，时机一逝，后虽欲设法挽救，亦无及矣。为此披沥陈词，联恳钧院、部、〈府〉，立派干员莅沪，切实调查实况，一面令饬华商纱布交易所，对于花、纱两价之开拍，务须设法保持平衡，如以标准棉花市秤四百三十斤换算二十支标准纱价，其制造各项费用（统税在外），不足四十五元时，应即停止拍卖，俟市价恢复相当差额，然后照常开拍。此系急则治标，刻不容缓之办法，务恳俯赐采纳，立予施行，以解倒悬，同深企祷！谨呈行政院、立法院、实业部、上海市政府。

具呈人：永安一厂、二厂、三厂、四厂，纬通、申新、恒丰、青岛华新、协丰、大通、民丰、通成、豫丰、苏纶、和丰、大生三厂、大生一厂、三友、民生、振泰、宝兴、大成、鸿章、富安、溥益、恒大、大丰、振华。

（上海《申报》，1935 年 1 月 13 日，第 3 张第 12 版）

致申新各厂厂长通告要求紧缩开支

（1935 年 1 月 22 日）

下列各项，请分别遵照办理：

（一）二十四年（1935）起，各厂制开支预算表，按月计核。

（二）二十四年起，各厂机器移动、改换、一切加装等，如增加费用，一律停止。

（三）二十四年起，各厂特别紧缩，在农历年底，同事去留，分别优劣，切勿徇情，格外减少。

（四）二十四年起，车间应用五金物料，各厂查有呆搁，制表分送各厂通用，以免呆搁，并注重少存。

（申新总公司文书股信稿）

为押款利息未曾照解事复永安公司等函

(1935 年 1 月 23 日)

径覆者:接奉台函,敝厂二等押款洋壹百四十万元,其利息自〈民国〉二十三年【1934】三月三十日起,十二月三十日止,未曾照解,而结束之期将至,特此函催等语。查押款利息自应按期照解,惟敝厂目前困难情形,当以贵银团所深悉,特予原宥,俟市面转机,营业起色,当设法筹还,以副雅意。此致永安公司、□□记、薛□记、惜旭庄、宝丰庄、信康庄。申新六厂荣○○。

(申新总公司函稿汇登·第七册〔1934—1935 年〕,上海社会科学院图书馆藏)

致南京市商会改组委员会函论国货使用

(1935 年 2 月 22 日)

心言先生有道:

顷承惠函,拜读一是。至其热诚爱国,观于政府诸公,以至各地人士,群以国货为目标,一致采用,需布为罩衫,或制服而经售者,亦以国布为号召,究其它布坯是否国货,尚属疑问,言之痛心。弟兹诵之再,不禁感慨于此事。从来盗窃名义,以欺国人,以图利,不符事实,未有若此事之害者。今得先生痛切言之,可谓洞如观火矣。鄙人不敏,从事国货生产者数十年,至今宗旨不变,可惜将伯之助[1]绝少其人,目今困苦艰难,仍不忘奋斗耳。布样均已过目,董认疑似,恐无一真国货。然而通市皆然,论不胜论。

① 将伯之助,指别人对自己的帮助。

即以敝厂 12 磅四平莲细布而论，近三月来通共未过 300 包，芒鸡、人中〔钟〕二牌亦复如是，而染厂所染之布如彼甚多，不言可知矣。敝厂惟有极力研究出品，以俟真心爱国者之购用。贵处欲于首都推销，甚善甚善，但本厂原色布如染，即买我布坯，由贵处指定某厂代染，或由敝处代送去染亦可，因敝处尚未能自办染厂，虽缺点，亦因频年遭不景气之影响，均无暇再发展也。果实行此办法，敝处当然可尽其广告、证明等诸事务。至于样布坯，悉听采择，无不乐于奉命。专此奉覆，即请大安。

（申新总公司信稿，上海社会科学院图书馆藏）

为解决福新二、四、八厂道契借与申新九厂向麦加利银行[①]押款四百四十万元到期事致王禹卿函请迅予全权办理

（1935 年 2 月 15 日）

福新二、四、八厂工作停止多日，损失不赀，如何继续办理，急待解决。查福新二、四、八厂道契借与申新九厂，向麦加利银行押款四百四十万元。最近与该行负责人接洽，据称须在押款到期前（二月二十三日到期）至少付现款五十万元，方可将一部分展期数月，一部分商量继续。鄙意即使筹还五十万元，对于二、四、八厂仍未根本解决。际此银根奇紧，筹拨五十万元亦非易事。台端于银钱业方面，信用素著，接洽较易，

① 麦加利银行是渣打银行对所有大陆分行的统称。渣打银行（The Chartered Bank of India, Ausralia and China），创办于 1853 年，总行设在伦敦，是英国皇家特许的殖民地银行。1858 年 7 月，渣打银行在上海设立分行，首任经理为麦加利，上海分行即以首任经理命名，此后大陆分行均被称为“麦加利银行”。麦加利银行的主要业务是存放款和汇兑，后来业务发展，也发行钞票，至 19 世纪末，更积极对清政府借款，操纵和控制了清政府的某些权项，成为在华的最主要的外资金融机构之一；至 1939 年时，又将大英银行并入，在当时在华外国银行中，实力及地位仅次于汇丰银行；太平洋战争后，曾被日本三井银行接管，日本投降后又被收回。1949 年后，除麦加利银行上海分行由中国人民银行指定为经营外汇业务外，其余分行都停业。

敬请全权设法筹划洋二百万元,先将二、四、八厂道契赎出,同时兼办营运,一面由九厂向麦加利银行商量押款展期,庶双方兼顾,而二、四、八厂可以早日开工。弟与台端有数十年交谊,掬诚相告,幸勿稍怀疑虑。除将原函托陆辅仁先生缴还,及由弟向麦加利银行照已定计划进行外,专函奉托,即希察照,迅予全权办理,是所企祷。

(申新总公司函稿汇登)

中国、上海两银行以第二债权人名义来函请速筹对付汇丰停止拍卖办法以保债权

(1935年2月)

日前高易律师[1]代表汇丰银行来函,拟拍卖申新七厂地皮、房屋、机器、生财,抵偿该行押款本息,事极严重。但上年六月公等向敝行等暨各钱庄合借洋二百八十万元,即以抵押于汇丰银行之申新七厂地皮、房屋、机器、生财等余额,为担保品之一部分。万一申新七厂被汇丰银行低价拍卖,则敝行等之第二债权势将无着,敝行等万难缄默。除致函高易律师,请其顾全各方利益,暂缓实行外,但汇丰能否听从,毫无把握,特函奉达,务请阁下对于此事速筹对付汇丰停止拍卖方法,以保债权。事关重要,务请严重注意,是所切盼,并乞示复。

(申新纺织总公司档案)

附:国民政府上海第一特区地方法院假扣押申新纺织公司第七厂财产布告(1935年2月25日)

江苏上海第一特区地方法院布告第14090号

案查上海中国银行、上海商业储蓄银行与债务人申新纺织公司,为二

① 高易律师,英国人,其名为Hansons Duncon Mckeile,在上海创办高易律师事务所。

百八十万元欠款声请假扣押一案，业经本院裁定，“债务人所有〈申新〉第七厂全部地基、房屋、机器及其他财产，限于前记请求金额范围内，应行假扣押，以备清偿。”等因在案。除派员前往实施假扣押外，嗣后无论何人，对于上开假扣押之财产，非经本院核准，不得有任何私擅行为。特此布告。中华民国二十四年二月二十五日。院长郭云观、律师陆聪祖录登。

（《纺织周刊》，第 5 卷第 7 期，1935 年 2 月，第 203 页）

就申新七厂拍卖事致中国银行张公权、上海银行陈光甫函乞顾念旧交一为援手

（1935 年 3 月 2 日）

敝公司申新七厂发生不幸事件，承政府及各公团函电交驰，亟谋挽救，其可感激，宁有涯涘！查申新七厂地产、机器押与汇丰〈银行〉，只洋二百万元，而第二债权实为贵行（二百八十万元）。该厂拍卖价值为二百二十五万元，无论为何人所得，揆诸情理，断不能抛弃第二债权于不顾。敝公司无力备价取赎，致遭拍卖，汇丰空气似尚和缓，目前所急，厥为垫款问题。鄙意政府如实行救济，可否商请中央银行垫款二百余万元，向汇丰〈银行〉取赎，奉恳贵行出力担保，其利息由营运银团担保贵行。该厂赎出以后，应由贵行另组银团管理，在短时间内，或搬移机器，或出售地皮，以冀逐步减轻债务。贵行与敝公司关系较深，弟又承公等爱护，用敢不揣冒昧，切实奉商。至敝公司改进以来，如何情形，早为公等所深悉，惟以点金乏术，周转为难。申新七厂债权人倘仅为汇丰〈银行〉，则以二百余万元代赎，于愿已足。今贵行又为第二债权，若不彻底救济，则牺牲机器、房产，仍为负债之人，此百思而心有未安也。惟乞公等顾念旧交，一为援手，毋任祈祷。

（申新总公司函稿汇登）

致福新运输堆栈函请将敝公司所押堆栈第二号临时股权收据进入德昌机花号户名作为申新所有未清款增之担保品

（1935 年 3 月 5 日）

敬启者：敝公司所押贵堆栈第二号临时股权收据一纸，计实缴股本银元三万五千元。现因申新厂向德昌机花号购买花衣，现款不敷，经敝公司同意，将该临时股权提交德昌机花号，作为申新购花未清款增之担保品。用特函达贵栈，请将该临时收据进入德昌机花号户名，以资证明，即希查照办理为荷。此致福新运输堆栈。

（〈申新〉总公司为停运欠款致福新运输堆栈与王禹卿的函件〔1935—1937 年〕，上海社会科学院图书馆藏）

致中国银行函祈准由申新公司将先前由该行江西分行押装各纱随时拔售取赎

（1935 年 4 月 3 日）

径启者：先前由贵行押装江西敝分公司各纱，搁时已久。兹得有受主，惟售价与当初押价或有不符，苟有不足、押亏情事，日后准由敝公司络续拨还。希祈转致赣贵分行，准由我随时拔售取赎，以期积债早了清，是所企盼。此致中国银行。

（申新总公司信稿，上海社会科学院图书馆藏）

国民政府财政部长孔祥熙来函送中央银行理事特派状

（1935 年 4 月 11 日）

案奉行政院〈民国〉二十四年【1935】四月五日第一九六一号训令，内开："准国民政府文官处送来中央银行总裁等特任、特派、简派状共二十一件，合行开列清单，令仰该部即便查收转发、具报查考。此令。"等因。计抄发清单一纸，检发特任状一件、特派状十八件、简派状二件到部。奉此，除呈复并分别函送外，相应检同原发特派状一件暨抄单一纸，随函送请查收为荷。此致中央银行荣理事。计附送特派状一件，又抄清单一纸。财政部长孔祥熙。中华民国二十四年四月十一日。

（国民政府和财政部特派及聘请荣宗敬等为中央银行理事等任状问题的档〈案〉，上海市档案馆藏）

为无锡申新三厂抵借款利息不能照解事致中国银行叶涿堂、王宝仑[①]函乞言于总经理张公权予以援助于短期间内迅示途径

（1935 年 4 月 12 日）

无锡申新三厂曾于上年将全部财产向贵行【即中国银行】抵借洋二百七十万元，利息按期解至上年六月。维时敝总公司金融周转发生问题，致〈申新〉三厂利息不能照解，积欠至今约有二十余万元，合上年汇

① 王宝仑（1879—？），别号行是，上海人，1928 年 10 月 8 日任中央银行理事及常任理事，时任中国银行官股董事、常务董事。

兑票洋二十万元，两共四十余元。长此拖延，不谋解决，殊觉愧对贵行。现于无可设法之中，谋一解决之法，拟将以前抵借之二百七十万元，加借八十万元，共三百五十万元，其利率应请特别减轻，同时还去欠息及退票洋四十余万元。查〈申新〉三厂全部价值七百余万元，附奉资产表以备察核。鄙意只须市面确有转机，营业方面似有把握。值此艰危之际，敢为将伯之呼。敬乞二公言于总经理，予以援助，于短期间内，迅示途径，俾有遵循，毋任企祷。

（申新总公司函稿汇登）

为申新二、五厂开工事致中国银行贝淞荪[①]函恳转商该行董事长、总经理召集常务会议早日解决

（1935 年 4 月 15 日）

敝处【申新】二、五厂停工多日，气候转暖，机件极易生锈，而车面花衣价值亦有十余万元。工人因生计关系，用种种方法希冀早日开工，近且接〈上海市政府〉社会局克〔尅〕日开工之训令。窃思弟忝为厂主，究能开工与否，须视银团意旨而定。……目前内地日货充塞，倘国货工厂任其消沉，纱业以后恐无生存余地。附奉产余表、利息分户表各一纸，社会局训令一件，敬祈察阅。并恳转商董事长、总经理召集常务会议，

① 贝祖贻(1893—1982)，字淞荪，江苏吴县人，先后就读于东吴大学、唐山工业专门学校，1913 年肄业，任汉冶萍公司上海办事处统计部会计，1914 年任中国银行总管理处总账室会计，次年调任中国银行广东分行营业主任，后为副经理、经理。1918 年任香港分行经理。1927 年任上海分行经理及总行外汇部主任，打破了外国人垄断中国外汇汇兑局面。1928 年 10 月中国银行改组为专营外汇银行，被推为私人股东董事兼总行营业主任。同年 11 月，中央银行成立，任监事。1929 年任工部局华董，1931 年任出席华盛顿国际商会联合会议代表，1932 年任上海银行公会联合准备会常务委员，1934 年为中国建设银公司执行董事，1935 年参与币制改革。

俾得早日解决，则感激者不独宗敬个人已也。

（申新总公司函稿汇登）

为中国银行减轻申新借款利率事致国民政府行政院政务处长彭学沛函乞转恳汪精卫院长于晤宋子文董事长时为之吹嘘

（1935 年 4 月 18 日）

敝公司与中〈国银〉行关系较深，所仰望于中〈国银〉行者，厥为减轻利率同题。查日本在吾国纱锭总数早已超过华厂，近且努力进行，有增无减。日厂用款，其利率不足华厂半数，竞争之烈，实由于成本之轻。华厂营运无不仰给予金融界，终岁勤动，供给利息犹虞不足，遑论盈余？以故救济工商业，固有借乎放款，而放款尤以减轻利率为前提。财〈政〉部规定放款标准，银行救济工商业之放款，月息不得超过八厘，盖有见于救济与剥削不同，超过八厘即为工商业不胜负荷，已失救济之本意。敝公司所借中〈国银〉行款项，实已超过标准，且纺织业与寻常工业不同，似宜仿照日本纱厂贷款利率，纠正以前定率，一律减低。……弟为敝公司关系，不欲有所渎陈，敬言于我公，徜许转恳汪〈精卫〉院长，于晤宋〈子文〉董事长时，为之吹嘘，俾减轻利率得以实现，岂惟敝公司之幸，工商业实利赖之。

（申新总公司函稿汇登）

国民政府行政院政务处长彭学沛复函为申新请求中国银行减轻借款利率事

（1935 年 4 月 18 日稍后）

宗敬先生惠鉴：

顷奉四月十八日惠书，敬悉一切，并已转陈汪〈精卫〉公，深蒙嘉纳。我国利息太高，为工商业极大阻碍，唯此事与财政之不平衡及公债之多量发行，颇有关系。沛居常颇拟作一减低利率之广泛运动，唯市场情形见闻多难真切，公有何高见，便此事得以见诸实行，且行而能适，尚祈时赐。

（国民政府和财政部特派及聘请荣宗敬等为中央银行理事等任状问题的档〈案〉，上海市档案馆藏）

为申新二、五厂开工事致中国银行董事叶琢堂函希言于宋子文董事长、宋汉章总经理予以特别帮助

（1935 年 5 月 8 日）

琢堂先生台鉴：

日昨趋候，亲承教益，至为感慰。敝公司为环境支配，无日不在焦劳、忧虑中。〈申新〉二、五厂能否早日复工，须视银团之意旨而定。查银团方面，在敝公司有潘久芬君、□权龄君、朱素〔苏〕吾君，三君对于敝公司内容至为明了，尊处讨论如涉及敝公司时，可约三君到行，以备顾问。现在纺织业受外厂竞争，就事实论，只能有进无退。惟希台端言于宋〈子文〉董事长、宋〈汉章〉总经理，予以特别帮助，勿任感荷。专此拜

感，祇颂筹祺。

（申新总公司函稿汇登·第七册〔1934—1935 年〕，上海社会科学院图书馆藏）

无锡旅沪同乡会致江苏省政府主席陈果夫[①]、民政厅长余井塘[②]电慰留无锡县长严慎予[③]

（1935 年 5 月 13 日）

镇江省政府主席陈〈果夫〉、民〈政〉厅长余〈井塘〉钧鉴：

本邑县长严慎予，莅任三年，循声卓著，近闻向钧府辞职。旅沪同乡一致挽留，伏乞俯顺舆论，俾收驾轻就熟之效，毋任企祷。

无锡旅沪同乡会荣宗敬、匡仲谋、张秋园、裘可桴、蒋哲卿、王禹卿、朱鸿昌、冯绪承、杨伯庚、蔡兼三、王尧臣、陶伇千、刘春圃、萧效仁、陶若洲、买春华、尤菊荪、王作霖、丁梓仁、孙北萱、邹颂舟、丁云轩、施复侯、查仲康、荣月泉、胡颂铭、顾执中、秦絅孙、尤荣伯、荣瑞昌、梁夑永、孙秋屏、于义庭、徐可亭、蔡禹门、毛鉴清、吴臣笏、张

---

① 陈果夫（1892—1951），原名祖焘，自果夫，以字行，浙江吴兴（今湖州）人，为陈其美（英士）胞侄。少入浙江陆军小学肄业，稍长即东渡留学。回国后，在粤历任广东黄埔军官学校教职员，代理中央党部组织部部长。1926 年第二次全国代表大会上被举为国民党中央监察委员，次年国民革命军收复东南，被任为上海临时政治分会委员，南京国民政府建立后，相继任国民政府委员、中央政治会议委员、监察院副院长、组织部副部长及部长等职务，1933 年 10 月被任为江苏省政府主席。

② 余井塘（1895—1985），原名愉，初字景棠，后改为井塘，笔名心俞，江苏兴化人。毕业复旦大学，并赴美国西北大学、爱荷华大学留学，1925 年获经济学硕士学位，在美期间加入中国国民党，任旧金山《少年中国晨报》总编辑。1927 年 5 月任国民党中央组织部秘书兼国民党中央党务学校教授，主讲合作经济。1929 年 3 月，当选为国民党第三届候补中央执行委员，4 月代理国民党中央组织部部长，6 月任中央政治学校教授兼教务主任，12 月任国民政府考选委员会委员。1934 年 10 月，任江苏省政府委员兼民政厅厅长。

③ 严慎予（1901—1969），浙江海宁人，早年就读于浙江省立第一师范学校，毕业后先后担任天津《国闻周报》、上海《民国日报》编辑，1929 年 2 月 1 日担任南京《中央日报》总编辑，1931 年初至 1933 年 3 月任上海县县长，1933 年 4 月出任无锡县县长。

颂南、孙志道、季云卿、冯云初、陈漱庵、张春霖、李静涵、沈仲俊、浦志达、过守一、王立肃、荣鄂生、敖士洲、朱俊生、张秉鑫、吴昆生、周寿甫、朱寅生、华卫中、祝伊才、丁仲祜、龚子青、王传荣、张云樵、张敬之、徐采丞、陆鼎揆、赵显吉、陶标臣、荣永吉、徐公明叩。元。

(上海《申报》,1935 年 5 月 15 日,第 3 张第 10 版)

复国民政府财政部税务署函敬恳转呈财政部长对于前项统税欠款请予格外宽限

(1935 年 5 月 28 日)

接奉台函,嘱敝公司遵照部批,将前项欠款,自五月份起,按月缴贵署三万元,于每月月底缴到,倘有逾延者,即实行停发税照,以重功令。聆悉之余,自应照办,惟纺织业不景气达于极点,现在纱布出厂,照缴统税已属万分勉强,对于上项欠税,一时无法缴纳。敬恳贵署转呈部长,请予格外宽限,一俟敝公司稍有办法,定当遵令照缴。祈鉴察为幸。

(申新总公司函稿汇登)

为申新六厂厂基及营运两押款合同逾期事复集益银团函望于无可设法之中力予维持俾得渡过难关[①]

(1935 年 6 月 12 日)

接奉台函,以申新六厂厂基及营运两押款合同逾期,嘱敝公司速筹

① 本来价值 500 万元的申新七厂,以 200 万元抵押于汇丰银行,1933 年因负债累累,由汇丰银行拍卖,最后由日商丰田以 250 万元所得,后由中国交通银行及上海银行界以 250 万元赎回,组织集益银团管理。其时,申新六厂亦由该银团管理。

别法。查合同期满，自应取赎，惟金融界发生空前恐慌，实为意所不料。所幸中国银行宋〈子文〉董事长有援助敝公司决心，不久必有稳定办法。惟望贵银团于无可设法之中，力予维持，俾得渡过难关。至止〔于〕购花衣及停止工作，敝公司认为双方两不利益，且停工尤易发生意外纠纷，应请贵银团加以考虑，毋任企盼。

（申新总公司函稿汇登）

复国民政府财政部税务署函告申新纺织公司无力偿还旧欠

（1935 年 6 月 18 日）

敬复者：接本日函，只悉敝公司欠缴税款三十余万元一案，已承贵署遵照部长意旨，所有五月未缴之税三万元，特予宽限一个月等因。贵署重视商艰，至为感纫。查纱厂营业困难，不独敝公司为然，敝公司纱锭较多、困难太甚，致积欠税款久未偿〈还〉。所幸部长、署长洞悉困难情形，于通融之中寓体恤之意，敝公司苟有余力偿还旧欠，决不敢稍事因循，致劳催促。理合函复，即希察照。此致财政部税务署。

附：申新纺织总公司复财政部税务署函告市面银根奇紧前欠六万难于短期间照缴恳特予格外宽限(1935 年 5 月 31 日)

敬复者：接奉复函，只悉敝公司请求前欠税款展限一节，承允宽限五月，至六月五日为止，仰见贵署体念敝公司营业艰困之至意。惟市面银根奇紧，纺织业一落千丈，前欠六万难于短期间照缴。除函恳孔部长特予格外宽限外，理合函复，即希察照。此致财政部税务署。申新纺织总公司。

（申新总公司函稿汇登·第七册〔1934—1935 年〕，上海社会科学院图书馆藏）

为以中国水泥公司股票抵用押款到期取赎事覆大亚银行董事长尤菊森[①]函告正在设法请再宽展时日

（1935 年 6 月 19 日）

径覆者：接奉大函，只悉鄙人前以中国水泥公司股票向贵行抵用押款到期，盼即取赎一节，刻敝处正在设法之中，请再宽展时日，一俟筹划妥当，即行照办。专此函商，至祈台察。此致大亚银行尤菊森先生。荣宗敬启。1935 年 6 月 19 日。

（申新纺织公司会计部信稿，上海社会科学院图书馆藏）

为救济申新公司事致国民政府行政院政务处长彭学沛函恳婉陈汪精卫院长请对于议决之第三项迅予实施

（1935 年 6 月 24 日）

纱业处不景气环境中，有江河日下之势。敝处范围较广，营业方面益成棘手。前承宋〈子文〉部长有援助之表示，一切正在计划中，惟债权〈人〉不能相谅，诉讼事件陆续发生，应付殊觉困难。因忆上年 7 月间行政院为维持敝公司，曾经议决事项，其第三项“由司法行政部密饬各地

① 大亚银行(The Bank of Greater Asia)，1934 年由尤菊荪等人发起成立，股本国币五十万。该行于 7 月 7 日开成立会，尤菊荪当选为董事长，11 月正式开幕，地址在上海天津路，经营商业银行一切业务。
尤菊荪，又作尤菊森，生卒年不详，无锡人，曾仁安利洋行华籍买办，1937 年日本占领上海后，投靠日本，曾出任上海“市民协会”负责人。

方法院，如遇诉讼事件，设法缓和，勿使为债主所逼至于宣告破产。”〈汪精卫〉院长爱护实业，可谓仁至义尽。敬恳我公婉陈〈汪精卫〉院长，请对于议决之第三项迅予实施，但求空气缓和，俾债权者不致逼人太甚，则感激宁有涯涘。恃爱渎陈，惟希垂察。

（申新总公司函稿汇登）

附：国民党政府行政院给司法行政部密令（1935 年 7 月 4 日）

案据上海申新纺织公司荣宗敬呈“为纱业处不景气环境中，〈有江河日下之势。敝处范围较广，〉营业方面益成棘手。前承宋〈子文〉部长有援助之表示，一切正在计划中，惟债权〈人〉不能相谅，诉讼事件陆续发生，应付殊觉困难。因忆上年 7 月间行政院为维持敝公司，曾经议决事项，其第三项‘由司法行政部密饬各地方法院，如遇诉讼事件，设法缓和，勿使为债主所逼至于宣告破产’”等情。据此，查关于救济上海申新纺织公司一案，上年七月间，据实业部陈〈公博〉部长拟定救济暂行方案到院，经提本院会议通过，并分令财政、实业两部遵照暨函请全国经济委员会查照办理在案。当时会议讨论，众以“该公司如因债务关系诉讼时，由法院设法缓和，勿使破产，实为救济之一法”等语。当经前任司法行政部郑次长天锡口头声明，可通知各法院酌予通融。兹据前情，案关维护国内实业，救济经济危机，相应函希贵部查照，密申前令，至纫公谊。

（申新纺织总公司档案）

王尧臣为国民政府允诺救济申新公司事来函请亲自再去财政部宋子文部长处当面催他提早发表救济办法

（1935 年 7 月 1 日）

宗敬吾兄亲翁大鉴：

昨晚接到德生兄来信，云及“上月间政府要人允为赞助实业，吾侪深得欣幸。不料至今延不发表，小报造谣惑众，感觉受累。锡地钱庄既无目光，亦是附和，弄得我〈申新〉三厂大受影响。弟前写信与福昌盛庄，请他对申〈新〉三〈厂〉往来放松一二万，初有效力，近被政府事小报造谣，各庄意志又变”云云。故弟今日四点钟快车去〈无〉锡，接洽真相。请兄亲自再去宋〈子文〉部长处，当面催他提早发表，对于社会人心，可以安定；于是他知我志，诚或可提早发表，则幸甚矣。耑此，顺请台安。姻亲王尧臣敬陈。七月初一。

（申新纺织总公司档案，上海社会科学院图书馆藏）

致国民政府行政院政务处处长彭学沛函解释申新纱厂未按宋子文计划维持原因

（1935 年 7 月 2 日）

浩徐处长勋鉴：

奉手教以及答覆，又奉快函附密件敬悉。敝公司自上年六、七月间金融周转发生困难，幸政府明察，予以无形之援助，而弟奋斗于艰难困苦中者，亦一年于兹。兹宋〈子文〉公就任中〈国银〉行董事长以后，深悉申新存亡，关系全国整个纱业，遂有维持申新全部之意。弟以已成之局，于公于私，有相当交代，对宋公主张乐于接受。惟全市环境恶劣，百业凋敝，纱业尤甚，宋公又政务殷繁，致计划尚无实现。外界不谅，传弟不解银行债务，纷起诉送〔讼〕。不知弟经营纱业三十余年，当时与各银行、钱庄往来，素有信用，各银行、钱庄新收敝公司利息何可数计！国家所收纱种，其数量亦较任何各厂为巨。频年受外厂竞争，与农村破产影响，造成焦头烂额、穷于应付之现状。论者归咎于弟办理未能尽善，实则一切盛衰，时局之势为之，觇于全国纱业之没落，知非一人足以应付挽回！敝公司二、五厂停顿数月，未能复工，同仁谋自救，示以减工为稳步，长此以往，纱业将陷于不可收拾。此弟似以迅盼宋公有以安定而成全之也。屡承我公雅爱，扭杂上闻，惟希鉴教。闻汪院长政体违和，□□塵寒，弟不敢有所顷渎□□耳，请便中尚望转陈。

（申新总公司函稿汇登·第八册〔1935—1937 年〕，上海社会科学院图书馆藏）

为《现金收支报告书》所列有违紧缩主张事致申新七厂厂长李冀曜[①]函

（1935 年 7 月）

冀曜先生台鉴：

径启者：顷来《现金收支报告书》内，胡发、昇修工资依然照开，其数不过比上月所开各打六、七折，而于前函紧缩主张，未能切实履行，殊深引憾。且其他如管理费杂项下经费，不符计洋三元，另外一项又有商声报五角四分，事虽细微，于手续上似乎欠合。要知目下生意难做，步履

① 李冀曜，生卒年不详，江苏无锡人，为李静涵之子、李国伟的堂弟，娶荣德生四女荣卓娅为妻，时任申新七厂厂长。

惟艰,须处处慎重、紧缩不为功,间余省节成本轻,不可应付此疲难之局面。胡发、昇修工资,务按前函取消,万不能再作无谓之间开支;其余亦祈力撙以节,是为切要。此致,并候公安。

(申新总公司各处文件留稿,上海社会科学院图书馆藏)

为抵押中国水泥公司优先股票继续转期事致大亚银行函

(1935 年 7 月)

径启者:敝公司所有中国水泥公司优先股票壹千贰百股,计票银金额银拾贰万两,前经抵押于大亚银行,业已到期。兹商磋自本年五月十三日起,转期六个月(即至本年十一月十三日到期),关于转期六个月之应付利息,至到期日当如数给付,以福新、茂新面粉厂〈民国〉廿四年【1935】划拨申新之下脚为担保,至祈台洽为荷。继续抵押有效,自十一月十三日起封期六个月。此信。

(申新总公司函稿汇登·第八册〔1935—1937 年〕,上海社会科学院图书馆藏)

为华纱业遭受外纱冲击事致中国银行董事长宋子文、总经理宋汉章[1]函恳请通知各地分行援照成例准做押汇并恳函商交通银行同样办理

(1935 年 7 月 5 日)

昨日宗敬列席本行董事会,面陈一切,已承垂察。查吾国长江一带纱厂停工者已十居七八,外纱到处倾销,纱业实无生存之余地。以前银行押汇,〈于〉周转方面裨益厂方殊非浅鲜。为今之计,惟有恳请通知各地分行,援照成例,准做押汇,并恳函商交〈通银〉行同样办理,以维垂危纱业,毋任企祷。

(申新总公司函稿汇登)

① 宋汉章(1872—1968),早年就读于上海正中书院,毕业后进上海电报局工作。曾参与通电拥护康有为、梁启超维新,为清廷所追索,一度逃亡,后改名汉章返沪。1897 年,中国第一家银行中国通商银行成立,宋任跑楼。1906 年后任大清银行附设之储蓄银行经理。1907 年任上海大清银行经理。辛亥革命后,大清银行结束,设立中国银行。1912 年 2 月,宋任中国银行上海分行经理,在金融界崭露头角。1916 年北京、天津发生中国、交通两行京钞挤兑风潮,北洋政府在 5 月 2 日下令中、交两行对已发行的兑换券一律停止兑现,宋为维持银行声誉,拒不执行,并设法筹款平息风潮,由此声名大振。1918 年 7 月任第一届银行公会会长。1925 年任上海总商会会长、上海银行公会及上海华洋义赈会会长。1928 年被选为中国银行常务董事。1931 年任新华信托储蓄银行董事,同年创立中国保险公司,又发起中国保险学会。1935 年 3 月任中国银行总经理。1946 年任四联总处理事。此外,宋还任至中银行董事长、中一信托公司董事、农林部渔业银团常务理事。1948 年 4 月任中国银行董事长。

代表申新一、八厂复中央信托公司函除将押款利息照缴外以后还请顾念敝厂困难情形准予继续做押款

(1935年7月25日)

接奉台函,以敝厂【申新一、八厂】押款于本月二十三日到期,贵公司拟将本息一并收回。查敝厂自经贵公司等共组银团,俾于纱业不景气中,得以照常工作,此固国家税收、工人生计交受其益,不仅敝厂感荷已也。现在敝厂营业及工作状况,均为贵公司所洞鉴,既承辅助于先,仍请维持于后。除将押款利息照缴外,以后还祈顾念敝厂困难情形,准予继续,至为企盼。

(申新总公司函稿汇登)

致国民政府行政院政务处长彭学沛函陈述华商纱厂困难

(1935年8月23日)

宗敬于个人经营之事业竭力支持。花贵纱贱已成自然之趋势,布尤贱于纱,且无人过问,以故纱布存货山积,华厂之歇业停工者不知凡几。日〈本工〉厂则工作如常,自交易所加入日纱标准,销路更为活跃;华厂则无生气,无希望。事关整个纱业,不仅宗敬之杞忧已也。以前华纱营销长江流域,本无问题,今则外货侵入长沙,且以放款为饵,销路愈狭,营业愈难。瞻念前途,不寒而栗。

(申新总公司函稿汇登)

致中国银行潘久芬先生函为拟将押汇该行所存纱布按照原押价押汇重退装上海事

（1935 年 8 月 29 日）

径启者：敝处由贵行押汇装浔各纱布，查至今犹存有 40 支宝塔纱 15 件，设长此搁置，损失吃亏更巨，现谋迅予解决。敝拟将该纱按照原押价，由贵行押汇，重退装上海。一切手续，请烦函知浔贵分行，予以便利，□□该纱到沪，得早售出，裨彼此，亦可了却一笔手续。专此，即致中国银行潘久芬先生。

（申新总公司各处文件留稿，上海社会科学院图书馆藏）

附：申新纺织公司致上海银行函商将销滞搁积九江各派纱布照原押价押汇装申出售(1935 年 11 月 10 日)

径启者：查敝公司前由贵行押汇，装往九江各牌纱布，销滞搁积，为数甚多；当地市情殊形呆滞，每日统和售二三件，每件价较申市差 30 余元之巨。设长此呆搁，非惟售价之差距不符，对于敝公司拖延时日上之利息吃亏更见创深，即于贵行押汇久搁不赎，亦非所宜，如此则两无裨益。兹为谋于短时期间迅速解决起见，特函商请贵行知照九江贵分行，将所有搁积纱布扫数照原押价押汇装申，以便整理出售。相应函商，即祈裁核，见复是感。此致上海银行。申新总公司启。1935.11.10。

（上海商业储蓄银行总行、申新福新茂新各厂钱款历年往来文件，上海社会科学院图书馆藏）

致国民政府行政院政务处长彭学沛函请指示使华厂花纱布市价共趋正轨及维持金融办法

(1935 年 9 月 6 日)

纺织业在百业中为最重要,亦最艰困。外人在华设厂,占有势力及特殊便利,以倾销为侵略工具,华厂万难与之竞争。交易所本为平准市价而设,今则偏于投机,造成花贵纱贱局势,致厂家无生存余地。棉纱统税既无可避免,且不准减轻,而贷款之利率,又较任何国家为高。际此新花上市,厂家多进原料,制成熟货,以待市面转机,营业或有一线希望。无如厂家有心无力,经济之权操之于银团;交易所又因投机关系,花价与纱价无合头之日;银行在上年收买棉花,存积不在少数,新花涌出,论市情,花价应小,惟因操纵关系,花价有上涨趋势,花销因之呆滞,直接影响农村,间接影响纺织业。如何使花、纱、布市价共趋正轨,应请我公指示者一也。

在国民经济与世界经济不景气中,致沪市金融界发生一度之恐慌。金融与实业休戚相关,利害与共,维持实业必先维持金融,其理至为明显。如何使呆滞之金融变为活泼,宗敬之愚以为,莫如由国家银行发行巨量纸币。通货膨胀已成市上之口头禅,在商民心理并无不乐从之表示。去年 8 月,宗敬有西安之行,见火车载现洋入陕为数不赀,盖收买棉花,非现洋不可。农民既得现洋,大都埋藏地下,不令流通市上,以故输出国外之白银,犹可数计,输入内地之国币未见影踪。今又届收花时候,未闻尚有大批现洋输入内地否?改现洋为纸币,于使用时有无窒碍否?就现今金融状态观察,发行纸币有适量之范围,有相当之准备,应无如何流弊。金融之气象昭苏,实业之生命持续。鄙见如此,应请我公指示者又一也。

〈国民党四届〉六中全会将届，知关于利国福民之提案必多，宗敬不欲有所渎陈，聊贡其愚，乞我公进而教之，幸甚，幸甚。

（申新总公司函稿汇登）

致京沪沪杭甬两路铁路管理局局长黄伯樵函
请将小麦棉花之种类农产品核减运价

（1935 年 9 月 9 日）

伯樵局长勋鉴：

论者考察归来，尚未趋前候教，敬以商业与铁路密切关系，上陈清听，幸垂察焉。农村破产，无可讳言。今年江河泛滥，大水为灾，人民转徙流离，救民不暇，复兴农村，殆非短时间可期。惟农产品，如小麦、棉花之类，积藏产地，无法流通，农民经济益形支绌，实为复兴阻力之一大原因。窃思铁路与农村，固应息息相通，譬诸人身脉络，所通之处，即血液所到之处。今铁路敷设不为不广，而农产品犹不能缘以运输者无他，运费太昂耳。查上海各纱厂棉纱每件连运至许昌，每包扯价至少七元五角；棉花由郑州连运至申，每担需费两元五角。在经济不景气时间，运费似有核减之必要。明知运费再减，在铁路方面不合成本，然铁路既为国营，减轻运费以流通货物，国家之损失犹小，农工商之福利实大，维护农工商，即所以巩固国本。况货物既得连运之便利，自能源源而来，在运输成本亦能扯轻，则铁路或不致常受损失。现在农、工、商业处同等困难地位，而纺织一业尤处于焦头烂额、欲罢不能之境地，以后运费如能核减，即便原料之成本，亦便熟货之推销，于前途困难或能挽回于万一。我公洞悉商艰，务乞于运[①]……

① 现在能见之原文至此而止。

附:国民政府铁道部令京沪沪杭甬铁路管理局接洽核减麦棉运价(1935年9月25日)

铁道部指令(业字第八三零八号)

呈一件(据荣宗敬函请将小麦、棉花之〈种〉类〈农产品〉核减运价,除函请先将产销情形详细函复,以凭核外,并请饬联运各路于农产品运价,予以核减由)

本年九月十二日总字第一五二一号呈悉。查农产品运价,本部鉴于农村凋敝,近年以来,业经尽量减低,迭次通令各路实行在案。运输会议、联运会议,亦均有提案。此次茂新、福新、申新总公司荣宗敬所请小麦棉花之类核减运价一节,该路业已函询先将拟请核减运价之几种农产品产销情形,详细查复,再行呈部核办,尚属可行。惟此问题,证之以往各路减轻运价之成绩,虽减价而仍于输出无大裨补,是此问题是否减轻运价所能解决,尚属疑问。我国各口岸及沪地商人,愿否购买国产亦属问题;而各口岸各工厂,每因国产原料其价格较高,质量稍次,兼之掺杂泥土沙石等,又因大量收买不易,致较之购用舶来品,难易相差天壤,以致国内生产销路滞塞,农村经济益行凋敝,无论如何减轻运价,贬低售价,均无市场之可言。此种征象,已成为国内严重问题,若不设法补救,为害伊于何底。该公司既见及此,自应切实注意。尤其该公司本身采购原料,更应于国产方面购办,方为正办。至该公司拟在某地购买麦棉若干吨,何时运输,由何站至何站等,其具体需要为何;如有大量购办,每年均有定期托运或利用铁路空闲车辆之时,铁路自当尽量予以协助。以上具体办法,仰即与该公司接洽办理具复。又该路亦须兼顾本路回空车辆方向,利用此种建议,解决本路营业清淡问题,并仰注意,为要。此令。

中华民国二十四年九月二十五日

部长顾孟余

政务次长曾仲鸣代行

(《铁道公报》,第 1284 期,1935 年 10 月 1 日,第 8—9 页)

为晋谒面陈申新二、五厂困难因恰逢会议未遇事致中国银行董事长宋子文函请于公暇赐一电话约定地点及时间俾得趋前领教

(1935 年 9 月 16 日)

上星期六【9 月 14 日】晋谒,恰逢会议,致未能面陈一切。查敝公司【申新】二、五厂停顿日久,直接资以生活者约五千人,间接受影响者不下二万人。际此新花上市,应否继续开工,宗敬有心无力,不能有所主张,请于公暇赐一电话,约定地点及时间,俾得趋前领教,以便遵行。

(申新总公司函稿汇登)

附:申新二、五厂职员致上海银行陈光甫函请转劝敝总理从事开工(1935 年 10 月×日)

窃吾申新二、五厂自春间停工以来,瞬已八月于兹矣。屡向敝总理荣君宗敬请示开工日期,始终未获确复。此八月来,职工之流离颠沛,抛妻鬻子,忍饥挨饿,以度此困苦岁月者,姑无论矣。而忍令此每厂六七百万资金所置之生产设备搁置不用,坐视其腐蚀锈坏,未免太觉暴殄天物,且不令其流转生利,在资方似亦非为计之得。不特此也,彼英、日各厂乘我生产减少之际,反加工赶造,以夺我厚利,而我中华民族仅有此区区之纺织工业,竟任其日趋沦亡,国计民生交受其害,似亦智者所不取。今者,新花登场,此时开工,俾失之东隅者可取偿此桑榆之收。因屡请于敝总理,一无眉目,为此不揣冒昧,上渎台端。倘蒙采及刍荛,转劝敝总理从速开工,则国家幸甚,民族幸甚。草此奉达,不尽欲言,临

颖不胜翘企待命之至。

（上海银行对茂、福、申新各厂放款历年往来文件，上海市档案馆藏）

呈京沪、沪杭甬两路局及国民政府铁道部为请求准予将各路装运纱花价格予以减低俾成本低落售价低廉以惠灾民事文[①]

（1935 年 9 月 17 日）

呈为请求准予将各路装运纱、花价格，予以减低，俾成本低落，售价低廉，以惠灾民事。本年度各省水灾，为患至巨，影响民生匪浅；兼之时届秋冷，须衣御寒，棉纱为织衣之原料，应力求减低价格。

（上海《申报》，1935 年 9 月 24 日，第 2 张第 8 版）

京沪、沪杭甬两路铁路管理局局长黄伯樵[②]为召集货等运价委员会开会事来函请亲自或委托一位熟悉此事者惠临共同一谈

（1935 年 9 月 17 日）

宗敬先生道鉴：

奉诵九月十七日惠函，极愿为进一步之研究。本月二十日上午准

① 此呈文系荣宗敬先生以全国华商纱厂联合会名义发出。

② 黄伯樵（1890—1948），原名国祥，改名异，字伯樵，后以字行，化名黄大同，江苏太仓人。早年入江苏陆军小学德文班，继被选派入读上海同济德文医学堂习军医，为 1916 年上海同济医工专门学校电工机械科第一届优等毕业生。1920 年赴柏林工科大学留学，学习工业管理。1922 年获工学博士学位回国，历任中华铁工厂股份有限公司总工程师兼总经理、中华职业学校校长、交通部路政司总务科科长、陇海铁路汴洛局总务处处长、驻德使馆二等秘书、汉口市市政委员兼工务局局长、上海电报传习所所长、杭州市工务局（注转下页）

十时，敝局货等运价委员会开会，拟请先生，或委托一位熟悉此事者惠临，共同一谈为荷。专复，祇颂台安。黄伯樵拜启。中华民国二十四年九月十七日。

（国民政府和财政部特派及聘请荣宗敬等为中央银行理事等任状问题的档〈案〉，上海市档案馆藏）

致国民政府行政院政务处长彭学沛函主张于适量范围发行纸币

（1935 年 9 月 23 日）

吾国工商业落后，尽人皆知，落后原因虽有多种，经济枯竭实为主因。宗敬是以主张，于适量范围发行纸币，以活泼金融。对症施药，无逾于是，应请我公考虑者也。

（申新总公司函稿汇登）

（续上页注）局长、上海市首任公用局局长等职。1929 年兼任上海市政府代理秘书长。1930 年代表国民政府行政院建设委员会出席德国首都柏林举行的第二届世界动力会议，考察欧美各大都市市政。1932 年 12 月，由铁道部部长顾孟余委任京沪、沪杭甬两路铁路管理局局长。1935 年兼任京沪、沪杭甬铁路新生活运动促进会干事会常务干事。1936 年当选为中国工程师学会总会会长。1937 年抗日战争爆发后，受命任经济部资源委员会国外贸易事务所所长、交通部驻港航空货运稽核处总稽核、资源委员会中央钢铁厂筹备委员，在香港发起组织中国经济建设协会，并任总干事，从事规划战后经济建设的纲领。1945 年抗日战争胜利后，帮助上海市政府接管上海公用事业各行业，先后出任军事委员会委员长驻沪代表公署秘书长、行政院院长临时驻沪办事处副主任、长春铁路公司理事、中国纺织机械制造公司总经理等职。1947 年当选为制宪国民大会代表。曾主持编译《德华标准大字典》，著有《保健延寿谈》等。

国民政府行政院秘书长褚民谊[①]来函告汪精卫院长遇刺伤势情况

（1935年11月2日）

宗敬先生惠鉴：

日昨汪〈精卫〉院长为凶徒狙击，远承慰问殷切，高情盛谊，极所感沥。现在汪院长伤势已平，眠食渐能安适，嘱弟先为奉复，藉纾存注。耑肃布悃，敬颂台安。褚民谊谨启。

（国民政府和财政部特派及聘请荣宗敬等为中央银行理事等任状问题的档〈案〉，上海市档案馆藏）

① 褚民谊（1884—1946），原名明遗，字重行，别署乐天居士。浙江吴兴（今湖州）人，中华民国时期著名政客、外交官，中国国民党元老。1903年留学日本，1906转赴法国，并于同年加入同盟会，参与创办中国印书局，曾参加辛亥革命。1912年留学比利时布鲁塞尔自由大学。1915年春回国参加“讨袁”，9月返欧洲。1920年参与创办里昂中法大学，任副校长，同年入斯特拉斯堡大学，攻读医学。1924年获医学博士学位并回国。1925年任国立北京大学生物学系教授，讲授预科博物学课程。同年任国立广东大学教授。1926年代理该校校长，兼广东医学院院长，同年当选国民党候补中央执行委员、广州国民政府教育行政委员，并任国民革命军总司令后方供给处处长。1927年任国立劳动大学筹备委员，4月任中法工业专科学校校长。南京国民政府建立后，历任国民党中央监察委员、行政院秘书长、国民党中央监察委员会主任。1937年在上海任国立中法工学院院长、中法技术学校医学研究部主任。抗战期间，随汪精卫叛国投敌，沦为汉奸，成为汪伪政府要人，历任汪伪国民党中央党部秘书长、行政院副院长兼外交部部长、广东省省长。抗战胜利后被国民政府以汉奸罪逮捕，1946年8月23日在苏州被执行枪决。著有《欧游追忆录》、《国术源流考》。

武汉申新四厂营业部经理华栋臣[①]来函为南昌上海银行来函奉商出售堆栈浔赣棉布事希直接覆函处理

（1935 年 9 月 29 日）

宗敬先生台鉴：

顷接南昌上海银行〈经理〉程顺元先生来函，谓：存堆浔、赣两处之棉布，堆积日久，有霉烂之虞，加以久搁耗息，殊不合算。兹已觅到主顾，可以整批销清，惟售价与押汇银款约相差约 16000 元，专函敝处相商等情。查存赣各布，均系尊处货品，敝处既无账目可查，亦不知内容，无从答覆，用将原函附呈，敬希直接覆函赣省上海银行处理。专此，即颂台安。华栋臣。1935.9.29。

（申新总公司档案，上海社会科学院图书馆藏）

致中国银行、上海商业储蓄银行函告转瞬年终当转名下应得红利偿还押款之一部

（1935 年 10 月 29 日）

敬启者：接奉二十六日复函，敬悉贵两行对于敝公司纺织营业困难予以同情谅解，至深感纫。面粉事业托庇，尚能获利，转瞬年终，转账宗、德两记名下应得红利，应当负责交与贵两行，以偿还押款之一部。惟贵两行对于敝处，仍希竭力维持，俾收共济之益，毋任企盼。此致中

① 华栋臣，生卒年不详，江苏无锡人，华艺姗之子，李国伟表兄，原为上海银行职员，曾任该行南京分行经理，后入荣家企充任高级职员，先后任济南分行经理，福五、申四副经理兼营业部主任等职。

国银行、上海〈商业储蓄〉银行。申新总公司荣○○、荣○○。

（申新总公司函稿汇登·第八册〔1935—1937年〕，上海社会科学院图书馆藏）

致芜湖采办处函告申地标纱交易情况并盼代收各纱

（1935年10月31日）

申地标纱，涨价极猛，现纱价涨亦猛。盖因金价迭见新价，币制谣言甚盛，厂方存底均空，故市价扶摇直上，市售16支人中〔钟〕189元，20支人中〔钟〕198元，32支人中〔钟〕200元，42支人中〔钟〕290元，10支红双马160元。芜地各纱有交，仍盼代料。

（申新总公司信稿〔济南、芜湖、天津〕〔1935年〕，上海社会科学院图书馆藏）

致济南申新棉花打包厂薄俊如函告标早纱涨价极猛但现销成交不多

（1935年10月31日）

俊如先生：

标金迭见新价，标早纱花涨价极猛。惟现销因买卖双方均难就范，致成交不多。

（申新总公司信稿〔济南、芜湖、天津〕〔1935年〕，上海社会科学院图书馆藏）

致济南申新棉花打包厂薄俊如函谈各厂花衣押汇事等

（1935 年 11 月 2 日）

俊如先生：

所有各厂花衣押汇事，〈申新〉六、九厂已无问题，〈申新〉一厂系由中国〈银行〉承做，〈申新〉七厂则由上海〈商业储蓄银行〉承做，惟均须按批由申总转现咨，方可照做。故以后所有成进，统将数量、价格随时告知，俾可咨知各该行电济〈南〉押汇。照此办法，可无问题，不过手续麻烦而已。此次代申进之陈彰德一车，做五角，已派归申七，并由上海银行咨洛〈洛〉押汇照做，希径与接洽是荷。济花进取方针，另函详告。申地花布较定，现货交易仍甚混沌，成交不多，纱销亦稀，市价挺立。

（申新总公司信稿〔济南、芜湖、天津〕〔1935 年〕，上海社会科学院图书馆藏）

致英商泰和洋行函希将未还上海商业储蓄银行支票一纸即日交还以清手续

（1935 年 11 月 2 日）

径启者：敝公司去年出给贵行支上海〈商业储蓄〉银行支票六纸，票面总额计，七月十二期拾万六千九百六十九元一角四分、七月十三期拾万元，早经于去年内陆续兑解清楚。除已由贵行交还原票面五纸，计面额拾五万六千九百六十九元一角四分外，尚有五万元之票面一纸尚未交还，虽向贵行李先生催索，亦未见掷。故特函达，至希将该票即日交还，以清手续，实所企盼。此致泰和洋行。1935.11.2。

（申新纺织公司会计部信稿，上海社会科学院图书馆藏）

致济南申新棉花打包厂薄俊如函告各处纱布实销不旺

(1935 年 11 月 2 日)

俊如先生:

申标虽高,致机市瞎闹害人,与实销情形不同。各处来信,纱布实销不旺,连日清淡,且极不大价,反而呆滞。此情济来市单,东纱仍贱售,各处受其影响,花贵纱贱为难。

(申新总公司信稿〔济南、芜湖、天津〕〔1935 年〕,上海社会科学院图书馆藏)

致天津办花处祝涵甫函告申地标准纱花交易情况

(1935 年 11 月 4 日)

涵甫先生:

申地标准纱花,以纸币政策远去实际,致日趋坚挺,连日涨起甚巨。今日报纸〔纸币〕正式公布,而以大户多头之了结,故先暴涨后终轧本,各项交易几全停顿。

(申新总公司信稿〔济南、芜湖、天津〕〔1935 年〕,上海社会科学院图书馆藏)

致济南申新棉花打包厂薄俊如函告今日纸币政策正式颁布申地标准花纱销售情况

(1935 年 11 月 4 日)

俊如先生:

今日纸币政策正式颁布,预料物价均将飞涨,故连发上电(电悉照进□），花任意竞进室，计合标准纱花先涨起极点，后以大户多头之大量出笼，致被押下。

（申新总公司信稿〔济南、芜湖、天津〕〔1935 年〕，上海社会科学院图书馆藏）

致国民政府行政院政务处处长彭学沛转李烈钧等快邮代电请趁币制改革之际法定借款利率以四厘为标准

（1935 年 11 月 5 日）

南京行政院浩徐处长，转〈李〉协和、〈张〉静江、〈吴〉稚晖先生均鉴：

我政府毅然改革币制，以顺应潮流，凡百商民，同深欢忭。现今工商业之凋敝，原因不一，而受高利率之盘剥，实为主因。当此币制革新之际，对于借款利率，似宜连带法定。查日本工商业借款，无有超过四厘者。或即以四厘为标准，以苏商困。如何提议及促其实现，是所望于群公。荣宗敬叩。歌。

（申新总公司函稿汇登·第八册〔1935—1937 年〕，上海社会科学院图书馆藏）

致国民政府行政院政务处处长彭学沛函为减低借款利率事

（1935 年 11 月 20 日）

浩徐处长勋鉴：

昨奉复函，敬悉一一。弟以减低利率，为再三之渎陈，作万一之希望，群公明达，已通过原则，交主管机关办理。此皆我公暨〈李〉协和、〈张〉静江、〈吴〉稚晖诸先生倡议于先，尤为弟所铭感者也。窃思纺织在工业中最为重要，外人在华势力占六成，至华厂在侵害之余无从适足。今得减轻利率之动机以后，实业与金融当能互相维系，以收合作之效。附奉请愿书副本，企暇之加重察。肃函致谢，敬颂公祺。

（申新总公司函稿汇登·第八册〔1935—1937 年〕，上海社会科学院图书馆藏）

上海实业界领袖呈请国民政府救济工商业对银行贷款请减低利率文[①]

（1935 年 11 月 21 日）

为请愿事。窃以比年以来，金融枯涩，白银外流，百业凋疲，生产日减，使长此不知救济，则经济总崩溃，殆成不可避免之势。今幸政府毅然革新币政，实行管理通货。令下之日，全国翕从，虽施行方始，而市面金融，已见活动，国际汇兑，渐趋安定。友邦赞助，国民拥护，不可谓非经国之良谟、救时之伟策矣。惟全国经济生命所系之各项实业，则仍以缺乏周转资金，濒于危殆，生产日减，以致入超日增，尚未蒙政府予以救助。倘仍听由实业界人自为谋，如前之日乞怜于银行之门，则我国内之银行，类多商业组织，每以资力不足，未能从事于实业放款。且事实上，即使稍有通融，亦多以所产之货品担保为度，而不愿接受不动产之借款，则各工厂之大部分固定资产，仍未能充分运用。在此种情形之下，不惟企业家日陷苦境，即社会上亦无形减却不少资本，生产安得而不萎退，入超安得而不激增？循其结果，则此革新之币政，又安得而不动摇？

① 该呈由上海实业界领袖虞洽卿、刘鸿生、郭顺、荣宗敬、聂潞生等五人联名，呈交当时国民政府行政院院长汪精卫、立法院院长孙科、军事委员会委员长蒋介石、全国经济委员会常委宋子文、财政部长孔祥熙、实业部长陈公博等人。

故为救实业以救国家计，当此政府财力集中、信用已树之际，亟宜筹设特种金融机关，由政府主持其事，略仿各国工业、兴业，或劝业银行之制度，专事救助实业，即以实业家所有之固定资产，为放款之担押品，并长期薄利，以应其需要，一面由中央银行，减低市面利率，并设法收回高利之债券，俾资金不至集中于债券一途。如此，则国内事业，方有转机，国际贸易，庶可平衡，否则生产不振，政府虽停兑，以期均衡汇兑，然入超仍自入超，究有何裨？且因实业衰敝，必至失业愈众，社会愈难安定，国家税收愈见短绌，而国本前途，亦愈危险。或谓政府此举，系集中实力统一金融之方策，至通货之发行，则仍应有法定之准备，以固政府之信用。若增发通货，以充资本，既无准备，即无异膨胀通货，势必促成币值跌落，物价抬高。不知通货之收发，须视市面之供求，如增发通货以生产，则通货为生产事业之资本、生产事业之资产，即为增发之间接准备，币值自不致跌落，欧美各国，先例昭然。况他日产量增益，国家税收亦必因之而增进。一举而数善备，政府又何乐而不为。

兹综厥要义，约为二端：一、请政府迅设特种银行，或先由中央、中国、交通三行，立拨巨款救济实业，以便各事业家，得以充分运用所有之资本；二、请中央银行减低市面利率，并设法收回高利之债券，以奖励一般国民投资实业。

事机危迫，急盼鸿施。万一坐失时宜，恐至无可挽救。为特不辞冒渎，敬合辞吁请钧座，俯念实业关系国本，迅准照办，则此垂尽之实业，庶几获有生机。工商幸甚，国家幸甚。谨呈。

（上海《申报》，1935 年 11 月 23 日，第 3 张第 9 版）

复中国银行、上海商业储蓄银行函请求延缓偿还到期押品借款

（1935年11月25日）

径复者：接奉台函，以上年六月及七月敝公司将押品向贵行押借国币二百八十万元，属〔嘱〕将本息偿还。查敝公司因经济竭蹶，向贵行以押品借款，情非得已，原拟早日清偿，藉轻担负，而维信用，无如一年中衣贵纱贱，于营业方面仍无活动余地，致有偿借款当与愿违。现我政府改革币制，工商业当渐有转机，一俟敝公司力量可以偿还时，当尽先偿还，决不迁延，希图拖欠，统祈见原。此复上海中国银行、上海商业储蓄银行。申新总公司荣○○、荣○○。

（申新总公司函稿汇登·第八册〔1935—1937年〕，上海社会科学院图书馆藏）

为申新公司改进委员会结束重新组织事致荣鄂生等人函

（1935年11月27日）

径启者：本公司改进委员会业已于本年五月间结束，同时重行组织在案。兹附呈《一年来工作报告书》一册，及现行组织系统表二纸，至希鉴察为荷。此致〈荣〉鄂生先生、〈王〉云程先生、〈荣〉尔仁、〈吴〉昆生先生、□□先生。

（申新纺织公司会计部信稿，上海社会科学院图书馆藏）

致英商安利洋行函请将仍存于该行之上海商业储蓄银行支票二纸即日掷还以清手续

(1935 年 12 月 8 日)

径启者:关于敝公司于去年所出给贵行上海〈商业储蓄〉银行支票五纸,计票面总额计拾贰万壹千贰百拾九元五角四分,早经于去年内陆续兑解清楚,除已由贵行交还三纸,计六万四千九百九十七元三角六分外,尚有二纸,计五万六千贰百贰拾贰元一角八分,仍存于贵行,迄未交还。查此项票款,既已兑解清楚,自应将原票面如期交还,以清手续。乃贵行一再延宕,不予交还,虽经迭次催促,亦未见履行,于情理上似无诚意,纵因尚有其他欠款未清,则明属另一事件,殊不应混为一谈。刻敝公司为急于归清以前未了手续起见,不得已再行函达,请将上项票面二纸即日掷还,以清手续,实为企盼。此致安利洋行台照。民国二十四年十二月八日。

(申新纺织公司会计部信稿,上海社会科学院图书馆藏)

国民政府实业部部长吴鼎昌[①]来函感谢赐贺并希时惠南针以匡不逮

(1935 年 12 月 17 日)

上海江西路申新纱厂总公司荣宗敬先生道鉴:

昌谬膺新命,任重才轻,矧值时艰,益虞陨越。远辱赐贺,深用惭

① 吴鼎昌(1884—1950),字达铨,笔名前溪,原籍浙江吴兴(今湖州),生于四川华阳。早年就读于成都尊经书院,1903 年官费留学日本东京东京高等商业学校,1905 年加入同盟会。1910 年毕业回国,授商科进士,任翰林院检讨,旋任北京法政学堂教习。(注转下页)

感，尚希时惠南针，以匡不逮。弟吴鼎昌叩。中华民国二十四年十二月十七日。

（国民政府和财政部特派及聘请荣宗敬等为中央银行理事等任状问题的档〈案〉，上海市档案馆藏）

致国民政府交通部部长张嘉璈[②]函恳对花衣运费减轻一等事表示意见如认余地当由纱联会正式呈请批示遵行

（1935年12月19日）

公权部长勋鉴：

敬启者。山东省所产花衣，不在少数，而上海各厂并未沾到实惠。其原因，由于某国人设厂青岛，不惜出资收买花衣，而运费问题，尤为主因。查花衣运费，白花向列四等，厂商为减轻负担计，由纱〈厂〉联〈合〉会呈请前部长顾〈孟余〉，将花衣运费减轻一等，列入五等，未经批示。现新花积贮济南者颇多，国营纱厂采办者来，苦苦落泪，□□□□。为

（续上页注）1911年8月任大清银行总务长，旋任大清银行江西分行总办。1912年任中国银行正监督。1912年5月至次年3月，任京师女子师范学堂监督。1917年4月，任天津金城银行董事，同年7月任盐业银行总经理。1918年任财政部次长兼天津造币厂厂长。1922年，任盐业、金城、中南、大陆四行储蓄会主任。1925年与胡政之、张季鸾合作接办天津《大公报》，自任社长。1935年，辞《大公报》职，进入政界，任国民政府实业部部长。1937年兼任军委会第四部部长，年底任贵州省政府兼省保安司令主席，任内参与创办贵州大学、贵阳医学院、贵阳师范学院，后兼任昆明行营副主任。1945年历任国民政府文官长、国民党第六届中央监察委员、总统府秘书长等。著有《赣宁战祸之原因》《中国经济政策》《花溪闲笔》等。

① 张嘉璈(1889—1979)，字公权，江苏宝山(今上海宝山)人。日本庆应大学肄业。辛亥革命后，曾任中国银行副总裁、总经理，国民政府财政部财政顾问委员会副主席、中央银行副总裁等职，1935年12月，出任国民政府铁道部部长。

便于采办，非减轻运费不可。为特函恳我公表示意见，如认为有磋商余地，当由纱联会正式呈请批示遵行。我公熟悉纱业艰困，祈予以援助，不胜企祷！肃颂勋祺，并希赐覆。

（申新总公司函稿汇登·第八册〔1935—1937 年〕，上海社会科学院图书馆藏）

王尧臣来函答复有关 1935 年 1 月 20 日开会之议案能否履行之诘问

（1935 年 12 月 23 日）

前接奉大札，并抄附〈民国〉二十四年【1935】一月二十日开会之议案，诘问能否履行。然查〈民国〉二十四年【1935】一月二日福新一、二、三、五、七厂股东联席会议，虽有：(一)〈民国〉二十四—二十五【1935—1936】两年各厂如有盈余，除官利照付外，其余一半帮助总公司，一半归各股东；(二) 上海、汉口福新各厂，无锡、济南茂新各厂，〈民国〉二十四—二十五两年下脚，一半照章分配，一半归公，担保福新二厂道契向麦加利银行借款二百万元利息等议案。惟当时到会股东仅及十分之四弱，是就此种议案加以议决，能否发生效力，本有问题。且同时复有：(一) 上海、无锡、汉口申新各厂下脚，全部担保总公司常期信用往来及退票票面利息；(二) 所有总公司打出茂新、福新票面应用申新名义之票面掉换等议决，而该二项议决，亦从未见之实行。纵认前项决议有效，福新一、三、七厂亦无应就决议先行履行之理由，弟未照决议履行即以此也。兹既承先生诘问前来，则〈民国〉二十四年一月二十日之议案，未经全体股东同意，是否有效，并所有决议是否应同时履行，自有提出股东会重行讨论之必要，弟未便擅专。前于本月二十日股东会上提出，又以吾公及德生先生未到会，股东会未开成，不能付表决，只得待下次正式股东会再付公决。相应先为奉复,即希察及是荷。

(申新纺织总公司档案)

致上海面粉交易所理事会函为将该所新开河房地产抵押惠丰庄到期未能取赎事

(1935年12月下旬)

敝前将所有坐落新开河贵所房地产,抵押惠丰庄[①]国币三十六万元,到期未能取赎。该庄起诉法院,现奉法院判决在案,执行发封,一再申请展期,已有两月之久,无可再延,是以函知贵所,请为设法解决,实为使贵所营业避免发生意外,而全部经纪人致蒙重大损失。现承贵会贵所斡旋,代向至中银行[②]商借三十万元,已成事实;惟至中银行须请由贵所担保,且须全体理事署名。此项抵押利息,准请将贵所应付敝处每月租金移充,即由贵所直接解付至中〈银行〉。……该项担保,如敝处到期不能取赎,而致累及贵所履行保证责任时,则敝处愿以贵所代赎所付之款作为代价,即将所押该项房地产执行贵所营业,以免贵所受亏,决无异言,即希察照。

(申新总公司会计部函稿)

① 民国时期,由浙江绍兴人孙直斋在上海独资创办的钱庄。

② 至中银行,1933年6月由宋汉章创办于上海,并任董事长。1949年,宋汉章赴港,1950年5月至中银行申请停业。

1936 年

致陇海路局钱慕森局长快邮代电乞迅予设法调拨车辆将申新三厂留滞潼关车站八车花衣尅日运输

（1936 年 1 月 6 日）

慕森局长勋鉴：

敝公司无锡申新三厂，在潼关采办花衣，计八车，因车辆缺乏，不能转运，留滞潼关车站，已有两月之久。厂方需用甚殷，经济又复竭蹶，敬乞我公迅予设法调拨车辆，令行潼关车站，将申新三厂花衣尅日运输，以济厂用而资周转，毋任企祷。上海申新总公司荣宗敬叩。鱼。

（申新总公司函稿汇登·第八册〔1935—1937 年〕，上海社会科学院图书馆藏）

致棉业统制会主席陈公甫函恳请据实代恳国民政府铁道部俯念纱业艰困于花衣自济南联运至上海或至无锡其运费一律减去三分之一

（1936 年 1 月 21 日）

径启者：吾国棉产数字，逐年增进，皆贵会提倡之功，固为纺织业所公认，惟运费一层，尚须贵会予以协助，使纱厂成本得以减轻。查鲁省年来产棉甚富，敝公司前往采办不在少数，而运费则参差不一，敝厂吃亏独巨。例如,花衣自济南至青岛,四等每吨七元五角五分,五等每吨五元七角四分(外加三成);济南联运至上海,四等每吨十七元五角五分五厘,五等每吨十五元四角五分;济南联运至无锡,四等每吨十八元二分三厘,五等每吨十四元九角三分柒厘。互相比较,是济南至青岛运费特轻,待遇太分轩轾。敝公司意见,济南联运至上海,或至无锡,一律减去三分之一,庶足以昭公允。为此函恳贵会据实代恳铁道部,俯念纱业艰困,于运输方面,予以便利,毋任企祷之至。此致棉业统制会主席陈〈公甫〉。申新总公司○○○。

(申新总公司函稿汇登·第八册〔1935—1937年〕,上海社会科学院图书馆藏)

为申新公司一、八厂厂产押款与营运借款及福新布贷款到期未归偿事复中国、上海两银行函

(1936年1月26日)

接奉台函,以敝公司一、八厂向贵两行等,合做厂产押款五百四十万元,又营运借款四百万元,业已到期,合做之中央信托公司、新泰庄、鼎康庄三家不再继续,又福新布贷款二十万元未有归偿办法,统限于一个月内履行责任,等因。查敝公司一、八厂得贵两行协助,于合同到期犹予维持现状,为敝厂继续工作起见,此真合作之表示,敝公司至为感纫者也。敝厂现时营业尚佳,堪以告慰,惟望时局稳定,市面转机,上述两点解决之期,当不在远,惟高明垂察为幸。

(申新总公司函稿汇登)

呈国民政府行政院院长蒋介石、实业部部长吴鼎昌陈述促进农工业意见

（1936年1月12日刊载）

蒋院长元旦在中央广播电台讲演的题目，为《国民自救救国之要道》。演词中的纲领，一为新生活运动，一为国民经济建设运动。国民经济建设运动的实施要项和方法，凡八项，切实做去，确定是轻而易举的事情。鄙人对于第一项振兴农业、第五项促进工业，有小小意见贡献于我政府群公之前。

鄙人从事于面粉、纺织两业，已三十余年。衣、食为人民生活之要素，而面粉、纺织两业之原料，均为农产品，是农业振兴，与人民衣、食，有密切关系。查我国每年所产小麦，不足全国机制粉厂半年之用。而本人所创办之茂新、福新粉厂，需用一千余万担，当青黄不接之时，为维持民食及工人生计，不得不采办洋麦，以济厂用。吾国宜麦之地多，与其仰给于人，何如取足于己？自应推广麦田，及时播种，务使产额逐年增进，至一万万担，俾无供不应求之虞。至吾国棉产，近十年中，数字递增，自积极植棉，产额已增至一千一百余万担，但上年只有八百余万担。吾国人口四万万，棉产非增加至一千六百万担，不能供给纺织业及人民之需要。现今各国，莫不推广棉田，即如南美、巴西，产额亦增。吾国地大人众，非再积极植棉，不能复兴农村。此本人对于振兴农业之意见也。

蒋院长之言曰："工业如不能发展，物质文明便不能进步，经济生活便不能美满。所以，除极力促进农林、矿产之外，最要紧的，更须极力谋工业的发达。"吾国工业，自以纺织业最为重要。查英国纱锭约四千余万，印度约九百余万，美国约三千余万，日本纱锭逐年增加，一九三五年

已增至一千零二十九万六千五百二十八锭。吾国纱锭仅二百五十万，在华外厂有二百余万。际新花上市，吾国二百五十万纱锭，停者尚不在少数。即如申新二、五厂，停工几及一年，竟无由设法复工。然〈以〉四万万人口需要计，非推广纱锭不可。如为经济及环境所限，最低限度亦应维持原有之锭数。万一原有锭数不能维持，则经济侵略无法抵制。发达工业之谓何？鄙意维持纱业现状，莫如从减轻利率、便利运输入手。盖维持现状而后可谋进展，否则甫在萌芽之纺织业，不加灌溉而摧折之，尚有生存之望乎？此本人对于促进工业之意见也。

现在办工厂的人，都是垂头丧气，有说不出的痛苦。自读蒋院长演词以后，不知不觉地兴奋起来。就商人立场，说几句关于自身利害的话，不自知其有当否也？当望政府群公有以教之。

（上海《民报》，1936 年 1 月 12 日，第 2 张第 4 版）

为冀东自治政府规定每包面粉缴税五角不仅粉厂不堪担负且影响销路事致国民政府实业部部长吴鼎昌函请设法制止

（1936 年 2 月 6 日）

达铨部长勋鉴：

前奉复函，敬悉一切。铁路运费，关系纱厂成本，有减轻之必要，承我公催询铁〈道〉部，至为感荷。再有陈者。上海面粉销路，以北洋为大宗，秦皇岛销路亦尚旺盛。近接敝处批发处来函，略谓秦皇岛统税局咨照，冀东自治政府日内派人接收，目下报验，该局已不管。冀东所定税则，卷烟、面粉、纱布、水泥、洋货五项入境，均须上税，〈其中〉每包面粉当记税五角之巨，非特粉厂不胜担负，即销路亦为闭塞。弟既有所闻，不敢不告，应请我公如何设法制止。现在华粉已不能推销关外，若再缩小范围，以后粉业殊无立足余地，其影响不仅税收减少已也。我公维护实业，素所钦佩，特爰渎陈，惟希垂察。肃颂春祺。

（申新总公司函稿汇登·第八册〔1935—1937 年〕，上海社会科学院图书馆藏）

荣德生复函为限期召集申新三厂股东开会事

（1936 年 2 月 10 日）

接奉公函，限于本星期内召集〈申新三厂〉股东开会一节。兹查三厂股东，散处各地亦数十人之多，断非三数日间所能召集。兹事体大，只可假以时日，从长熟商。窃弟有不能已于言者。在昔，弟亦深信专家技术，故于〈民国〉十三年【1924】聘请汪〈孚礼〉[①]先生等专门技术人才来厂主持改良，先后不下十余人。汪先生亦艰苦卓绝，任职八九年之久。自〈民国〉二十二年【1933】汪先生等先后赴申，挽留乏术，弟感于技术专家之不易屈留，只可全数听其高就。适值三儿[②]等自美学习纺织归国，一面复就厂内职工加以训练，幸两年来除出数由每日平均一百五十余件逐渐增加至一百八十余件外，即开支方面，〈民国〉二十三年【1934】较

① 汪孚礼（1886—1940），名康，又名树磬，湖南沅江新塘口人。早年毕业并任教于湖南省立第二师范学校。1913 年经省政府考送留学日本，就读于东京高等工业学校纺织科。1919 年回国，应聂云台之聘，担任恒丰纺织新局技师。后聂云台创办大中华纱厂，调任该厂总工程师，协助创建。1923 年大中华经营失败，汪辞职回乡，曾任湖南常德甲种工业学校教务长。1925 年受聘任申新三厂总工程师。1932 年调任申新总公司厂务部长，并兼任恒大纱厂经理，同时在申新职员养成所任教。同年又任全国经济委员会棉业统制会技术委员及专门委员等职。1933 年任申新二厂厂长，并全权整顿中国银行管理的鼎鑫纱厂。1935 年转任中国银行总管理处业务稽核，主持棉业投资。1936 年中国棉业公司接办恒丰纺织新局，任协理兼总工程师。1937 年任中棉公司副总经理兼纺织部经理，同时又任仁丰、豫 安、新丰、咸安、关中各厂董事。

② 即荣德生三子荣一心。荣一心（1912—1948），江南大学创办人之一，曾任私立江南大学筹备委员会主任、校政委员会主任，1948 年 12 月因飞机失事不幸殒命。

旧时骤减十九万之多,〈民国〉二十四年【1935】较〈民国〉二十三年更省十六万元。附上历年详细统计(未见),可备随时参察。核之国内各厂,尚无不及之处。历承国〈民政府〉、省〈政府〉委员及各方参观者交相推许,而实〈业〉部陆〈〉君更许为国外亦所仅见,固属滥奖,不敢领受。然最近常州大成纱厂委托聘请管理人员,民生纱厂亦复派人来厂实习,似在国内纺织界有相当地位;即与日厂相较,除利息外,工资、物料等项,无一不可与之争胜,而此后则自信且尚有优越日厂之把握。追念往昔,添机扩充,日夕更张,糜事增华,致陷今日经济之危径,思之反觉怃然。夫真正之专家、人才,固为我侪所寤寐以求者,惟为今之计,只有埋头苦干,力谋质量与产量之增进,耗费之减少,自力更生。古有明训,似不宜再事纷更,重蹈覆辙。是否有当,仍盼示遵。

(薛明剑藏件)

致中国银行董事长宋子文函陈述申新公司现状①

(1936年2月11日)

日前趋谒,极感明示,当即转告各厂,除无锡〈申新〉三厂已有复函表示意见外,四厂远处汉口,屈指尚难复到。弟于〈申新〉一、三、四、八等厂,因系股份公司,未经适当手续,似难一时独断。其余各厂系弟个人事业,并无股东关系,自宜酌听尊裁,不敢多持成见。素辱厚爱,定能予以始终成全也。去年敝公司各厂营业差堪告慰,至内部技术、管理上之改进,已如〈申新〉三厂来函所述,录奉察政,恕不赘及。至弟所负各处旧债,原拟随时归偿,因思与外商竞争生存,对于工具设备之改革,以及劳工教养之注意,固属在在需费,不容稍事缓图,而对外须谋抵制外

① 据薛明剑1936年2月23日致吴稚晖函可知,此函系为薛明剑代拟,并未发出。

货之倾销，更不能不忍痛抑价得资应付，加以五年来遵纳国家统税，亦在千万元以上，是以营业虽有一线转机，尚难悉数清偿旧债。本年起定当更自撙节，以期早日拨偿。辱荷锦注，敢以奉复。

附：薛明剑致吴稚晖函（1936 年 2 月 23 日）

前次晚代拟答宋〈子文〉一函（即上次附寄我公者）及申〈新〉三〈厂〉复宗〈敬〉先生一函，闻总公司方面恐得罪当局，尚未发出，仅以德〈生〉先生原函交宋之来人【胡云庵，中国银行主任】一观，故宋之心目中是否明白，尚未敢知。德先生意，仍盼我公于便中道及之，必要时尚拟求公致函言明之。

（薛明剑藏件）

荣德生来函转告申新三厂股东函询垫借沪厂各款事请早日归结

（1936 年 2 月 15 日）

顷接申〈新〉三〈厂〉股东浦文汀、冯屺怀、华干臣、高子敬、蒋雨辰、薛楚材、唐熊源、李国伟、邹仲丹、项仰斯、查仲康、王倬云、浦君达、浦慕达、杨少棠、窦慕仪等函称：“鄙人等执有申〈新〉三〈厂〉股票，依照公司章程，其权利、义务均以申〈新〉三〈厂〉为限，与其他各公司不生联带关系。近闻申新沪厂拖欠申〈新〉三〈厂〉款项甚巨，究竟如何情形，股东均未之前闻。如果实有其事，应请负责将申新沪厂拖欠申〈新〉三〈厂〉款项从速严催归还，以清界限而明责任，并希先行见复为盼。”等语。查申〈新〉三〈厂〉垫借沪厂各款，迄今所值已约四百万元之巨。当申〈新〉三〈厂〉创立时，所有股款，均系另行招集，股权原系独立，叠经向部单独登记注册，给有凭照，并于【民国】二十三年【1934】七月，由申〈新〉三〈厂〉

股东电呈院、部声明有案。所有申〈新〉三〈厂〉借垫各款，对沪厂当然处于债权人地位。兹既经各股东函询前来，自应转请早日归结，究应如何办理，祇希从速示复，俾便应对，是所至祈。

（薛明剑藏件）

致申新郑州办花处函告如价格合划络续仍进

（1936年3月9日）

建坤先生：

……申地标花，今以外棉趋涨，兼之欧洲风云紧急，人心激起，市因步涨。现交尚有郑〈州〉、渭〈河〉等地，价如合划，络续仍进（各种经费能力求节省甚好，总要做些成绩出来）。所代各厂所进款额以及当地存积数，务于近日详报；各地收花处对外，一律用申新办花处名义，勿得标明厂别为要。

（申新总公司信稿〔芜〈湖〉、济〈南〉、郑〈州〉（1936年）〕，上海社会科学院图书馆藏）

致申新芜湖办花处张叔铭函告上海本日标纱交易行情并请代料芜地各纱交易

（1936年3月9日）

叔铭先生：

……申地标纱，今以欧洲紧急，人心激起，兼之棉市涨快，本日市面纱布存底枯薄，故骤好三元，市况极硬，纱销仍好，我以前售多，暂取扳守。今市12支人中〔钟〕192元，20支红人中〔钟〕206元，33支人中〔钟〕250元，12支双马317元，10支招才160元，10支四午莲161元。

芜地各纱有交，盼代为力料，俾得逐步推广。

（申新总公司信稿〔芜〈湖〉、济〈南〉、郑〈州〉（1936 年）〕，上海社会科学院图书馆藏）

致济南申新棉花打包厂薄俊如函告本日申地花纱交易行情

（1936 年 3 月 9 日）

俊如先生：

……〈申地〉标花，今以外棉趋涨，欧洲风云紧急，人心看好，市因骤好。现稀交易，以花家心思过高，买卖双方难务合划，故成交较淡。济地花衣价如近情，仍盼络续搭近。纱市亦涨，现销不恶，我以前售过多，暂取扳守。今市 12 支人中〔钟〕192 元，20 支红人中〔钟〕202 元，19 支红金福 200 元，33 支人中〔钟〕250 元，42 支双马 317 元。

（申新总公司信稿〔芜〈湖〉、济〈南〉、郑〈州〉（1936 年）〕，上海社会科学院图书馆藏）

致童润夫[①]函请速函徐许两专员对于棉货减轻运费一节早日发表

（1936 年 3 月 12 日）

润甫先生台鉴：

前奉大函，介绍徐、许两专员来晤，关于棉货运输，应予改善之处，

① 童立夫（1897—1974），又名有翼，浙江德清人。1911—1915 年苏州省立第二工业专科学校肄业。1916—1918 年日本早稻田大学学习日语。1918 年考入日本桐生高等工业专科学校。1921 年春毕业回国，次年应聘上海日商大康纱厂任练习工程师、工程（注转下页）

已切实说明，惟一目的，在棉花自济南运至〈江〉苏省，与运至青岛，运费相等，南麦北运，运费特别低廉，北棉南运，似宜予华厂以特别便利。我纺织业处于不景气环境中，颇难生存，若减轻原料运费，即予纺织业以一线生机。奉恳台端速函徐、许两专员，对于棉货减轻运费一节，早日发表，缘新花不日上市，各厂渴望政府之嘉惠纺织业刻不容缓也。专此奉恳，祇颂台祺。

（申新总公司函稿汇登·第八册〔1935—1937年〕，上海社会科学院图书馆藏）

国民政府行政院政务处长彭学沛来函赞同中日经济合作必须解决政治上之纠纷欲达经济合作须慎防其压倒我国面粉纺织二业

（1936年3月23日）

宗敬先生大鉴：

大示奉垂。经济合作，必须解决政治上之纠纷，至佩卓见，已函陈汪〈兆铭〉主席。中央蒋〈介石〉、汪〈兆铭〉二公均抱此见。欲达经济合作，须慎防其【日本】压倒我国〈面粉、纺织〉二业，汪〈兆铭〉公亦谓极宜注意也。《纺织时报》倘承赐予一份更感。敬颂大祺。弟彭学沛顿首。三月廿三。

（国民政府和财政部特派及聘请荣宗敬等为中央银行理事等任状问题的档〈案〉，上海市档案馆藏）

（续上页注）师，历时7年。1929年出任上海鸿章纱厂厂长。1933年，受中国经济委员会棉业统制委员会聘为技术专员兼技术主任。1934年，他参与创办棉纺织染实验馆，这是中国最早的纺织科研机构，反映了科学技术面向经济的实践经验，有多方面的开拓意义。1935年后他受金融机构委托，以科技专家身份经营管理大型纺织企业，在发展中国民族纺织工业方面作出了业绩。

致济南申新棉花打包厂薄俊如函指示济南标花价格不合只可暂时放弃收购静待时机

（1936 年 4 月 27 日）

俊如先生台鉴：

……申地标花以多头出笼，续趋疲软，纱布难走，厂方进胃因久而呆，故连日现掉成交，实寥寥无几，后势仍难望好。济价不合，只可暂时放弃，静待时机，再定方针矣。……

（申新总公司信稿〔芜〈湖〉、济〈南〉、郑〈州〉（民国 25 年）〕，上海社会科学院图书馆藏）

致申新郑州办花处瞿冠英[①]函指示暂时观望俟跌足后再行收购棉花

（1936 年 4 月 27 日）

冠英先生台鉴：

……申地标花，连日趋跌，市况萎软，纱布销路不振。厂方进胃奇呆，现掉交易，清廖不堪。因纱花步落，虽有投机家之极力硬拉，然仍难挽回颓势，后看依然难好。郑花我可暂时观望，俟后跌足再行入手，即汉厂亦同。……

（申新总公司信稿〔芜〈湖〉、济〈南〉、郑〈州〉（1936 年）〕，上海社会科学院图书馆藏）

---

① 瞿冠英（1904—1958），字冕群，江苏靖江人。1925 年从无锡荣氏私立工商专科学校毕业后进入荣家汉口申新第四纺织公司公司。从 1936 年 4 月起，负责申新在郑州采花业务。

致国民政府实业部商业司司长张翼后[1]函为华北走私波及华南影响于纺织业者尤大

（1936 年 4 月 28 日）

迩来华北走私波及华南，影响于纺织业者尤大。若不设法制止，实业前途何堪设想？……在商人立场，则认为切肤之痛无逾于此。兹奉上《华商纱厂联合会〈年会〉报告书》[2]一册，幸赐观览。书中所谓纱厂景况愈劣，减工大增，实则犹未能形容万一。而减工之数更不止于此。此则至可痛心而我公当表同情者也。

（申新总公司函稿汇登）

附：华商纱厂联合会致南京国民政府电请取缔华北私运（1936 年 5 月 7 日刊载）

迩来华北私运之风，日见猖獗。近且由铁路南输，几于无孔不入，举国生产事业，势将为之扫荡无余，不独纺织一业已也。务恳迅施切实有效方法，严厉取缔，以维国脉，无任公感。

（《纺织时报》，第 1280 号，1936 年 5 月 7 日，第 1 版）

---

① 张翼后，生卒年不详，曾任江苏省实业厅长，时任国民政府实业部商业司司长。

② 具体指的是 1936 年 4 月 25 日发布的《华商纱厂联合会年会报告书》。

致交通银行总经理唐寿民[①]函为申新九厂与该行所订营运合同续展一年事并请顾念纺织业艰难情形减低利率

（1936 年 5 月 1 日）

径启者：敝公司申新九厂，于上年五月底与贵行订立之营运合同，转瞬期满。兹拟奉商对于是项合同续展一年，惟利率应请贵行顾念纺织业艰困情形，酌予减低，以轻担负。叨在同舟之雅，当荷赞同。此致交通银行总经理唐寿民先生。

（申新总公司函稿汇登·第八册〔1935—1937 年〕，上海社会科学院图书馆藏）

致申新芜湖办花处张叔铭函告上海标纱交易情况并盼代料芜地各纱交易

（1936 年 5 月 6 日）

叔铭先生台鉴：

……申地标纱稳定，现销极旺，乃能帮进极多，以 33 支为大宗。我昨、今两日中售出各纱两千余件，内中 33 支有 1500 件，均四川去路。市售 33 支好做 250 元，16 支人中〔钟〕204.50 元，20 支红人中〔钟〕209

① 唐寿民(1892—1974)，江苏镇江人。辛亥革命时期参与创办江苏银行，1915 年与陈光甫等创办上海商业储蓄银行，任总行副经理、汉口分行经理。1927 年与邹敏初等创办上海国华银行，任副董事长、总经理。1928 年交通银行改组，任该行董事兼上海分行经理，并兼中央、中国、建设、正明、太平、新华、中汇、亚洲等银行董事或经理等。1932 年后任交通银行常务董事兼总经理、上海银行公会常委、上海银行业联合准备库常委、上海银行业票据交易所常委等职。

元。芜地各纱有交，仍盼代料。

（申新总公司信稿〔芜〈湖〉、济〈南〉、郑〈州〉(1936年)〕，上海社会科学院图书馆藏）

致济南申新棉花打包厂薄俊如函
望将济地存积所销详细示知

（1936年5月6日）

俊如先生：

……申地标花，以日商吸进，兼之空户抵补，故反动回涨，惟厂需仍寂。现棉交易依然寥寥，后势似难过回。济地存积所销，仍望详细示知，以资用神。

（申新总公司信稿〔芜〈湖〉、济〈南〉、郑〈州〉(1936年)〕，上海社会科学院图书馆藏）

致济南申新棉花打包厂薄俊如函
申标连日趋跌济市谅难久持

（1936年5月8日）

俊如先生台鉴：

……申地近日谣言极多，今又盛传印棉有自天津进口，走漏进口税之说。观近日报章所载，华北走私猖獗，此说似非虚，是以人心惶惶，大户多头纷纷吐出，致市继续暴落，现交全停，后势尚难站稳。申标连日趋跌，济市谅难久持。

（申新总公司信稿〔芜〈湖〉、济〈南〉、郑〈州〉(1936年)〕，上海社会科学院图书馆藏）

致济南申新棉花打包厂薄俊如函指示对济南花衣收购暂抱观望

(1936年5月11日)

俊如先生台鉴:

……申地标花,以前跌过暴,空户抵补,故反动上涨,现销仍稀。前寄花样四个,今已收押,价离申尚远,暂无用神。我厂前进过多,银根缺巨,纱布销路又呆滞不堪,故对花衣暂抱观望。……

(申新总公司信稿〔芜〈湖〉、济〈南〉、郑〈州〉(1936年)〕,上海社会科学院图书馆藏)

致济南申新棉花打包厂薄俊如函告申地棉花交易状况并盼将济地近日棉市情况详细告知

(1936年5月11日)

俊如先生台鉴:

……申地标花,以华北走私问题严重,人心极度不安,大户争相吐出,致市江河日下。现棉交易,几全停顿,后势尚难站稳。济〈南〉棉谅亦难立,近日市情,仍盼详细示申,以资用神。

(申新总公司信稿〔芜〈湖〉、济〈南〉、郑〈州〉(1936年)〕,上海社会科学院图书馆藏)

致申新郑州办花处瞿冠英函告上海花棉交易状况并指示郑花似宜暂守

（1936年5月11日）

冠英先生：

……申地标花，以华北走私猖獗，印棉有自天津漏税进口之说，人心极感不安，大户争相售出，致市连日惨落，现棉交易全停，后势似尚难站牢。郑花似宜暂守。……

（申新总公司信稿〔芜〈湖〉、济〈南〉、郑〈州〉（1936年）〕，上海社会科学院图书馆藏）

致申新芜湖办花处张叔铭函告上海花纱交易情况并盼代为料理芜地各纱交易

（1936年5月11日）

叔铭先生台鉴：

……申地标纱，以华北走私猖獗，棉花、纱布均有自天津漏税进口，人心不安，市因步落，实销交易亦随之转漠。我36支人中〔钟〕今市201元，20支红人中〔钟〕206.50元，10支红双马132.50元。芜地各纱有交，仍盼代料。

（申新总公司信稿〔芜〈湖〉、济〈南〉、郑〈州〉（1936年）〕，上海社会科学院图书馆藏）

国民政府实业部商业司司长张翼后复函谈华北走私问题

（1936 年 5 月 18 日）

宗锦先生大鉴：

两奉手书，并先后附到棉织品之供求状况一纸、《华商纱厂联合会年会报告》一册，备悉斯业之凋敝，弥佩公等之奋斗。适因公冗迟答，至歉。走私之害，当然甚大。制止之法，在官惟缉私，在民惟抵货。惟缉私，不能武装，等于不缉；抵货，不敢明言，等于不抵。主管部虽煞费苦心，多方设法，期得有效方法，而传者或谓其法，即系减低进口税。工商业家受害者虽疾首痛心，而因以为利者方高悬日旗，甘为虎伥。国势如此，人心如此，惟有忍气吞声，静候否极泰来而已。吴〈鼎昌〉部长曾就中日贸易协会[①]方面尽力疏通，然无大效。余不一一，祗颂台绥。弟翼后谨上。五、十八。

（国民政府和财政部特派及聘请荣宗敬等为中央银行理事等任状问题的档〈案〉，上海市档案馆藏）

① “中日贸易协会”。由日本倡导，一个旨在促进中日两国经济界合作的组织。1935 年 5 月，日本外相广田弘毅主张组织中日通商评议会，因未成功，即改倡成立中日贸易协会。9 月 5 日，日本驻华使馆参赞堀内携《中日经济提携》方案自东京至上海，建议组织中日贸易协会。10 月 22 日，中国组织赴日经济考察团与日本实业界领袖在东京商定设立中日贸易协会细节。1936 年 1 月 27 日，中日贸易协会在上海正式成立，选出周作民等 21 名中日理事、船津等 4 名日本理事。根据该协会会章，该协会在日本称为日华贸易协会。经过选举，中日贸易协会首任会长为周作民，徐新六及日华贸易协会会长儿玉谦次为副会长。

国民经济建设运动委员会总会来函致送聘书

（1936 年 6 月 19 日）

聘字第 23 号

兹聘任执事为本总会委员。此致荣宗敬先生。会长蒋中正。中华民国二十五年六月十九日。

（国民政府和财政部特派及聘请荣宗敬等为中央银行理事等任状问题的档〈案〉，上海市档案馆藏）

致山东省政府主席韩复榘[①]函贵省棉产饶足运输方面宜予以便利

（1936 年 7 月 15 日）

贵省棉产饶足，运输方面似宜予以便利。查农产品由济〈南〉运青〈岛〉，与由济〈南〉运〈江〉苏，相去甚远。宗敬以为，由济南运至〈江〉苏省之农产品，应以济南运至青岛之运费作比例，以免农产品有积滞之虞。

附：山东省政府致国民政府铁道部公函（农字第六六四号）（1936 年 7 月 15 日）

案据上海茂新福新申新总公司荣宗敬函称："（略，同上）"等情。查该商所陈，与救济农村有关，本府深表同情。除函复外，相应函请贵部

① 韩复榘（1890—1938），字向方，河北霸县人。行伍出身，原为冯玉祥部下，1929 年投靠蒋介石，被任为河南省政府主席。自 1930 年 9 月起，任山东省政府主席。抗日战争爆发后，任国民党第五战区副司令兼第三集团军总司令。在日寇进攻山东时，因其不战而放弃济南并密谋反蒋，被蒋介石以"违抗命令，擅自撤退"的罪名处决。

查核办理，并希见复为荷！此致铁道部。山东省政府主席韩复榘。

（《山东省政府公报》，第 400 期，1936 年 8 月 23 日，第 47—48 页）

致济南中国银行经理陈隽人函奉商先行归还茂新四厂部分透支款事

（1936 年 6 月 9 日）

敬启者：敝处茂新四厂，承贵行予以透支营业，藉以周转，嘉惠实业，至为感荷。现茂新透支项下贰拾万元，拟于〈民国〉二十五年【1936 年】年内先行归还五万元，余俟陆续归还。专此奉商，即希照准。此致隽人经理。

（申新总公司函稿汇登·第八册〔1935—1937 年〕，上海社会科学院图书馆藏）

致英商祥泰洋行函告所欠机款本息总额业经核对无讹一俟营业转机当尽先陆续拨还

（1936 年 6 月 30 日）

径启者：前接哈瓦特公司于 1935 年 11 月 27 日来函，对于敝公司年来营业困难予以深切谅解，殊为感慰。贵行前来账单，结至 1935 年 12 月 31 日止，计合机款本息英金 52111 磅 11 先令 8 便士，业经核对无讹，一俟敝公司营业转机，流动金稍能活裕，当尽先陆续拨还，惟时日稽缓，至乞鉴谅是荷。此致祥泰洋行。

（申新纺织公司会计部函稿，上海社会科学院图书馆藏）

为申新二、五厂复工事致国民政府财政部长宋子文函

（1936年7月16日）

敝公司二、五两厂停工日久，叠经商议复工，以环境关系，未能实现。现距新花上市之期不远，而数千工人莫不期待复工，借以维持生活，厂方机器搁置不用，霉锈堪虞。查敝公司一、二、五、八厂，与上〈海〉、中〈国〉两行及永丰庄往来，长此停工，双方均有损失。鄙意陈君光甫业已回国，奉恳我公邀同陈君对于二、五厂予以研究，倘能早日复工，不仅宗敬个人之幸也。

（申新总公司函稿汇登）

民生公司卢作孚[①]来函介绍三峡染织厂主任孙羡陶趋谒并赴申新公司学习管理一二周

（1936年7月28日）

宗敬先生：

辱承召饮，并派人引导参观，至快至感。民生公司三峡染织厂主任

① 卢作孚（1893—1952），原名卢魁先，别名卢思，重庆市合川人，近代著名爱国实业家、教育家、社会活动家；民生公司创始人、中国航运业先驱，被誉为“中国船王”“北碚之父”。幼年家境贫寒，辍学后自学成才，自己编著多本教材；1910年，加入同盟会，从事反清保路运动，投身辛亥革命。1914年，担任合川中学教师，之后先后任报纸编辑、主编、记者。1925年，弃学从商，创办民生实业公司，陆续统一川江航运，迫使外国航运势力退出长江上游。后任国民政府军事委员会第二部副部长、交通部常务次长、全国粮食管理局局长。1938年秋，卢作孚领导民生公司组织、指挥宜昌大撤退，用40天时间抢运150万余人、物资100万余吨，挽救了抗战时期整个中国的民族工业，受到国民政府嘉奖。

孙羡陶[1]君，亟欲学得管理办法，深佩贵厂之管理精神，拟前来实习一周或两周，如荷慨允，感纫无既。谨介绍孙君趋谒，尚希赐予接洽为荷。敬祝健康。弟卢作孚。七月廿八日。

（《国民政府》工商部给荣宗敬聘函及申新纺织总公司为申请新秘书处给杜月笙、吴开光等人的信件，上海市档案馆藏）

南通商民聂雪先来函陈述李升伯竞选国民代表经过及主张

（1936 年 9 月 26 日）

宗敬先生道鉴：

久仰骏德光昭，经纶之大业乃宏，崇望普荫，吾民之衣食是赖，福国利民，钦迟无任。今兹政府图治，立国民代表之会以参政府，将来事业之兴废，是会有所左右。窃思我公为纺织界泰斗，而冒用籍贯竟获当选之李升伯，亦尝以纺织专家自诩，是不得不将其竞选之卑鄙经过及其丧心病狂之主张，掬诚为我公陈述之。

初敝县有意竞选者仅钱笑吾[2]一人。钱固各业所推崇，亦李升伯所耸动者。迨选期前五日，李不惜食言失信，竟挟当地官厅之权威、金钱之势力，拉拢爪牙，四出钻营，威胁利诱，不一而足。结果所得票数远在钱君之下，足见敝县人士对李，不过敷衍人情，而非心悦诚服。其间虽仅数日，而金钱之花费已达巨万，官势之利用，竟将钱君主办

---

① 孙羡陶，生卒年不详，重庆北碚人，曾任三峡染织厂营业股主任，峡防局经收处主任、审计主任，三峡实验区金刚乡第一区督导员，三峡实验区建设股副主任、粮政股主任、民众自卫队教官、民生公司民模轮经理，北碚管理局粮政科科长、税捐处副处长，三峡染织厂厂务主任。

② 钱笑吾（？—1947），南通士绅，长期把持南通县商会，1931 年创办《五山日报》，抗战胜利后担任南通县临时参议会议长。

之《五山日报》[1]停刊，则其竞选之经过，可谓卑鄙龌龊达于极点矣。至其自诩为纺织专家，固不自今日始。而其最近宣言："中国纺织业所以凋敝至此者，致病之源虽非一端，要以老朽派把持拢〔垄〕断为主因，非用不愿一切的手段力谋整顿，不足以图自存"等语；又言"如此次代表得手后，申新纱锭，不出三年，属我李某所有者，至少十分之七。届时中国之纺织业可谓得救"云云。如此丧心病狂之主张，倘不幸而见诸实施，则中国纺织业之前途何堪设想？故为维护我公之令誉计，及保存民族之工业计，均不应留此败类。

雪先既惭人微而言轻，更惜孤掌之难鸣，不得不仰赖硕望于圈定委员之前，设法破其奸计，不予圈选，是则社会蒙庥，国家幸甚。临言不胜企翘之至。专肃，敬叩崇安。南通商民聂雪先拜上。〈民国〉二十五年九月二十六日。

（国民政府和财政部特派及聘请荣宗敬等为中央银行理事等任状问题的档〈案〉，上海市档案馆藏）

为将厂基厂房等设定第二担保物权于中国、上海二行作为二、五厂押款债务担保品事致申新纺织无限公司第一、八厂押款银团函希同意并乞函达二行

（1936 年 10 月 17 日）

径启者：申新纺织无限公司第二、五厂因停工日久，无力经营，委托中国银行、上海商业储蓄银行组织委员会代为管理、经营，业于 10 月 1

① 《五山日报》为民国时期南通地区的一份地方报纸，由钱笑吾在 1931 年 2 月 1 日创刊，社址在南通城内巷 31 号。1932 年一度被国民党当局查封停刊（数月后复刊）。日军入侵南通后，再度停刊。1945 年 9 月 9 日复刊，直至 1949 年 1 月 23 日终刊。

日签订合同。其中规定经营亏损概归由五厂负担，除以二、五厂全部财产为当然担保外，其以敝厂等押于贵银团之全部厂基、厂产及其从属物、机器生财等押款余额作为担保，但担保责任以国币 40 万元为度。敝厂基、厂房及其从〈属〉物、机器生财等，设定第二担保物权于该二行，以为上述债务之担保品计。为特具函声明，即希赐与同意，并乞函达中〈国〉、上〈海商业储蓄〉二行为感。此致申新纺织无限公司第一、八厂押款银团。申新纺织无限公司第一、八厂厂长王云程、荣尔仁，总经理荣宗敬。1936 年 10 月 17 日。

（申新总公司函稿汇登·第八册〔1935—1937 年〕，上海社会科学院图书馆藏）

致国民政府军事委员会委员长蒋介石电祝贺平安离陕返京

（1936 年 12 月 26 日）

南京蒋委员长钧鉴：

闻我公平安离陕，指日返京。[①] 消息传来，欢声雷动。党国之庥，岂惟私幸？特电驰贺，并候起居。荣宗敬叩。寝。

（上海《申报》，1936 年 12 月 27 日，第 3 张第 9 版）

① 为了达到劝谏蒋介石改变“攘外必先安内”的既定政策，停止内战、一致抗战的目的，张学良、杨虎城在 1936 年 12 月 12 日发动“兵谏”，活捉蒋介石并扣留陈诚、邵力子、蒋鼎文、陈调元等国民党党政要员，史称“西安事变”。12 月 25 日，在中共中央和周恩来主导下，以蒋介石接受“停止内战，联共抗日”的提议而和平解决，同日张学良陪同蒋介石乘飞机离开西安前往洛阳。

致王禹卿函请在福新各厂宗记德记项下拨付拾万元为续还上海银行股票押款一部分之用

(1936年12月30日)

径启者:请在福新各厂宗记、德记项下拨付国币拾万元正,为继续付还上海银行股票押款一部分之用。此请禹卿先生台照。

(申新总公司会计部函稿,上海社会科学院图书馆藏)

致申新二、五、六、七厂电为所得税制度明年完全实施特划定各厂资本额事

(1936年12月31日)

启者:我国所得税制度,将于明年起完全实施,我第二、五、六、七、九厂之资本额亟应划定。兹决将总公司会计部、储蓄部及各厂现在所有宗记、德记之存款簿汇总于总公司,然后划出5000000万[①]元,作为二、五、六、七、九厂之资本额,所有厂中账面上……(原文略)之转入总公司往来为要。此致申新二、五、六、七厂。宗〈敬〉。1936年12月31日。

(二厂)长期存款(宗记户)	154,023.19	12月26日
(五厂)职工存款(宗记户)	21,699.17	1937年1月1日
(六厂)股本	3000,000.00	12月31日
公积	49,918.52	12月31日
职工存入额(宗记户)	66,489.66	12月25日

① 此处"万"应为衍字。

（七厂）股本（各户分列）总额　328,631.25　　12 月 31 日

（九厂）职工存入款（宗记户）　500,000.00　　12 月 31 日

一、转账办法

收总公司资本　　3000000 元（总公司实际投入本金信于此数）

付总公司往来　　3000000 元

（五厂）

一、设定资本额　2000000 元

一、转账办法

　　收总公司资本 2000000 元

　　付总公司往来 1,391,877.20 元

　　付上届损益　608,122.80 元

（〈民国〉23 年【1934】之厂、总公司往来共计 351,334.38 元，于〈民国〉24 年【1935】1 月份方冲去历年损益 200 余万元。此笔转入，犹未及半数。）

（六厂）

一、设定资本额　3000000 元

一、转账办法：

　　收总公司资本 3000000 元

　　付总公司往来 3000000 元

　　收总公司往来 1000000 元

　　付股本　　　1000000 元　划归总公司

（七厂）

一、设定资本额　3000000 元

一、转账办法：

　　收总公司资本 3000000 元

　　付总公司往来 3000000 元

收总公司往来 2000000 元

付股本　　　2500000 元

厂中原有股本 328,671.15 元 划归总公司

(九厂)

一、设定资本额　3500000 元

一、转账办法:

收总公司资本 3500000 元

付总公司往来 3500000 元

收总公司往来(原往来户结至 12 月 20 日止,不足〈之数〉,以宗记存款及所剩补上)

付职工存入款宗记

付暂时存款收料(全部转去)

前期损益(总公司名下)下转增机器价值,暂记欠款(系新账)可转归地基科目(立一子目)。依据上定资本额,则每年(会计年度)盈余在 100,000 元、150,000 元、175,000 元以上,即须缴 3,000 元、4,500 元,8,950 元以上累级之税款。惟按我各厂以往结账习例,对于国家资产价值,并不提存折旧准备,此其一;亦不提存公积,此其二。今后应行规定,每年折旧数额逐年提存,以期合于事实,否则,至少应于所有盈余之年度提存折旧外,或再提若干公积(法定三分之一之公积,可以加入资本计算)。如此,既合乎会计理论,亦即可以免去非应交之税额也。再者,按暂行条例及细则草案中,对于上年收益之有无影响于资本实额,并无明文规定,其他各界正在提请补充或修正之问题亦颇多,将来我厂会计上应取步骤尚多研究之必要焉。

(申新总公司会计部函稿,上海社会科学院图书馆藏)

汉口申新四厂李国伟来函报告申新四厂工人与同事年终稍加酬劳原因

(1936 年)

〈申新〉四厂工人与同事年终稍有酬劳,因〈日商〉泰安亦有 8 日之工资为工人奖金。我厂普通工人则全为 8 日,有特殊劳绩者酌加……汉地他厂如裕华等均发十五、六至廿日之多,故不得不稍为点缀,以免有何事端发生也。

(申新总公司函稿汇登)

谢天玄来函恳请予以指导并规划滩田一万亩指定由其全体佃户垦种

(1936 年)

宗敬仁翁先生崇鉴:

敬启者。未瞻英才,久仰泰鼎,一瓣心香,葵倾弥切。兹有恳者,据闻先生有计划开垦海州、大通沿海二汤滩,作为植棉区域云云。敝人闻悉之下,不胜喜跃。缘敝人原在宁波务农为生(在甬江南北种植棉稻杂粮),刻下塘田开荒至今已历二十余年,以致人多地少,难于分种(计全体佃户壹百三四十家,人口六七百人以上,所有塘田只八九百亩)。乃理由与事实,种田者终是种田。然先生为国计民生,开垦沿海二汤田,为国为民,诚两得其益者也。因此特具草笺,上呈台案,恳请先生予以指导,益请规划一万亩,指定敝人全体佃户垦种,实为德便。敬请大安,鹄候佳音。后生谢天玄启。

(荣宗敬拟在通海一带计划植棉的函件,上海市档案馆藏)

1937 年

为减轻自沙市采办花衣运费事致招商局蔡增基[①]局长函

（1937 年 1 月 8 日）

增基局长勋鉴：

敬启者。敝处各厂向沙市采办花衣，向为贵局输运来沪。惟日商为竞争航业起见，减价兜揽。闻贵局业务中定公司所购原料，其运费以七六折计算。纱业亏折已久，今甫有起色，于运费如能减轻，则成本不致加重。拟起便照中□，先仰概以七六折算费，以畅航运而惠纱业。如承许可，即请知照沙市各局，无任企盼。敬颂勋祺。

（申新总公司函稿汇登·第八册〔1935—1937 年〕，上海社会科学院图书馆藏）

申新芜湖采办处张叔铭来函告皖省强征棉纱营业税事

（1937 年 1 月 18 日）

芜〈湖〉地棉纱营业税，向不分趸卖、零卖，一律征千分之五。惟历

① 蔡增基（1892—1970），广东香山（今中山市）人，孙中山英文秘书。生于檀香山，19 岁回广东追随孙中山革命，21 岁任广东军政府广东省议员；1921 年后任广州市财政局局长，上海市政府土地局局长、公用局、财政局局长等职。1936 年 3 月起，任招商局总经理。

年以来，尚未彻底查帐，仅凭纱商自填申请书，故所报营业数目，不得不稍事隐匿，遂得勉为敷衍。不料，今秋皖财〈政〉厅派员来芜〈湖〉，严厉查帐，勒令实报实征。查纱商所填额数，逐年加增，今春、夏季认一百二十万营业额，秋季实查后须认三百万元。于是，纱商每年做六十万生意者，即要缴三千元营业税，担负过重，大起恐慌。而调查南京营业税，则棉纱仅征千分之二，整卖则征千分之一。比如 42 支人钟线，值价四百元者，在〈南〉京则征税四角，在芜〈湖〉则征税二元。〈南〉京、芜〈湖〉相距一百八十里，芜〈湖〉税比〈南〉京大四倍之多，无怪芜地纱商痛苦万状，纱交日趋冷落，大有不能立足，行将崩溃之虞。刻下秋、冬两季之税，尚未缴纳，因皖财〈政〉厅要照查出实数照征，仍不分零、整，概征千分之五。纱商则要求照春、夏两季旧额征收，若要照新查额数，则须按南京整卖业折半征收成例，方足以昭平允。迭经函电交驰，并派代表向皖〈政〉财厅请愿，概置不理。最近又拟派代表向财〈政〉部请愿，又未知有无效果。刻纱商等以每年所销以国纱为主，且人钟牌居多，当此呼吁无门之时，意欲向申纱厂联合会请求救济。本拟由芜纱业公会缮具公函，恳请我公鼎力赞助，又恐有涉冒昧，故由各纱商一致要求敝处据请〔情〕专函投前，代作先容等语。但此事照该纱商等所拟办法，是否可行之处，伏乞原班赐复，以便转达前途，是所盼祷。

（申新纺织总公司档案）

广西李宗仁[①]来函告已接诵手翰并植棉意见书仍冀时赐敬言

(1937 年 2 月 12 日)

宗敬先生惠鉴：

接诵手翰并植棉意见书[②]，卓见宏猷，敬佩无已。此后仍冀时赐敬言为感。耑复，并颂道安。李宗仁拜。二月十二日

(国民政府和财政部特派及聘请荣宗敬等为中央银行理事等任状问题的档〈案〉，上海市档案馆藏)

为运至海口等地之申粉运至香港转口事致江海关监督函请特予通融即日函请税务司准予放行[③]

(1937 年 3 月 26 日)

径启者：顷敝会福新面粉厂来函，声称"上海势成销转海口、北海、

① 李宗仁(1891—1969)，字德邻，广西临桂人，国民革命军著名将领，新桂系首领。早年就读于广西陆军小学堂、广西陆军速成学校；1910 年加入同盟会，1916 年加入桂军，参加护国战争、护法战争，1922 年，任广西自治军第二路总司令，后改为定桂军，联合黄绍竑、白崇禧，组成定桂讨贼联军，任总指挥，先后消灭旧桂系陆荣廷、沈鸿英部，击退云南唐继尧部，于 1925 年统一广西，成为新桂系领袖；1926 年，改编为国民革命军第七军，任军长，参加北伐战争。北伐战争中，率第七军消灭吴佩孚主力，历任国民革命军第三路军总指挥、西征军总指挥、第四集团军总司令等职，在蒋桂战争中败北，出走香港，旋返桂，参与发动中原大战，出兵湖南策应冯玉祥、阎锡山反蒋作战，受挫后撤回广西；全面抗战爆发后，先后任第五战区司令长官、汉中行营主任，指挥徐州会战，取得了著名的台儿庄大捷，鼓舞了全国军民的抗战热忱；抗战胜利后，任北平行辕主任，1948 年任中华民国副总统，1949 年 1 月蒋介石引退后又出任代总统；解放前夕，飞往美国，于 1965 年回归大陆，1969 年 1 月 30 日在北京逝世。

② 此处所提"植棉意见书"，即为荣宗敬先生所著《琼州宜植棉之意见》。

③ 此函系荣宗敬以上海机制面粉公会名义发出。

江门、梧州、蒙自等处，无直接轮船装运，为此委托香港中国行家代转代销，实际与售至北洋各口无异。查申粉对于上开地点，有相当难处，若不争转口，是不啻蚕食华粉，为外粉谋去路，但求摆脱束缚，绝非我政府保护实业，维持民食之本意。敝厂为崇我威信，商家营业起见，除请公会出具证明书外，再由敝厂负责担保，凡每次装运数量、掉号地点，于表一一开列，如两月转口期限终了，货物犹未运至指定地点，一经证明，敝厂愿受制裁。各海关息息相通，决无隐瞒情事。为此，函请公会转恳监督，遇有运至海口、北海、江门、梧州、蒙自等处之申粉运至香港转口者，准予放行”等语。查福新厂声称各节，皆是实情，除由敝会出具证明书外，该厂能负责担保，应请贵监督特予通融，即日函转税务司准予出口，实为公便。

（总公司文牍存稿〔各种重要函稿〕，上海社会科学院图书馆藏）

致济南茂新四厂秦芹生[①]函告因日商来收买标麦引起新标麦新标粉皆涨价格

（1937 年 4 月 9 日）

标麦因日商收买，新标麦大起五分。据闻到日人拟进二百余车，现已购进半数。新标粉亦受此影响，涨三四分。观其用意，似为有意捣乱，与去年上春同一手段。

（申新纺织总公司档案）

① 秦芹生，时任济南茂新面粉厂第四厂经理。该厂于 1919 年 5 月开机生产，全厂占地 14.133 亩，建厂时拥有美制“脑达克”式复式钢辊磨 12 部，350 马力煤气引擎 1 部，建筑及设备安装费计 25 万元，日产面粉 300 袋，另在普利门里修建营业处一所建筑费 2.3 万元。

致申新一、八厂函告在厂中营运余额项下划付国币五十万元偿还前借中国、上海两行之款

(1937 年 4 月 26 日)

兹为偿还前订中〈国〉、上〈海〉两行二百八十万元之借款，即在厂中营运余额项下划付国币五十万元，转宗〈记〉、德记未付股利之账。

(申新总公司会计部函稿)

复国民政府财政部税务署函为催缴统税事商请将每月带缴之五厘改为每月带缴一分

(1937 年 4 月 23 日)

径复者：接奉税署字第 25 号公函，以敝公司营业复兴，仍旧分月摊缴五万元，否则惟有采取有效方法进行等语。查敝公司营业方面虽有起色，而银团束缚尚未解除，贵署既催缴甚急，可否于每月带缴之五厘改为每月带缴一分，如承俯允，当与银团洽商以陈，以冀早日清偿。除托张君则民面述外，肃呈复奉，惟鉴谅为幸。此致财政部税务署。

(申新总公司函稿汇登·第八册〔1935—1937 年〕，上海社会科学院图书馆藏)

上海交通大学来函恳将承允补助该校纺织科经费一万元掷下以便应用

(1937 年 4 月 29 日后)

宗敬仁兄先生大鉴：

溽暑渐消，恭维起居纳福为颂。兹启者。前奉四月廿九日台函，辱

承慨允补助敝校纺织科经费一万元。当以尚有不敷，分向管理中英庚款董事会及宋子文先生，请予补助。现得中英庚款董事会来函，已允补助万元，故该科下学年可以开课。敬恳台端将承允补助费一万元掷下，以便应用。专函奉渎。

（国民政府和财政部特派及聘请荣宗敬等为中央银行理事等任状问题的档〈案〉，上海市档案馆藏）

中国国民党江苏省无锡县执行委员会、无锡县政府来公函聘请担任无锡中山纪念堂筹备委员会委员

（1937 年 5 月 12 日）

径启者：查京沪各县中山纪念堂均已先后成立，本邑独付阙如。前经第十九次党政谈话会决定筹备，最近奉省令促其速成，爰特先行组织筹备委员会，俾得规划一切。素仰先生领袖地方，急公好义，拟请担任筹备委员，共襄盛举。谨奉聘函一份，即希查照为荷。此致宗敬先生。常务委员徐赤子①、县长陇体要②。中华民国二十六年五月十二日。

---

① 徐赤子（生卒年不详），在 1927 年北伐胜利后，长期担任国民党无锡县党部书记长；1945 年抗战胜利后，担任无锡县临时参议会副议长；1946 年，担任“立宪国大”代表江苏省代表；1948 年，出席行宪国大；1950 年以反革命罪名被逮捕，于无锡惠山枪决。

② 陇体要（1904—1989），彝族，彝良县龙街人，毕业于上海复旦大学，先后担任中华民国内政部秘书、江苏省宝山县、无锡县县长、国民党云南省党部书记长、云南省政府委员兼建设厅厅长等职，被选为国民党第五次、第六次全国代表大会代表。其任无锡县长期间，值“八一三”淞沪战起，竭尽全力调度运转，保证军需供应；组织义勇队，配合驻军狙击日军。他在担任云南省政府委员兼建设厅厅长、滇越（南）铁路云南段管理处副处长时，为云南地方事业建设与发展作了大量工作：如修筑松花坝水利工程、改建全省公路网络、扩大烤烟种植及良种推广、促进省内外及国际贸易、组建昆明公共汽车公司、开辟长途客货运输等等。1949 年 5 月离滇赴香港寓居，以教书为业。

附:无锡中山纪念堂筹备委员会聘函(1937年5月1日)

无锡中山纪念堂筹备委员会聘函第(　)号

兹敦聘台端为中山纪念堂筹备委员会委员。此上荣宗敬先生。常务委员徐赤子、县长陇体要。中华民国二十六年五月一日。

(〈国民政府〉工商部给荣宗敬聘函及申新纺织总公司为申请新秘书处给杜月笙、吴开光等人的信件,上海市档案馆藏)

中国国民党江苏省无锡县执行委员会、无锡县政府来函邀请出席县中山纪念堂第一次筹备会议

(1937年5月13日)

径启者:兹定于本月十七日上午十时,在县党部召开本县中山纪念堂第一次筹备会议,相应函达,即希届时出席为荷。此致宗敬先生。无锡县党部、无锡县政府启。五月十三日。

(〈国民政府〉工商部给荣宗敬聘函及申新纺织总公司为申请新秘书处给杜月笙、吴开光等人的信件,上海市档案馆藏)

中华民国全国商会联合会林庚侯[①]来函请申新公司在《实业季报》刊登广告

(1937年5月31日)

宗敬先生大鉴:

径启者。敝会自〈民国〉二十二年【1933】间创刊《实业季报》,迄今

① 中华全国商业联合会,为民国初年成立的全国性资产阶级社会团体。1907年和1909年,全国80多个商会的代表两次在上海举行商法讨论大会,一致提议建立“华商联合会”,并拟订简章,设立办事处,但未能正式成立。1912年6月,汉口商会再次倡议成立全国商会联合会。11月,各主要商会代表赴北京参加临时工商会议,会上议决成立“中(注转下页)

已出版三卷，其宗旨为“沟通国内工商界之声气，传达海外市场上之消息”。自发行以来，赠送国内、国外商会及各机关团体。天涯海角，无远弗届，刊载广告，效力宏大。现在第四卷第二期出版在即，拟请贵厂惠登广告。兹特派员晋谒台端接洽，务请赐予延见刊登，至为拜祷。此〈致，〉顺颂公绥。林庚侯启。

（国民政府工商部给荣宗敬聘函及申新纺织总公司为申请新秘书处给杜月笙、吴开光等人的信件，上海市档案馆藏）

致申新一、八厂函告在营运余额项下划付国币一百万元偿还前订中国、上海二行借款

（1937 年 6 月 15 日）

兹为偿还前订中〈国〉、上〈海〉两行二百八十万元之借款，即在营运余额项下划付国币一百万元正。

（申新总公司会计函稿）

致至中银行函为结清抵押息金事

（1937 年 6 月 16 日）

径启者：敝公司于去年一月六日，以新开河傍地产，在贵行做押款乙纸，计国币叁拾万元正，已陆续由面粉交易所洋房担抵息金。但贵行

（续上页注）华全国商会联合会”，设本部于北京，以上海总商会为总事务所，各省、各侨埠设立分事务所。12 月 20 日，获工商部批准。1913 年 1 月 18 日，总事务所总干事周晋镳、贝仁元等正式任职。1914 年 3 月，在上海召开第一次代表大会。曾先后进行过振兴实业、改良税制、修订商法等经济及政治活动。1928 年，改组为“中华民国全国商会联合会”。
林庚侯（生卒年不详），时为上海银行公会秘书长、中华全国商业联合会总干事。

迄来百十号单纱、米,并希将全部收付结清□近为也。谨拟清单一纸,以便核对为荷。此致致〔至〕中银行。

(申新总公司会计部函稿,上海社会科学院图书馆藏)

济南茂新面粉第四厂经理秦芹生来函告济宁麦市将涨并提请注意七星公司硬抬多头之内幕及对粉厂影响

(1937 年 6 月 21 日)

济宁麦市,往后上货再涌一步,或许有大涨小疲之景焉。近闻交易所有七星公司①硬抬多头,不知内幕如何,于粉厂影响若何?

(申新纺织总公司档案)

济南茂新面粉第四厂经理秦芹生来函报告山东麦价昂涨内幕

(1937 年 6 月 22 日)

各厂咸以新麦时期麦价决不看昂,故决随市脱化而空。讵知事与愿违,连日上货既少,而日商三吉公司在市贪取,致各厂恐慌,一致争拾〔抬〕,市价因之闹大,几有高次不分之势。按小麦年〈景〉,鲁省向称不恶,而价昂为全国之冠,其令人难测也。

(申新纺织总公司档案)

① 1930 年代,孔祥熙夫人宋蔼龄与其弟宋子良、陈行、徐堪等在上海组织的一家投机机构,专做债券、黄金、棉花和面粉投机生意。

济南茂新面粉第四厂经理秦芹生来函续陈山东麦价昂涨原因

(1937 年 6 月 24 日)

市价被日人三吉公司放价收买,而各码头均派有人采购,致各地麦同时步翔,各厂以及粮商均难下手。有计划之捣乱,令人恨恨。前云满州〔洲〕粉厂复活,机器迄未运到。据闻,谣传满州〔洲〕复活不过烟幕,其用意在运军火根据耳。

(申新纺织总公司档案)

上海市地方协会[①]来函告知本年常年会延期举行

(1937 年 6 月 24 日)

径启者:本会常年会,依照会章,应于六月内举行,现今〔经〕本月二十二日第六十七次理事会公议,以现届年度结束,会员事务较繁,转瞬暑令,多数将往庐山、莫干山等地避暑,决议延期举行。用特备函奉达,即希察洽。顺颂台祉。上海市地方协会启。廿六、六、廿四。

(国民政府工商部给荣宗敬聘函及申新纺织总公司为申请新秘书处给杜月笙、吴开光等人的信件,上海市档案馆藏)

① 上海地方协会:1932 年“一·二八”事变爆发,同月史量才、王晓籁、黄炎培等创办上海市民抗敌后援会,史量才任会长,王晓籁、杜月笙任副会长,积极为坚持抗日的十九路军运送物资。3 月,上海市民抗敌后援会改名为上海地方维持会,5 月淞沪停战协定签订后,又改名为上海地方协会。1934 年史量才被国民党特务暗杀后,由杜月笙继任会长。

济南茂新面粉第四厂经理秦芹生来函报告济南麦市状况及各粉厂对策

（1937 年 6 月 26 日）

乡麦上货，依然寥寥，统市仅见二千余包；车麦新、陈，计到三四千包；洛口船麦，约千包之谱，统共约只七千包之数，勉敷各厂机用耳。按去年同期，到货终在一万五千包之谱。去年站上陈麦尚有三万包，今岁则已无存底，货枯亦一原因；南路车辆困难，无涌到，亦是一情。然调查四乡码头，上货亦枯。盖法币以来，农人信仰薄弱，不待用款不售，故麦价不独济〈南〉市步翔，四乡抗售亦是原因也。三吉公司仍不断在市抢购，将来难免有出口影响。今日各厂议决，先行停止进麦一星期，用以压平市价，若在此期间市价难疲，再另设法应付；一面具呈省府注意小麦出口，与申粉厂取〈统〉一步骤。

（申新纺织总公司档案）

济南茂新面粉第四厂经理秦芹生来函报告济南及周边各地麦市状况并告赴申请示解决办法

（1937 年 6 月 28 日）

济地天时已晴，四乡小麦上货仍属寥寥，统市只有三千余包；车麦计进三千包左右；洛口船麦仍为千包，由各厂分拾〔抬〕，成随到随化之景，欲有积存，实不容易。济宁麦价亦已步翔，而到货不旺。蚌埠来信，该处陈麦均已售空，目下新麦伺未见涌。红麦成开 18.50 元，合较之内地情况，相差远甚。请政府限制禁麦出口，又不批准，日后势在必涨，恢复去年高价在意中耳。今济〈南〉既无用神，是以拟向所中套进若干，以备万一。但粉厂做多〈头〉,恐与交〈易〉所条例不合,然小麦做多〈头〉不致违法。诚恐函电不能详尽,故今拍一电,文曰:“宗公鉴:芹因请示营业方针,陷【30 日】到申”,谅已钧洽。到申当面聆〈听〉训谕,而解决前途也。

(申新纺织总公司档案)

无锡县政府来函附送本县风景区管理委员会第一次会议纪录

(1937 年 7 月 3 日稍后)

径启者:查本县风景区管理委员会前经组织就绪,并于七月三日召开第一次会议在案。除呈报并分行外,相应检附会议纪录一份,函请查照为荷。此致荣委员宗敬。附会议纪录一份(未见)。无锡县政府启。

(国民政府工商部给荣宗敬聘函及申新纺织总公司为申请新秘书处给杜月笙吴开光等人的信件,上海市档案馆藏)

蔡履陶来函告因日商抬价广收致济南麦价昂涨

(1937 年 7 月 4 日)

今岁麦到各处闹大,现阅报载芜湖产麦之区,当上货之时,价比别处为廉。无奈被日人捣乱,抬价广收,弄得申帮皆难伸手。现时济〈南〉市何尝不是如此,外商搅闹,令人可恨也。

(申新纺织总公司档案)

救国公债劝募委员会总会会长宋子文来函为敦聘担任劝募委员事

（1937年8月27日）

径启者：现在全面抗战开始，若非集中全民族力量，不足以长期抵抗，求最后之光荣。本总会受政府委托，办理救国公债募集事宜，值兹成立伊始，端赖各界人士群策群力协助进行。现特组织上海市商界劝募总队、上海市民劝募总队，聘请王晓籁、杜月笙先生分别担任总队长，并设副队长若干人，分设若干队，分别聘任劝募委员组织之。夙仰毅力热心，至深敬佩，兹特函聘台端担任劝募委员，至希惠洽进行，共抒国难，是所企祷。祗颂时绥。救国公债劝募委员会总会会长宋子文。八月廿七日。

（国民政府和财政部特派及聘请荣宗敬等为中央银行理事等任状问题的档〈案〉，上海市档案馆藏）

无锡旅沪同乡会理事会秘书处来函呈送本月份议程并议事录

（1937年8月29日）

谨陈者：现〈因〉时局严重，开会地址颇感为难。本月分〔份〕理事会要案无多，经陈准，将议程分送各理事察核。兹谨检同本月份议程一份，并附议事录，陈奉签署，即祈赐察。谨呈荣理事宗敬。理事会秘书处。八月廿九日。

（国民政府工商部给荣宗敬聘函及申新纺织总公司为申请新秘书处给杜月笙、吴开光等人的信件，上海市档案馆藏）

上海各工厂为迁移内地事等呈国民政府行政院函代电

（1937 年 9 月 16 日前）

全面抗战，应有长期计划，以便与敌持久周旋。在此进行总动员计划时，首在恢复一般生产事业，以蓄国家实力。工厂为生产事业之基础，目前尤应加紧制造，设法流通，以应全国需要。可迁移者固应从速迁移，可复工者更当迅予复工。惟自抗战以来，言经济则以金融停滞，工商因款同受限制，各厂无法调度，大都出于停顿；言交通则军运频繁，各路阻塞，原料货物无从输运。值此棉、稻秋收，内外隔绝，影响农工，尤非浅鲜。长此生产机能听令断绝，每一念及，辄用痛心。同人利害切身，公私交顾，因于今日集议，认为政府自应力助各厂，设法迁移安全地带照常工作，输运务求灵活，捐税或减或免。又念目前惟一生路，尤望增发法币，扩充放款，以通工业上生产之资金；减低利息，以轻工业上生产之担负；实施中央储备银行法，采用货物准备，以固工业之基础。同时，发展交通工具，使工农生产能动、能流，以沟通内外之机能，适应供求之需要。凡此，实为国力生死所系，在总动员计划中，各部职责所在，应首先施行。倘酌召实业界同人切实商决，迅予实施，尤所企盼。

附：国民政府行政院关于资源委员会主办协助工厂内迁及抄送迁移工厂名单公函（1937 年 9 月 16 日）

案据荣宗敬等代电称："同上（略）"等情。据此，查补助上海各工厂迁移内地工作一案，前经本院第三二四次会议决定办法，由贵会及财政部、军政部、实业部组织监督委员会，以贵会为主办机关，严密监督，克〔尅〕日迁移；关于印刷业之迁移，由教育部参加监督，并照案分行在案。

兹据前情，相应抄同原附名单，函达查照办理。此致资源委员会。计抄送原附名单一件。院长蒋中正。中华民国廿六年九月十六日。

名 单

荣宗敬　申新纱厂　福新面粉厂　茂新面粉厂

刘鸿生　大中华火柴厂　上海水泥厂　章华毛织厂　华丰搪瓷厂

郭　顺　永安纺织厂

王云五　商务印书馆

陆伯鸿　华商电气公司　闸北水电公司

林康侯　民丰纺织厂　美龙酒精香料厂　大中华橡胶厂

严裕棠　苏纶纱厂　仁德纱厂　大隆铁工厂

严庆祥　民丰纺织厂　通成纺织厂　大同纱厂

蔡声白　美亚织绸厂　铸亚铁工厂　美丰纺织厂　美恒纺织厂

吴蕴初　天原电化厂　天利氮气厂　天厨味精厂　天盛陶瓷厂　炽昌新制胶厂

王启宇　振泰纱厂　达丰染织厂

王尔绚　新和兴钢铁厂

张禹九　中国植物油料厂

项康原　康元制罐厂

胡厥文　新民机器厂　合作五金厂　长城砖瓦厂

叶友才　华生电气厂　华成马达厂

胡西园　中国亚浦耳电器厂　中国窑业公司

张惠康　亚光电木厂　东方军红公司

许冠群　新亚化学制药厂

吴哲生　大中华橡胶厂

李祖范　中国化学工业社　晶明玻璃厂　中国胶木厂

方剑阁　中华珐琅厂

陈小蝶　家庭工业社
卢志学　五洲固本皂药厂
陈吉卿　华福制帽厂
计健南　三友实业社
任士刚　五和织造厂
朱赓陶　仁丰染织厂
许晓初　中法制药厂
秦竞成　振华油漆厂
王性尧　中国国货联营公司
潘仰尧　中华珐琅厂 中华铁工厂

（国民政府资源委员会档案，中国第二历史档案馆藏）

致苏浙皖统税局长盛苹臣[①]电请迅予知照统税局驻申新九厂员遇有出货毋得留难

（1937 年 9 月 21 日）

苹臣局长勋鉴：

敬启者。顷接敝公司申新九厂报告，厂中出货须付现款，如不照办，不允出厂。查向例，本月之货，下月初旬缴款。际此非常时期，后方工作极关重要，本厂冒险开工，已属万不得已，况付款完全由交通银行负责担保，于税收方面，决无问题。应请台端迅予知照驻厂员，遇有出货，毋得留难，至纫公谊。专此，祗颂台祺。

（申新总公司函稿汇登·第九册〔1937—1941 年〕，上海社会科学院图书馆藏）

① 盛开颐（？—1964），字苹臣、萍臣，盛宣怀第七子，时任苏浙皖统税局长。

中国国货联合营业股份有限公司[①]总经理蔡声白、副经理王性尧来函邀请参加即日下午三时半举行之谈话会

(1937 年 10 月 5 日)

径启者:敝公司兹与军事委员会贸易调整委员会接洽,试办国货出口贸易,条件优惠,爰定于即日(十月五日)下午三时半,在天津路二二四号本公司举行谈话会,先加商讨,至希准时惠临为荷。此致申新纺织厂荣宗敬先生。蔡声白、王性尧谨启。

(国民政府工商部给荣宗敬聘函及申新纺织总公司为申请新秘书处给杜月笙、吴开光等人的信件,上海市档案馆藏)

荣德生来函告无锡遭敌机轰炸情况

(1937 年 10 月 7 日)

昨日下午一时许,敌机八架在火车站一带投弹,共有二十一枚。铁路货栈中二弹,铁路饭店先后下四弹,东门工房被掷两弹,新仁堆栈亦中两弹,即着火延烧到六七时之久,烧去栈房六只,损失约百余万,伤二人,各职员幸均无恙。

(申新纺织总公司档案)

---

① 中日国货联合营业股份有限公司:由国民经济建设委员会总会自 1936 年 11 月发起组织,全国各界领袖参与的,以"推行国货,即土产品、机制品、手工艺品之发展与各方合作,筹设各地国货公司"为宗旨的股份制公司,系官商合办性质,该公司股本总额为法币二百万元,分为四千股。1937 年 4 月 10 日在南京正式成立,蔡声白、王性尧被推举为总、副经理,5 月 15 日正式营业。

上海市各界抗敌后援会[①]设计委员会实业、资源组来函邀请出席本月 17 日举行关于设计本市非国防部分及小规模工厂迁移问题之茶话会

(1937 年 10 月 13 日)

径密启者:查本会实业组、资源组组务会议决议:"关于设计本市非国防部分及小规模工厂迁移问题,由实业组、资源组会同邀请市商会及厂商团体等有关负责人士,于本月十七日下午二时,假座南京路冠生园举行茶会,讨论进行"纪录在卷。查该项问题关系生产建设前途至巨,自应博访周谈,方收集思广益之效。素仰先生工商领导,多所贡献,务请届时莅临予〔与〕议,以利进行。除分函外,相应函达,即希查照为荷。此致荣宗敬先生委员。实业、资源组合启。十、十三。

(国民政府工商部给荣宗敬聘函及申新纺织总公司为申请新秘书处给杜月笙、吴开光等人的信件,上海市档案馆藏)

救国公债上海市商界劝募总队总队长王晓籁来函希将贵分队劝募成绩周报表于本月二十四日以前径交总队

(1937 年 10 月 19 日)

径启者:查救国公债自开始劝募以来,业经多日,兹定于本月廿六日,本总队举行第一次各业分队成绩总揭晓,以资考查,如成绩优异者,

① 上海市各界抗敌后援会:1937 年 7 月 22 日成立,至 11 月 20 日结束,以"统一意志、整齐步骤、集中一切力量来救国"为宗旨,是 20 世纪 30 年代继上海市地方协会之后兴起的一个规模最大的民间抗日救亡团体,其成员多元,极具包容性,涉及上海党政、工商、农、文化界各个领域,为淞沪抗战提供了有力支撑。

转报劝募总会嘉奖。为此,务希贵分队径将劝募成绩周报表,于本月二十四日以前,径交本总队,以凭发表,是祈至企。顺颂公绥。救国公债上海市商界劝募总队总队长王晓籁。

(国民政府工商部给荣宗敬聘函及申新纺织总公司为申请新秘书处给杜月笙、吴开光等人的信件,上海市档案馆藏)

复湖北建设厅厅长伍廷飏[①]函告福新五厂无力参加湖北全省粮业公司招股

(1937年10月19日)

廷飏厅长勋鉴:

顷奉台函,以贵省组织粮食管理局,并邀集武汉三镇粮商同业创设粮业公司,官商合办,资本额定壹百万元,从事调节各方民食,供应前方军粮,硕画荩筹,至深钦佩。惟以该公司商股尚未认足,所有余额,拟属敝公司汉口福新五厂参加入股,自应遵命,无如敝公司各厂所有资产早经抵押于金融界,汉口福新五厂与申新四厂,均与上海、中国两银行订有抵借契约,金融方面已受债权人严厉监督。且自沪战发生以来,申地六厂全部停顿,申新五、六、七厂在战区内,损失尤重,敝公司银根紧迫,恐早在洞鉴中,实有心赞助,无力认股,敬祈原宥,无任感祷。复颂勋祺,维希亮察。

(申新总公司函稿汇登·第九册〔1937—1941年〕,上海社会科学院图书馆藏)

① 伍廷飏(1893—1950),字展空,广西容县人。曾任国民革命军师长、广西省政府代主席、主席。1936年12月,由浙江省建设厅厅长,调任湖北省建设厅厅长。

华学仁来函请详查申新三厂装汉口机器迁移证明文件已否寄无锡

(1937 年 10 月 21 日)

〈申新〉三厂装汉口机器迁移证明文件，寄总公司已将旬日矣，未知已否送迁移监督处盖印，至今未见寄〈无〉锡。现第二批装去布机四十台，在镇江因海关对我第一批装汉机器押税手续报装，至今未将证明文件送去，故第二批不能再做押税手续，且纳税亦不能，必须将第一批押税手续理清，方可装船。现机器在江中候办，风险至大，既不能上栈，又不能纳税，事至两难，非将上海去办理之证明文件送去，不能办理报关。为此再行快函，请查此项证明文件已否寄〈无〉锡，并请详为一查，切勿再有遗漏也。

(申新纺织总公司档案)

救国公债上海市商界劝募总队来函请限于三日内将认购额而未填资本调查表者迅作补报以凭稽核

(1937 年 10 月 23 日)

径启者：查贵分队尚有已认购额而未填资本调查表者，请限于三日内迅作补报以凭稽核。如果逾期不报，应由贵分队代为估计报候本总队核定，依照估定标准认购救国公债，即希查照转知为荷。顺颂台绥。救国公债上海市商界劝募总队启。〈民国〉二十六年十月廿三日。

(国民政府工商部给荣宗敬聘函及申新纺织总公司为申请新秘书处给杜月笙、吴开光等人的信件，上海市档案馆藏)

代申新四厂复华商纱厂联合会、全国经济委员会函告无法认购救国公债

(1937 年 10 月 28 日)

径复者:接奉台函,当即转达上海敝总公司。顷奉复函,略称:“救国公债为救国图存唯一工具,凡有血气之论,自应尽足认购。惟纺织为生产事业,在长期抗战中,苟可维持,实不能中缀。无锡〈申新〉三厂栈房甫受重大损失;上海〈申新〉八厂昨日被敌机投弹,全部焚毁,且波及〈申新〉一厂之一部,损失之重大,几不可估计。各厂用款仰给银团,总公司各厂一再受重大损失,对于经济方面无致上余地,只愿胜〔剩〕余之厂照常工作,以维国家税收、工人生计,其效益不在认购报国公债之下。即据情婉复,求其谅解,是为至要。”等语。兹特据情函请贵会查照,即希婉复前途为荷。此复华商纱厂联合、全国经济委员会。申新四厂。

(申新总公司函稿汇登·第九册〔1937—1941 年〕,上海社会科学院图书馆藏)

致交通银行胡笔江[①]电商补充合同利率请仍照原合同订定之数计算

(1937 年 11 月 5 日)

笔江先生台鉴:

敝【申新】公司九厂,承台端特予维护,在原合同未满期之前,订立

① 胡筠(1881—1938),字笔江,江苏江都人(今江苏扬州江都),民国时期著名的金融家、救国实业家,对创建中南银行、投资国内实业及发展民族资本主义工业和支持抗战,做出了巨大贡献。1910 年在北京和人合伙开设公益银号,不久经人介绍,进入交通(注转下页)

补充合同，至为感纫。惟在此非常时期，事关为工厂，其利率，请仍照原合同订定之数计算，幸勿加增，尤为企祷。专此奉恳，祗颂台祺。

（申新总公司函稿汇登·第九册〔1937—1941 年〕，上海社会科学院图书馆藏）

复徐佩琨[①]函论战后复兴实业主张银行减低利率并纸币发行须以物质资产为担保

（1937 年 11 月 8 日）

叔刘先生台鉴：

奉十一月三日手教，敬悉一切。沪战发动以来，忽忽三月，既有长期抗战决心，定可得到最后胜利，目前避退，不足介意。敝处各厂五、六、七厂在东区，一、八厂在炮火中，惟二、九厂开工，藉维工人生计，堪以告慰。承询一节，今岁各处丰稔，粮价低廉为必然趋势，事关正食，似未便提高。一般心理，与其藏法币，不如贮物品，物价之高，或由于此。

（续上页注）银行北京分行，任调查专员。后经梁士诒提拔，从总行稽核、北京分行副理到 1914 年任北京分行经理。1921 年合议集资筹设中南银行，胡笔江任总经理。北四行联营后，胡笔江任四行准备库总监。1933 年，交行再次改组，胡笔江被宋子文指派为交通银行董事长。1937 年 7 月，上海发起成立上海市各界抗敌后援会，胡笔江担任该会委员，积极动员广大爱国人士响应募捐，从财力、物力上支持抗战。1938 年 8 月国民政府组织代表团拟赴英国商谈借款事宜，胡笔江随行参加，其所乘坐的飞机在 8 月 24 日被日机击落，不幸罹难。

① 徐佩琨（1892—1980），字叔刘，江苏吴江（今苏州吴江）人。1909 年于清邮传部上海高等实业学堂附属中学首届毕业，升入高等船政科，被举为岁贡生；1911 年考取电政局初等班。1914 年毕业于交通部上海工业专门学校土木工程科，被选派至美国宾夕法尼亚铁路公司实习，曾就读于宾夕法尼亚大学。1917 年获俄亥俄州立大学经济学硕士学位。归国后，曾任交通大学交通与管理学院教授兼院长、暨南大学、中山大学、香港理工学院等校教授，中央大学商学院、上海商学院、新加坡南洋大学商学院教授，致用大学校长等职。主要从事金融、贸易方面的理论研究，著有《商情调查》《金本位之末日》等书。

弟意战争迟早终须结束，而实业为国家命脉，如何复兴实业，诚为值得注意之事。现在实业方面，最感痛苦者，厥为利率太高。即以敝处而论，假定每年须征利息六百万元，若在各国只须半数，倘以半数每年推广营业，外人自无从施其经济侵略之故技。经济侵略毒辣甚于飞机、炸弹，若不研究防止方法，华商实业殊无立足余地。为战后复兴实业着想，惟有请银行减低利率，庶有周转余地。至纸币发行，须以物质资产为担保，滥发、实发均所非宜。农工银行，属于农产品者，皆可抵押；实业银行，属于厂房、机器、货品，皆可抵押，余可类推，其利率须参照各国银行实业放款定之。如是，则实业可以复兴，民生、国计均有裨益，而与台端所主张亦不相抵触。如以为可行，尽言于当道！

（申新总公司函稿汇登·第九册〔1937—1941 年〕，上海社会科学院图书馆藏）

江西省政府主席熊式辉来函请偕上海工商、金融各界同人将工厂迁至赣省并厚加扩展共奠国内经济基础

（1937 年 11 月 12 日）

宗敬先生惠鉴：

久稽笺候，驰企良殷，辰维动定感宜，允符臆颂。自抗战开始，上海方面，密迩战区，百业交困。比闻工商、金融各界人士，颇思转向内地，经营各种产业，以图发展。高瞻远瞩，洵属要图。查过去工商资业，悉趋海口，原以扼内外交通要冲，营制、运销，诸形便利，但一经暴敌封锁，顿陷偏枯。此后欲维护我国工商业之安全，而奠经济复兴之基础，自非转向内地经营不可。且吾国幅员辽阔，平日之供求肆应，端赖金融流通。抗战以来，金融停顿，工商阻困，因之失业日众，若不亟谋救济、调整，其影响于后方治安与抗战前途者滋巨。赣省地区适中，交通利便，

各项原料，亦颇丰富，向为长江数省产煤省份。萍乡复有机器、电力各厂，凡可资以开发各种生产之条件，略臻完备；又如茶、磁、米谷、夏布、纸、糖等，亦均属此间对国内外贸易之特产。素仰先生究心实业，提倡有年，倘荷同情参加，偕工商、金融各界同人，联翩莅临，厚加扩展，共奠国内经济基础，并以救济失业人众，其于复兴我国前途，实深利赖，讵独赣省之幸而已！赣省政府，谨当尽力所及，妥为准备，以待推动，众擎易举，乐期厥成。东望江云，弥殷翘企。肃笺奉达，竚盼福音。顺颂筹祺，唯照不备。弟熊式辉启。十一月二十日。

（国民政府和财政部特派及聘请荣宗敬等为中央银行理事等任状问题的档〈案〉，上海市档案馆藏）

济南申新棉花打包厂薄俊如来函报告济南战事之后粉、纱情况

（1937 年 12 月 12 日）

济战自退守黄河南岸后，日、我时用大炮轰击。昨、今前线颇形沉寂，我阵地无变动。第三集团军为充实军食计，将中国、交通、上海、大陆四银行押存面粉九万余包、麦子十二万包、杂粮若干包，用记帐办法收归军用，俟财政充裕即行奉还。计中国〈银行〉约八十余万元，交通、上海〈银行〉各四十余万，大陆〈银行〉寥寥。我茂〈新〉四〈厂〉粉麦均在其内，谅有详细报告。……胶济路前日恢复零担货运，〈青岛〉华新〈纱厂〉积存纱布已运沪上。前卸下之一万五千锭运讫，第二批一万锭刻正拆卸。现因十六支纱又涨至三百四十元，拟开工，苦无工人，又忙于装箱，致未果耳。

（申新纺织总公司档案）

复济南申新棉花打包厂薄俊如电提醒注意银行押存面粉提充军用时交粉手续

（1937 年 12 月 14 日）

银行押品提充军用，其手续由兵站与银行交涉，归银行出给收据与各厂，然后提取物品。处此时期，我亦只可忍痛照办。惟交粉手续，必须取得银行正式收据而后可，于交出面粉时期、计数及价格之作定，必须随时交割清楚。此为最要紧之手续，缘日后可由根据交涉而得有取偿也。至代磨军粉，能有机工则见机为之。

（申新纺织总公司档案）

“上海市民协会”致上海公共租界工部局、法租界公董局函祈予备案①

（1937 年 12 月 29 日）

径启者：查上海自“八一三”战事以后，南市、闸北、浦东、沪西、沪

① 1937 年日本占领上海后，以“市民自治”为幌子，纠集南市水电公司总经理陆伯鸿等一批绅商，以“救济难民，恢复生产”的名义，出面组织“上海市民协会”。1937 年 12 月 29 日下午，约 20 多人前往“上海市民协会”临时办事处（南京路 480 号“上海妇女银行”）集会，确定执行委员及常委、主席团委员：其中委员 21 人，分别为：姚慕莲（南市自来水公司总经理）、顾馨一（杂粮业同业公会主席）、荣宗敬（申新纺织公司及福新面粉公司总经理）、陆伯鸿（南市电气公司总经理）、祝伊才（常州扬中电灯公司董事长）、尤菊荪（振华纺织公司总经理）、周文瑞（中汇银行常务董事）、杨福源（漕泾区市政委员）、陈子馨（恒大纱厂董事、浦东银行董事长）、汪锡藩（上南川交通公司经理）、潘子文（浦东银行经理）、李鼎士（惠民奶粉公司经理）、潘承谔（律师）、王禹卿（福新面粉公司经理）、马骥良（木行业同业公会主席）、姚鑫之（某信托公司经理）、王彬彦（闸北保卫团团正）、韩承溥（煤业同业公会主席）、吴曾镕（溧阳电灯公司经理）、吕岳泉（华安人寿保险公司总经理）、沈田莘（德和厂总经理）；姚慕莲、陆伯鸿、荣宗敬、顾馨一、尤菊荪、周文瑞、祝伊才、王彬彦等（注转下页）

东各区，繁盛市廛，大半毁于兵火。迨战线西移，沪地政、商机关，均告停顿，迄今两月，地方无人整理，秩序无人恢复，致人民流亡日众，百业益趋萧条。沪上人士得以苟延残喘者，幸赖贵局维护之力，惟有南北长此放弃，殊非久计。地方父老有鉴及此，爰经商准日方当局同意，由同人等筹设"上海市民协会"，以办理兵燹善后各项事宜，俾锋镝余生，早安生业，地方剩余元气，略可保全。用将敝会所订章程，录送贵局查照，并祈备案，随时协助进行，无任感荷。"上海市民协会"主席委员顾馨一、荣宗敬、姚慕莲。

"上海市民协会"章程草案

第一条　本会以民众互自协助为目的，不含政治意味，设于上海，命名为"上海市民协会"。

第二条　兹应上海全市民众之需要，自动谋现状之救济，设总会一所于上海租界，设分会于南市、闸北、浦东、沪东、沪西等处，但遇必要时得另设分会于他处。

第三条　凡上海正当职业之公正市民，均可为本会会员。

第四条　本会定委员二十一人，公推常务委员九人，由常务委员中公推三人为主席团，与各委员处理会务；倘遇他处议设分会时，得与该处公正市民合作，仍受本总会指导，随时调查，如办理不善，撤回派遣各员，并撤销该分会。

第五条　本会得请中外名人为顾问。

（续上页注）9 人为常务委员；姚慕莲、荣宗敬、顾馨一 3 人为主席团委员。1938 年 1 月 24 日，"上海市民协会"开始办公，总会办事处设在外滩 24 号上海横滨正金银行四楼，并在南市、闸北、浦东、沪西各地设分会。直至 1938 年 10 月，傅宗耀出任伪上海特别市市长，"市政府"迁址江湾，"上海市民协会"才被解散。"上海法租界公董局"，简称法公董局，全称"上海法国筹防公局"，1862 年 4 月 29 日成立，为处理和掌管上海法租界内一切事务的最高权力机构。此函为该协会向上海公共租界工部局、法租界公董局要求备案。

第六条　本会应行处理之事列举如下：

（一）恢复农工商业务；

（二）筹兴〔备〕上海与各处交通事项；

（三）整理运输，务使食料、燃料及棉花、花纱等来源无缺；

（四）发达建筑工程；

（五）维持搬运、负贩等劳动工作；

（六）回复种种采办工作，使各项物品充分应市；

（七）关于一切办理救济、慈善事项。

第七条　本会一切事项，取决于常务委员。

第八条　本会办公细则另订之。

第九条　本会章程俟当局核准后施行。

（上海《新闻报》，1937 年 12 月 31 日，第 2 张第 8 版）

致《大美晚报晨刊》主笔函请将三十一日译载有关“上海市民协会”与事实不符新闻予以更正

（1937 年 12 月 31 日）

三十一日贵报晨刊译载荣宗敬谈“〈上海〉市民协会”新闻一则，与事实不符，有不得不郑重声明者。查“市民协会”纯为救济难民起见，至谓“事实上已无政府”，宗敬决无此谈话，应请贵报赐予更正，以免误会，毋任企祷。此上《大美晚报》晨刊大主笔。荣宗敬启。〈民国〉二十六年十二月卅一日。

（上海《大美晚报晨刊》，1938 年 1 月 1 日，第 2 版）

附:1937 年 12 月 31 日《大美晚报晨刊》所载有关荣宗敬与《大陆报》记者谈“上海市民协会”之新闻

(本报特讯:《大陆报》记者昨因“上海市民协会”事,至西摩路访实业家荣宗敬。荣氏系该会主席团委员之一,据称:)

中国目下事实上已无政府,在此种情状下,人民当果敢、胆大,作减少痛苦之举。

(荣氏特别指出:)该新组织【指“上海市民协会”】与大道政府丝毫无关系,并无政治性质,目的在使居住于公共租界及法租界之难民,得回其闸北、南市、浦东及吴淞之老家,重操旧业。余个人并不属任何党派,纯系一商人,所知者营业因受战事影响,损失绝巨。余希望新组织成立后,余及其他在华界拥有工厂之实业家,得重理旧业。

“上海市民协会”,一犹昔之总商会,或上海地方协会,完全系慈善性质,由本埠各商业领袖组织之,目的:(一) 救济难民,俾彼等得返故乡,重理旧业;(二) 重行开启在战区内之工厂。此计划系公共租界及法租界之善意建议,由日驻沪总领署所批准,目下正与日领署直接谈判中。

……

(荣氏又称:)此事(指“上海市民协会”成立一事)如呈请中国政府当局,势必不能成立。吾人必须勇往直前,作减少人民痛苦之举,无须惧怕,只须宗旨纯正,可不问其结果如何。

(上海《大美晚报晨刊》,1937 年 12 月 31 日,第 3 版)

1938 年

“一个不愿做亡国奴者——王钧平”来函劝告不要参加“上海市民协会”[①]

(1938 年 1 月初)

前几天看到报纸上的消息,知道上海要成立一个市民联协,来维持过去的繁荣,救济失业同胞。但这件事在表面上看来是非常伟大的,可是实际上不但不能达到目的,而且是使这许多失业同胞走上奴役性的路上去。这种组织,实在是傀儡的变相;这些主持人当然也是敌人的走狗。在鸡笼似的孤岛上,敌人的侵略一步逼紧一步,而我们民族危亡已到了最后关头,在这救亡图存的时候,每个人都要负担起使命,才能达到真正自由解放的目的!

外传先生也是这组织中负责人之一,我以为这是神经过敏的人在反宣传。因为先生过去对于社会慈善事业非常热心,对于救亡图存工

---

① 日本占领上海后,上海财界有力者,于 1937 年年底计划组织“上海市民协会”,以图救济战后商、工界之苦境。荣宗敬先生列名该协会的 21 名委员之中,并被推为常务委员(9 名)及主席团委员(3 名)之一。该协会组织消息传出后,上海各界集会,佥以该协会为非法,“其中分子,过去多数著有劳绩,在此时期,似不致甘愿傀儡登场,容系奸徒假名活动”,“该会标榜之任务亦非战后人民无能为力者。至于救济慈善事业,本市早有国际救济会及慈善团体联合会组织,成绩斐然,更毋庸另立门户”,予以否认。参见上海《大美晚报晨刊》,1938 年 1 月 1 日。王均平的这封信即是对荣宗敬的劝告。信中所及“市民联协”即是“市民协会”。

作不遗余力，向为同情者所钦佩，而矛盾的宣传，却使我感觉到时伪作。然而嫌疑是不免的。那末，先生最好用不毁灭过去光荣历史，而投向敌人怀抱里去的力量，来洗掉外界的恶传，并希望先生能保守过去无上光荣历史，更能负担领导青年的责任。我这样的期望，先生是不会使我失望的吧？敬祝民族解放胜利！

（申新纺织总公司档案）

武汉申新四厂华栋臣来函告参加“上海市民协会”消息披露后对申新纱厂的影响等

（1938年1月3日）

昨接上年廿七、廿八两日台函，奉悉一切。沪“市民协会”，汉口报纸曾在前数日相继登载，自陆伯鸿被击后，报载已有无形停顿之说，然已影响不浅，且谣言之来均于吾厂不利。登报声明一节，商议之下，暂为缓行，因有许多不便之处也。报载林康侯已避居来汉，请察及。

（汉口往来信专卷，申新纺织总公司档案）

济南茂新四厂薄俊如来函报告日军进入济南后茂新四厂情况

（1938年1月7日）

济南战事自上月廿四日起日趋紧张，日军于廿七日晨进占济南，我厂同人均甚平安，厂内亦无损失。维持会今已成立，商家少有开门者。

（申新纺织总公司档案）

上海申新总公司来函报告申新一厂近况

（1938 年 1 月 8 日）

申情如旧，沪西开放仍多留难，不易轻易通过。我申〈新〉一〈厂〉已经派员司十余人进驻看管，但夜间仍时有拷〔敲〕门检查情事，现其只可略予看管，至于须即可整理工作，恐尚非易办也。

（申新纺织总公司档案）

"上海市民协会"秘书处来函邀请出席该会全体委员会会议

（1938 年 1 月 11 日发出）

径启者：本会兹定于一月念三日下午五时，在外滩念四号四楼四十九室本会办事处，开全体委员会，讨论重要事项，务请台端准时出席，幸勿自弃为盼。此致荣宗敬委员台鉴。"上海市民协会"秘书处谨启。中华民国廿七年一月十一日发出。

（申新纺织总公司档案，上海市档案馆藏）

上海申新总公司来函告知申九、申二复工情形

（1938 年 1 月 13 日）

我〈申新〉九厂为调剂应解客货起见，拟即重行恢复夜班。申〈新〉二〈厂〉暂仍单班，苟环境需要，当亦立即予恢复原状也。

（香港往来信专卷，申新纺织总公司档案）

上海申新总公司来函报告无锡三厂损失等情况

（1938 年 1 月 12 日）

第三号

……无锡〈申新〉三厂情形，今日张仁山先生有函来，报告甚详。电气部新上面瓶虽焚，无多损，四□面瓶完全无恙，其中损失还好，并未如外传之甚。纱厂部次之，布厂却损失确似较重。现各部已悉派有人看守，可无他虑。申〈新〉一、八厂亦在看守，候时机再加整理。〈申新〉五、六、七厂今日亦在准备设法派员前去看守中。

（申新总公司档案·申总业务类案卷 11 号〔致各厂庄及对外发文留底〕，上海社会科学院图书馆藏）

上海申新总公司来函报告无锡、济南各厂情况

（1938 年 1 月 17 日）

第七号

……锡地，据传，已由杨瀚〔翰〕西先生出面主持，我〈申新〉三厂各部经已派员妥为看守，想后果可无虑。济南打包厂来函报告无恙，济厂除当时粉货被抢外，余幸尚好，无如何破坏也。

（申新总公司档案·申总业务类案卷 11 号〔致各厂庄及对外发文留底〕，上海社会科学院图书馆藏）

中国水泥股份有限公司①来函撮要报告公司最近状况

(1938年1月18日)

径启者:溯自"八一三"沪战爆发以还,瞬经五月,本公司董事会久未集会,诸董〈事〉、监〈事〉对于本公司最近状况,自必愿悉其详,用特撮要报告如下:

(一)公司方面:本公司事务所虽在公共租界苏州河之南,然因与战区相距密尔〔迩〕,故自战幕启后,日在危险之中,幸公司同人均能持以镇静,照常办公,应付一切。现战事虽已西移,因厂址所在之龙潭突遭沦陷,公司业务遂告停顿。而此次战局势须延长,本公司开支方面,自非力求撙节不可用,自本年一月份起,酌量裁员减薪,以资紧缩。

(二)龙潭工厂:龙潭介乎首都、省会之间,形势异常冲要,当战事剧烈时,厂中仍勉力维持,照常工作,只以物料来源缺乏,故仅开机一部分,从事制造。迨至上年【1937】十一月二十三日,因战事紧急,乃被迫停厂。所有职工,除全体工友给资遣散外,大部分职员即于同月二十六日退往汉口,厂中仅留五人及全体厂警驻守,迨至最后关头,亦一律于

① 1920年,姚锡舟(上海人,姚新记营造厂主、建昌钱庄股东、大通纺织公司经理)联合上海工商业巨擘陈光甫(上海银行总经理)、朱吟江(久记木材公司店主,买办出身)、吴麟书(江苏吴县人,经营纱业起家,初设益大纱号)、胡耀廷(广东人,买办出身,怡大永记钱庄股东)等,发起创办水泥厂,集股银50万两(1925年增至100万两,1928年增至200万两,1933年为国币300万元,1935年350万元,1937年540万元),组织中国水泥股份有限公司(The China Portland Cement Co.,Ltd.),次年冬正式成立。工厂设于南京近郊龙潭镇,总事务所在上海江西路四〇六号浙江兴业银行大楼三楼,发行所在南京鼓楼车站十四号。该公司产销泰山牌水泥,领有国民政府经济部新字第五十九号登记证。1937年冬,龙潭工厂被日军占领,在军事管理下,由盘城水泥公司经营。1943年1月,名义发还,实际仍由敌伪管理。抗战胜利后,初由国民政府经济部派员接收,嗣后发还,于1945年10月1日正式复工。

十二月三日离厂赴皖北暂避。同时，公司方面派由德人汉胡世克君，冒险经战区前赴龙潭，于十二月二十二日到厂视察。据该德人于同月二十八日返沪报称："厂中房屋及机件似尚完好，趸船亦仍在江边，惜为时间所限，未能作详尽之查察"云云。是则龙〈潭工〉厂损害方面，截至最近为止，似尚不甚重大，此堪告慰者也。

（三）沪市货栈：本公司设置麦根路之货栈，自沪战爆发，即沦为战区。栈中职工奉军事当局命令退出，所有堆存栈中之水泥及麻袋暨其他制造水泥用之物料，数计一千余吨，约值国币十二万元，遂致无人保管。迨后即为当地驻军将栈存水泥四千余桶及麻袋十五万只，陆续取去应用，各项物料亦有缺少。经竭力设法，始得将栈中物料搬出二百余吨，先后由路局拨车四辆，并雇用驳船三艘，装往龙〈潭〉厂。惟四车均能于停厂之前运抵厂中，而三船因战局突告变化，不能达厂。旋据留厂人员宋鸿宇君自皖北怀远县来函报告，略谓："物料三船，当一船抵龙〈潭〉时，适因局势紧急，不得不嘱令改开怀远，当时曾派厂警一名随船护送，其余二艘不知下落"等语。又，货栈房屋是否遭劫，兹尚不得而知，一俟查明当再报告。

（四）营业方面：沪战既起，交通阻断，厂中之货即无法运申，麦〈根路货〉栈存〈水〉泥又为军队取用，而营业总管理处堆存南市货栈之〈水〉泥二万余桶，初则奉令制止提运，继则南市沦陷更难运出，致沪市营业无形停顿。但综论本公司〈民国〉二十六年度【1937】营业，上半届气象甚佳，后半届因战争关系大受打击，幸政府机关大量订购，故营业方面虽存非常时期，尚有相当成绩。惟货款方面，在外有四十余万元未能收取，殊为可虑。至〈民国〉二十六年度决算账略，因厂方司账人员远避他处，致未能早日结算，一俟造具竣事，当再报告也。

上列各节，均为本公司自沪战爆发迄今之经过情形，兹因各董事离沪者多，诚恐召集会议出席人数难符法定，用为报告台前，至祈鉴察是荷。

此致宗敬董事先生。中国水泥股份有限公司启。〈民国〉念七年一月十八日。

（荣宗敬投资中国水泥公司及为太湖水泥公司担保的让售合同，上海市档案馆藏）

上海申新总公司来函报告棉纱生意近况

（1938 年 1 月 19 日）

棉纱生意仍零零落落。……日前旧税局经已结束，而新税局遂成立，然驻厂员迄未派，致新税单亦未发。诸如此类情形，暂时形成停顿。纱布生意有此牵制，所以亦难尽量发挥耳。况且新税单即使日后可以照发，纱运装内地，能否不发生问题及阻碍，亦是疑问。

（香港往来信专卷，申新纺织总公司档案）

济南茂新四厂来函报告济南及该厂近况

（1938 年 1 月 24 日）

顷奉一月五日申颁大示，敬悉一切。济厂损失已呈前函，谅蒙钧鉴矣。刻下济市各业仍未开门，消息沉闷，通车无期，盖军事依〈然〉在进行耳。银行损失约十万元以上，其余各商铺及住户被抢者，数不可计。距济数十里，暴徒抢劫者日有所闻，以此惟邮包勉为通行，其余须有日人通行证及日兵保护，方可远行耳。本厂留厂同人，暂为留职停薪，交通无途，只得暂维伙食，以资体恤。所幸机件完整，一俟市面平靖，当面谒请示，决定方针遵行是也。

（申新纺织总公司档案）

致集益银团函为申新六厂预备复工事

（1938 年 2 月 2 日）

敬启者：敝公司申新六厂，在战区内损失尚属有限，近有心理、机会预备复工。查敝厂与贵银团关系最为密切，究应如何对付，应早定办法。前经敝公司经理荣□前去与贵银团切实磋商，不得要领，惟事已急迫，若失去机会，致以后无从进行，发重大损失，敝厂实不能负责。相应函达，即希查照，迅予见复为荷。此致集益银团。申新总公司荣○○、荣○○。

（申新总公司函稿汇登·第九册〔1937—1941 年〕，上海社会科学院图书馆藏）

上海申新总公司来函报告上海申新各厂情况

（1938 年 2 月 7 日）

申〈新〉二〈厂〉于今早正式开车。第以工人四散，车开仅半，现正在设法招集，在此一二日中，定可得能开足也。至申〈新〉九〈厂〉方面，则已开足矣。惟原暂都开单日班，俟时需要，再恢复夜班也。上海自开正〔战〕以来，似又稍好。虹口、杨树浦已于今日正式宣告开放（附《时报》新闻一纸，希参阅），但经派员调查接洽，据称：内中尚有若干项细则，尚未规定妥实，大致还须经一二日，庶可有一决定之办法，情势似较先前缓和已多。现我正根据此方针，分向各方接洽中。申〈新〉七厂，除二、三号设法搬出纱布一千三百余件，棉花亦有一小部分堆诸茂新栈外，余在续搬中。至前存毯子，则已无矣。现宿舍中仍有一小部日军，约三四十名留驻在内，所以厂内虽经我看守员（茶役向元等五六人）日加清除，肮脏污秽总难尽免，因不能过分劝止耳。不过偷窃之风已止，厂门亦已能由我启闭。申〈新〉六〈厂〉虽亦已派人去看，惟尚不许我主要人员入内查视。前日〈荣〉鄂生先生偕同日人前去，到厂门原〔仍〕旧折回。申〈新〉五〈厂〉亦然。〈申新〉六厂内栈房则已为我固封，想后偷窃定亦可止，好得今有"〈上海〉市〈民〉协会"一线之活动机〈会〉，进行搬物、保厂，定可较前更稍顺利。申〈新〉一〈厂〉地居西区，该地迄今尚未自由开放，故调查似较东区困难，不易而周折。

（申新纺织总公司档案）

附：1938 年 2 月 7 日上海《时报》所刊载"虹口、杨树浦今日开放"消息

准许国人迁归居住营业，并搬取其所有物件

据本埠日方消息：关于虹口、杨树浦一带，自二月七日起，准许华人重复迁归，其手续如下：返归之华人，须备致海军特务部之请求书，详述其房屋之地点及各细目（"〈上海〉市民协会"内备有请求书）呈交"〈上海〉市民协会"，经海军特务部调查后，准许自由居住、营业。

又讯：虹口、杨树浦一带，自二月七日起，准许华人搬取其所有物件，其手续如下：① 日人与外人搬取货物时，须将其所在地点及细目，呈报日本领事馆；② 华人搬取货物时，须将货物所在地及细目，经由"〈上海〉市民协会"呈报日本海军特务部，由总领事馆及海军特务部长发给许可证。又，搬运货物时，须将许可证由搬运者呈交所在之宪兵队；至于车辆数与苦力之人数，仍须呈报租界部队，经其许可。

（上海《时报》，1938 年 2 月 7 日，第 6 版）

上海申新总公司来函报告各厂近况

（1938 年 2 月 8 日）

宗先生台鉴：

昨函所详虹口、杨树浦区可自由开放搬运货物、居住营业各节，今日布告，其性质几又一变，只限于私人财产，并须事先声请将货物、财产估价呈报，经核准纳税〈后〉，方许搬移，工厂、行号犹在例外。刻各方原在继续奔走折冲，全般〔盘〕图解决，恐尚须有待也。现我正在设法要求先取得自由居住、看管权，俾先保全各厂资产不再遭受盗窃为第一步。自由居住许可证，昨到"〈上海〉市〈民〉协会"接洽，谓"填单及许可证尚未印制完善，须再缓一二日"，大致此项手续在此日内定可办妥也。我待此项手续办妥后，乃再计划将制成品等搬出及将机器如何加以整理之第二步手续，一切情形自当随时函告，弗念。现我除申〈新〉五〈厂〉尚未得能派人入内居住外，申〈新〉一、六、七厂则悉已派人看守，申〈新〉五〈厂〉虽未能派人前去，但我有申〈新〉六〈厂〉看守人时去从旁察看，所以亦可无虑。假如此自由居住许可证领到，各厂方面就可正式入内管理一切矣。

（申新总公司档案·申总业务类案卷 11 号〔致各厂庄及对外发文留底〕，上海社会科学院图书馆藏）

上海申新总公司来函报告无锡申新三厂情况等

（1938 年 2 月 9 日）

第念四号

……无锡申三，今日窦慕仪先生又有来函相告，谓："〈无〉锡全城需电，经自治会决准，归我办电厂，部份在战乱时抛散、所缺少之另件等项，则归日方设法获添、发给。如是，我在对河之三厂，无形中又可多一安全之保障。厂内各部，已派定多人分驻看管，顺便将抛散各物逐予收拾、整理。该批看守人员，则多由窦慕仪、张仁山、李兰荪、荣鉴权、顾志南等组织一委员会，从旁监督、节制之。一面另委两顾问：申新部，以孙维嘉，现任自治会秘书长，订明运费 200 元，但伊不接受，愿尽义务，到将来再说；茂新部，以陆荣圻，今任职自治会，我与伊订明每月运费 100 元，业经接受，藉使看管上里外可易得有连络。"一切情景还好，算与前详无异。知念，顺闻。总公司措置，当本从节，现〈荣〉尔仁先生已行来沪，容商拟妥预算，敬呈核行。〈王〉禹卿先生与〈陆〉辅仁先生已于今日搭乘加拿大皇后轮来港，谅可面晤。

（申新总公司档案·申总业务类 11 号案卷〔致各厂庄及对外发文留底〕，上海社会科学院图书馆藏）

时间不明

中国华洋义赈救灾会来函附奉有关福新公司天津存麦事电稿两份并邀出席十六号宴会

（?）

宗敬先生有道：

启者。贵公司天津存麦事，华洋振会去电及孙中英去电，附奉电稿两〈份〉，敬请台鉴。十六号华洋振灾会宴请各国领事商定，附上请帖□，公祈。

（国民政府和财政部特派及聘请荣宗敬等为中央银行理事等任状问题的档〈案〉，上海市档案馆藏）

祝云亭来邀请赴宴函柬

（? 年阴历十一月初一日前）

即请三洋泾桥南首茂新公司荣宗敬君，〈于〉阴历十一月初一六句钟，至二马路华庆园酒馆第三九号一叙，速驾勿却是荷。祝云亭鞠躬。

（工商部给荣宗敬聘函及申新纺织总公司为申请新秘书处给杜月笙、吴开光等人的信件，上海市档案馆藏）

后　记

这本《荣宗敬往来函电初辑》，收录的是我们现在力所能及收集到的，有关荣宗敬先生与时人、组织、机构等来往的函件、呈文。我们希望，通过本书及《荣宗敬集》的整理出版，能够较为立体、丰满地呈现出荣宗敬先生的创业、经营历程，以及积极参与社会事务等诸多面相。

我们之所以选择《荣宗敬往来函电初辑》作为书名，主要是考虑到受主、客观原因，我们现在已经收集到的，恐怕只是荣宗敬先生往来函电中一部分，甚至可能是一小部分。因此，我们希望，如有机会，继续拓展下去。

有关荣宗敬先生的往来函电，我们在整理《荣宗敬集》时，已收录了不少。我们在这本书中，除了增补往来函电外，对于《荣宗敬集》中已收录的函电，主要做了以下处理：(1) 对各则函电、呈文的标题重加拟定，力图直观地反映内容，以便于读者检示与使用；(2) 根据上海市档案馆及上海社会科学院图书馆所藏公开所见档案，重新核对，并尽量补充原文。

由于上海社会科学院图书馆所藏当年编撰《荣家企业》时所收集的资料缩微胶卷，系 20 世纪 90 年代所做，限于当时技术条件，不少已遭损坏，在幸运被存留下来的当中，也有很多无法判读，即使勉强可以阅读者，间中仍多有字迹模糊之处。我们虽然根据通常惯例，将无法识别的用“□”加以特别注明，限于个人学识水平，在识字、句读过程中，难免仍有不当，甚至错误之处，还恳高明鉴谅，并不吝指正。

老实说，整理编辑此书，确实是一件吃力不讨好的工作，所幸一直有家人体谅，友朋鼓励，我们才得以咬牙坚持。特别感谢上海社会科学院历史所蒋宝麟兄、华东师范大学历史系博士生朱焘、西南大学历史学院张守广教授、本书责编郭馨馨女士，以及我的学生贾墨阳、杨本成，在本书资料获取、整理编辑及校对过程中给予的帮助。最后，我们真诚地希望，本书的出版，能为荣宗敬相关研究，提供一些便利与帮助。

陈明于南京养知书斋

辛丑年八月